한국장로교회와 교회개척

이신철 지음

대한예수교장로회
총회출판국

한국장로교회와 교회개척

인쇄일 2013년 9월 3일
발행일 2013년 9월 6일
지은이 이신철
펴낸곳 대한예수교장로회(고신) 총회출판국
주소 서울특별시 서초구 반포동 58-10
전화 (02)592-0986~7
팩스 (02)595-7821
홈페이지 m29.kosin.org
등록 1998년 11월 3일 제22-1443호
디자인 김혜연

ISBN 978-89-88618-64-6 93230
값 17,000원

이 도서의 국립중앙도서관 출판시도서목록(CIP)은 서지정보유통지원시스템 홈페이지(http://seoji.nl.go.kr)와 국가자료공동목록시스템(http://www.nl.go.kr/kolisnet)에서 이용하실 수 있습니다. (CIP제어번호: CIP2013016685)

한국장로교회와 교회개척

이신철 지음

거제고현교회가 이 책을 위하여 연구비를 지원하였습니다.

서문

이 책은 저자가 철학박사학위취득을 위하여 2009년에 University of Wales, Lampeter에 제출한 논문 An Exploration and Identification of a Consistent Model for Presbyterian Church Planting in Korea (한국의 장로교 교회개척을 위한 일관성 있는 모델의 탐구와 확인)을 축소하여 개정한 것이다. 이 주제를 가지고 연구를 시작한 것이 2004년이었으므로, 거의 10년의 세월이 지나갔고, 학위논문을 마친 지도 벌써 4년이 지났다. 좀 더 최신의 자료들을 보충하여 이 책을 펴내지 못하고 논문의 내용만 상당 부분 개작한 것이기 때문에 저자로서는 아쉬움 마음이 있다. 부족한 작품이지만 이제 교회 앞에 그리고 관심있는 독자들 앞에 이 책을 내어 놓게 되어 오랜 짐을 내려놓는 것 같은 느낌이 있는 것이 사실이다.

1998년 고려신학대학원이 고신의 교회들이 거의 없던 천안으로 이전할 때에 선교학 교수로 재직하게 되면서 신학대학원이 교단의 중부권 교회개척에 도움이 될 수 있기를 소망하면서 이 주제를 선택하게 되었다. 현장 조사를 하고 여러 책들을 읽으면서 한국교회가 직면하고 있는 교회개척의 어려움이 단순히 교회성장율의 둔화나 기존교회들이 많기 때문이 아니고, 한국교회 전체의 총체적 문제들과 맞물려 있다는 판단을 하게 되었다. 이런 상황 가운데 한국교회를 쇠퇴의 나락으로 끌고가는 사슬의 고리를 교회개척의 갱신으로부터 끊을 수 있으면 좋겠다는 소망도 가지게 되었다. 교회개척뿐 아니라, 어디에서라도 신선한 새 물이 올라와 교회를 오염시키는 폐수를 내어보내고 깨끗하게 할 수 있다면, 바로 이런 사역에 우리 모두가 쓰임 받았으면 좋겠다고 하는 바람이다.

한국교회의 다수는 장로교회인데, 한국장로교회의 교회개척이 매우 혼잡하고, 무분별하게 이루어지고 있다고 하는 생각으로 한국장로교회의 자기 정체성에 충실하면서 오늘의 상황을 타개할 수 있는 장로교회적 교회개척의 모델은 무엇일까 하는 질문에 집중하여 이 연구가 진행되었다. 한국장로교회가 수많은 교회들을 개척했지만 현재의 추세대로 교회개척이 계속된다면 한국장로교회는 더 장로교회답지 않은 교회가 되고 말 것이라고 판단하게 되었다. 이 위기에 대한 심각한 반성이 없으면 장로교회의 신학적 교회제도적 정체성이 교회개척의 현장에서 일관성있게 발휘되지 못함으로 인해 이름만 장로교회인 새 교회들이 한국장로교회의 다수를 차지하게 될 것이다. 장로교회가 가장 성경적이고 가장 건전한 교회형태라는 것을 이 시대에 변론하는 일은 이 책이 충분히 씨름하지는 못한 부분이다. 하지만 장로교회이면 최소한 장로교회의 자기 정체성을 존중하고 계승하는 정신을 견지하면서 필요한 대로 개선해야 할 점을 찾아나가는 교회개척이 되어야 할 것이라고 생각하고 이 책을 썼음을 밝힌다.

이 책이 나오기까지 도와주신 교회와 단체와 개인들이 있다. 우선 이 책의 출판을 위하여 연구비를 지원해 주신 거제고현교회(박정곤 목사)에 감사를 드린다. 출판이 늦어졌지만 너그럽게 인내해 주심에 대해 송구한 마음이다. 학위논문을 쓰고 있을 때에 도와주신 모교수님과 당진동일교회(이수훈 목사)와 전국여전도회에 늘 감사한 마음이다. 학위논문의 인사말에서도 밝힌 바 있지만, 지도교수인 에를 데이비스 박사(Dr Eryl Davies)의 경건과 자상한 지도를 잊을 수 없다. 사랑하는 아내, 그리고 멀리 있는 은진과 가까이 있는 미파에게도 여기에 고마움을 표하고 싶다.

오늘도 교회개척의 현장에서 묵묵히 사명을 감당하기 위해 혼신을 다하시는 사역자들과 함께 하는 성도들에게 주님의 은혜가 충만하시기를 빈다. 그들을 좀 더 이해하고 지원할 수 있는 전체 교회가 되었으면 좋겠다.

2013. 6. 26.

이신철.

목차

C O N T E N T S

제 일 부 | 문헌

제 일 장 서 론 9
제 이 장 교회개척에 관한 국내문헌: 1970년 이후 27
제 삼 장 장로교 교회개척에 관련된 국내 문헌들 55

제 이 부 | 역사 I : 1884-1945

제 사 장 장로교 선교부들의 교회개척 87
제 오 장 독노회와 교회개척: 1907-1912 113
제 육 장 교회개척의 의존과 자립: 1912-1938 129
제 칠 장 신사참배와 교회개척의 파탄 149

제 삼 부 | 역사 II (고신) : 1945-2000

제 팔 장 한국장로교회의 회복과 교회개척 165
제 구 장 고신의 정체성과 교회개척: 1952-1975 179
제 십 장 고신의 성장과 교회개척: 1975-2000 211

제 사 부 | 원리와 개척과정

제 십 일 장 장로교 교회개척의 원리 239
제 십 이 장 교회의 표지와 장로교회 교회개척의 원리 265
제 십 삼 장 장로교 정치제도와 교회개척의 원리 283
제 십 사 장 교회정치제도에 따른 교회개척의 유형 305
제 십 오 장 장로교 교회개척의 과정 323
제 십육장 결 론 363

참고문헌 369

한|국|장|로|교|회|와
교|회|개|척

제일부

제일장
서 론

제 일 장

서론

한국장로교회 교회개척 모델의 필요성

우리는 현재 한국장로교회가 당면하고 있는 교회개척의 딜렘마를 생각해 볼 때, 지금이야말로 장로교회의 정치제도에 부합하는 장로교회 교회개척의 모델이 제시되어야 할 때라고 주장한다.

다른 지역에서 전입해 온 자기 교파 교인들을 모아서 새 교회를 시작하는 패턴은 더 이상 장로교회의 교회개척 대표적 모델이라 할 수 없다. 교인의 이명제도가 허물어졌고, 교파에 대한 소속감도 희미해졌기 때문에, 성도들이 새로운 지역으로 이사하여 이전에 자기가 속한 교파의 교회를 찾아가거나, 그 교파의 교회를 새로 개척하려고 하는 경우는 드물다. 성도들은 일단 합당한 교회를 찾으면 교파와 상관없이 등록하기를 별로 주저하지 않는다. 교회들도 새로 등록하는 성도들의 이전 소속 교파를 따지지 않는 것이 일반적 추세이다. 교인이 다른 교파의 교회로부터 전입하여 등록하는 것을 서로 묵인함으로써, 복음적 교파들 간에 실제적 교류가 진행되고 있다고 할 수 있다. 이런 상황에서 한국장로교회의 한 분파에 속한 성도가 타 지역으로 이동할 때에 같은 분파에 속한 교회가 없으면 같은 분파의 교회를 따로 개척해야 한다고 주장할 수는 없다고 본다.

이것은 다른 분파의 교회들이 이미 자리를 잡고 있는 지역에 자기 분파의 교회를 개척할 수 없다는 의미는 아니다. 한국의 개신교회 역사의 초기에 설정되었던 지역예양(comity)은 교파간의 약속이며, 같은 교파 안의 다른 선교부 간의 약속이기도 하였다. 하지만 이것은 이미 오랜 과거지사가 되었다. 이제 복음적인 분파의 교회들은 스스로의 판단에 따라 어디든지 자기 분파의 교회를 개척할 수 있다. 다만 교회개척을 무분별한 자파의 교세확장의 수단으로 여겨서는 안 될 것이다.

복음전파와 교회개척에 대한 책임감을 바로 인식하고 있는 교파라고 한다면, 교회개척에 따르는 정체성을 가져야 한다. 그들이 개척한 교회가 그 교파의 정체성을 뚜렷하게 갖춘 한 개체교회로 성장하여 자립적으로 교회의 역할을 감당할 수 있을 때까지 지원하고 감독하는 책임을 다하여야 한다는 것이다. 이런 의미에서 장로교회의 교회개척을 논의하는 것은 교파주의의 발로가 아니고, 장로교회로서의 교회개척의 책임을 바로 감당하고자 하는 사명감에서 비롯된 것이어야 할 것이다.

한국장로교회 교회개척을 위한 용어정의

이 책에서 '교회'라고 할 때에는 다양한 의미로 사용된다. 일차적으로 각기 나라와 종족과 언어의 배경은 달라도 그리스도를 공통적으로 고백하는 모든 사람들을 포괄하는 우주적 보편교회를 뜻한다. 동시에 '교회'는 감리교, 성공회 또는 장로회 등 하나의 교회정치, 교리, 그리고 지역적 경계 등의 동질성과 연계성을 가진 교파 또는 교회들의 연대를 의미하기도 한다. 교회개척과 관련하여 '교회'는 자녀들과 함께 예배하고 증거하기 위하여 모이는 신자들의 지역 회중을 지칭하는 데 더 빈번히 사용된다.

'장로교회'는 개체교회와, 그들의 대표인 장로와 목사로 구성된 노회, 그리고 노회의 총대로 구성된 총회 등, 일련의 치리회를 갖춘 교회를 의미한다. '개혁'(Reformed) 이란 표현은 하나님의 절대주권을 앞세우며 성경의 권위를 인정하는 장로교회들의 신학적 입장을 표방하는 용어로 사용된다.

'한국장로교회'[1](Presbyterian Church in Korea, PCK)는 초기에 선교사들이 선교부 공의회를 통하여 한국에 하나의 장로교회를 설립하기로 결의한 때로부터 1945년 일본 그리스도교회 조선교단에 합병되기까지 한국에 존재하던 유일한 장로교회를 의미한다. 또한 일본 그리스도교단에 흡수통합되었다가 해방 후 다시 통합 이전으로 회복되었다는 그 교회를 의미한다. 그리고 회복된 후에 분열된 장로교회 분파들을 총칭하는 용어이기도 한다. 한국장로교회(PCK)의 '분파'(sub-denomination)는 그 원뿌리를 해방 이전의 대한예수교장로회에서 찾는 교회들을 일컫는다. 한국장로교회는 고신, 기장, 합동, 통합, 고려, 개혁 외에 수 많은 분파로 나뉘어 있다. '대한예수교장로회(고신)'은 재출발한 한국장로교회로부터 1952년에 파생된 장로교회의 첫 분파이다. '교파'는 독자적 교회정치제도를 갖춘 교회로서 장로교회, 감리교회, 침례교회 등을 일컫는 용어이다.

'개체교회'는 조직교회와 미조직교회를 통칭한다.[2] '조직교회'는 "당회에 의해서 치리되는 개체교회"를 일컫는다. '미조직교회'는 "당회가 없는 교회로서, 노회가 파송한 당회장에 의해 치리되는 개체교회"이다. '설립교회'는 일단 세례, 학습, 원입교

---

1) 정식명칭은 대한예수교장로회이지만, 이 논문에서는 대한예수교장로회를 한국장로교회와 교호적으로 사용한다.

2) 장로교정치문답조례에 보면 개체교회는 조직교회이지만, 고신 헌법(1992년판, 2011년판)에는 개체교회에 조직교회와 미조직교회가 포함된다. cf. 대한예수교장로회 고신총회,「헌법 (개정판)」(서울: 대한예수교장로회 총회출판국, 2011), 258.

인을 포함하는 "장년 교인 20인 이상"[3]을 확보하여 노회로부터 교회설립 허락을 얻은 교회로서 '미조직교회'에 해당한다. '자립교회'는 외부의 재정 지원을 받지 않고 교회의 경상비 일체를 자급하는 교회이며, 그렇지 못한 교회는 '미자립교회'이다. '개척교회'(church plant)[4]는 교회개척에 뜻을 둔 교회개척사역자와 핵심멤버들과 회심자들이 함께 모여 시작한 예배 회중으로서 아직 노회로부터 설립허락을 받지 않은 교회이다. '개척선교회'(mission plant)란 하나의 개척교회의 시작을 준비하는 성도들의 모임을 의미한다. '교회개척'(church planting)이란 용어는 '개척교회'와 구분하여 사용되는데, 개척 준비단계인 개척선교회에서부터 당회를 갖춘 조직교회가 되기까지 교회의 형성과정 전체를 의미한다. '교회개척사역자'(church planter)는 교회개척의 전과정(또는 일부의 과정)의 진행을 책임지고 주도하는 목사를 지칭한다.

'분립교회'(hive-off church)란 '모교회'의 동의와 지원을 받아 '모교회'로부터 분립된 회중으로서 교회개척의 전(全) 과정을 반드시 거치지 않고도 처음부터 하나의 미조직교회 또는 조직교회로 시작할 수 있다. 분립교회는 때로는 '모교회'의 동의나 지원을 받지 못하고 오히려 갈등과 불화에서 분열된 교회도 포함한다. '위성교회'(satellite church)는 '모교회'와 별도의 회중을 가지나, '모교회'로부터 완전히 독립되지 않은 교회이다. '교회증식'(church multiplication)은 교회개척의 전과정을 거치든지 거치지 않든지 상관없이 '모교회'로부터 새로운 또 하나의 교회가 형성되는 모든 방식을 포괄하는 용어로서 사용된다.

이상의 용어들을 처음부터 정의하려는 이유는 장로교회의 교회개척의 일관성있는 모델을 모색하는 이 책에서 자주 사용되는 용어들이기 때문이다.

---

3) 같은 책, 259.

4) 고신 헌법에서는 설립허락을 받기 전의 교회를 의미하고 있다. cf. 같은 책, 260. '교회정치' 제15조 "1. 동일한 노회지역의 개척교회는 그 교회를 개척한 교회가 관리하고, 교회설립허락을 받은 후에는 노회에서 관리한다. 2. 다른 노회 지역 내의 개척교회 관리는 1항에 준한다. 단, 교회설립 허락은 개척교회 소속 지역노회에 한한다."

이 책을 쓰게 된 교회적 및 개인적 배경

이 책의 배경을 설명하려면 저자가 소속한 고신 교회에 대해서 언급할 필요가 있다. 고신은 1952년에 주로 경상남도에 위치한 300여 교회로 시작되어, 현재 약 1,800여개의 교회로 성장하였다.[5] 고신은 오래 동안 주로 부산, 대구, 울산, 창원 등 대도시를 포함한 경상남북도에 집중되어 있는 지역편중성을 여전히 극복하지 못하고 있다. 서울을 비롯한 경기, 충청 및 강원에 소재하는 고신교회들의 수가 서서히 증가하고 있지만, 그 비율은 아직도 낮은 편이다. 고신 총회의 직영신학교인 고신대학교 신학대학원(이하 고려신학대학원)이 1998년에 부산을 떠나 천안으로 이전할 때에, 서울과 중부권의 교회성장과 교회개척에 상당한 시너지 효과를 일으킬 것으로 기대하였다. 하지만 현재까지 그 이전(移轉)의 직접적 효과는 미흡한 것 같다.

저자는 고신이 한국장로교회 주류로부터 분리된 1952년에 고신의 한 목사의 가정에서 태어나 성장하였다. 1986년에 목사로 장립받은 후, 서부 아프리카 가나 선교사로 총회선교부의 파송을 받아 국제선교단체인 WEC International과 함께 선교사역을 시작하였다. 저자는 약 십년 간 가나에서의 선교사역을 마친 후 1998년에 귀국하여, 고려신학대학원에서 선교학 교수로 가르치고 있다.

1999년/2000년 겨울방학 중에 '중부권 교회개척을 위한 기초조사'라는 선택과목을 개설하여 신대원 학생들과 함께 천안, 대전, 청주 및 용인의 4개 도시에 대한 현장조사를 실시한 바 있다. 그 기초조사의 목적은 기존의 교회들이 많이 세워져 있는 도시에서 교회개척의 필요가 아직도 남아 있는 지역이 어디이며, 어떻게 해야 개척의 어려움을 돌파할 수 있을 것인지를 파악해 보기 위함이었다. 그 조사팀들은 보고서를 통하여 성공적 교회개척을 위해서는 적합한 개척 예정지역, 명확한 목표대상

5) 2012년 고신 총회보고서에 의하면 기도소를 포함한 교회수는 1781개이다.

그룹, 핵심멤버, 그리고 헌신된 교회개척사역자 등을 확보하는 것이 필수적이라고 제안하고 있다.

2001년 중부권 교회개척운동을 활성화하기 위해서 고려신학대학원 부설 교회문제연구소 산하에 교회개척연구원이 시작되었다. 2002년에 울산복음화협의회와 교회개척연구원이 협동하여 울산 지역 교회개척 기초조사를 실시하였고, 그 도시에 새로운 교회개척이 긴급히 필요함을 교회지도자들에게 일깨운 바가 있다. 또한 8명의 고신교회 목회자의 교회개척 사례를 담은 『신나는 개척교회 이야기』를 펴내기도 하였다.

이때까지만 해도 저자의 관심은 1990년대 이후 교회성장의 둔화에도 불구하고 어떻게 하면 좀 더 많은 교회를 개척할 수 있을까 하는 데에 기울어져 있었다. 하지만 이후 저자는 한국장로교회가 직면한 교회개척의 전반적 딜렘마를 고려하지 않고 단순히 개척교회를 하나 더 시작하는 것은 별 의미가 없다는 생각에 이르게 되었다.

두 번의 교회개척 기초조사 이후 한국장로교회의 교회개척에 관심을 갖게 된 계기에 대해서 조금 더 설명해 보고자 한다. 한국장로교회의 교회개척에 대한 새로운 관심은 1990년대의 둔화된 교회성장에 대한 반성에서 비롯되었다. 노봉린은 1995년에 한국교회의 성장둔화의 문제를 다음과 같이 지적하고 있었다.

> 하나님께서 한국교회의 교회성장을 지속적으로 허락하시겠는가? 사실, 우리는 한국교회가 쇠퇴기에 접어들고 있음을 보고 있다. 한국교회의 지도자들은 최근 문화공보부가 발표한 교회성장에 대한 통계, 즉 1989년에 9.0% 성장, 1990년 5.8% 성장, 1991년 3.9% 성장, 1992년 0.6% 성장, 그리고 1993년에는 마이너스 4.0% 성장의 통계를 읽고 충격을 받았다.[6]

6) Bong-rin Ro, "The Korean Church: God's Chosen People for Evangelism," *Korean Church Growth Explosion*, Bong-rin Ro and Marlin L. Nelson(Seoul: Word of Life Press, revised 1995), 40.

그 후에 손봉호,[7] 전호진,[8] 이상규,[9] 정일웅,[10] 정병관,[11] 이원규,[12] 노치준,[13] 이광순,[14] 이경원[15] 등 많은 학자들이 한국교회의 성장둔화에 대하여 유사한 관심을 표명하였다.

1990년대 기독교 인구의 낮은 성장률 또는 감소와는 대조적으로 전체 개신교의 교회수는 실제적으로 크게 증가하였다.[16] 1996년에 노치준,[17] 1999년에는 이상규[18] 등이 지적한 것과 같이, 1990년대에 기독교 인구성장이 둔화되었음에도 불구하고, 1990년대 중반까지 교회개척의 높은 성장률이 유지된 것은 1990년대 초기까지도 이런 상황에 둔감한 가운데 개척을 시작한 교회들이 여전히 많이 있었기 때문이었다.

따라서 현재 한국장로교회가 교회개척을 계속해야 할 당위성은 무엇인가, 장로교 제도에 부합하는 교회개척의 논리는 무엇인가, 이런 질문이 저자로 하여금 장로교 교회개척의 일관성에 대한 논문을 쓰도록 하는 계기가 되었다.

저자가 박사학위 논문을 착수한 2003년에 교회성장연구소에서는 『한국의 교회개척에 대한 심층연구보고서』를 출판하였다. 저자는 그 보고서를 읽고 교회개척이 주

---

7) Bong-ho Son, "Some Dangers of Rapid Church Growth," ibid., 256-273.
8) 전호진, "한국교회 침체원인과 해결책," 『월간고신』 통권 167호(1995년 8월).
9) 이상규, "한국교회 성장둔화현상, 그 원인과 대책," 『기독교보』 264호(1995호 10월 7일).
10) 정일웅, "한국교회의 바람직한 구조변혁," 『한국교회의 갱신과 성령』(서울: 한국로고스연구원, 1995), 79-80.
11) 정병관, "한국교회의 성장과 정체에 대한 교회성장학적 진단과 그 대안," 『신학지남』 통권256호(1998년 가을호), 127.
12) 이원규, "한국교회의 성장과 그 둔화 요인에 대한 사회학적 고찰," 『신학과 세계』 통권 제34호(1997년 봄), 146-186.
13) 노치준, 『한국 개신교사회학: 한국교회의 위기와 전망』(서울: 한울 아카데미, 1998), 62.
14) 이광순, "한국교회의 성장과 저성장," 『장신논단』 제15집(1999), 508-525.
15) 이경원, "한국교회 성장정체의 교회구조적 요인과 그 대안," 『한국교회 성장정체의 현안과 심층: 그 대안의 모색』(서울: 솔로몬, 1996), 133-151.
16) 1993년에 발간된 한국종교연감에 따르면 1990년에 35,819개였다고 하는데, 문화관광부에 따르면 2000년에 65,168개로 증가하였고, 문화체육관광부가 발행한 2008년 『한국의 종교현황』(p10)을 보면, 2002년에 60,785개에서 2008년에 다시 58,612개로 감소하였다고 한다.
17) 노치준, "한국의 개척교회 실태, 그 현주소를 본다(1)," 『목회와 신학』 통권 85호(1996년 7월), 100-101.
18) 이상규, "교회사로 살펴 본 교회개척과 교회성장," 『목회와 신학』 통권 117호(1999년 3월), 78-9.

로 개별적으로 이루어지고 있음을 확인하게 되었다. 그 보고서에 따르면 개척교회의 50.4%가 전적으로 교회개척사역자의 개인 자금으로 시작되었으며, 교회개척자와 초기 멤버의 자금으로 시작된 경우는 7.7%, 초기 멤버의 자금만으로 시작된 경우는 2.8%로서 개척교회의 60.9%가 개척사역자 개인의 결단과 헌신으로 시작된 개별개척이었다고 볼 수 있다. 반면, '모교회'의 후원으로 시작된 개척교회는 14.6%, 교파의 후원으로 시작된 개척교회는 2.0%에 불과하였다. 이런 사실들을 종합해 볼 때 국내 교회개척은 공교회의 일이라기보다 개척사역자 개인의 일로 여겨지고 있었음을 엿볼 수 있다.

일반적으로 한국장로교회의 교회개척이 개별화됨으로써 개척사역자는 너무나 무거운 부담을 혼자 지고 있다. 수많은 개척사역자들이 재정적으로는 부채와 이자 상환의 스트레스로 시달리고 있으며, 감정적으로는 스트레스와 영적 침체를 겪고 있는데, 이에 대한 대책이 시급하다. 문만식은 『교회개척시대는 지나갔는가?』에서 교회개척의 성공률을 10% 미만으로 보았는데,[19] 이런 추정은 이미 국내에 널리 유포되어 있어서 그리 큰 충격이 되지 않는다. 아무튼 개척사역자가 개별적 의사에 따라 개척을 시작했다가 임의로 중단하는 식의 교회개척은 장로교회적 개척방식이라고 하기는 어렵다고 본다. 장로교회의 교회개척이라면 기존 교회 및 노회와의 의논과 협력을 통하여 시작되고 추진되어야 할 것이다.

개별개척의 이러한 추세와 관련하여 살펴볼 것이 있다. 그것은 여러 교파에 의해 1970년대부터 채택되기 시작한 교파별 교회성장운동인데, 고신을 포함한 여러 교파들이 교회수와 교인수의 성장목표치와 목표연도를 설정하고, 또 갱신하여 가면서 지금도 이 운동을 계속 추진하고 있다.

대한예수교장로회 합동측은 1974년 소속교회수가 2,492개 이었을 때 10,000교회 운동을 시작하였고, 1993년 같은 목표를 재차 갱신한 바 있다. 2005년 개혁측 총회

---

19) 문만식, 『교회개척의 시대는 지나갔는가?』(서울: 쿰란 출판사, 2001), 25.

와 합동함으로써 10,000교회의 목표치를 넘어서게 되자 20,000교회로 목표를 상향 조정하였다.

대한예수교장로회 통합측은 1974년에 5,000교회운동으로 시작하였다가, 1992년 '만사운동'이라고 하여 2012년까지 10,000교회 4백만 성도운동으로 상향 조정하여 추진하기로 결의하였다.[20] 2006년 보고에 의하면 통합측의 교세는 7,476개의 교회와 260만 성도를 가지고 있는 것으로 나타났다.

대한기독교장로회(기장)는 '하나님의 선교'(*missio dei*)를 그들의 선교신학으로 표방하여 왔으나, 1988년에 이르러서는 2003년까지 3,000교회 달성을 위한 운동을 시작하였다. 기장은 2004년에 같은 목표를 재차 확인하였으며, 그 목표연도를 2015년으로 연장하였다.

대한예수교장로회 고신측은 교회성장운동의 일반적 추세에 발맞추어 1984년과 1989년에 2,000교회운동을 추진하기로 선언하였으며, 2002년 고신 설립 50주년을 맞이하여 2010년까지 2,000교회 60만 성도운동을 전개하였다. 2007년 총회에서는 2002년의 기존 목표인 2,000교회 운동을 3,000교회 운동으로 확대하여 추진하기로 가결하였다.

한국감리교회는 1976년에 "1985년까지 5천교회 백만성도"라는 교회성장프로젝트를 시작했는데, 1990년에 "7천 교회 2백만 성도"로 목표를 갱신하였다가, 2003년에 다시 "3백만 성도운동"으로 확장하였다. 현재 한국감리교회는, 2007년 자체 통계에 의하면, 5,825개 교회와 150만 성도를 보유하고 있다고 한다.

예수교 한국성결교회는 1993년에 그 교회수가 900개에 도달했을 때에, 2000년까지 2,000교회 백만 성도운동을 펼치기로 결의하였다. 한국성결교회도 그 후 그들의 목표를 2020년까지 3,000교회 백만 성도로 상향 조정하였다.

---

20) 대한예수교장로회(통합) 전도위원회, 『일 만 교회 사백 만 신도운동: 1992-2012』(서울: 대한예수교장로회 출판국, 1993), 49.

한국침례교회는 개척교회를 조직적으로 관리하고 후원함으로써 1984년 999개의 교회에서 1993년 1,834개의 교회로, 2001년에는 2,371개 교회로 크게 성장하였으며, 이제 3,000교회 백만 성도를 목표로 지속적 성장을 추구하고 있다.

한국 기독교 하나님의 성회는 교회개척에 대한 교파적 목표를 세우지는 않았으나, 1998년 이후 여의도 순복음중앙교회는 자체적으로 교회개척훈련과정을 이수한 개척사역자들에게 교파를 불문하고 개척 착수금을 후원해 주고 있는데, 2013년 1월 현재 441번째 개척교회의 출범을 알리는 광고가 그들의 홈페이지(http://cp.fgtv.com)에 실려 있다.

위에 열거한 교파별 교회성장운동들은 1990년대에 교회성장이 둔화되기 시작한 이후 이전과 같은 의욕이나 자신감은 조금 감소한 것으로 보인다. 대부분의 교파들이 오래 동안 이와 유사한 운동을 펼쳐왔으나 설정된 목표를 정해진 기간에 성취한 적은 거의 없었다. 그 이유에 대해서는 나중에 좀 더 생각해 보겠지만, 70년대와 80년대의 급속한 교회성장을 경험한 교회들이 개교회주의에 몰두하였기 때문에 교파적 교회성장의 공동 목표를 소홀히 한 것으로 보인다는 점을 우선 지적하고자 한다. 예외적으로 합동측이 2005년에 만교회의 목표를 달성하였으나, 그 성취는 교회개척에 의한 것이 아닌, 개혁측과의 교단 합동을 통한 것이었다.

여러 교파들이 교회수의 성장목표를 달성하지 못하였음에도 불구하고 이런 운동을 지속하는 것은 나름대로 어느 정도 만족스러운 성장효과를 거두었다고 보기 때문일 것이다. 하지만 교파들의 교회성장운동이 교회개척을 바람직한 방향으로 선도하였는지에 대해서는 별도의 평가가 있어야 할 것이다. 우선 지적하고 싶은 것은 교파들이 개척사역자들에게 어떤 후원이나 감독도 충분히 제공하지 않은 채 그들의 외로운 생존의 투쟁을 외면하다시피 하고 있다가, 교회수를 보고할 때에는 그런 교회들의 존재를 마치 자기 교파의 교회성장운동의 열매인 것처럼 내세우고 있다는 사실이다. 무질서한 개별적 교회개척의 문제들을 해소하기 위한 교파적 대책을 강구하지 않은 채, 개별개척을 교파 성장운동의 성과로 간주한다면, 교파들이 개별개척을 간접적으로 조장해왔다는 비판을 면하기 어려울 것이다.

특히 장로교회의 경우, 노회와 무관한 개별적 교회개척의 결과 장로교회의 정체성이 희석될 것이 우려되는데도 방관하고만 있을 것인가? 장로교회의 이름으로 개척되는 교회들이 독립교회처럼 되어도 아무 상관없다는 것인가? 비록 늦은 감이 있지만, 지금이라도 장로교회의 교회성장운동에 있어서 개별개척의 문제들을 파악하고, 장로교회의 정체성에 부합하는 교회개척의 방안을 새롭게 모색해야 할 때라고 본다.

이 책의 연구목표

이 책의 연구 목표는 첫째, 한국장로교회, 그리고 특히 고신의 역사를 비판적으로 회고하여, 한국장로교회의 교회개척의 발전 과정과 현재의 상황을 비판적으로 평가해 보는 것이다. 둘째, 한국장로교회의 기본 문서에 나타난 교회론과 교회정치제도를 분석함으로써 장로교회의 정체성에 부합하는 교회개척의 원리들을 잠정적으로나마 도출해 보고자 하는 것이다. 셋째, 둘째 목표에서 제안될 교회개척의 원리들에 기초하여 한국장로교회에 적합한 교회개척의 과정과 모델을 제안해 보고자 하는 것이다.

연구방법

우리가 이 책에서 채택한 연구방법은 넓게는 교회역사 및 교회론의 범주에 속한다. 우리는 교회론이 교의신학의 영역에 속한다고 보지만, 교회개척에 대한 선교학적 토의와 적용의 기초가 되어야 한다고 생각한다. 물론 한국장로교회의 교회개척이라는 주제를 다룸에 있어서 얼마든지 다른 방법론을 선택할 수 있을 것이다. 전적으로 한국장로교회의 교회개척의 역사를 연구하든지, 현시대적 적용은 다루지 않고 장로교회적 교회개척의 원리에 대한 교회론적 연구에 집중할 수도 있을 것이다. 그러나 우리는 교회역사와 교회론의 복합적 방법론을 한국장로교회의 교회개척에 대한 연구에 사용하고자 한다. 이 책에서 사용된 첫 번째 연구방법은 해방 이전의 대한 예수교장로회와 해방 이후의 고신의 역사를 연구함으로써 한국장로교회의 교회개척의 정체성을 모색하려고 하였다. 그 이유는 교회개척에 대한 일반적 문헌은 많이 있어도, 국내에서 한국장로교회의 교회개척을 다룬 문헌이 없기 때문에, 문헌 대신 역사를 살펴봄으로써 한국장로교회의 교회개척이 어떻게 진행되어 현재의 상황에 이르게 되었는지를 조금이나마 밝히려고 하였다.

참고로 우리가 장로교회 교회개척과 관련하여 찾을 수 있었던 문헌은 도널드 제이 맥네어(Donald J. MacNair)가 쓴 *The Birth, Care, and Feeding of a Local Church*(지역교회의 출생, 돌봄, 양육)[21]과 미국 정통장로교회(Orthodox Presbyterian Church)의 국내선교 및 교회확장 위원회(The Committee on Home Missions and Church Extention)[22]가 펴낸 *Planting an Orthodox Presbyterian Church*(정통장로교회의 교회개척)에 불과하였다. 이 두 문헌에 대해서는 11장에서 상세히 다루고자 한다.

국내 문헌의 경우, 우선 번역서들이 있는데, 교회개척에 대한 서구 문헌들이 한국어로 번역되어 교회지도자들에게 널리 알려진 것은 1980년대 이후의 일이다. 에즈라 얼 존스(Ezra Earl Jones)의 『교회개척의 이론과 실제』(*Strategy for New Churches*),[23] 멜빈 하지(Melvin Hodges)의 『교회개척 가이드』(*A Guide to Church*

---

21) Second edition (Decatur, Georgia: Committee for Christian Education and Publications Presbyterian Church in America, 1984).
22) (Willow Grove, Pennsylvania, 2002), at www.opc.org.
23) 고영민 역(서울: 대한기독교출판사, 1985).

Planting),[24] 알버트 갬머지(Albert W. Gammage)의 『교회개척론』(*How to Plant a Church*),[25] 피터 와그너 (Peter Wagner)의 『교회가 너무 많다고 생각하십니까』(*Planting for a Greater Harvest*)[26]와, 오브리 말퍼스(Aubrey Malphurs)의 『21세기 교회개척과 성장과정』(*Planting Growing Churches for the Twenty-First Century*)[27] 등이 그 대표적 번역서들이었다. 그리고 국내의 전문가들이 한국적 상황을 토대로 하여 교회개척의 주제로 글을 쓰기 시작한 것은 1990년대 이후의 일인데, 명성훈의 『교회개척의 원리와 전략』,[28] 이규승의 『성공적 교회개척론: 한국장로교회를 중심으로』,[29] 이상대의 『교회개척 컨설팅』[30] 등을 우선 꼽을 수 있다. 그러나 국내에 소개된 번역서나, 국내 전문가들의 연구서는, 이규승의 『성공적 교회개척론』이 장로교회적 성격을 조금 띠고 있는 것을 제외하고는, 주로 독립교회적 내지 침례교회적 성향을 띤 것이 대부분이었고 장로교회적 교회개척을 논한 것은 거의 없었다. 지금까지 국내에서 교회개척에 대한 논의는 활발하게 진행되었지만, 장로교회적 교회개척의 정체성이 무엇이어야 하는 지에 대한 논의는 전혀 이루어지지 않았다고 볼 수 있다. 이런 상황에서 한국장로교회의 교회개척을 논의하기 위해서 우리는 지금까지 설립된 개체교회들의 교회개척의 발자취를 그 역사 속에서 되돌아보아야 하겠으나, 자료가 충분하지 않기 때문에, 한국장로교회의 역사 속에서 교회개척과 직, 간접적으로 관련된 부분들을 이끌어내어 장로교회의 어떤 제도나 정책들이 교회개척에 영향을 미쳤는지를 살펴보고자 하는 것이다. 다시 말하자면, 한국장로교회와 그 한 분파인 고신의 역사적 성장과정을 통하여 장로교회적 교회개척의 어떤 유형이 형성되어 있는

24) 권달천 역(서울: 생명의 말씀사, 1985).
25) 고용남 역(서울: 요단 출판사, 1993).
26) 홍원팔 역 (서울: 알돌기획, 1994). 같은 책을 서로사랑에서 1997년에 『더 큰 수확을 위한 교회개척가이드』란 책명으로 출판하였다.
27) (Grand Rapids, MI : Baker, 1992) ; 『21세기 교회개척과 성장과정』, 홍용표 역 (예찬사, 1996).
28) 서울: 국민일보사, 1997.
29) 서울: 한들, 1997.
30) 서울: 서로사랑, 2002.

지를 찾아보고자 한 것이다.

저자가 채택한 두 번째 연구방법은 개혁주의 교회론에 근거한 장로교회의 교회개척의 원리를 도출하기 위한 신학적 논의라 할 수 있다. 이 연구방법은 한국장로교회의 성장과정에서 사용된 교회개척 방법들을 찾아내는 것에 그치지 않고, 그 방법들을 장로교회의 교회론과 교회제도의 관점에서 평가하고, 더 나아가 한국 장로교회의 교회개척의 원리를 도출하고자 하는 데 그 목적이 있다. 개혁주의 장로교회 교회론이 교회개척에 대해서 어떤 원리를 제공하느냐 하는 것이다. 이를 위하여 교회개척에 관한 문헌의 범위를 넘어, 장로교회의 교회론과 교회개척의 연관성을 논의한 문헌에 대한 조사를 요구하였다. 너무 방대한 작업이기 때문에, 우리는 서구의 문헌들보다 국내의 문헌들로 조사범위를 한정하여 살펴보고자 한다. 한국장로교회가 오래 전부터 교회정치제도의 기초자료로 삼고 있는『교회정치문답조례』와 고신의 헌법 등을 중점적으로 참고하였다.

장로교회의 교회론을 다룬 교의학 서적이나 논문들을 살펴보는 것은 너무 방대한 작업이어서 충분히 참고하지 못한 아쉬움이 크다. 장로교회적 정치제도를 따르는 스위스, 스코틀랜드, 화란, 미국, 캐나다, 호주 등에 확산된 여러 장로교회 및 개혁교회의 문헌들을 살피는 것 또한 실제적으로 너무 방대한 작업이기에 우리는 한국장로교회의 교회개척을 주도한 선교부와 관련된 선교사들의 자료들을 우선적으로 참고하고자 한다. 왜냐 하면 1912년 대한예수교장로회 총회가 형성되기까지, 교회개척의 작업은 미국, 호주 그리고 캐나다에서 온 장로교 선교사들이 주도하였고, 그 이후 1930년대 초까지, 적체된 미조직교회들의 관리 및 감독도 그들이 담당하였기 때문이다.

우리는 조금이라도 이런 주제를 다루고 있는 문헌을 찾아내어 보려고 노력하였으나, 한국장로교회의 교회개척과 관련하여 교회론에서 교회개척으로 이어지는 신학적 논의가 거의 없었음을 발견하고 큰 충격을 받았다. 왜 장로교회의 교회론은 이미 설립된 기존 교회에 대한 논의에만 머물러 있는가? 개혁주의 교회론은 세상 속으로 흩어진 성도들의 선교적 실천을 통하여 새로운 회심자들을 얻음으로써 시작되는 교회개척의 과정에 대해서는 왜 침묵하고 있는 것일까? 저자에게 이 의문은 아직도 풀리지 않고 있다. 우리는 장로교회 교회개척의 원리가 한국장로교회 안에서 거의 논의되지 않았기에 개혁주의 교회론 및 장로교회의 정치제도에 부합되는 장로교회의 교회개척의 원리들을 도출해 보고자 하는데, 이것이 하나의 시도에 그칠 것인지, 혹은 앞으로 더 발전된 논의의 첫 발판이 될 수 있을 것인지에 대해서는 명확히 예측할 수 없다. 다만, 저자는 이것이 이 책의 두 번째 연구방법의 핵심이며, 이 책의 창의적 시도라고 감히 말씀드리고 싶다.

이 책에서 사용된 세 번째 연구방법은 장로교회의 교회개척 모델을 제시하기 위하여 장로교회의 교회법을 염두에 두면서, 장로교 교회개척의 원리를 설정하고, 침례교회, 감리교회, 셀교회 및 가정교회를 비교 대상으로 삼아, 장로교회의 교회개척의 특성을 부각시키려는 것이었다. 한국장로교회는 교회개척을 시작시점에서 종료시점에 이르기까지의 일련의 과정으로 보고 그 전과정을 단계별로 정리해냄으로써 기존의 장로교회의 교회개척에서 소홀히 다룬 부분은 보완하고, 충분히 잘 다룬 부분은 적극적으로 계승해나가야 한다고 생각한다.

이 책이 남기는 연구과제

저자는 대한예수교장로회와 고신의 총회록을 일차자료로 채택하였으나, 그 노회록들은 충분히 참고하지 못한 데 대해서 매우 아쉽게 생각하고 있다. 사실 노회록을 수집하거나 참고하기가 매우 어려운 실정이다. 고려신학대학원 내에 소재하고 있는 고신 역사자료실에서 앞으로 노회록을 수집 보관하려고 계획하고 있으나, 지금까지 보존된 노회록의 분량은 연구자료로 이용하기에 충분하지 않다. 노회마다 노회록 보관장소가 일정치 않으며 분실된 노회록도 상당히 많은 것 같다. 이런 이유들로 노회록을 이 책의 일차자료로 삼지 못하였다. 노회록이 교회개척에 대한 상세한 자료를 담고 있을 것이기에 노회록에 근거한 많은 새로운 사실들이 밝혀지기를 기대한다.

우리는 한국장로교회의 교회개척에 대해서 해방 이후 많은 분파로 나뉜 한국장로교회의 여러 교파들을 다 다룰 수 없었기 때문에 저자가 속한 고신 교파에 한정하여 다루기로 선택하였다. 장로교의 정체성을 기준으로 하여, 통합, 합동, 등 다른 분파들의 교회개척에 대한 평가도 앞으로 기대할 만하다고 생각하는데, 이런 주제는 장로교회에서는 새로운 연구분야라고 생각하기 때문이다. 물론 타 교파에서도 자기 교파의 교회개척에 대한 평가서들이 나오기를 기대한다.

한|국|장|로|교|회|와 교|회|개|척

제 일 부

제 이 장

교회개척에 관한 국내문헌: 1970년 이후

제 이 장

교회개척에 관한 국내문헌: 1970년 이후

교회개척과 관련한 학위 논문들

우선 언급할 논문들은 각 저자가 소속한 교파의 교회개척의 정책을 소개하고 평가한 논문들이다.

홍기영은 그의 선교학 박사학위논문에서 한국나사렛교회[1]가 펼친 도시교회개척 프로젝트였던 '서울시 프로그램의 요지'(the Thrust to the City of Seoul Program)를 중심으로 그 교회의 교회성장과 교회개척의 분석을 시도하였다. 그는 한국나사렛교회의 도시교회개척에 적합한 모델로서 '가정 셀그룹에 기초한 가정교회모델'[2]

1) Ki-young Hong, *Church Growth through Indigenous Urban Church Planting in the Korean Nazarene Church* (D. Miss. dissertation, Asbury Theological Seminary, 1994), 72. 한국나사렛교회는 1948년에 조직되었고, 1993년 현재 그 산하에 17,347명의 교인과 223개의 교회들이 있다고 하였다.

2) ibid., 293.

을 제안하였는데 이것은 랄프 네이버의 셀교회의 셀번식[3]을 응용한 것이었다. 홍기영은 30개의 셀그룹이 6개월 이내에 두 배(60개)로 번식할 수 있으며, 그 다음 6개월 이내에 다시 배(120개)로 자랄 수 있다고 보았다. 그는 그 제안에 부연해서 설명하기를, 평균 10명의 멤버를 가진 셀 다섯 개가 모여서 하나의 가정교회가 구성되고, 다섯 개의 가정교회들로 하나의 정규교회(regular church)가 구성된다고 하였다. 그리고 서울과 같은 대도시에는 수많은 셀들로 구성된 2-3개의 대형교회를 가지는 것이 바람직하다고 보았다. 한편, 가정 셀그룹에 기초한 가정교회를 이끌 평신도 개척사역자를 훈련시켜야 한다고 주장하였다. 하지만 셀 그룹에 기초한 가정교회를 정규교회로 표방하면서도 소수의 대형교회를 수용한 것은 다수의 교회들이 대형교회를 지향하려는 대교회주의를 묵인한 것이나 마찬가지다.

임상권은 『한국 감리교의 개척교회 유형과 실태파악을 통한 선교적 제안』이라는 석사학위논문에서 감리교회 교회개척이 목사안수제도와 직결되어 있음을 자세하게 보여주고 있다. 한국감리교회가 담임목회경력을 목사안수의 자격조건으로 삼은 것은 신학교 졸업생의 숫자보다 목회할 교회의 숫자가 훨씬 적은 상황을 감안하면 교회개척을 목사안수의 필수조건으로 제시한 것과 다름없었다.[4] 2000년에 교단 산하기관에서의 근무를 목회경력으로 간주할 수 있도록 하는 대안을 추가하였지만, 그런 기회는 극히 소수의 졸업생에게만 주어질 수 있었다.

임상권은 교회개척을 목사안수의 수단으로 삼다 보니, 개척사역이 단기화되었고, 이런 정책이 시행된 지 5년이 지나지 않은 때에 이미 개척교회의 폐교회율이 83%[5]나 되는 무질서를 낳았다고 지적하고 있다. 그는 또한 설문조사를 통하여 1990년대 한국감리교회의 서울 및 서울남부 연회의 교회개척의 60%는 개척사역자들의

---

3) Ralph Neighbour, *Where Do We Go from Here?*(Houston: Touch Publications, 2000), 200.

4) 임상권, 『한국 감리교의 개척교회 유형과 실태파악을 통한 선교적 제안』(감리교신학대학 및 신학대학원, 2000), 107.

5) 같은 책, 61.

개인 재정으로 시작되었음을 밝혔는데,[6] 이것은 그 당시 개별개척이 다수를 이루고 있던 국내 교회개척의 일반적 경향과도 일치하는 것이다. 임상권은 그의 책에서 얼마나 많은 개척교회를 시작하느냐보다, 얼마나 잘 개척하느냐가 더 중요하다는 것을 강조하고 있다.[7] 피터 와그너가 "하늘 아래 가장 효과적인 단 하나의 복음전도의 방법은 새 교회를 개척하는 것"(The single most effective evangelistic methodology under heaven is planting new churches.)[8]이라고 명제처럼 주장하였지만, 임상권은 현재 한국적 상황에서 무조건 개척을 많이 하는 것이 좋은 결과를 늘 보장하지는 않는다는 것을 보여주고 있다. 그의 논문은 논문제목과는 달리 교회개척 유형을 분석하는 데 집중하지 못한 아쉬움을 남겼지만, 한국교회 전체가 그 당시 겪고 있던 교회개척의 딜렘마를 부각시키는 데 일조하였다. 후에 한국감리교회는 신학교 졸업생들의 의무적 교회개척을 줄이기 위해서 기관근무기회를 더 확충하였던 것[9]으로 미루어 보건대 그의 지적이 시기적절한 것이었다고 할 수 있다.

교파적 대표성은 없으나 새로운 교회개척의 모델을 제시한 논문들도 있었다.

박용식은 그의 목회학박사 학위논문인『한국감리교회 성장에 관한 연구』[10]에서 한국감리교회의 창립초기부터 '5,000교회 백만성도운동'을 채택했던 1986년까지 교단의 성장과정을 조사하였다. 박용식은 한국장로교 선교부가 먼저 채택한 네비우스방법이 한국감리교회에도 영향을 미친 사실에 초점을 맞추면서도, 한국감리교회는 선교부로부터 지원금을 받는데 이미 익숙해져 있었기 때문에 자립하는 교회들이 그리

---

6) 같은 책, 73.

7) 같은 책, 3.

8) Peter Wagner, *Planting for a Greater Harvest*(Ventura, CA: Regal Books, 1990), 11.

9) 기독교 타임즈(2007. 7. 30), http://www.kmctimes.com/news/articleView.html?idxno=24479 - 122k -(2013. 1. 20 참고) "실천목회훈련과정을 이수하면 2차 면접에서 최종합격해야 서리담임자 혹은 서리부담임자(수련목회자)로 지방감리사의 파송을 받는다. 이들이 목사안수를 받기까지는 두 가지 선택의 길이 있다. 개체교회의 담임자(서리담임자)로 3년 동안 과정을 밟은 후 목사안수를 받는 것과 기존 교회의 부담임자(서리부담임자)로 5년 동안의 과정을 마친 후 목사안수를 받는 것이다. 이 같은 기간의 차이는 개체교회의 열악한 목회상황을 고려해 담임목회를 하는 이에게 2년의 단축혜택을 준 것이다."

10) 박용식,『한국감리교회 성장에 관한 연구』, 목회학박사학위논문(아세아연합신학원, 1986).

많지 않았다고 주장한 찰스 디 스토크스(Charles D. Stokes)의 입장[11]에 동의하고 있다.[12] 박용식은 한국감리교회가 '5,000교회 백만성도운동'을 추진하여 성도수의 목표는 달성했지만, 교회수의 목표는 겨우 43% 밖에 달성하지 못했다는 것도 지적하고 있다.[13] 그러나 그는 이 논문에서 교회수의 낮은 증가에 대한 원인들을 규명하지는 않았다.

김진수는 그의 목회학 박사학위논문에서[14]에서 '분립-지원 개척교회' (separate-supported church plant)를 21세기 국내 교회개척을 위한 가장 합당한 모델로 적극적으로 주장하고 있다. '분립-지원 개척교회'란 용어는 '모교회'가 개척목회자의 생활비, 예배장소, 임대비 등을 포함한 모든 비용을 지원할 뿐 아니라, '모교회'의 교인 몇 사람을 파송하여 세운 교회를 의미한다.[15] 이 논문은 '모교회'가 교회개척에 대한 일체의 책임을 져야 한다는 것을 강조함으로써 개척사역자가 개척의 모든 책임을 홀로 져야 하는 개별개척에 대한 대안으로서 의의를 지닌다. 이는 한 교회의 개척 비용을 전부 책임질 수 있는 개체교회는 그리 많지 않을 것이므로 좀 더 보편적으로 적용할 수 있는 대안이며 '모교회'의 교인들을 떼어주는 것을 필수적 조건이 아닌 선택적 조건으로 보기 때문에[16] 분립보다는 지원에 더 강조를 둔 대안이라고 생각된다.[17]

노희상은 『분립개척을 통한 교회성장연구』[18]라는 석사학위논문에서 두 개의 분립개척교회와 여섯 개의 개척교회를 일구어 낸 부천참된교회(박창하목사)를 소개하면

---

11) Charles D. Stokes, *History of Methodist Mission in Korea, 1885-1930*(Yale University, 1947), 21.
12) 박용식, 앞의 책, 19.
13) 같은 책, 101.
14) Jin Soo Kim, *A Study on the 21st Century Church Planting Model : a Case of Separate-Supported Church Plant and Alternate Church*, D Min dissertation, (Reformed Theological Seminary, 2003). cf. 한국어로 씌여진 논문임.
15) ibid., xv.
16) ibid., 15-116.
17) 이와 유사한 논문으로는 유석현의 『모교회 중심의 교회개척이 지교회 성장에 미치는 영향: 여주 광현교회 중심으로』(신학석사학위논문, 총신대학교 선교대학원, 2003)가 있다.
18) (한일장신대학교, 2002).

서 분립개척이 교회성장을 위하여 가장 적합한 모델이라고 제시하고 있다. 왜냐하면 교회성장을 논할 때에 한 교회의 개별 성장뿐 아니라, 교회들의 연계 성장을 고려해야 하기 때문이다. 노희상은 분립개척교회는 "교회설립의 한 모델로서 '모교회'의 당회원의 일부와 회원 성도들의 일부와 함께 시작된 교회"[19]라고 정의하였다. 노희상이 정의한 '분립개척교회'는 참여하는 장로와 성도들의 규모에 따라 처음부터 하나의 분립된 조직교회로 시작될 수도 있음을 보여준다. 그러나 우리는 조직교회의 규모를 갖춘 분립은 교회개척의 단계를 거치지 않았기 때문에 분립개척교회가 아닌 분립교회를 이루는 것으로 본다.[20]

지금까지는 교회개척을 주제로 한 논문들을 살펴보았는데, 이제부터는 교회성장을 중심 주제로 다루면서 교회개척을 부분적으로 언급한 논문들을 살펴보고자 한다.

국내에서 교회성장에 대한 연구가 가장 왕성하게 발표된 통로는 각 신학대학원의 목회학석사(M. Div.), 신학석사(Th. M.), 그리고 목회학박사(D. Min.)[21] 등의 학위논문이었다. 우리는 많은 논문들 중에 이 책의 주제인 한국장로교회 교회개척과 관련된 논문들을 선별적으로 소개하고자 한다.[22]

문태홍의 목회학박사학위논문인 『한국기독교장로회 교회개척 현황분석연구』[23]는 '하나님의 선교'(*missio dei*)에 기초한 대한기독교장로회(기장)의 교회개척이념을 이해하는데 도움이 되는 자료이다. 문태홍은 기장이 늦게나마 1987년부터 가동시킨

---

19) 같은 책, 98. 부천참된교회의 박창하목사는 2011년 현재 51번째의 개척을 준비하고 있다고 한다. cf. 황창호, 『한국교회 성장과 약함으로부터 선교로서 분립개척: 참된교회를 중심으로』 (http://missional.wikispaces.com), 39.

20) 우리는 조직교회가 되면 교회개척의 단계는 종료된다고 하는 관점을 가지고 있는데, 이에 대해서는 교회개척의 과정에 대하여 논할 때에 자세히 언급하겠다.

21) 한국어 또는 영어로 씌여진 상당수의 목회학 박사학위논문들이 외국의 신학교 또는 대학교에 제출되기도 하였지만, 박사학위(Ph. D. 또는 Th. D.) 논문은 흔치 않았다.

22) 시간적 여유가 충분하지 못한 가운데 쫓기듯이 씌여진 상당수의 목회학석사(M. Div.) 논문은 걸러질 수밖에 없었다.

23) 문태홍, 『한국기독교장로회 교회개척 현황분석연구』(목회학박사학위논문, 한신대학교 목회학박사원, 1993).

3,000교회운동을 적극적으로 진작시키려는 목적으로 이 논문을 작성했다. 그는 기장의 '하나님의 선교' 신학을 부정하지는 않지만, 소극적 전도로 인하여 교회성장에 취약한 약점을 극복해야 한다고 강조하고 있다.[24] 그는 지역교회의 양적 성장이 하나님의 뜻이므로[25] 기장도 교회성장운동을 더 적극적으로 수용해야 한다고 주장한다. 그가 '하나님의 선교'와 '교회성장'이라는 두 선교신학의 양극을 균형잡아 보려고 시도한 것은 나름대로 의미가 있다고 볼 수 있다. 그는 교회개척을 논문제목으로 삼고 있으나, 실제로는 기장의 더딘 교회성장의 현실을 타개해 보고자 하는 의도가 더 강하게 보이는 논문이라고 할 수 있다.

조양구는 그의 석사학위논문에서 한국장로교회의 대표적인 4개 분파들, 합동, 통합, 고신, 기장의 에큐메니칼 선교신학과 교회성장론에 대한 입장을 비교하고 있다. 통합측은 에큐메니칼 선교신학과 교회성장운동 양자를 다 수용하고, 합동측은 교회성장론만을, 기장측은 에큐메니칼 선교신학만을 수용하고, 고신은 둘 다 수용하지 않는다[26]고 요약하였다. 조양구가 고신은 양자를 다 수용하지 않는다고 분류한 것은 1994년의 고신의 상황으로 볼 때에 수긍할 만하다고 생각한다. 그 당시 고신은 국내 교계에서 크게 유행하고 있던 교회성장론에 대해서 어정쩡한 태도를 가지고 있었다고 본다. 신학적으로는 소위 '교회성장론'을 거부하면서도 자신의 신학과 일관성을 갖춘 교회성장론을 갖지 못하고 있었다고 할 수 있다.

조긍천은 그의 목회학박사논문[27]에서 1952년부터 1984년까지의 고신 교회성장에 대한 역사를 고찰한 후에, 고신의 저성장에는 교회성장운동에 대하여 비판적 입장을 취하는 개혁주의신학의 영향도 없지 않다고 지적하면서, 고신의 양적성장을 위

24) 같은 책, 68, 115, 116.
25) 같은 책, 105.
26) 조양구, 『한국장로교회 성장연구: 예장 통합을 중심으로』(신학석사학위논문, 장로회신학대학원, 1994), 49.
27) 조긍천, 『대한예수교장로회(고신) 교단의 성장에 관한 연구』(목회학박사학위논문, 아세아연합신학대학원, 1987).

해서는 교회성장운동을 수용해야 한다고 주장하였다. 대안 없이 교회성장론을 일방적으로 비판하는 것은 저성장에 시달리는 교회에 도움이 되지 못한다는 것이다. 우리는 그의 이런 주장에서 개체교회의 성장을 강조하던 교회성장론에 대한 개혁주의적 대안을 제시하지 못하고, 그 당시 교회성장론의 대세를 좇아가던 고신의 상황을 엿볼 수 있다. 조긍천의 논문 이후 고신은 어떻게 되었는가?[28] 그의 논문의 영향이라고 단정하기는 어렵지만, 그 후 고신 교회들은 실제로 교회성장론을 널리 수용한 합동측과 대동소이한 경향을 따르게 되었다고 할 수 있을 것이다. 그의 논문은 교회개척을 직접 다루지는 않으나, 교회성장의 관점에서 고신의 역사를 되돌아 본 것이므로, 고신의 저성장을 반성하기 위한 자료가 될 뿐 아니라, 거기 수록되어 있는 교회수의 증감 등은 교회개척을 위한 연구에도 유용한 자료를 제공하고 있다.

아쉽게도 교회개척을 장로교회적 관점에서 취급한 논문은 거의 없다. 장로교회적 교회개척론에 참고할만한 논문들이 있다면, 오래된 논문이지만 주명준의 『한국장로교 조직의 확립과정』[29]을 들고 싶다. 이 논문은 1912년에 대한예수교장로회 총회가 조직되기까지 교회와 선교회의 구조적 관계 속에서 장로회공의회가 채택한 개체교회의 초기조직의 방법을 보여주고 있다. 그가 장로교회의 교회조직 및 정치제도의 관점에서 초기의 교회조직의 방법을 논의한 것들은 바로 장로교회 교회개척에 적용할 수 있는 단서들을 제공하고 있기 때문에 우리에게도 귀중한 자료가 된다.

그 다음으로 이해성의 석사학위논문인 『대한예수교장로회(통합측) 개척교회 전도정책에 대한 연구』(1986)를 꼽을 수 있다. 이해성은 1884년부터 1905년까지를 초기로, 1905년부터 1945년까지를 일제시대로, 그리고 1945년 이후를 성장기로 나누어 한국장로교회의 교회개척정책을 다루고 있다. 그는 '개척교회'를 오중(五重)으로 정의하

---

28) 고신에서 교회성장학을 장로교회의 신학적 입장에서 비판적으로 다루면서, 장로교회적 교회성장론을 다루어 준 논문이 나왔는가? 이에 대해서는 조금 뒤에 다루기로 한다.

29) 주명준, 『한국장로교 조직의 확립과정 – 구전래로부터 기론함(1889–1912)』(M. A. 논문, 서울대학교, 1969).

기를 첫째, 미복음화 지역에(서 생겨난) 신자들의 새로운 모임, 둘째, 기존의 교회가 있든 없든 새로운 거주지역에 (모여든) 신자들의 새로운 모임, 셋째, 사탄의 세력을 제거함으로써 시작된 신자들의 공동체, 넷째, 교회확장에 의한 새 회중, 다섯째, 새로운 집회의 시작부터 새로운 교회설립에 대한 노회의 인가를 받기까지의 과정 중에 있는 교회[30] 라고 하였다. 이해성이 다섯째 정의에서 개척예배의 시작에서 설립허락을 받기까지의 교회를 개척교회라고 정의한 것은 우리의 개척교회의 정의와 일치한다. 다만, 이해성은 개척교회를 교회개척과 구분하지 않고 사용한다. 하지만 우리는 '교회개척'을 개척준비부터 시작하여 개척교회가 하나의 조직교회로 되기까지의 전 과정을 포괄하는 용어로 사용하기 때문에 '개척교회'와는 구분된다.[31] 이해성의 역사, 선교신학 및 교회개척정책 등에 대한 관심은 적절한 것이었지만, 1974년부터 1985년 사이에 개척된 교회들에 대한 설문지 조사[32]를 취급한 방식은 미흡한 것이었다.

박창복은 『21세기 한국개척교회 현실에 대한 통합적 진단과 전략적 제안들』[33] 이라는 논문에서 교회개척의 현상적 문제들을 진단하고 새로운 개척전략을 제시하는 것을 논문의 목표로 제시하고 있다. 그가 1912년까지 한국장로교회 교회개척의 역사를 너무 간략하게 취급하였기 때문에[34] 거기서 어떤 논의를 끄집어내기는 어려웠다. 그의 전략 제안도 교회성장, 지역인구조사, 주차공간의 확보 등 지엽적인 문제에 관한 아이디어를 제시하는 정도[35]여서 장로교회 교회개척에 대한 포괄적 대안으로는 충분하지 않다.

---

30) 이해성, 『대한예수교장로회(통합) 개척교회 전도정책에 대한 연구』, 석사학위논문(장로회 신학대학원, 1996), 40-41.

31) 장로교회적 교회개척의 전과정에 대해서는 이 책의 15장에서 상세하게 제시할 것이기 때문에 여기에서는 그냥 지나가고자 한다.

32) 이해성, 앞의 책, 75-97.

33) 박창복, 『21세기 한국개척교회 현실에 대한 통합적 진단과 전략적 제안들』, 석사학위 논문(총신대학교, 2000).

34) 같은 책, 47.

35) 같은 책, 64-67.

교회개척과 관련된 일반 문헌들

1970년 이전까지는 교회개척에 대한 논문이 별로 발표되지 않았다. 1970년에 김득룡이 신학지남에 짧은 글을 발표했는데, 농촌 상황에서 다른 교단의 교회가 이미 설립되어 있는데 그 근처에 교회를 개척하는 것이 합당한지 질문하고 이에 대한 답변을 시도하였다. 그는 기존의 교회가 성경적 원리에서 이탈하여 참교회의 표지를 상실했을 때는 거리와 상관없이 또 하나의 교회를 개척할 수 있다고 답변하였다.[36] 한편, 그는 비윤리적 교회개척 행위로 사회나 교회를 혼란하게 해서는 안 된다고 강력히 경계하였다.[37]

이종복은 김득룡이 교회들의 상호근접문제를 다룬 데서 더 나아가 1970년대에 다변화된 교회개척의 문제들을 보여주고 있다. 이종복은 1979년에 교회개척의 네 가지 어려움을 토로했는데, 교회들의 상호근접, 교인 확보를 위한 교회간의 경쟁, 교회개척자의 야심에서 비롯된 개별적 교회개척, 그리고 교회개척의 도시 편중성 등이었다.[38]

1980년대에는 교회개척에 대한 문헌이 별로 없었다. 다만 한국교회에 번역되어 소개된 책들이 주된 참고서적들이었다. 에즈라 얼 존스(Ezra Earl Jones)의 *Strategy for New Churches*[39] 는『교회개척의 이론과 실제』라는 제목으로 1985년에 번역되었다. 존스는 "새교회들을 시작하는 것은 기독교 복음으로 더 많은 사람들에게 미칠 수 있는 전도의 한 방법"[40] 이라고 주장하였다. 그의 주장에 동의하면서도, 우리는 또한 새교회는 기존교회들의 전도의 결과라고 주장하고 싶다. 왜냐 하면 새 교회

---

36) 김득룡, "농촌 상황에서 타교단의 설립교회 곁에 교회개척을 할 수 있는가?"『신학지남』, 제37권 제3호(1970년 가을), 68, 69.

37) 같은 책, 69.

38) 이종복, "한국사회환경과 교회개척,"『월간 목회』(1979년 4월), 57-60.

39) Ezra Earl Jones, *Strategy for New Churches*(New York et al: Harper & Row Publishers, 1978).

40) 에즈라 얼 존스, 고영민 역,『교회개척의 이론과 실제』(서울: 대한기독교출판사, 1985), 6.

는 전도한 결과 회심자들을 얻게 되었을 때에 시작할 수 있다고 우리는 생각하기 때문이다. 새 교회를 먼저 시작해놓고, 새 교회를 통해서 전도하겠다는 생각에는 새 교회를 시작하기 위한 기본적 조건인 회심에 대한 고려가 충분히 배여 있지 않아 보인다. 존스는 "어떤 조직체이든지 마찬가지이지만, 교회는 분명한 자기 정체성이 필요하다."[41]라고 하면서, 나중에 그 정체성을 다시 규정하는 일을 예상한다고 하더라도, 처음 계획단계에서부터 될 수 있는 한 아주 노골적으로 "새 회중의 형태는 반드시 규정되어야 한다."[42]고 주장하였다. 존스는 또한 "우리 자신을 과거의 전제들로부터 해방시키고 싶은" 욕망과 "전통적 형태로부터 너무 급진적으로 분리하지 않으려는"[43] 주의(注意) 사이에 있는 긴장을 잘 인식하고 있다. 존스의 교회개척의 정체성에 대한 주장이 장로교회적 정체성을 말하고 있는 것은 아니지만, 교회개척의 교파적 특성을 인정한 것이므로 특별히 우리의 관심을 끈다. 존스의 주장을 장로교회에 적용한다면, 장로교회는 자기의 정체성과 일치하는 장로교회를 개척하는 것이 당연하다는 말이 된다.

1985년에 멜빈 하지(Melvin L. Hodges)의 *A Guide to Church Planting*[44]을 권달천이 번역하여 『교회개척 가이드』로 출판되었다. 하지는 교회의 가장 중요한 사명은 사회개혁이 아니라, 하나님을 영화롭게 하는 것, 전도 그리고 교회설립이라고 주장하였는데,[45] 이것은 기스베르투스 푸티우스(Gisbertus Voetius)의 선교의 삼중목적과 일치한다. 하지는 또한 교회개척에 있어서 성령의 주되심과 모든 신자들의 동원,[46] 설교의 수준,[47] 개척사역자의 재능[48] 등을 동시에 강조하였다. 하지의 강점은

---

41) 같은 책, 18.
42) 같은 책, 27.
43) 같은 책, 50.
44) (Chicago: Moody Press, 1973).
45) 멜빈 하지, 권달천 역,『교회개척 가이드』(서울: 생명의 말씀사, 1985), 11-18.
46) 같은 책, 27.
47) 같은 책, 19.
48) 같은 책, 28-31.

교회개척을 하나의 과정(a procedure)[49]으로 취급하여, 전도, 회심, 세례, 그리고 교회조직, 등을 교회개척의 과정에 포함시킨 것이다.[50] 장로교에서 말하는 복수장로제를 말한 것은 아니지만, 하지가 교회조직과정에서 장로의 필요성을 말하고 있다는 점은 주목할 만하다.[51]

1990년 이후 국내에서 교회개척에 대한 논의가 빈번해지고 있을 때에, 더 많은 번역서들이 소개되기 시작하였다. 도널드 벤슨(Donald Benson)의 *How to Start a Daughter Church*가 『모교회를 통한 교회개척의 실제』[52] 라는 책명으로 출판되었다. 벤슨은 교회개척의 네 단계를 1. 가정성경공부, 2. 전도소, 3. 채플, 4. 교회 등으로 정리하고 있다. 그는 목적에 따라 가정성경공부를 전도소와 구분하였는데, 후자는 또 하나의 교회를 형성하기 위하여 사람들을 불러 모으는 단계인데, 전자는 사람들을 기존의 '모교회'로 인도하기 위한 모임이라는 것이다.[53] 가정성경공부는 아직 교회개척의 의도를 뚜렷하게 가지지 않은 채, 아직 '모교회'의 일부로 소속되어 있는 상태이다. 채플이 전도소와 다른 점은 참여하는 사람들의 헌신의 정도에 있다. 채플은 참여하는 사람들에게 회원이 되기를 요구하지만, 전도소는 아직 회원이 되기를 요구하지 않는다. 그리고 교회는 공식적으로 선출된 사역자를 세운 제도화된 조직이라고 한다면, 채플은 아직 교회로 공식적인 인정을 받은 상태는 아니다. 이 책에서 교회개척의 과정을 말할 때에, 벤슨의 전도소는 개척선교소(mission plant) 에 해당하고, 그의 채플은 저자가 말하는 개척교회와 비슷하다.

알버트 갬미지(Albert W. Gammage)의 *How To Plant a Church*는 『교회개척론』[54]

---

49) 같은 책, 32.
50) 같은 책, 36-53.
51) 같은 책, 53.
52) 도날드 벤슨, 고용남 역, 『모교회를 통한 교회개척의 실제』(서울: 요단출판사, 1992).
53) 같은 책, 41.
54) Albert W.Gammage, *How To Plant a Church*(P. O. Box 1731, Makati, Central P. O., Manila, Phillippines: The Church Strengthening MInistry), 『교회개척론』, 고용남 역(서울: 요단출판사, 1993).

으로 국내에 소개되었는데, 갬미지는 침례교 교회개척의 네 가지 목적을 1. 불신자의 구원, 2. 새 신자의 교육, 3. 신약교회의 설립, 4. 지방회와 전국 총회(national convention)와 협력하는 교회의 건설이라고 하였다.[55] 갬미지는 또한 교회개척에 있어서 세 영역의 준비를 강조하였는데, 후원주체, 개척사역자, 그리고 모임장소였다.[56] 그가 말하는 교회개척의 단계는 1. 전도, 2. 새신자의 양육, 3. 목회자 세우기, 4. 교회의 설립이라고 하였다. 갬미지가 말하는 교회는 적어도 20명 이상의 중생받은 그리스도인들의 집단으로서[57] 성인 침례 등 침례교의 교리에 대한 확신을 가져야 한다. 이 책은 하나의 독립적이면서도 서로 관련된 교회를 세우고자 하는 침례교 교회개척론을 잘 대변하고 있는데, 침례교 교회개척의 종결기준은 한 목회자를 세워 교회로서의 형태와 기능을 갖추게 된 때로 본다.

90년대 국내에 잘 알려진 또 한 명의 교회개척학자는 피터 와그너(Peter Wagner)이다. 교회개척에 있어서 명언이 된 그의 어귀, "하늘 아래에 가장 효과적인 단 하나의 전도방법은 새 교회들을 개척하는 것이다,"[58]가 들어 있는 책이 바로 *Church Planting for a Greater Harvest* 인데, 국내에서는 『교회가 너무 많다고 생각하십니까?』[59] 로 번역되어 널리 읽혀졌다. 와그너는 교회개척의 방법을 양식적 모델(modality model) 과 조합적 모델(sodality model)로 크게 두 부류로 나누고, 열 두 가지의 방법들을 제시하였다. 양식적 모델이란 회중적 구조를 의미하고, 조합적 모델이란 기반을 지역교회에 두지 않는, 교단적 또는 선교단체적 구조를 말한다.[60] 제도적 교회모델로 와그너가 꼽는 첫째는 분봉(hiving-off)인데, 우리가 이 책에

55) 같은 책, 19.
56) 같은 책, 20-53.
57) 같은 책, 113-119.
58) Peter Wagner, *Church Planting for a Greater Harvest*(Ventura, CA: Regal Books, 1990), 11.
59) 피터 와그너, 홍원팔 역, 『교회가 너무 많다고 생각하십니까』(서울: 알돌기획, 1994). 같은 역자가 이 책을 『더 큰 수확을 위한 교회개척 가이드』(서로사랑, 1997) 로 펴내었다.
60) 같은 책, 70.

서 말하는 분립개척에 해당하는 것이다. 그 다음으로 식민지화(colonization), 입양(adoption), 우연한 기회에 모교회가 되는 경우(accidental parenthood by church divisions), 인공위성모델(satellite model), 다중교회들(multi-congregational churches), 복수 캠퍼스 모델(multi-campus model) 등인데 '모교회'로부터 자율적이냐 아니냐 하는 것은 고려되지 않았다.[61] 선교팀(mission team), 촉매적 교회개척자(the catalyst church planter), 설립목사(the founding pastor), 독립적인 교회개척 사역자(the independent church planter), 사도적 교회개척자(the apostolic church planter) 등이, 교단적 단체 또는 일반 선교단체와 함께 하든지 하지 않든지에 상관없이, 와그너가 말하는 조합적 선교 모델들이다.[62] 와그너는 200명의 장벽을 뛰어넘는 지속적 교회성장을 위해서 개척사역자들에게 여섯 가지의 제안을 내어 놓았는데, 첫째 두 명의 동역자들과 시작하고, 둘째 성인친교단체를 복수로 선택할 수 있는 기회를 제공하고, 셋째 평신도들을 구비시키기 위해서 강력한 리더십과 비전을 지닌 지도자가 되어야 하며, 넷째 목자(shepherd)에서 목장주인(rancher) 으로 목회적 기능을 업그레이드하고,[63] 다섯째 영구적 건물의 건축계획은 적어도 활동적인 장년이 350명이 될 때까지 연기하고, 여섯째 500명의 회원을 확보하기까지는 완전한 형태의 교회법이나 세칙을 작성하지 않도록 하라고 하였다.[64] 와그너의 주장이 장로교의 정치제도의 근본적 정신과 부합하는지에 대해서는 나중에 상세하게 비판적으로 논의하겠지만,[65] 여기에서는 그가 대변하고 있는 교회성장운동이 200-300명의 회원을 가진 교회들에게 계속 더 성장해야 한다는 의욕 또는 의무감을 불러일으킴으로써 대교회주의를 확산되는데 영향을 미쳤다는 것을 지적해 둔다.

61) 같은 책, 71-9.
62) 같은 책, 81-86.
63) 같은 책, 155-157.
64) 같은 책, 149-159.
65) 같은 책, 229, 295-303 참조.

오브리 말퍼스(Aubrey Malphurs)의 책, *Planting Growing Churches for the Twenty-first Century*[66]가『21세기 교회개척과 성장과정』[67] 이란 타이틀로 번역되었는데, 이 책의 특징은 교회개척의 과정을 유기체의 여섯 단계의 성장과정에 비유하고 있다는 점이다. (비전의) 잉태, (핵심그룹의) 임신기간, (회중의) 탄생, (200명의 장벽을 넘어서는) 성장, (자급 및 자치에로의) 성숙, 마지막으로 (자교회의) 재생산 등이다.[68] 교회개척은 교회의 생의 주기(life-cycle)로 볼 때, 교회의 재생산이라고 주장하고 있는데, 성년이 된 기존의 교회들은 교회개척을 해야 한다는 강한 암시를 담고 있는 것이 강점이기도 하다. 하지만, 교회재생산을 교회개척의 과정에 포함시키게 되면, 교회의 모든 일이 다 교회개척과 관련되기 때문에 교회개척이 너무 포괄적인 개념이 되고 만다는 것이 문제이다. 우리는 교회개척의 과정에 교회재생산을 포함시키기보다, 개체교회로서의 기능을 자립적으로 감당할 수 있다고 판단할 수 있는 시점, 즉 장로교회적으로는 당회가 조직되는 때를 교회개척과정의 종료시점으로 보는 것이 더 좋다고 생각한다. 한편, 말퍼스는 와그너의 목장경영주의 개념을 적극적으로 옹호하고 있다.[69]

국내의 교회들이 성장둔화현상을 뚜렷하게 인식하기 시작한, 1990년대 후반에 들어와서, 교회개척 전문가들이 한국교회의 교회개척의 딜렘마를 다루는 책들을 내어놓기 시작하였다. 대표작은 명성훈의『교회개척의 원리와 전략』[70]이다. 이 책의 특징은 이 분야의 서양의 많은 문헌들을 참고하기도 하고 요약하면서 소개하고 있다는 점이다. 명성훈은 시종일관 교회개척의 성패는 교회개척자에게 달려 있다고 강조하였다. 이것은 아무도 부인할 수 없을 것이다. 그러나 개별개척의 문제가 점점 더 심

66) (Grand Rapids, MI: Baker, 1992)
67) 홍용표 역(서울: 예찬사, 1996).
68) 같은 책, 478.
69) 같은 책, 483.
70) (국민일보사, 1997).

각해지고 있던 1990년대 상황에서 그런 강조가 과연 균형잡힌 강조였느냐 하는 의문이 있다. 명성훈도 '모교회'와의 협력관계를 확보하기를 권장한 것은 사실이다.[71] 그도 더 큰 교회가 되기 위해서는 교회의 양적성장뿐 아니라, 교회의 건강의 중요성을 인정하였고, 하나의 교회가 그 자신의 성장을 추구하기보다 더 많은 자교회(子敎會)를 개척하는 것을 장려하였다.[72] 그러나 그는 동시에 국내와 세계 복음화를 위해 대형교회의 장점 또한 옹호하였다.[73] 그가 자교회 개척과 대형교회의 추구 이 양자를 다 권장하면서도, 어떻게 하면 이 양자의 추구가 조화롭게 상생적으로 공존할 수 있는지를 상술하지 않았기 때문에 그의 주장이 균형잡힌 논리라기보다 이중적 논리가 될 수도 있는 점이 문제이다.

이규승은 『성공적 교회개척론: 한국장로교회를 중심으로』라는 책을 출판하였다. 이 책은 교회개척의 단계들을 성공적으로 통과한 25개의 장로교회들에게 설문을 보내어 회수된 20개 교회들의 응답들을 분석한 것에 근거한다.[74] 설문대상이 개척에 성공한 교회들, 그리고 은평구에 있는 교회들로 한정되었고, 설문 샘플의 수도 너무 적어서 설문조사의 신뢰도를 충분히 확보하지 못한 문제점이 적지 않다. 하지만 이 책에서도 응답한 20교회 중에서 한 교회만 외부 교회들로부터 충분한 후원을 받았을 뿐이고, 10교회는 개척사역자의 개인자금으로 개척교회를 시작한 것[75]을 밝힘으로써 개별개척 유형이 보편화되고 있는 현상을 확인할 수 있었다.

이상대는 『개척교회를 벗어나는 일곱가지 방법』에서 개척자들에게 반드시 성공할 줄을 확신하고 교회개척을 포기하지 말아야 할 것을 자기의 개인 간증을 곁들여 강하게 주장하였다.[76] 개척사역자들에게 전적 헌신이 개척의 성공여부를 가늠한다

71) 같은 책, 153-156.
72) 같은 책, 22.
73) 같은 책, 20-21.
74) (서울: 한들, 1997), 65-77.
75) 같은 책, 68-69.
76) (서울: 요단출판사, 1997), 44-45.

고 강조하는 것은 타당하지만, 그 이면에서 그들에게 철저하게 개별적 교회개척의 관념을 각인시키려고 한다는 인상도 받았다.[77]

국내에서 교회개척에 대한 논의의 장을 넓혀준 것은 교회개척에 대한 논문들을 기획기사로 다루어 준 기독교 잡지들이었다. 월간 목회는 앞서 언급한 이종복의 논문과 나일선(Marlin L. Nelson)의 "미국의 개척교회의 유형"[78]을 1979년에 게재한 후 1990년대에 들어서 윤석용의 "한국 농촌선교를 도전한다,"[79]와 2004년에 소강석의 "신도시 교회, 개척교회 고비 넘기기,"[80] "신도시 교회, 심방이 더 절실하다,"[81] 등의 논문을 실었다. 교회개척에 대한 논의를 가장 집요하게 다루어준 잡지는 『목회와 신학』이었다. 1995년 4월호에 "차세대 개척목회 전략론"이라는 특집기사가 처음으로 등장하였다. 거기서 이상윤은 교회성장율의 둔화로 인하여 교회개척의 성공에 대한 의구심이 일어나니 교회개척의 열기는 식어가고 있다고 지적하였다.[82] 한경철은 "요즈음 왜 개척교회들이 생존에 실패하는가?" 라는 질문을 제기하면서 교회들이 분립개척을 시도할 필요가 있다고 제안하였고, 대교회들은 개척교회들의 문제에 주목하여 그들을 돕기 위한 실제적 대책을 세워야 한다고 촉구하였다.[83] 명성훈은 비록 개척성공율이 10% 미만이라 할지라도 교회개척을 지속해야 할 이유들로서 성경적 명령, 세계복음화의 효율성, 잠자는 교회들에 대한 도전, 교회지도력의 증진, 교회존속을 위한 필요성 등을 열거하였다.[84] 박은조는 차세대를 위한 새로운 교회개척 모델

---

77) 이상대는 그 후, 2002년에 『교회개척컨설팅』(서울: 서로사랑, 2002)이라는 책을 출판하였는데, 개별적 교회개척의 부정적 측면을 언급하고 있으나(pp. 12-14), 개척사역자가 자기가 개척한 교회에 대한 비상한 희생적 헌신 외에는 그 문제들을 해결할 수 있는 길은 없다고 보았는데(p. 14), 그는 교단들이 적합한 전략이나 감독을 통하여 개척교회들을 돌보리라고 기대하지 않을 뿐 아니라, 개척사역자들의 개별적 개척의식이 바뀌지도 않을 줄로 보았기 때문이다.

78) 『월간 목회』(1979년 4월), 41-50.

79) 『월간 목회』(1991년 3월), 255-316.

80) 『월간 목회』(2004년 2월), 157-165.

81) 『월간 목회』(2004년 3월), 147-159.

82) "1995년 한국의 개척교회 현황을 본다," 『목회와 신학』(1995년 4월), 47.

83) "오늘의 개척교회, 왜 안되는가," 『목회와 신학』(1995년 4월), 69.

84) "교회 개척시 유의해야 할 7원리," 『목회와 신학』(1995년 4월), 70.

로서 분립개척을 제안하면서,[85] '모교회'로서 세 교회를 분립했던 서울영동교회의 경험을 나누었다. 이 분립개척모델은 한국장로교회의 교회개척역사에 있어서 새로운 모델은 아니었지만,[86] 1990년대에 와서 이 분립개척모델을 재활성화시킬 필요성을 교회들에게 일깨워주었다. 그의 제안이 시기적절하였는데, 기존교회에서 임지를 얻지 못한 신학교 졸업생들이 아직도 한국교회의 성장둔화현상을 제대로 인식하지 못한 채 그들 자신의 개별적 의사에 따라 교회개척에 뛰어들고 있는 상황이었기 때문이었다.

『목회와 신학』 1996년 7월호와 8월호에 연재된 노치준의 논문 "한국의 개척교회의 실태, 그 현주소를 본다." (I)[87] 과 (II)[88] 에서 신자들의 인구비율이 1991년에 18.6%에서 1994년에 18.2%로 낮아졌음에도 불구하고 교회수는 1990년 35,869개에서 1992년에 42,589개로 큰 폭으로 증가한 이유가 무엇인가 질문을 던지고 있다. 그 답은 교인의 인구수의 증가 때문이 아니라, 개척교회의 증가 때문이었다. 개척교회는 많아졌는데, 교인들은 늘지 않았다면 현재 사용되고 있는 교회개척의 방법들이 별로 효과가 없음을 의미하는 것이 아닌가. 노치준은 정부나 해당 교단의 감독을 받지 않고 완전히 자유롭게 개척교회를 시작할 수 있는 자율성과, 교단 간의 치열한 경쟁과, 교회 수에 따른 목회자의 수급에 대한 고려없이 졸업생들을 과잉배출하는 신학교 등에 그 이유를 묻고 있다. 그가 파악한 교회개척의 현황과 문제의식은 정확하지만, 앞으로 한국교회가 어떻게 교회개척의 문제들을 풀어나가야 할 것인가 하는 대안적 제안은 아쉽게도 그 논문에서 다루어지지 않았다.

『목회와 신학』은 1999년 3월호에 "개척교회, 어떻게 할 것인가?"라는 주제의 특

85) "차세대의 새로운 개척교회 유형 모색," 『목회와 신학』(1995년 4월), 115-118.
86) 하나의 대표적 예를 들면, 울산교회가 울산남부(1970), 성산(1970), 중부(1976), 농소(1977), 복된(1986), 북부(1989), 강북(1993), 서원(1993) 등의 교회들을 분립개척하였다. cf. 『울산교회 40년사: 1956-1996』(울산교회 40년사 편찬위원회, 1996), 144-147.
87) 『목회와 신학』(1996년 7월), 100-111.
88) 『목회와 신학』(1996년 8월), 100-107.

집을 다시 실었는데, 이 특집의 기본적 질문은 교회개척의 당위성에 대한 것이었다. "많은 개척교회들이 문을 닫지 않고 살아남기 위해 생존을 위한 투쟁을 하고 있는데, 왜 우리는 더 많은 교회들을 개척해야 하는가?"[89] 이에 대한 해답으로 가장 많이 언급된 것은 한국 인구의 80%가 아직도 불신자로 남아 있기 때문이라는 것이었다.[90] 교회개척의 난관을 돌파하기 위해서 논자에 따라 개척사역자의 자질,[91] 역경을 이겨내는 방법,[92] 난관을 극복하기 위해 지불해야 할 댓가,[93] 또는 문제를 직면하는 방법[94] 등을 강조하였다. 성공적 교회개척을 위하여 개척사역자의 자질과 인내를 강조한 논문들은 국내의 개별적 교회개척으로 일어나는 시급한 문제들을 다루지 않았다. 그러나 박철수는 450명의 교인들을 목회하기도 힘든 자신의 경우를 예시하면서 수천 명의 교인들을 가진 대형교회들은 목회적 감독의 책임을 제대로 감당할 수 있을지 의문을 제기하였다.[95]

이상규는 1960년대부터 1990년대 중반까지 교회개척의 역사와 통계를 되돌아 보면서, 1980년대까지는 교회와 기독교 인구의 수적 증가가 비례적으로 상호 영향을 주고 받았으나, 1990년대에는 기독교 인구의 감소에도 불구하고 개척교회수의 증가 비율은 여전히 높게 유지되고 있다고 지적하고, 근년에 유행하고 있는 무분별한 교회개척을 재고할 것을 촉구하였다.[96] 국내의 교회개척을 전망하면서 이상규는 미국장로교회(PCA) 한국선교부가 1991년에 펴낸 무교회지역 조사보고서에 기초하여 무교회지역 교회개척을 주력할 것을 제안하였다.[97] 하지만 우리는 의견을 좀 달리한

89) 홍정길, "개척교회, 목회자의 자질에 달려 있습니다."『목회와 신학』(1999년 3월), 42.
90) 같은 책, 42.
91) 같은 책, 42-47.
92) 스투 비히믹(Stu Boehmig), "개척교회가 성장할 때 어떤 대가를 치르는가" 같은 책, 48-61.
93) 강준민, "교회개척시 목회자가 지불해야 할 대가들," 같은 책, 62-67.
94) 김인중, "개척교회에서 자주 발생하는 문제들," 같은 책, 68-75.
95) "개척교회 목회자들이 빠지기 쉬운 유혹들," 같은 책, 89.
96) 이상규, "교회사로 살펴 본 교회개척과 교회성장," 같은 책, 78-79.
97) 같은 책, 82-83.

다. 무교회 농촌지역에 교회개척을 우선적으로 해야 하겠지만, 무교회 농촌지역은 그리 많이 남아 있지 않다. 비록 도시지역에는 교회들이 이미 많이 세워져 있기 때문에 교회개척의 여지가 없는 것 같으나, 아직도 많은 불신자들이 있고 유동인구가 많기 때문에 새로운 교회개척의 필요는 늘 발생한다. 따라서 무교회 농촌지역의 교회개척을 강조하고, 도시지역의 교회개척은 더 이상 여지가 없는 듯이 말할 수는 없다. 오히려 교회개척의 필요성을 개발할 수 있는 여지는 인구가 적은 농촌지역보다 도시지역이 상대적으로 훨씬 크다.

밥 로건(Robert E. Logan)은 2001년 한국의 교회개척상황을 파악한 후에 『목회와 신학』과의 인터뷰에서 개별적 교회개척보다 팀 교회개척을 장려하였다.[98] 특히 교회들이 비젼과 소명감을 가지고 교회개척에 적극적이어야 할 필요가 있다고 지적하고, 성장하고 있는 교회들은 새 개척교회를 위해서 그들의 회원의 10%를 내어 줄 것을 제안하였다.[99] 교회가 교회개척의 책임을 져야 한다는 그의 주장은 한국교회에 아주 시의적절한 조언이 되었다. 그는 선교와 교회성장 전반을 위해서 작은 교회들이 많아지는 것이 더 효과적일 것이고,[100] 교회개척을 통하여 장래의 교회지도자들이 일어날 것이라고 하였다.[101] 한편, 그는 피터 와그너의 지도력 하에서 교회성장운동이 애석하게도 길을 잃었다고 하였다.[102]

2002년이 되어 『목회와 신학』은 또 하나의 교회개척특집을 내놓았다. "한국교회와 교회개척의 소명" 이라는 주제로 엮어진 그 특집은 21세기 교회개척의 새로운 패러다임을 찾아보려는 시도였다. 박은조와 정주채는 대담기사에서 그들이 시도했던 분립교회개척의 동기와 경험을 밝혔다.[103] 그들은 교회가 주도하는 교회개척이 건강

98) "교회가 교회를 개척해야 합니다." 『목회와 신학』(2001년 6월), 38-51.
99) 같은 책, 50.
100) 같은 책, 49.
101) 같은 책, 47.
102) 같은 책, 49.
103) "교회가 교회를 개척하는 패러다임이 필요하다." 『목회와 신학』(2002년 4월), 59, 60.

한 교회개척모델이라고 한 목소리로 주장하였는데,[104] 교회가 교회개척의 주체임을 강조한 것은 장로회적 교회개척의 기본에 부합한다.

김인호는 한국교회들이 건물/성직자/예배 중심에서 소그룹/평신도/가정중심의 교회개척으로 패러다임을 바꾸어야 한다고 주장하였다.[105] 그는 개척사역자가 정규적인 주일예배를 시작하기 전에 그의 영적 가족(오이코스, *oikos*)을 5-7명의 소그룹으로 성장시키는 것이 급선무라고 제안하였다.[106] 김인호는 로버트 로건이 *Church Planting Tool Kit*(교회개척 도구집)이라는 책을 출판한 후에 *Cell Church Planter's Guide*(셀 교회개척자를 위한 가이드)를 내어 그의 과거의 건물중심의 패러다임을 소그룹중심의 패러다임으로 조정하였다고 지적하였다.[107] 랄프 네이버(Ralph Neighbour)는 『목회와 신학』 편집장과의 인터뷰 기사에서 교회개척은 크리스챤들이 진정한 신앙공동체의 생활을 즐길 수 있는 교회에 기초를 두어야 하고 교회개척사역자들도 그 공동체성의 진수를 경험해 보아야 한다고 주장하였다.[108] 2002년 4월호의 특집은 셀교회개척과 분립개척을 교회개척의 새로운 모델로 소개하였다고 요약할 수 있을 것이다. 그 중에 셀 교회개척은 교회개척의 즉시적 대안이 되지는 못하였는데, 기존의 교회들이 셀교회로 전환되어야 셀교회 개척도 뒤따라 일어날 수 있기 때문이다. 하지만 분립개척모델은 대부분의 큰 조직교회들이 실천 가능한 제안이었기에 큰 관심을 불러 일으켰다.

『목회와 신학』은 2008년 4월호에 "교회를 개척하는 교회 I"이라는 제하에 교회개척에 대한 특집을 다시 꾸려서 내놓았다. 미국 남침례교회(the Southern Baptist Convention)에 속한 노쓰우드 교회(Northwood Church)의 목사인 밥 로버츠(Bob

---

104) 같은 책, 64-65.
105) "교회개척 패러다임의 전환기에 서서," 같은 책, 72, 73, 75.
106) 같은 책, 74.
107) 같은 책, 75.
108) "교회개척은 교회공동체성에서 출발해야 합니다.," 같은 책, 88-95.

Roberts, Jr.)는 예수 그리스도 안에서 변화된 제자들을 통하여 지역과 세계 속에 130개의 교회를 개척한 경험을 소개하였다.[109] 밥 로버츠는 한국교회지도자들에게 자기교회만의 성장추구를 지양하고, 하나님의 나라의 성장을 지역적으로 그리고 세계적으로 추구하자고 도전하였다.[110]

지구촌교회의 이동원은 분립을 통한 셀교회개척 계획을 공개하였고,[111] 안진섭은 대형교회를 무조건 반대하지는 않았지만, 대형교회의 추구 대신 분립개척을 권장하였다.[112] 이 특집기사에는 주요 개신교단들의 교회개척정책과 그 평가들이 수록되어 있는데, 대부분의 교단들이 숫적 성장을 목표치로 내세우고 있는 것은 전과 별로 다를 것이 없으나, 교회개척사역자의 훈련과 선발에 좀 더 주의를 기울이려 하고, 개별개척보다는 분립개척을 좀 더 적극적으로 권장하려는 시도를 볼 수 있었다.

『목회와 신학』은 2008년 5월호에 "교회를 개척하는 교회 II"의 특집을 연속 게재하면서 교회개척의 새로운 모델들을 좀 더 구체적으로 제시하여 보고자 하였다. 김성진은 교회개척을 위한 총체적 계획을 강조하면서, 신학교에서 교회개척에 대한 과목을 새롭게 배정할 뿐 아니라, 총회차원에서 개척사역자훈련원을 개설하는 등 교회개척을 전략적으로 할 것을 제안하였다.[113] 이 특집에서는 '모교회'의 분립개척의 모델로서 42개의 분립개척을 이룬 참된교회,[114] 잠실중앙교회에서 담임목사 정주채와 함께 분립해 나온 향상교회,[115] 강남 향린교회의 분립개척교회인 들꽃향린교회,[116] 안산동산교회에서 목사 셀에서 담임목사와 호흡을 같이 하던 부목사들을 파송해서

---

109) "변화된 교회, 변화된 삶을 위하여(봅 로버츠가 2008년 침미준 세미나에서 강의한 내용의 요약)," 『목회와 신학』(2008년 4월), 44–46.

110) 같은 책, 49.

111) "건강한 교회개척과 부흥 패러다임," 같은 책, 60–61.

112) "분립개척을 통한 건강한 교회성장," 같은 책, 62–76.

113) "목회자여, 지혜롭게 개척하라," 『목회와 신학』(2008년 5월), 70–71.

114) 같은 책, 68.

115) 같은 책, 68–71.

116) 같은 책, 71.

분립한 교회들,[117] 21년 동안 9개의 교회를 분립한 다사랑교회,[118] 지구촌교회로부터 분립한 구리 지구촌교회[119] 등을 소개하였다. 이 특집에 소개된 또 하나의 새로운 교회개척 사례는 서울에 있는 고신의 다섯 교회들이 힘을 합하여 매년 한 교회를 개척하기로 한 결정에 따라 주님의 교회와 하사랑교회가 개척된 것이다.[120]

『목회와 신학』에서 짚어 준 교회개척에 대한 여러 논의의 결론은 개별적 개척모델은 더 이상 현재의 국내 상황에 효과적일 수 없다는 것과 교회개척의 대안적 모델은 분립개척이라고 한 것으로 집약할 수 있다.

교회개척에 대한 토의는 교회성장의 열정에서 비롯되었기 때문에, 교회성장에 대한 논의들 가운데 교회개척과 관련된 내용들을 살펴볼 필요가 있다. 여의도 순복음중앙교회가 설립한 교회성장연구소의 초대원장이었던 명성훈은 국내의 교회성장 운동의 대변인과 같은 인물이다. 그는 국내의 모든 교회들의 94%는 성인 성도가 아직 300명 이하이며 수많은 목사들이 교회성장의 어려움 때문에 스트레스에 시달리고 있는데, 이는 안타깝지만 어쩔 수 없는 현실이라고 보았다. 교회성장이야말로 하나님의 뜻이므로, 목회자들은 어떻게 하든지 300명의 한계선을 돌파해야 한다고 주장하였다.[121]

반면, 어떤 학자들은 한국교회들이 개교회의 한계없는 성장을 추구하여 왔다고 지적하고 있다. 이원규는 쇠락해가는 농촌교회의 문제들을 외면한 채, 자기 교회성장에만 몰두하고 있는 개인주의를 비판하고,[122] 개척교회 목사들이 개척교회 문을 닫으면서 그 시설을 매매하는 등, 교회 안에 이미 들어 와 있는 황금만능주의를 경계하였다.[123] 채은수는 교회성장은 개교회의 성장뿐 아니라, 교회개척을 통한 성장도 포

117) 이한진, "아버지와 아들의 관계로 맺어진 교회의 큰 숲," 같은 책, 78-81.
118) 유상채, "나의 분립개척이야기(1): 다사랑교회," 같은 책, 82.
119) 박노철, "나의 분립개척이야기(2): 구리 지구촌교회," 같은 책, 85.
120) 박준형, "협력개척의 사례들: 협력개척의 모델을 본다," 같은 책, 86-89.
121) 명성훈, 『장년출석 300명 돌파의 원리와 전략(이론편)』(서울: 국민일보, 1998), 5-6.
122) 이원규, "한국교회성장의 재평가", 『한국교회의 사회학적 이해』, 이원규 편(서울:성서연구사, 1992), 233-246.
123) 같은 책, 234, 240.

함해야 한다고 주장하였는데,[124] 이는 매우 적절한 지적이다. 채은수는 또한 교회성장이념에 대한 대안으로서, 선교목적으로서의 하나님의 나라를 제안하였다.[125] 그는 스나이더의 입장을 따라,[126] 대형교회보다 장막 형태의 교회, 다시 말하면 소형교회를 추천하였다.[127]

김성태는 국내의 수많은 미조직교회들을 생각하면서[128] 특히 합동측 장로교회의 교회성장운동에 대하여 좀 더 균형잡힌 비판을 시도하였다. 김성태는 한국교회성장의 전체 역사를 다섯 시기로 구분하였는데, 1884년부터 1910년까지를 초기정착시대, 1910년부터 1945년까지를 "성장과 쇠퇴의 시기," 1945년부터 1955년까지를 "북한교회의 쇠퇴와 일시적 성장 및 남한교회의 이전성장 시기," 1955년부터 1980년까지를 "도시화 현상 속에서 대규모 전도집회 및 조직적인 교회개척운동으로 말미암은 급속한 교회성장과 그에 반비례하는 농어촌의 교회의 쇠퇴 시기," 마지막으로 1980년부터 1990년대 중반까지를 "교회의 계속적 성장과 실제 성장의 문제점 노출과 한국교회 성장의 적신호 시기"라고 보았다.[129]

김성태는 대형교회들에 의해 주도된 교회성장운동의 장단점을 평가하면서, 장점으로 꼽은 것은 첫째, 소그룹을 활성화시켜 평신도들을 전도, 선교, 새신자 양육, 리더십 등의 사역을 위해 훈련시킨 것, 둘째, 모든 평신도들이 자기의 은사를 발견하여 활용하게 하고, 성직자들만의 교회가 아닌 모든 성도들의 교회가 되게 하려고 한 것, 셋째, 우선적으로 회심을 통한 교회성장에 초점을 맞추고 하나님의 나라의 성장은 나중에 추구한 것, 넷째, 교회 자체의 숫적 성장에만 관심을 쏟은 것이 아니라, 하나

---

124) 채은수, "교회성장운동의 이념에 대한 평가," 『신학지남』 통권 207호(1985 겨울), 149.
125) 같은 책, 166.
126) Howard A. Snyder, *Wine Skins*(Illinois: Inter-varsity Press, 1975), 70, 73.
127) 채은수, 167.
128) 합동측의 6,626개 교회중에서 2,513개 교회만 위임목사를 두고 있다고 하였다. 김성태, "한국교회의 성장발달사를 통해 본 교회성장 유형 고찰," 『신학지남』 제69권 제3호(2002년 가을), 122.
129) 같은 책, 123-32.

님의 나라의 사역의 표현으로서 지역사회를 위한 통전적 사역을 수행하고자 한 것, 다섯째, 복음화율이 가장 낮은 20대와 30대에 초점을 맞추려고 예배, 전도, 성경공부 등을 상황화한 것, 등이었다.[130]

한편, 그가 대형교회에 의해 이끌린 교회성장운동의 위험성도 경고하였다. 첫째, 1990년대의 교회성장의 둔화나 감소는 대형교회에 의해서 회복될 수 없고, 전도방법, 교회개척 등을 포함하여 교파의 교회구조를 개선함으로써 접근해야 한다고 주장하였다. 둘째, 대형교회들이 수평이동에 의한 성장을 추구하기보다, 교단이 교회개척자들과 작은 교회의 목사들을 후원함으로써 교회개척운동을 추진해야 한다고 하였다. 셋째, 소그룹 또는 가정그룹운동은 목사와 부목사의 역할을 흐리게 할 수 있는데, 왜냐하면 부목사가 담임목사 아래서는 목회자의 사역 분야 전체를 경험한 적이 없기 때문이라고 하였다. 넷째, 빌 하이벨스의 구도자 교회, 릭 워렌의 새들백교회, 그리고 존 윔버의 빈야드교회는 전통교회에 위협이 될 소지도 있지만 상황화가 잘 이루어진다면 다음 세대들에게 복음으로 다가가기에 도움이 될 수 있는 개연성을 언급하였다. 그러나 지역 귀신 개념이나, 영적전쟁의 개념은 성경적 근거가 희박하며 영지주의(Gnosticism)의 경향을 띠고 있다고 지적하였다.[131]

김성태는 결론적으로 개교회 중심의 지나친 이기적 교회의식을 버리고, 균형잡힌 원숙한 교회성장을 추구하되, 전략적 교회개척을 발전시키기를 촉구하였다.[132] 그의 논문은 한국의 교회성장을 시대적으로 잘 요약하여 평가하고 있으며, 특히 교회개척을 위하여 교회가 공동체적 교회운동을 벌여야 한다고 지적한 것은[133] 매우 인상적이다. 그러나 그의 제안들을 최근의 교회개척 상황에 어떻게 적용해야 할지 자세한 방향제시가 있었더라면 더 좋았을 것이다.

---

130) 같은 책, 135-7.
131) 같은 책, 138-141.
132) 같은 책, 141-2.
133) 같은 책, 142.

총신대학 부설 한국교회문제연구소가 『한국교회 성장정체의 현안과 심층, 그 대안의 모색』[134]이라는 책을 펴냈는데, 그 편집자는 교회성장학파를 따르는 교회성장운동은 한국교회전통을 잠식하는 부작용을 낳았다고 판단하였다. 편집자는 "전통을 새로 다져보는 것도 하나의 갱신이라고 할 수 있을 것"[135]이라고 하였는데 매우 의미 깊은 발언이라고 생각한다. 왜냐하면 그 편집자는 교회성장운동의 영향으로 침식된 장로교 정치제도를 회복해야 한다는 것을 암시하고 있기 때문이다.

정일웅은 교회행정은 개교회중심주의, 교파중심의 교회구조, 그리고 성직자 중심의 교회구조[136] 등의 분야들이 개혁되어야 한다고 하였다. 정일웅은 한 개체교회의 힘이 노회보다 커 질 수 있는 점, 노회의 정치 및 행정은 피동적이 되어 질 수 있는 점 등을 우려하였다.[137]

권호덕은 교회개척은 노회의 차원에서 집행되어야 한다고 주장하면서, 현재 한국교회의 개교회주의는 노회의 관심 밖에서 시작하는 무분별한 교회개척에서 비롯되었다고 진단하였다.[138] 이는 장로교회가 경청해야 할 매우 중요한 판단이 아닌가 생각한다. 그의 다른 글에서 이 관점이 더 자세하게 개진되지 않은 것 같아서 아쉽다. 위의 학자들의 글에서 시사한 바대로 무분별한 교회성장운동이 교회정치제도의 정체성을 손상시킬 수 있다는 점을 고려한다면, 장로교의 교회정치제도에 부합하는 장로교 교회개척에 대한 논의를 더 발전시킬 수 있을 것이다.

한 가지 지적할 것은 한국에서의 교회성장론은, 맥가브란의 교회성장론이 교회개척론과 밀접한 관련이 있는 것과는 다르게, 개체교회 자체의 지속적인 성장에 치중되어 있다는 것이다.

---

134) (솔로몬, 1996).
135) 편집자, "전통과 갱신과 영성," 같은 책, 33.
136) "한국교회의 정치·행정구조의 개선방향," 『목회와 신학』(1994년 1월), 81-82.
137) 같은 책, 86.
138) 권호덕, "그리스도의 삼직분에 비춰본 한국교회 직분개혁론," 같은 책, 99.

이상에서 우리는 1970년대 이후 국내에서 논의된 교회개척에 대한 문헌들을 살펴보았다. 교회성장의 시대를 거치면서 교회개척에 대한 문헌들이 나오기 시작했고, 교회성장이 둔화되면서 교회개척분야에도 큰 여파가 몰려와, 교회개척이 점점 힘들어지게 된 1990년대 중반 이후로 이 주제에 대한 논의들이 활발하게 되었던 것을 볼 수 있었다. 그 외에도 교회성장을 주제로 다룬 논문들이 많이 있지만, 교회개척과는 상관없이 교회성장을 중심주제로 다룬 논문들을 다 언급할 수는 없었다. 우리의 주제는 교회성장보다는 교회개척이기 때문이다. 우리가 연구하기를 원하는 장로교회적 교회개척에 대한 논의는 극히 미미한 정도 밖에 없었던 것도 확인하였다. 저자는 1990년 이후 계속되는 국내 교회의 전반적인 교회개척의 부진과 혼란을 보면서, 이제 장로교회는 장로회적 교회개척은 어떤 것이어야 하는지, 현행의 교회개척이 장로회적 정체성을 유지하고 있는지, 아니라면 장로회적 정체성을 회복해야 할 당위성이 얼마나 시급한 것인지를 진지하게 논의해야 할 때가 되었다고 생각한다.

무엇이 장로교회의 정체성에 부합하는 교회개척인가 하는 것을 논의함에 있어서 한국에 복음이 전파되기 시작한 때부터 지금까지 한국장로교회가 어떻게 교회를 개척했는지, 그 역사적 발전과정을 반성해봄으로써 앞으로 장로교회의 교회개척이 어떠해야 하는지를 신학적으로도 논의하고자 한다. 역사를 우선 살피는 것은 장로교회의 신학적 입장에서 장로교 교회개척의 신학을 확립한 논문이 거의 없다는 것이고, 둘째로 국가교회로서의 장로교의 태생지인 유럽과 영국, 그리고 나중에 이민자들을 통해서 설립된 장로교회인 미국, 캐나다, 호주 등은 선교사들의 사역을 통해서 개척된 한국의 상황과 다르다는 것이며, 셋째, 인도, 가나, 등 선교사들에 의해 뿌리를 내린 장로교회들에 대한 교회개척의 자료를 참고하기에는 한계가 있었다는 것을 말하고 싶다.

한|국|장|로|교|회|와
교|회|개|척

제 일 부

제 삼 장

장로교 교회개척에 관련된 국내 문헌들

제 삼 장

장로교 교회개척에 관련된 국내 문헌들

이제 교회개척과 관련된 일반 국내 문헌자료에 대한 우리의 산책을 끝내고, 이 장에서는 장로교 교회개척에 관련된 국내 문헌자료를 돌아보고자 한다. 이미 언급했지만, 장로교회 교회개척을 본격적으로 다룬 단행본은 아직 출판된 적이 없다. 장로교회와 관련된 문헌들 중에서 간접적 또는 부분적으로나마 교회개척을 언급한 책들을 살펴보는 것이 유익할 것이다.

먼저 존 네비우스(John L. Nevius)의 *Planting and Development of Missionary Churches*[1]를 꼽을 수 있다. 왜냐하면, 이 책은 한국에서 장로교 선교부들의 교회개척정책을 이해하는 데 있어서 가장 기본적인 자료를 제공하고 있기 때문이다. 네비우스는 새로운 신자들을 교회의 지도자들로 섣불리 세우지 말고, 그들이 일상생활에서 복음에 부합하는 순종의 삶을 통하여 성장할 기회를 줌으로써, 지도자로서의

1) (Shanghai: The Presbyterian Press, 1886; Philadelphia, Penn.: The Presbyterian Reformed Publishing Company, 1958);『네비우스 선교방법: 선교교회의 설립과 발달』, 김남식 역(서울 : 성광문화사, 1981).

자질을 준비하는 기간이 되게 하고자 하였다.[2] 중국과 영국에서 침례교회의 교회개척방법을 참고하였지만,[3] 네비우스는 선교지에서 교회를 개척할 때에 장로교회의 정치제도를 이제 갓 시작하는 개척교회에 바로 적용할 수 없다고 생각하였다. 어린 원주민 교회가 전임목사의 사례비 지급을 감당하느라 허덕이게 할 수는 없는 것이었다. 그는 선교지의 어린 교회들에게 적합한 교회제도가 무엇이어야 하는지를 고민하였다. 1891년 이후에 한국에 도착한 북장로교 선교사들이 교회개척의 안내서로서 이 책을 공부하도록 종용받았다는 것을 보면[4] 지속적으로 영향을 끼쳤음을 어느 정도 짐작할 수 있다.

북장로교 조선선교부는 1891년에 네비우스 방법을 자체의 교회개척을 위한 공식적 정책으로 채택하였는데, 그 당시 북장로교 선교사들의 네비우스 방법에 대한 이해와 기대가 『1891년 시행세칙』(*The Rules and By-laws of 1891*)[5]에 담겨있다. 가장 눈에 띠는 것은 지소(sub-station)에 대한 정의로서, "(지소는) 안식일에 하나님께 예배드리기 위해서 예배당 또는 사저에 함께 모이는 그리스도인 집단으로 구성한다."[6]라고 하고 있다. 이 '지소'는 북장로교 선교부의 선교지부(mission station)의 지휘감독 아래 있지만,[7] 예배공동체로서 전임 개척사역자는 없어도 하나의 개척교회인 셈이다.[8] 각 지소는 형식적으로는 선교부의 여러 선교사들에게 당회와 같은 기능을 하도록 공동으로 위임되어 있지만,[9] 여러 지소를 순회하면서 가르치고 돌아보는 담임

---

2) John L. Nevius, 47-48.
3) 같은 책, 55, 71, 72.
4) Samuel A. Moffett, "Missionary Life and Service," *The Fiftieth Anniversary Celebration of the Korea Mission of the PCUSA, June 30 – July 3, 1934 at John D. Wells School*(Seoul, Chosen: 1934), 38. 박용규, 『한국기독교회사 I (1884 – 1910)』(서울: 생명의 말씀사, 2004), 611.
5) Charles A. Clark, *The Nevius Plan for Mission Work: Illustrated in Korea* (Seoul: Christian Literature Society, 1937), 86-94.
6) 같은 책, 86.
7) 같은 책.
8) '선교지부'라는 용어를 노회가 설립되기까지 사용하였는데, 이 용어는 실제로는 개척교회 및 미조직교회에도 적용되었다.
9) 같은 책, 86, 87.

선교사(missionary-in-charge)가 배정되어 있다. 개척사역자나 조사가 배정되지 않더라도 그 회중 가운데 무급 영수를 세워서 주일 예배를 맡도록 하고 있다.[10] 담임 선교사는 영수들에게 신학적 기초소양을 가르치고, 조사를 세워서 시찰구역을 돌아보게 하며, 수세신청자들을 문답하고, 선교부에 각 지소에 대한 연차보고서를 제출하는 책임을 맡고 있었다.[11] 조사들에게는 선교부의 허락을 받아 봉급을 지급했지만, 영수들에게는 지급하지 않았다.

1891년 시행세칙에는 원주민 지도자들에게, 여름과 겨울 사경회를 열고, 때가 되면 신학교를 세울 계획이 기록되어 있으나,[12] 목사에 대한 교육계획은 전혀 구체성이 없다. 북장로교 선교부는 이 시행세칙에서 새로운 지소(개척교회)를 쉽게 시작하기보다 제대로 돌볼 수 있을 때에만 개설할 것을 다짐하고 있다.[13] 하지만 실제로는 그 후에 돌보고 양육하기에 너무 많은 지소를 개설하여 교회개척의 부실을 초래하였던 것을 보게 된다. 이에 대해서는 4장에서 좀 더 자세하게 언급하게 될 것이다. 아무튼 1891년 '시행세칙'은 네비우스 방법이 초기에 선교사들에 의하여 어떻게 이해되고 적용되었는지를 볼 수 있는 매우 중요한 문헌이다.

한국에서 네비우스 방법이 어떤 성과를 이루었는지는 다음 장에서 다루기로 하겠지만, 몇몇 학자들의 평가들을 간단히 짚어보고 지나가고자 한다. 북장로교 한국선교부의 한국선교 25주년에 한국에서 사역했던 몇몇 선교사들이 네비우스 방법에 대해서, 사무엘 모펫(Samuel A. Moffett)은 사경회와 자립이라는 두 원리가 네비우스에게서 얻게 된 가장 큰 도움이었다고 보고했다.[14]

언더우드(H. G. Underwood)는 네비우스 방법의 핵심을 네 가지로 요약하였다.

---

10) 같은 책, 86.
11) 86-87.
12) 92.
13) 88.
14) *Quarto Centennial Papers Read Before the Korea Mission of the Presbyterian Church in the U. S. A. at the Annual Meeting in Pyeng-yang, August 27, 1909*, 18

첫째 자기가 부르심을 받은 그대로 지내게 하라는 말씀대로 각 사람은 그리스도를 위한 개인 사역자가 되어야 하며 그의 이웃 가운데 그리스도인답게 살아야 하며, 자기의 사업으로 자급할 수 있어야 한다.

둘째 원주민 교회가 스스로 돌보고 관리할 수 있는 한도 안에서만 교회의 방법과 기구의 발전을 추구해야 한다.

셋째 교회가 사람들과 수단들을 제공할 수 있는 한도 내에서, 이웃 가운데 전도사역을 더 잘 할 수 있는 자격을 얻은 사람들을 따로 세워야 한다.

넷째 원주민으로 하여금 자기들의 건축양식에 맞을 뿐 아니라, 건축비용을 스스로 감당할 수 있을 정도의 규모로 자기들의 교회당을 짓도록 해야 한다.[15]

김성철은 언더우드의 요약 중 두 번째 항목과 네 번째 항목에 대해서 비판하기를, 지도력과 관련된 자치보다 재정과 관련된 자립운영 (self-managing)이 더 강조되었다고 하였다.[16] 즉 다시 말하면 지도자를 키워 자치적 교회를 세우려는 비전이 부족하였다는 것이다. 언더우드 자신도 "우리는 어린 원주민 교회들을 본국에서처럼 완전히 조직된 교회로 만드는 것을 목표로 하지 않는다."[17]라고 밝힌 적이 있다. 이것이 사실이라면 한국에서 네비우스 방법은 개척교회들이 자치할 수 있는 조직교회가 되기까지 안내하지 못하고 중도에서 방황하게 한 것이 아닌가 하는 비판을 받을 수 있다고 본다.

찰스 클락(Charles A. Clark, 곽안련)은 그의 박사학위논문 *The Korean Church and the Nevius Methods*[18]에서 네비우스 계획이 한국에서 선교부들에 의해서 적

---

15) H. G. Underwood, *The Call of Korea* (New York, Fleming H. Ravell, 1908), 109-110.

16) 김성철, 『네비우스 선교 방법론에 대한 재해석: 곽안련(C. A. Clark)의 삼자원리(three-self theory)를 비판하면서』(신학석사학위논문, 호남신학대교 신학대학원, 2002), 39.

17) H. G. Underwood, "An Object Lesson in Self-Support," *The Chinese Recorder* (August, 1900), "자립의 객관적 교훈," 옥성득 역, 『한국기독교와 역사』, 제8권, 282.

18) (New York: Fleming H. Revell Co., 1930). 그의 박사학위논문의 제목은 *The National Presbyterian Church of Korea as a Test of the Validity of the Nevius' Principles of Missionary Method*(University of Chicago, 1929) 였다.

극적으로 채택되어 한국교회의 성장에 크게 기여하였다는 것을 증명하고 있다. 클락은 네비우스의 계획을 논문에서 아홉 가지로 정리했지만, *The Nevius Plan for Mission Work: Illustrated in Korea* 라는 제목으로 낸 개정판에서는 "사역의 모든 부분에 있어서 중심이 되는 성경(The Bible central in every part of the work.)" 이라는 항목을 추가하여 열 가지로 정리하고 있다. 이것은 클락이 네비우스의 방법에 있어서 성경에 대한 강조를 이해하는 것이 모든 다른 방법에 대한 이해보다 더 중요하다고 보았기 때문이다.[19] 클락이 원작인 논문보다 개정판에서 사경회(the Bible Training Class System, BTCS)를 더 강조한 것도 이런 맥락과 일치한다. 클락이 정리한 네비우스 계획의 열 가지를 정리하면 다음과 같다.

1. Missionary personal evangelism with wide itineration (선교사가 개인적으로 널리 순회하며 전도함).
2. The Bible central in every part of the work (사역의 모든 분야에서 성경이 중심이 됨).
3. Self-propagation: every believer a teacher of someone, and a learner from someone else better fitted; every individual and group seeking by the "layering method" to extend the work (자전: 모든 신자는 다른 사람을 가르치는 자가 되며, 다른 사람으로부터 배우는 자가 된다. 모든 개인과 집단은 휘묻이법에 의해 사역을 확장시키려고 노력한다.)
4. Self-government: every group under its chosen unpaid 'leaders'; circuits under their own paid helpers, who will later yield to pastors; circuit meetings training the people for later district, provincial and national leadership (자치: 모든 그룹은 선임된 무보수 영수의 관할을 받는다. 순회 교구들은 나중에 목사가 될 유급 조사들의 관할을 받는다. 순회 집회시에 교인들을 훈련시켜 훗날 구

19) Charles A. Clark, *The Nevius Plan for Mission Work* (Seoul: Christian Literature Society, 1937), 21-22.

역, 지방, 전국의 지도자가 되게 한다.)

5. Self-support: with all chapels provided by the believers; each group, as soon as founded, beginning to pay towards the circuit helper's salary; even schools to receive but partial subsidy, and that only when being founded; no pastors of single churches provided by foreign funds (자립: 신자들이 스스로 마련한 예배당을 소유한다. 각 그룹은 창립되자마자 순회 조사의 봉급을 지불하기 시작한다. 학교조차도 부분적인 보조금을 받도록 한다. 이것은 설립 당시에만 필요하다. 개교회의 목사에게 외국의 자금으로 사례를 지불하지 않는다.)
6. Systematic Bible study for every believer under his group 'leader' and circuit helper; and of every 'leader' and 'helper' in the Bible Classes (모든 신자는 그룹 영수와 순회 조사 아래서 조직적인 성경공부를 한다. 그리고 모든 영수와 조사는 성경연구모임을 통해 조직적으로 성경을 공부한다.)
7. Strict discipline enforced by Bible penalties (성경적 형벌을 통해 엄격한 징계를 실시한다.)
8. Co-operation and union with other bodies, or at least territorial division (다른 선교단체와 협력하고 연합한다. 아니면 최소한, 영역이라도 분리한다.)
9. Non-interference in lawsuits or any such matters (법정 소송 사건이나 그와 유사한 문제에 대해 간섭하지 않는다.)
10. General helpfulness where possible in the economic life problems of the people. (민중의 경제문제에서 가능할 경우 일반적인 도움을 준다.)[20]

네비우스 계획이 자급, 자치, 자전의 삼자 원리에 근거해 있다는 클락의 관점은 그 후 한국에서 네비우스 방법에 대한 이해의 정석처럼 되었다. 그러나 김성철은 삼자 이론은 네비우스의 고안이 아니라, 헨리 벤과 루퍼스 앤더슨이 19세기에 제안한

---

20) 같은 책, 42;『한국교회와 네비우스 선교정책』, 박용규, 김춘섭 역(서울: 대한기독교서회, 1994), 44-5.

것임을 지적하면서[21] 클락의 해석을 비판하였는데, 네비우스나 초기에 한국에 왔던 선교사들은 벤이나 앤더슨이 주장한 것처럼 교회가 자립하게 되면 현지에서 물러나는 아이디어를 적용하지 않았다는 것이다.[22] 넷째 항목에서 클락이 자치에 대해 정의한 것을 보면 그것은 선교사의 감독 하에서 자립운영(self-managing)이 더 적합할 것이라고 하였다.[23] 김성철의 결론은 네비우스 방법에 자치의 개념은 없다는 것이다.[24] 이런 김성철의 주장에 일리가 있다고 생각한다. 왜냐하면, 네비우스 방법은 자치 또는 교회조직에 대한 완성된 지침이나 안내가 없다고 보기 때문이다.

전성천은 그의 박사학위논문 *Schism and Unity in the Protestant Churches in Korea*[25] 에서 한국교회의 양대 산맥인 장로교회와 감리교회의 성장을 비판적으로 고찰하였는데, 네비우스 방법이 한국교회성장의 주원인이 아니고 그 발전에 있어서 오히려 걸림돌이었다고 주장하였다.[26] 왜냐하면 네비우스 방법은 원주민 지도력을 적합하게 길러내는 데 실패했기 때문이라는 것이다.[27] 전성천은 1925년의 맥아피(McAfee) 보고서에 근거해서, 네비우스 방법은 그 방법을 채택하는 교회들로 하여금 미래의 지도자들의 계발에 소홀하게 하며, 감정적 부흥주의에 치우치게 하는 결과를 초래하였다고 비판하였다.[28] 전호진[29]과 김남식[30]은 한국개신교회가 개인주의적 성향을 띠게 된 것이 교회당 건축과 같은 재정 문제에 있어서 자급의 원리를 너무

---

21) 김성철, 앞의 책, 51.
22) 같은 책, 51.
23) 같은 책, 51.
24) 같은 책, 55.
25) (Yale University, 1955). 이 책(영문)은 대한기독교서회가 1979년에 다시 출판하였다.
26) 같은 책, 95.
27) 같은 책, 86.
28) 같은 책, 84-86. 전성천은 한국인 목사가 한 명도 없는 상황에서 선교사들이 노회를 조직하려고 서둘렀던 것에 대해서 "설익은 행동"(cf. 같은 책, 145-146) 이었다고 비판하였다.
29) Ho Jin Jun, *The Indigenous Principles of R. Anderson, H. Venn and J. L. Nevius*(Th. M. dissertation, Westminster Theological Seminary, 1977), 102.
30) Nam Sik Kim, *A Study on the Mission Principles and the Theology of the Presbyterian Church in Korea*(D. Miss. dissertation, Reformed Theological Seminary, Jackson, 1985).

강조하다가 실제적 실용주의가 되어 버린 네비우스 방법에서 비롯되었다는 전성천[31]과 롤랭 알렝(Roland Allen)[32]의 주장에 동의하였다. 하지만 대한예수교장로회의 개교회주의의 현상을 네비우스 방법의 탓으로 돌리는 것은 지나친 비판이라고 생각한다. 네비우스 방법이 어린 교회들을 조직교회를 형성하는 데까지 충분히 안내하지 못한 약점은 있지만, 그 후에 각 교회들을 조직된 장로교회로 성장시키고 장로교회적 연계성을 확립해내야 하는 책임은 노회와 총회에 있기 때문이다.

이철신은 네비우스 방법 중에서 사경회의 중요성에 대해서 집중적으로 조명하였다. 그는 사경회를 교회의 지도자들을 일차적으로 훈련하려고 계획했던 초기 사경회와 나중에 조직된 후기 사경회의 두 단계로 분류하였다. 후기 사경회는 남자 및 부인사경회, 지역사경회, 주일학교교사나 성경부인, 목사부인, 조사 또는 신학생들을 위해서 별도로 마련한 그룹사경회로 나뉘었다고 하였다.[33]

한국에 장로교회가 설립되기 시작한 처음부터 1924년까지의 한국장로교회의 교회개척에 대한 매우 중요한 자료를 담고 있는 『조선야소교장로회사기』는 차재명이 편찬한 것이다.[34] 각 개체교회들이 언제, 어디에서, 어떤 선교사 또는 어떤 조사, 영수, 성도 등의 주도로 시작되었는지를 간단하나마 언급하고 있다는 사실이다. 그러나 이 책에서 각 교회의 성립에 대한 간단한 설명에 사용된 용어들이 정확하지는 않다. 교회가 형성되었다고 할 때, 그 형성이 무엇을 의미하는 것인지, 첫 주일예배를 드림으로써 개척이 시작된 것인지, 선교부 또는 노회로부터 지소(sub-station)로 인정받은 때를 말하는 것인지가 분명하지 않다. 하지만 이 책은 각 교회의 성립 배경에 대한 설명 외에도 예배처소의 형태, 교회의 영수나 장로들에 대한 언급이 부연되어 있어서 이것 또한 매우 귀중한 자료가 된다.

---

31) 같은 책, 68.
32) "The Nevius Method in Korea," *World Dominion*, IX, No. 3(July 1931), 252-258.
33) 『한국 초기 장로교의 사경회에 관한 연구』(신학석사학위논문, 장신대학교, 1986), 20.
34) 차재명, 『조선야소교장로회 사기, 상』(신문내 교회, 1928)

『장로교회사 전휘집』,[35] 『독노회록』(1907-1911)과 『총회록』(1912-1943), 등은 교회 개척에 대한 한국장로교회의 주요한 결정과 보고들을 담고 있기 때문에 매우 중요한 일차자료가 된다. 특별히 총회록에 부록으로 수록된 교회들에 대한 총계표는 선교사, 목사, 장로, 집사, 조사, 영수, 전도인, 조직교회, 기도소, 교회건물 등에 대한 항목들을 담고 있으며, 과년도 통계와 비교해 가면서 교회개척의 발전 추이를 더듬어 볼 수 있는 결정적 자료가 된다.

장로회 공의회가 대한예수교장로회 규정을 1904년에 초안했지만,[36] 독노회의 설립 후에는 무효화되었다. 그러나 그 규정에 따르면, 한 개체교회로 인정받을 수 있는 최소한의 조건은 신자들이 한 무리로 모여 예배하는 것이었다.[37] 개체교회 또는 지역교회의 성립에 대한 이런 느슨한 정의는 개척사역자도 없이 개척교회를 쉽사리 시작하던 그 당시의 상황을 반영한다.

곽안련(C. Allen Clark)이 1919년 총회에서 새헌법의 채택을 위한 투표를 하기 전에 제안된 헌법의 성격과 원리를 모인 총대들에게 알리고자 "본장로교회 신헌법"이라는 소논문을 썼다.[38] 그 논문에서 그는 교회의 항존직은 감독과 집사뿐임을 주장하였다.[39] 성경에서 뽑아낸 장로교회 정치제도의 일곱가지 원칙도 명시하였는데,

1. "교우들이 마땅히 본교회를 주관할 자를 택할지니라."
2. "감독의 직분과 장로의 직분이 똑같은 것이니라."
3. "각 지역교회 내에는 마땅히 다수한 장로를 택하여 세우는 것이 좋으니라."
4. "안수함은 개인의 일이 아니요, 치리회나 치리회의 허락으로 하느니라."

---

35) 곽안련 편, 『장로교회사 전휘집』(조선야소교서회, 1918; 1935; 한국기독교사연구회 복사본, 1985).
36) 이 초안의 내용은 박병진 편, 『헌법 100년 변천의 개관』(서울: 성광문화사, 1989), 7-13를 참조하라.
37) 같은 책, 7.
38) 곽안련, "본장로교회 신헌법"『신학지남』, 제2권 제3호(1919), 89-104.
39) 같은 책, 94.

5. "치리회는 계급적으로 됨."

6. "계급의 원리로 말미암아 상급치리회에 상고하는 원리가 있느니라."

7. "교회에 홀로 계신 머리는 예수 한 분 뿐이라."[40]

등이었다. 이런 원칙들은 교회개척에도 적용되어야 한다고 생각한다. 장로교회 정치제도와 관련하여 한국장로교회에 가장 큰 영향력을 끼친 책 중에 하나는 하지(J. Aspinwall Hodge)의『교회정치문답조례』[41]이다. 이 책은 1643년에 작성된 웨스트민스터신앙고백의 장로교회 정부형태에 대한 조항별 해석인데, 대한예수교장로회 제 7차 총회(1918년)에서 총회규칙으로 채택되었던 것이다. 특히 번역된 책의 26조에서 36조까지의 문답은 교회설립의 문제들을 다루고 있기 때문에 장로교 교회개척에 대한 주요한 참고자료가 된다. 이에 대한 자세한 분석은 본서의 11장에서 다루게 될 것이다.

조선의 네 개의 장로교 선교부들과 그 선교사들의 출판물이나 기록들은 또 하나의 중요한 자료이다. 1905년부터 1941년까지 발간된 *The Korea Mission Field*(한국선교현지), 북장로교 한국선교부의 회의록(minutes)과 연차 보고서(annual reports) 등은 매우 중요한 문서이다. 북장로교 외국선교부는 1911년부터 1954년까지 한국선교부로부터 보내온 보고서를 수집해 보관하고 있다.[42] 이런 방대한 자료들로부터 교회개척에 대한 자료들을 추출하는 작업은 너무 복잡하기 때문에, 좀 더 요약되고 정리된 자료가 필요한데, 해리 로즈(Harry A. Rhodes)의 *The History of the Korea Mission: Presbyterian Church U. S. A. 1884-1934* 와 같은 제목의 제 2권(1935-1959)

---

40) 같은 책, 95-103.

41) J. Aspinwall Hodge, *What is Presbyterian Law as Defined by the Church Courts?* 4th ed.(Philadelphia: Presbyterian Board of Publication, 1882);『교회정치문답조례』, 박병진, 김정덕 공역(서울: 은성출판사, 1968).

42) Korea Mission Materials of the KMPCUSA [남장로교 한국선교부(1911-1954)의 한국선교자료] 라는 제목 하에 Record Group 140, Boxes 6-10으로부터 microfilm을 찍어 보관하고 있다.

은 북장로교 한국선교부 산하의 각 지소의 교회개척을 포함한 선교사역에 대한 신뢰할만한 자료들을 제공해 주고 있다. 제일권 부록의 통계표도 매우 유용하다.

한국장로교회역사 전체를 다룬 책들은 주로 대한예수교장로회가 한국에 어떻게 정착하게 되었는지를 취급하면서 초기의 교회개척역사들을 조금이나마 집중해서 언급하고 있으나, 역사 전(全)기간 걸친 교회개척에 대한 자료를 찾기는 어렵다. 오히려 어느 지역이나 어느 시대를 한정하여 다룬 역사 문헌이 교회개척에 대한 자료들을 좀 더 자세히 언급하고 있다. 백낙준의 박사학위논문인 *The History of Protestant Missions in Korea 1832–1910*[43]은 한국개신교의 초기개척역사를 가장 많이 보여주는 책으로서, 1897년부터 1906년까지 "교회의 흥왕"(the rise of the church)[44]이라는 장에서 대한예수교장로회를 형성하기까지 초기 선교사들이 남긴 귀중한 일차자료들을 정리해 내고 있다. 백낙준은 "한국에서, (교회를 형성해 갈 때에) 교회조직은 거의 강조되지 않았다"[45]고 평가하였는데, 이는 우리에게 장로교회의 교회개척은 교회조직을 포함하는 개념이어야 한다는 역설을 담고 있다.

배안호는 박사학위논문 *The Three-Self Principle and the Mission Method of John Ross: A Study on the Formation of the Early Korean Presbyterian Church*(삼자원리와 존 로스의 선교방법: 초기 한국장로교회의 형성에 대한 연구)(1874–1893)[46] 에서 존 로스가 한글 성경번역뿐 아니라 한국장로교회의 초기 형성과정에도 깊은 영향을 끼친 것을 입증하였다.

박창식은 『미국 북장로교회의 영남지방 선교와 교회형성』[47](박사학위논문)에서 영남지방의 장로교회들의 형성의 역사를 다루면서 특히 담임선교사와 한 팀이 되어 장

43) Lark J. Paik, *The History of Protestant Missions in Korea 1832–1910*, Ph. D. dissertation(Yale University, 1927; Pyeng-yang: Union Christian College, 1929).

44) 같은 책, 286.

45) 같은 책, 335. 괄호 안은 저자가 삽입함.

46) (Ph D thesis, Aberdeen University, 2001).

47) (계명대학교, 2004)

로회공의회 기간(1901-1906)에 활발하게 교회개척에 참여한 조사들의 활동상을 잘 보여주고 있다. 박창식은 경상북도에서 개척교회들을 돌본 실제적 개척사역자들은 조사라고 주장하고 있다.[48] 박창식은 '조사'란 명칭이 선교사들에 의해서 처음 사용될 때에는 단순히 돕는 일꾼이라는 의미로서 助事였는데, 나중에 차재명의 『대한야소교장노회사기 상』(1928)이나, 대한예수교장로회연감 (1940)이나, 대한『야소교장노회사기 하』(1968)에는 돕는 사역자란 의미의 助師[49]로 기재되어 있다고 지적하고 있다.

김수진과 한인수의 『한국기독교회사: 호남편』은 미국남장로교회의 선교사들이 활동했던 호남지역에서의 장로교회의 성장을 시대별로 분석하고 있다. 그들은 1917년에 호남지역에는 45개의 조직교회들 중에 세 교회만 한국인 목사를 모시고 있었다고 지적했으나,[50] 교회조직이 지체됨으로써 교회개척이 종결되지 않고 있는 것을 별로 문제로 여기지 않았다. 김수진과 한인수는 독립운동 후 1920년부터 1923년 사이에 교회들이 크게 성장한 이유를 전북지방에서 총회가 채택하기 전부터 추진하고 있던 교회진흥운동에서 찾고 있다.[51] 이 운동은 전도팀을 구성하고 음악밴드도 동원하여, 텐트를 치고 전도집회를 하는데, 노회는 전도설교자를 파송하고 전도대상지역에 있는 교회들은 전도집회에 필요한 경비를 담당하는 등 입체적인 협력을 이끌어낸 것이 특징이었다.[52] 이 운동의 전도집회는 복음화율이 낮은 지역에 교회를 개척함에 있어서 매우 효과적인 방법이었다.[53] 김수진과 한인수는 1922년부터 1930년까지 전북지방보다 전남지방에서 이 운동의 효과가 더 컸다고 평가하면서, 전북에서 170개의 교회가 215개로 늘어났고, 전남에서는 208개 교회가 296개로 늘어났다고 그 근거를 제시하였다.[54] 우리는 교회개척을 위하여 노회와 소속 교회들이 협력함으

48) 같은 책, 104-125.
49) 같은 책, 105.
50) 김수진, 한인수, 『한국기독교회사: 호남편』(서울: 범론사, 1980).
51) 『대한예수교장로회 전북노회 제1회 노회록 (1917)』, 4. cf. 김수진, 한인수, 앞의 책, 251.
52) 『신학지남』, 제2권, 제4호 (1920), 90-91.
53) 김수진, 한인수, 앞의 책, 253.
54) 같은 책, 254.

로써 좋은 결과를 이룬 전북과 전남의 교회진흥운동을 장로교회 교회개척의 좋은 모델로 생각한다. 김수진은 1998년에 『호남기독교 백년사: 전북편』[55]에 전북지역의 모체 교회들의 교회개척의 귀중한 이야기들을 펼쳐 놓고 있다.

김윤성은 "함경도 지역교회사"란 논문에서 관북지방의 교회성장이 다른 지방보다 느렸으며, 첫 신자들의 다수가 관서지방에서 이주해 온 사람들이었다는 로이 쉬어러 (Roy E. Shearer)의 지적을 언급하였다.[56] 캐나다 장로교회 한국선교부의 선교사들이 신사참배 문제가 일어나기 전에 이미 신사참배를 허용했을 정도로 신학적으로 자유주의적이었던 점이 함경도 교회성장에도 영향을 미쳤다고 평가하였다.[57]

이덕주의 『한국토착교회 형성사 연구, 1903-1907』[58]은 복음이 한국 민족에게 어떻게 수용, 해석, 적용되어 토착교회가 형성되었는지를 개종 첫 세대의 회심의 과정을 살핌으로써 알아보고자 한 것이었다. 이덕주는 한국교회 형성 초기과정에서 교회의 처음 지도자들이 토착교회를 세우려는 자의식이 있었으나,[59] 여러 교파의 선교사들은 그들 교파의 교회를 세우고자 하는 의도가 있었기에 한국교회 지도자들과 갈등이 있었다고 하였다.[60] 이덕주는 서구 교회의 모방도 아니고, 전통적 종교의 개선도 아닌, 민족적 토착교회를 세워야 한다고 주장한다.[61] 그는 또한 개신교회들의 연합교회인 대한예수교회를 설립하려던 시도가 실패함으로써 토착교회를 세울 수 있었던 절호의 기회를 놓쳤고, 1920년대 이후 장로교회는 더 보수적이고, 수세적이고, 편협하고, 분파적인 교회가 되었다고 애석하게 생각하였다.[62]

---

55) (서울: 쿰란출판사, 1998).

56) 김윤성, "함경도 지역교회사," 『한국기독교와 역사』 제3권 (한국기독교역사연구소, 1993), 29-45. cf. Roy Shearer, *Wildfire: Church Growth in Korea* (Grand Rapids, MI: William B. Eerdmans Pub. Co., 1966), 200; 『한국교회성장사』, 이승익 역(서울: 대한기독교서회, 1986).

57) 김윤성, 앞의 책, 43-44.

58) (서울: 한국기독교역사연구소, 2001 개정판).

59) 같은 책, 34.

60) 같은 책, 39.

61) 같은 책, 34.

62) 같은 책, 72-73.

그가 제기한 의제는 교회개척에 있어서도 중요하다. 하나의 민족적 토착교회를 세울 것인가, 아니면 교리와 신학 및 교회제도적 정체성을 지닌 교파적 교회를 세울 것인가 하는 문제를 던져주고 있기 때문이다. 우리는 한국에 있던 네 개의 장로교회 선교부들이 선교사공의회를 통해 하나의 장로교회를 세우기로 동의했던 것을 상기할 필요가 있다. 그리고 우리는 장로교회가 장로교회를 세우고자 하는 것은 교파주의가 아니라, 그 자신의 정체성에 신실하고자 하는 일관성있는 태도라고 생각하기 때문에, 이덕주의 대한예수교회에 대한 환상과 장로교회의 설립에 대한 부정적 입장에 대해서 동의하지 않는다. 다양한 교파들이 선교지에서 각각 자기 교파의 교회를 세우고자 난립하는 것은 분명히 지양해야 하지만, 교회개척 주체들의 교리나 교회제도의 상이함에도 불구하고, 무조건 하나의 토착교회를 세워야 한다는 것은 무리한 주장이다. 그리고 장로교회가 원주민 개인들의 순수한 회심에 의해서 형성되어진다면, 장로교회의 설립이 토착교회의 설립이라는 목표를 얼마든지 포함할 수 있다고 생각한다.

알프레드 왓슨(Alfred Wasson)의 *Church Growth in Korea*[63] (한국에서의 교회성장)은 남감리교회 한국선교부의 역사를 다루면서 그 역사적 진행을 여섯 시기로 구분하고 있다. 1. 선교부의 개척(1865–1905), 2. 제1기 급성장의 오년(1906–1910), 3. 교회성장침체기 9년(1911–1919), 4. 제2기 급성장(1920–1924), 5. 제2기 성장침체(1925–1928), 6. 상승국면(1929–현재[64])으로 보고 있는데, 한 가지 흥미로운 것은 왓슨이 이 기간의 한국감리교회의 성장을 한국장로교회와 거의 같다고 전제하고 있다는 점이다. 그는 1911년부터 1919년까지 9년의 침체에 대한 이유를 교회보다는 선교부에게서 찾고자 하였다.[65]

---

63) (New York: International Missionary Council, 1934).

64) 1934년으로 간주함.

65) 같은 책, 29.

로이 쉐어러(Roy E. Shearer, 서명원)는 *Wildfire: Church Growth in Korea* (한국교회성장사)[66] 라는 유명한 책을 썼는데, 한국장로교회 총회록의 총계표를 많이 인용하여, 한국의 여러 지방에 따라 교회성장의 패턴에 어떤 차이가 있는지를 보여주었다.[67] 쉐어러는 1920년대에 다른 지역과는 달리 경상북도 지방의 교회들이 통계상 꾸준하게 증가할 수 있었던 것은, 네비우스의 자립정책과는 좀 상반되지만, 아담 복음전도기금(Adam's Evangelistic Fund)의 지원 때문이라고[68] 평가하고 있다. 1895년부터 1935년까지 평안남북도 지방에서의 교회성장이 지속될 수 있었던 것은 교회 방문과 세례 베푸는 일을 꾸준히 지속한 선교사들의 순회사역이 있었기 때문이라고 하였다. 그러나 일제의 신사참배 강요로 캐나다 장로교선교부를 제외한 다른 선교부들이 그들의 선교학교들을 폐쇄하게 된 1936년부터 이 성장은 중단되었다고 하였다.[69] 그는 한국장로교회가 같은 시기에 시작된 한국감리교회보다 더 크게 성장한 이유를 나름대로 분석하고 있다. 감리교선교부는 교육사업에 더 의욕적으로 힘을 쏟다가 장로교선교부보다 교회개척에 발을 늦게 들여 놓았고, 교회개척선교사의 인원도 장로교 선교부보다 적었기 때문이라고 지적하고 있다.[70]

쉐어러는 왓슨이 1911년부터 1919년까지 낮은 교회성장의 원인을 환경적 정치적 요인에 돌리는 것을 반대하고, 그 기간에 수세자의 수는 오히려 꾸준히 증가했다는 것을 강조하고 있다.[71] 그가 소래교회를 한국의 첫 지역교회로 보고 있는 것이라든지,[72] 서울에서 두 번째로 개척된 곤당골 교회를 언급한 것이라든지,[73] 1895년부터

---

66) Roy E. Shearer, *Wildfire: Church Growth in Korea* (Grand Rapids, MI: Eerdmans, 1966); 『한국교회성장사』, 이승익 역 (대한기독교서회, 1992).

67) 같은 책, 80–81.

68) 같은 책, 100–101. 이 기금의 지원을 받아 개척된 교회들이 1930년 이전에 73개, 대구지역의 1/4이나 되었다고 한다. 같은 책, 102.

69) 같은 책, 72.

70) 같은 책, 169, 175.

71) 같은 책, 137–138.

72) 같은 책, 49.

73) 같은 책, 89.

1905년까지를 교회의 폭발적 성장의 시기로 본 것이라든지,[74] 특히 1907년의 평양 대부흥을 "큰 무리를 모아 들이는"[75] 기회라고 하기보다, "전체 교회에게 새 힘을 공급"[76]한 영적부흥의 시기라고 본 것 등은 이 책이 교회성장에 대하여 상당히 풍부한 통찰력을 내포하고 있음을 보여주는 예라고 하겠다. 그가 실제적 교회성장을 가늠하기 위해서는 예배참석자(adherents)보다 수찬자(communicants)의 수를 기준으로 살펴보아야 한다[77]고 지적한 것은 한국장로교회 교회개척과 관련하여 많은 것을 검토하게 해 주는 대목이다.

이 외에도 솔토우(Theodore Stanley Soltau)는 『현대선교전략』에서 선교사역은 회심자를 많이 얻는 것보다 토착교회, 즉 자급, 자치, 자전 할 수 있는 교회를 세우는 것이 더 중요하다고 천명하고 있다.[78] 또한 그는 개척될 교회에 대해서 회중교회 체제보다는 장로회 정치의 정책과 표준의 일관성을 갖추는 것이 더 바람직하다는 견해도 내어 놓았다.[79] 자치하는 교회를 개척하고자 할 때에 선교사가 첫단계로 취해야 할 일은 현지인 유력한 지도자들과 함께 기독교인의 생활표준을 설정하는 일이라고 했다.[80]

마싸 헌틀리(Martha Huntley)의 『한국개신교 초기의 선교와 교회성장』[81]은 감리교 및 장로교 선교사들의 교회개척 상황을 이해하기에 도움에 되는 개인적인 이야기를 상당히 자세히 밝히고 있는데,[82] 특히 의료선교사들이 복음전파사역의 중요성과

---

74) 같은 책, 49.

75) 같은 책, 56.

76) 같은 책, 34.

77) 같은 책, 52.

78) Theodore Stanley Soltau, *Missions on the Crossroads: The Indigeneous Church A Solution for the Unfinished Task* (Wheaton, Ill.: Van Kampen Press, 1954); 『현대선교전략』, 신홍식 역(서울: 크리스챤헤럴드사, 1972), 29.

79) 같은 책, 110.

80) 같은 책, 117.

81) *Caring, Growing, Changing: A History of the Protestant Mission in Korea* (New York: Friendship Press, 1984); 차종순 역(서울: 목양사, 1985).

82) 같은 책, 299-304.

의료사역의 필요성을 두고 개인적으로 그리고 선교부 내에서 많은 갈등을 겪었던 것도 보여주고 있다.[83] 헌틀리는 1895년까지 한국 전역의 감리교 신자수는 "100명을 약간 상회했고, 장로교인은 200명을 조금 초과했을 뿐"이었는데, 그 후 약 10년 뒤에는 북감리교 선교회 교적부에 등록된 신자수가 2,457명이었으며, 북장로교선교부의 관할 아래 있던 신자수는 9,756명이었다고 밝히면서,[84] 이런 급속한 성장은 한국인 신자들의 자발적인 전도가 가장 큰 요인임을 지적하고 있다.[85] 헌틀리는 또한 초기에 감리교회는 자립을 크게 강조하지는 않았으나, 장로교회는 자립정신을 강조하여 스스로 자기 교회의 건물을 짓는 일들이 일반적인 추세였음을 확인해 주고 있다.[86] 북장로교회 선교부가 평양과 부산에서 서로 다른 성과를 낸 것은 주로 선교사들의 인격과 팀워크에서 비롯된 것으로 평가하고 있다.[87]

김양선의 『한국기독교 해방 십년사』[88]는 해방 후 대한예수교장로회가 이전 상태로 복구하고 재조직하는 과정들과 첫 번째(고신) 및 두 번째(기장) 분열을 균형잡힌 시각으로 서술하고 있다. 그런데 그는 1938년 제27차 총회에서 신사참배를 받아들이기로 가결한 이후 약 200개의 교회들이 일제의 압력에 의해 폐쇄되었으며 약 2,000명의 신자들이 투옥되었다고 언급하였다.[89] 북한에서 월남한 목사들은 각각 세 목사들의 추천을 받아 남한의 대한예수교장로회에 편입하였고 그들은 주로 교회개척에 힘썼다.[90] 김양선이 제공하는 또 하나의 귀중한 통계는 1950년대[91]의 장로교회의 수가 1,756개였고, 등록인원은 616,000명이었다고 하는 것이다.[92]

---

83) 같은 책, 197-224.
84) 같은 책, 239.
85) 같은 책, 241.
86) 같은 책, 253-4.
87) 같은 책, 318.
88) (서울: 대한예수교장로회 총회 종교교육위원회, 1956).
89) 같은 책, 43.
90) 같은 책, 54.
91) 정확한 연도는 알려지지 않음.
92) 앞의 책, 291.

강인철의 논문들[93]은 남한의 대한예수교장로회의 교인들의 약 25%[94]는 북한에서 내려온 피난민들인데, 그들의 영향으로 남한의 교회들은 더 강건하게 성장할 수 있었다고 주장한다. 대한예수교장로회의 주류[95]에 속한 성도들은 약 250,000명이고, 기장에 속한 성도는 16,944명, 고신에 속한 성도는 기장의 절반 정도라고 밝히고 있다.[96] 강인철은 주남선과 한상동이 출옥 후 자기 고향교회와 노회로 돌아와 교회 재조직에 힘을 쏟았던 것과 월남한 피난민 성도들이 교회를 개척하여 그들 자신의 노회들을 열심히 조직한 것을 대조하고 있다.[97] 놀라운 것은 50년대에 시작된 약 2,000개의 개척교회들의 90% 이상은 소위 피난민 교회들이었다는 것이다.[98] 관북(함경) 지방에서 온 피난민들로 형성된 대부분의 교회들은 소위 무지역노회, 또는 월남 노회에 속하여 대한예수교장로회 주류 총회에 남아 있다.[99] 강인철은 남한에서 장로교 교회개척의 주력이 피난민에서 남한의 젊은 세대로 옮겨진 것은 1970년대부터라고 보고 있다.[100] 그는 또한 고신은, 1952년 주류 총회로부터 분리될 때, 박형룡, 박윤선, 이약신 등 몇몇 지도자들 외에는, 월남한 목사들과 성도들로부터 별로 지지를 받지 못하였음을 언급하였다.[101]

최훈의 『한국재건교회사: 한국교회박해사』[102]는 소위 '출옥성도'들 사이에 교회복원에 대한 의견의 차이로 빚어진 결과들을 자세하게 다루고 있다. 이북의 지도자였던 이기선과 이남의 지도자였던 한상동은 교회복구를 위한 각자의 계획이 있었지

93) 강인철, "월남 개신교·천주교의 뿌리," 『역사비평』 통권19호(1992년 여름), 91-144. 강인철, "남한 사회와 월남 기독교인," 『역사비평』 통권23호(1993년 여름), 73-130.

94) 같은 책, 74.

95) 고신과 기장의 분리 후에, 남은 다수의 교회들의 총회인 대한예수교장로회를 의미한다.

96) Roy E. Shearer, 289. 강인철, "남한 사회와 월남 기독교인," 74.

97) 강인철, 같은 책, 76.

98) 같은 책, 116.

99) 같은 책, 81-82.

100) 같은 책, 119.

101) 같은 책, 80.

102) (서울: 예수교문서선교회, 1979).

만, 재조직된 한국장로교회를 일단 인정하였다. 그러나 재건교회의 대표적 지도자인 김인희 전도사와 최덕지 여전도사는 재조직된 한국장로교회와의 완전분리를 주장하였다.[103] 재건교회에 속해 있었던 최훈은 극단적으로 자기 의를 고수하는 재건파의 분리적 태도를 비판하였다.

해방 후 한국장로교회의 복구가 이 책의 주제인 교회개척과 직접적인 관련은 약하지만, 장로교회의 교회개척은 개체교회와 노회와 총회가 각각 자기의 역할을 잘 이행할 때에 비로소 그 정체성을 살릴 수 있다는 점을 감안하여 그 교회 전체를 복구함이 한국장로교회의 향후 교회개척에 관건이 된다고 판단하고 이 논의에 포함시키게 되었다.

대한예수교장로회 고신이나 합동의 헌법은 1930년에 개정된 대한예수교장로회 헌법으로부터 나왔다. 그러나 대한예수교장로회 통합과 한국기독교장로회 기장의 헌법은 1955년에 개정된 대한예수교장로회 헌법에서 나왔다.[104] 고신측은 1958년에 헌법의 '교회정치' 개정판을,[105] 1981년과 1992년에 헌법 전체 개정판을 출판하였는데, 교회개척에 대한 언급은 너무 미미하다. 1993년에 헌법에 부록으로 첨가된 헌법적 규칙에는 교회개척과 관련된 좀 더 구체적인 조항들이 적시되어 있었으나, 교회개척의 전과정을 포괄하기에는 그 내용이 너무 미흡하였다. 2011년에 개정된 헌법[106]은 헌법 부록에 있던 교회설립(개척)에 관련된 조항들을 헌법 '교회정치' 14조에서 20조까지로 편입시켰는데, 1992년판 부록과 비교해 볼 때 내용적으로는 바뀐 것이 거의 없다.

고신의 교회개척에 대한 연구서나 단행본은 없고, 유용한 자료로는 총회록을 가장 먼저 꼽을 수 있다. 왜냐하면 대한예수교장로회 승동측과 합동했던 1960-1963년

103) 같은 책, 76.
104) 박병진 편, 『헌법 100년 변천의 개관』, 4.
105) 『헌법: 정치개정판』(대한예수교장로회 출판부, 1958).
106) 대한예수교장로회 고신총회, 헌법(총회출판국, 2011 개정판), 259-262.

을 제외하고는 1952년부터 지금까지의 총회록에 각 노회가 산하의 교회수와 신설된 개척교회들의 명단을 대체적으로 일정하게 보고하고 있기 때문이다. 각 노회록도 개척교회들의 진행상황에 대한 보고를 담고 있기 때문에 가장 중요한 일차자료가 될 수 있다. 경남(법통)노회,[107] 성진노회[108] 등이 노회록을 묶어서 출판하였고, 경북노회,[109] 부산노회,[110] 경동노회,[111] 진주노회,[112] 전라노회[113] 등이 노회역사를 편찬해 내기도 하였다. 전국의 모든 노회들의 노회록을 망라하여 하나의 종합자료로 만드는 일이 매우 중요하지만, 현재로는 총회와 전국 노회의 합의에 의해 이 자료를 한 장소에 수집 보관하지 않고서는 각 노회에 흩어져 보관되어 있는 노회록을 열람하기란 매우 어려운 상황이다. 매년 노회 서기가 교체되었기 때문에 과년도 노회록들이 어디에 보관되어 왔는지, 그 보관상태가 어떤지, 실종된 노회록은 없는지, 궁금하기만 하다.

『우리 교단의 어제와 오늘(총회 20주년 기념화보)』,[114] 『경남(법통)노회 백회 기념화보집』,[115] 『고신교단 50주년 기념화보집』[116] 등은 그 당시 현존하고 있던 개체교회들의 창립년도를 담고 있기 때문에 유용한 자료가 된다.

오래된 개체교회들의 역사기록은 그 교회가 어떻게 개척되어 조직되었는지를 이해하는 데 매우 유용하다. 모든 교회들이 자기 교회의 역사를 성실하게 남겼다면, 한국교회의 교회개척역사를 연구하여 파악하는 일이 훨씬 용이하겠지만, 아쉽게도 그런 개체교회역사기록이 많지 않다. 큰 교회들이 주로 자기 교회의 백년사를 펴냈는

---

107) 『경남(법통) 노회록: 1970년대의 요약』 이것은 손으로 직접 기록한 노회록이다.

108) 성진노회, 『성진노회록: 1회부터 38회까지』(1984).

109) 경북노회 (고신), 『경북노회사』 (1971). 경북노회 40년사 편찬위원회, 『경북노회 40년사: 1953-1993』 (대구: 대한예수교장로회 경북노회, 1993).

110) 부산노회 70회사 편찬위원회, 『부산노회 70년사 』(부산: 대한예수교장로회 부산노회, 1994).

111) 경동노회 40년사 편찬위원회, 『경동노회 40년사: 1963-2003』(서울: 대한예수교장로회 경동노회, 2003).

112) 진주노회 40년사 편찬위원회, 『진주노회 40년사: 1956-1996』(진주: 대한예수교장로회 진주노회, 1998).

113) 전라노회 50년사 편찬위원회, 『전라노회 50년사: 1956-2006』(광주: 대한예수교장로회 전라노회, 2006).

114) (대한예수교장로회(고신), 1971).

115) 『경남(법통)노회 백회 기념화보집 편찬위원회』(1974).

116) 서창수 편 (대한예수교장로회, 2004).

데, 그런 '백년사'에서 교회개척과 관련되어 기대되는 주요한 정보들은 그 교회가 언제 시작되었는가? 그 교회가 언제 조직되었는가? 그 교회가 언제 분립개척을 하였는가? 분열된 적이 있었는가? 등이다. 하지만 아쉽게도 교회개척초기의 자료들이 충분히 보존되어 있지 않은 경우들이 대부분이다. 교회들이 백년사를 편찬하고자 할 때, 오래된 초기역사의 자료들이 기록되었는지, 어디에 보관되어 있는지 찾아내기에는 이미 너무 오랜 세월이 지나 알아낼 길이 없었기 때문이다. 그럼에도 불구하고, 한국에 복음이 전래된 지 100년을 넘기면서 여러 교회들이 자기 교회의 백년사를 출판한 것은 뜻 깊은 일이다. 그런 백년사 중에서 대표적인 책 몇 권을 소개하고자 한다.

한국의 첫 장로교회라고 할 수 있는 새문안교회의 『새문안교회 백년사』[117] 는 교회의 시작에 대한 상세한 이야기를 제공해준다. 정동장로교회(현재의 새문안교회)가 한국에서 가장 먼저 조직된 장로교회라고 하지만, 이 책의 편저자인 윤경로에 의하면 그 첫 교회는 "장로교회가 말하는 하나의 '조직교회' 또는 '개체교회'와는 다소 차이가 있다. 왜냐하면 1887년 새문안교회의 초대 멤버 14명은 서울 정동 근처에 살던 지역사람들이 아니라, 대부분이 소래에 살던 신자들[118]이었기 때문이다." 윤경로는 그 교회를 "한국장로교회의 모교회"[119]라고 부르고 있다. 더 흥미로운 것은 교회시작을 선포한 그 다음 주일에 두 명의 장로를 안수하였는데, 그들도 "서울에 거주하지 않는" 자들이라고 밝히고, "모든 한국의 신자들을 대표하는 어른"[120]이란 의미에서 그 장로 안수를 해석하였다. 새문안교회가 첫 장로들[121]을 장립한 경위에 대해서는 4장에서 좀 더 자세하게 다루기로 하고, 여기에서 간단히 언급하고자 하는 것은

117) 『새문안교회 백년사: 1887–1987』(1995).

118) 같은 책, 95.

119) 같은 책.

120) 같은 책.

121) 이 책에서 편저자 (윤경로)는 그 두 장로가 누구인지에 대해서 여러 가지 의문을 제기하는 다른 문헌들을 인용하여 말할 뿐, 확실하게 밝혀 진 바가 없이 수수께끼로 남아 있다는 입장이다. 같은 책, 103–4.

그 당시 이 사건이 언더우드를 비롯한 미국 북장로회 조선선교부의 선교사들이 교회 조직에 대해 가지고 있던 생각을 보여주었다는 것이다. 윤경로는 언더우드가 1894년에서 1906년 사이에 서울과 경기지역에 16개의 교회를 개척할 때에 파송했던 전도자들의 대부분이 새문안교회 소속 성도들이었음을 지적하고 있다.[122]

부산에 있는 고신 교회들 중에서 가장 오래된 『제일영도교회의 백년사』[123]에서 찾은 핵심정보는 그 교회의 개척이 시작된 시점을 1896년으로 잡고 있다는 것이다. 그 근거로서 1929년 110회 당회록에 교회설립 33주년 기념식을 갖기로 결정한 것[124]과 1993년에 김치명 씨의 사저에서 두 가정이 모여 주일예배를 드리기 시작했다는 데서 찾고 있다.[125] 1896년에 시작된 제일영도교회가 첫 목사를 청빙한 것이 1912년으로서 16년만이었고, 첫 장로의 장립은 그 이듬해로서 17년만이었다.[126]

목표의 『양동제일교회의 백년사』에서도 그 교회의 시작년도가 이슈가 되어 있다. 비록 『조선예수교장로회사기』에는 1898년으로 기록되어 있다고 밝히고 있지만,[127] 남장로교 선교부의 선교사였던 유진 벨(Eugine Bell, 1868-1925)과 그의 조사였던 변창연이 이 교회개척에 처음으로 관련된 해가 1897년이므로 그 시작년도로서 1897년을 채택하고 있다. 일단 두 세 사람이라도 예수님의 이름으로 모인다면 그것이 바로 교회의 시작이라고 주장하는 것이다.

본래 이름이 남창문교회였던 『남전교회의 백년사』에서는 군산교회로부터 분립된 교회로 그 교회의 시작년도를 첫째, 첫 예배에 대한 교회의 기록문서에 따라 1897년으로, 둘째, 첫 세례를 베푼 시점에 따라 1899년으로, 셋째, 조선예수교장로회사기의

122) 같은 책, 109.
123) 제일영도교회 백년사 편찬위원회, 『제일영도교회 백년사』(부산: 육일문화사, 1997).
124) 같은 책, 130.
125) 같은 책.
126) 같은 책, 165, 168.
127) 김수진, 『양동제일교회 백년사: 1897-1997』(서울: 쿰란출판사, 1997).

기록을 따라 1901년으로 보는 의견으로 정리한 후에,[128] 다른 '백년사'들이 그러하듯이 가장 빠른 시작 년도인 1897년설을 지지한다.

부산에 있는 고신에 속한 교회 중에서 백년사를 펴낸 또 하나의 교회는 엄궁교회[129]인데, 그 '백년사'도 자료가 부족하여, 그 교회의 시작년도를 추정하는 정도에 그치고 있다.[130] 엄궁교회가 첫 장로를 장립한 것은 교회설립된 지 칠십년 되던 해인 1976년이었고, 첫 목사를 청빙한 것은 1979년이었다고 한다[131] 엄궁교회의 경우를 일반화할 수는 없다고 하더라도, 하나의 조직된 장로교회로서 자리잡기까지 왜 이렇게 오랜 세월이 걸려야 했는지 의문이 생기지 않을 수 없다.

구미상모교회는 1901년에 시작되었다고 하는데, 첫 목사인 임종해 목사가 헨리 엠 부루언(Henry M. Bruen, 부해리)선교사와 함께 동사목사로 안수 받은 때가 1920년이며, 첫 장로가 1926년에 장립되어[132] 25년만에 조직교회의 면모를 갖추었다고 할 수 있다. 개척교회의 시작 이후 조직교회의 구성이 지지부진했던 것은, 4장에서 좀 더 자세히 취급하겠지만, 몇몇 교회에 국한된 문제는 아니었던 것 같다.

또한 백년사를 통해서 여러 개척교회들을 재생산한 교회들의 자랑스러운 이야기들을 볼 수 있다. 1897년에 시작된 대구제일교회는 교회개척을 많이 한 교회로 손꼽히는데, 1908년에 경산사월교회와 침산교회, 1910년에 달성실화교회, 1911년에 칠곡 곡리교회, 1912년에 범서, 신정, 효목교회, 1914년 남산 (지금 서문), 1919년에 산겹, 칠성교회, 1923년에 동인과 중앙교회 등을 개척하였고,[133] 해방 후에도 1957년에 상

128) 『남전교회 백년사: 1897–1997』(2003), 167.

129) 『엄궁장로교회 백년사 (1904–2004)』(부산: 육일문화사, 2006).

130) 그 근거는 간접적인데, 조지 엥겔 (George O. Engel, 1864–1939, 호주선교사)이 1901년에 시작한 순회지역 안에 엄궁이 포함되어 있었을 것이고, 1911년에 설립된 하단리교회의 창립멤버였던 첫 영수가 엄궁교회 영수의 친척으로서 1904년 하단리로 옮기기 전에 엄궁교회를 통해서 회심하였을 것으로 본다면 엄궁교회는 1901년에서 1904년 사이에 시작되었을 것이라 추정할 수 있다는 정도이다. cf. 같은 책, 130.

131) 같은 책, 200–201.

132) 『구미상모교회 백년사: 1901–2001』(2004), 40, 44.

133) 나요섭, 『대구제일교회 110년사: 1893–2003』(대구: 110주년 편찬위원회, 2004).

동교회, 1973년 두산교회, 1974년 하양제일교회, 1975년 파동제일교회, 1979년 서산교회, 그리고 1981년 성민교회 등을 개척하였다.[134]

목포의 양동제일교회는 1927년에 죽동교회,[135] 1929년에 온금동 (지금은 경동)교회,[136] 1930년에 연동교회,[137] 그리고 1933년에 목포중앙교회[138]를 개척하였다. 제일영도교회는 1949년에 제2, 제3, 제4, 제5 영도교회와 부산남교회를 분립개척한 증거를 볼 수 있다.[139]

『양동제일교회 백년사』는 그 교회가 본래는 양동교회였는데, 대한예수교장로회에서 한국기독교장로회(기장)가 분리할 때 양동교회도 나가게 됨에 따라 그 남은 성도들이 양동제일교회로 이름을 따로 짓고 대한예수교장로회(통합)에 소속하였다는 것이다.[140] 이런 경우는 교단이 분열됨에 따라 개체교회도 분열의 아픔을 겪은 전형적인 사례가 된다.

교회 역사가 훨씬 짧더라도 개체교회들이 자기 교회의 역사를 내어놓게 된 것은 역사자료를 정리해 놓아야 한다는 인식이 새로워졌기 때문이라고 본다. 고신 교회들도 1990년대 중반부터 자기 교회들의 역사를 책으로 펴내기 시작하였는데,[141] 이런 자료로부터 우리는 좀 더 자세한 교회개척에 대한 자료들을 기대할 수 있다. 앞으로 이런 자료도 한국장로교회의 교회개척의 역사를 연구하는 데 귀중한 자료들이 될 것이다.

그리고 총회가 매년 펴내는 교회주소록[142]도 해당연도의 교회명단전부를 수록하

---

134) 같은 책, 173-4.

135) 김수진,『양동제일교회 백년사(1897-1997)』, 174.

136) 같은 책, 178.

137) 같은 책, 177.

138) 같은 책, 172.

139)『제일영도교회의 백년사』, 393-4.

140)『양동제일교회 백년사(1897-1997)』, 169-171.

141) 개체교회역사를 펴낸 교회들은 서문로교회 (1996), 서울중앙교회 (1993), 사상교회 (1994), 서문교회 (1996), 울산교회 (1996), 항도교회 (1998), 온천교회 (1998), 서울영동교회 (1998), 대신동교회 (2001), 그리고 마산동광교회 (2004) 등이다.

142) 고신측은 1988년 이후 지금까지 매년 교회주소록을 발간하고 있다.

고 있기 때문에, 전년도 교회주소록과 비교해서 잘 체크해 보면 없어진 교회나 새로 개척된 교회들, 이름이나 장소를 바꾼 교회들까지 가려낼 수 있기 때문에 상당히 중요한 자료가 된다.

이제 마지막으로 장로교회론을 다룬 국내 논문들 가운데 교회개척을 어떻게 보고 있는지를 찾아보고자 한다. 장로교회론에 근거하여 교회개척을 직접적으로 취급한 논문은 없으나, 그 내용 속에 교회개척을 간단히 언급한 것들이라도 있는지 찾아보고자 하였다.

김의환은 "장로제도의 역사적 기원을 본다"라는 논문에서 '장로교회'란 용어를 "교리체계를 말하기보다는 교회정치의 체제를 나타내는 이름"[143]으로 취급하였다. 이와는 대조적으로 오덕교는 장로교회를 논할 때에 "교리와 예배 형식, 그리고 교회 정치 형태"[144] 등의 포괄적 공동의 기반을 가진 교회로 보았다. 우리는 개혁교회들의 신앙고백에 기초한 장로교회의 교리들이 장로교의 정체성을 규정함에 포함되어야 함을 동의한다. 그러나 교회정치제도와 교회개척과의 관계에 초점을 두고 논의를 하고 있는 이 논문에서는 '장로회적'이란 용어에 대한 김의환의 정의가 실제적으로 도움이 된다고 말할 수 있다고 본다.

김득룡은 장로교주의와 회중주의를 교회정치제도적 관점에서 비교하면서 회중주의 정치제도의 기본원리들을 요약하기를, "1. 각 지교회(Congregation)는 그 자체이 있어서 완결된 독립적 자치체이다(Independant). 2. 각 지교회는 임원인 장로가 아니고 회중에 의해서 통치된다(Concregationalism). 3. 각 지교회 상호의 교제는 있지만 그 교제는 통치적 권능을 갖는 교회적 결합이 아니고 조언적 기능을 갖는 조합에 불과하다. 즉 통치권의 행사는 하나의 회중 안에서만 행해진다"[145]고 하였다. 김득

143) 김의환, "장로제도의 역사적 기원을 본다,"『목회와 신학』 통권65호 (1994년 11월), 40.
144) 오덕교, "장로교회의 원리: 역사적, 신학적 고찰,"『장로교회와 신학』 제1권 (2004), 49.
145) 김득룡, "장로교회 정치사상 연구: 장로회주의,"『신학지남』 통권 192 (1981년 10월), 121.

룡은 장로교주의에 있어서 신학적 정체성에 대한 강조를 놓치지 않으면서도,[146] 장로교 정치제도의 기초적 원리로서 복수장로와 직분 간의 평등을 강조하였다.[147]

오덕교는 장로교정치제도는 초대교회의 행태에 기초하고 있다고 하면서 그 행정적 원리들은 목사, 장로, 집사 등 직분 간의 평등과 아울러 그들 자신의 직분자들을 선택할 수 있는 권리에서 볼 수 있는 지역교회의 자율에 기반을 두고 있다고 하였다.[148] 오덕교는 영국청교도들이 "신자의 수가 많아져 한 장소에 모이기에 불편하면, 주어진 모든 규례와 상호의무를 더 잘 이행하기 위하여 서로 나누는 것이 좋다"[149]고 지적한 것을 볼 때, 개교회주의와 대형교회를 지향하는 경향에 대해서 이미 비판적이었다고 주장하였다. 그는 또한 장로교정치제도의 특징은 '자유와 질서'(liberty and order)[150]라고 본 찰스 하지의 견해를 제시하면서, 교회의 모든 권위는 회중으로부터 나오며[151] 장로들은 교리는 물론이고 가르치는 일에 대해서도 목사와 동등한 권위를 가진다는 점이 자유와 관련되어 있다고 한다면,[152] 설교와 교리보존의 목적을 위하여 교회행정 직분자인 장로를 선출하는 것은 질서와 관련되어 있다고 주장하였다.[153]

이승구는 교회의 정치제도가 성경적으로 규정되어 있는 것은 아니라 하더라도[154] 그 정치제도의 기초적 원리는 성경에 언급되어 있으며, 교회의 권세는 우선적으로 지역교회의 치리기관에게 있다[155]는 벌코프 (Louis Berkhof)의 주장에 동의하고 있

---

146) 같은 책, 97. cf. G. D. Henderson, *Presbyterianism* (Edinburgh: The Saint Andrew Press, 1955), 7.

147) 같은 책, 122-125.

148) 오덕교, 앞의 책, 51-54.

149) 같은 책, 67. *Westminster Confession of Faith* (Scotland: Free Presbyterian Publication, 1983), 403.

150) Charles Hodge, *What is Presbyterianism?* (Philadelphia: Presbyterian Board of Publication, 1855), 12; 오덕교, 앞의 책, 70.

151) Charles Hodge, 앞의 책, 24; 오덕교, 앞의 책, 70.

152) Charles Hodge, 17; 오덕교, 70.

153) Hodge, 6, 7, 11, 12; 오덕교, 71.

154) Charles Hodge, "The Church and its Polity," *Paradigms in Polity*, David W. Hall & Joseph H. Hall, eds. (Grand Rapids: Eerdmans, 1994), 451; 이승구, "장로교 정치제도와 장로교적 목회의 특징," 『장로교회와 신학』, 제1권 (2004), 87.

155) L. Berkhof, 581-584.

다. 그 외에도 이승구는 벌코프를 인용하면서[156] 성직의 복수성과 평등성의 중요성을 강조하고 있다.[157] 이승구는 또한 "직원들의 평등성, 회중의 권리, 그리고 교회의 통일성" 등을 성경적 원리로 주장하는 하지와,[158] "개혁교회에서는 목사들이 다 동등한 권리를 가져야 한다."는 허순길의 주장[159]에 동의한다. 노회나 총회가 지역교회의 상위기관이 아니라, 더 많은 교회에게 더 널리 적용되는 권위를 가진 확대회의 또는 넓은 회의체들(assemblies)일 뿐이라고 주장했던 박윤선[160] 및 허순길[161]의 의견에 이승구는 동의하고 있다.

손병호는 위의 몇 몇 학자들이 주장한 목사와 장로 간의 평등을 중시하는 이직분론(two office view)를 거부하고, 목사 장로 집사의 각기 다른 삼직분론을 강하게 주장하는데, 목사는 말씀사역을 전담하나, 교회 정치는 목사만이 아니라, 평신도인 장로도 참여함으로 이루어진다고 하였다.[162] 임택진도 『장로교회 정치해설』에서 1999년 개정판 헌법의 제22조가 목사를 장로의 카테고리에 포함시키고 있는 것을 강하게 반대하면서 목사의 직분은 완전히 구분되어야 한다고 주장하였다.[163] 이직분론이냐 삼직분론이냐 하는 것은 찰스 하지와 제임스 쏜웰(James H. Thornwell)이 19세기에 펼친 논쟁으로서, 하지는 성경의 장로(프레스뷰테로스)는 가르치는 직분으로서 치리장로와는 전혀 상관이 없다는 삼직분론을 주장하였고,[164] 쏜웰은 성경의 장로의 직분이 본래는 치리장로였는데 나중에 설교자의 역할이 가미되었다고 주장하였

156) 같은 책, 591-592.
157) 이승구, 앞의 책, 91.
158) Charles Hodge, "*The Church and its Polity*," 451; 이승구, 앞의 책, 88.
159) 허순길, 『개혁교회의 목회와 생활』 (서울: 대한예수교장로회 (고신)출판사, 1994), 41-2; 이승구, 91.
160) 박윤선, 『헌법주석』 (서울: 영음사, 1983), 119. 157f; 이승구, 100.
161) 허순길, 앞의 책, 111-113, 123-126; 이승구, 100-101.
162) 손병호, "한국 장로교 정치제의 현황과 문제점," 『오늘의 한국 장로교 정치제도 이대로 좋은가?』 심창섭 외 편 (서울: 엠마오, 1998), 127, 142.
163) 임택진, 『장로교 정치해설』 (서울: 대한예수교장로회 출판부, 2002), 84-85.
164) Hodge, "*The Church and its Polity*," 264. *Calvin's Institute*, 4.3.8. cf. 허순길, "역사적으로 본 개혁주의 '직분'," 『개혁신학과 교회』 제3권 (1993), 203.

다.[165] 허순길은 쏜웰의 주장을 따라, 장로/감독의 직분은 원래 다스리는 직분이었으며, 가르치는 것은 다스리는 것에 포함되어 있다고 하였다.[166] 허순길은 칼빈이 장로직에 대해서 말할 때에 어떤 때는 장로(프레스뷰테로스)와 감독(에피스코포스)을 등가어로 보다가 어떤 때는 감독(과 장로)을 가르치는 직분으로 여겨 장로와 구분하기 때문에 일관성이 부족하다고 하면서도, 대체적으로 보면 칼빈은 장로와 감독을 가르치는 직분의 한 범주 안에 구분하고자 하였다고 평가하였다.[167] 허순길은 칼빈이나 웨스트민스터 총회는 치리장로의 직분을 성경적 근거를 가진(*jus divinum*) 근본적 직분이라고 확정하지 못하였다는 것을 지적하고 있다.[168] 허순길의 주장은 감독이나 장로란 용어는 원래 치리장로를 일컫는 말이며 가르치는 장로는 치리장로직으로부터 파생되었다고 하였다.[169]

유해무는 목사는 장로이기도 하다는 데 분명하게 동의하지만, 장로의 역할은 목사의 역할과 다르며, 장로는 설교자가 아니라, 믿는 자들을 돌아보며 설교가 그들의 가정생활에 영향을 미치는지를 평가하는 일을 한다고 하였다.[170] 변종길은 초대교회의 장로의 역할은 현 개신교회의 목사의 역할과 비슷하다고 보았는데, 그 당시 새로 설립된 교회들은 전임 목회자를 전적으로 후원할 수 없었기 때문이었다고 하면서, 목사와 장로 사이에 장로직의 이중성(duality)을 동의하지 않았다. 변종길은 설교와 말씀을 가르치는 것이 소위 가르치는 장로의 주요 역할이지만 그 일이 가르치는 장로의 전유물은 아니라고 하였다. 즉 치리장로가 성도들을 돌아보는 일을 한다고 해서 가르치는 일로부터 완전히 배제된 것은 아니라고 주장하면서,[171] 치리장로들

165) 허순길, 같은 책, 203-204.
166) 같은 책, 205-207.
167) 같은 책, 211.
168) 같은 책, 214, 217.
169) 같은 책, 217.
170) 유해무, "장로직의 권위,"『목회와 신학』 통권 149호 (2001년 11월), 110.
171) 변종길, "복음의 눈으로 본 장로직,"『목회와 신학』, 통권 149호 (2001년 11월), 86.

이 당회원만이 아니라 구역장으로서 목회적 돌봄의 사역을 할 수 있어야 한다고 하였다.[172] 이성구는 목사의 역할을 치리장로의 역할과 완전히 구분한 손병호의 견해를 거부하기는 하였지만[173] 현대장로교회는 삼직분론을 주장한 칼빈을 따르는 것이 대세라고 주장하였다.[174] 심창섭은 장로교의 정치제도는 칼빈에게서 기원한 것이 아니라, 칼빈이 성경으로부터 장로교 정치제도의 기초를 찾아낸 것으로서 성경적 정치제도의 재발견이었다고 주장했다.[175] 그리고 심창섭은 칼빈의 직분론을 이직분론(장로-집사)에 장로직의 이중 기능(목사/감독 - 치리장로)으로 정리하고 있다.[176] 서철원은 신약에서 장로를 목사로 동일시하면서도 치리장로는 신약교회에서도 선출되었다고 주장하고 있다.[177] 서철원은 장로들의 두 반, 즉 목사와 장로는 종교개혁 때에 있었던 것으로 보기 때문에[178] 삼직분론을 선호하는 것 같다. 김영재는 칼빈의 교회론에서 회중의 존재 이전에 목사의 사역이 먼저 있었다고 주장하고,[179] 이런 점에서 장로교회는 감독교회에 더 가까운 교회정치형태를 띤다고 하였다.[180] 따라서 김영재는 장로교주의에서 장로직분은 평신도를 대표하며, 말씀사역과 성례에 있어서 목사를 보좌한다고 하였다. 김영재는 장로교회의 회중교회화를 경계하였다. 장로직분은 장로의 수를 늘림으로써 지역교회의 성장을 흡수하는데 유용한 제도이기에 원래 교구제도에 기반을 두었던 장로교 정치제도상 대교회는 어울리지 않는다고 하였다[181].

---

172) 같은 책, 89.
173) 이성구, "장로 정치제도의 구약적 기원," 『장로교회와 신학』 제1권 (2004), 29.
174) 같은 책, 26.
175) 심창섭, "장로교 정치제도의 기원은 무엇인가?" 『오늘의 한국의 정치제도 이대로 좋은가?』 심창섭 외 편 (서울: 엠마오, 1998), 15.
176) 같은 책, 84.
177) 서철원, "장로제도," 『신학지남』 제59권 1호 (1992년 봄), 75-76.
178) 서철원, 75-76.
179) 김영재, "장로교 정치제도에 대한 역사적 고찰," 『한국교회의 갱신과 성령』 총신대학교 부설 한국교회문제연구소 편, (서울: 한국로고스연구원, 1995), 19.
180) 같은 책, 23.
181) 같은 책, 25.

지금까지 장로교회의 정치제도에 있어서 직분의 평등, 복수장로제, 특히 성경적 장로직분에 목사와 치리장로를 포함하느냐 아니면 목사와 치리장로는 서로 다른 기능을 가진 다른 직분이냐에 따른 삼직분론과 이직분론의 구분 등에 대해서 언급한 이유는 바로 이런 것들이 장로회적 정체성을 갖춘 교회를 개척 설립하는 데 있어서 중요한 원리가 될 뿐 아니라, 장로들의 선출이 교회설립의 중요한 조건이 될 것이기 때문이다.

한국장로교회와 교회개척

제이부

제사장
장로교 선교부들의 교회개척

제 사 장

장로교 선교부들의 교회개척

폐쇄되어 있던 조선 땅에 복음은 어떻게 전해졌으며, 교회는 어떻게 세워졌는가? 칼 구츨라프(Karl F. A. Gutslaff), 알렉산더 윌리암슨(Alexander Williamson),[1] 그리고 로버트 토마스(Robert J. Thomas)[2] 등이 복음을 조선인들에게 전해 보고자 시도하였지만, 그들의 시도나 접촉이 교회설립으로 이어지지는 않았다.

한반도 밖에서 준비된 교회개척

조선인들에게 처음으로 세례를 준 선교사는 스코틀랜드 연합장로교회(the

1) R. K. Douglas, "Williamson, Alexander (1829–1890)," *Oxford Dictionary of National Biography*, H. C. G Matthew, rev., first published September 2004.

2) Moo-Song Goh, *Western and Asian Portrayals of Robert Jermain Thomas (1839–1866) Pioneer Missionary to Korea: A Historical Study of an East-Western Encounter through his Mission* (Ph D dissertation, Unversity of Birmingham, 1995).

United Presbyterian Church of Scotland)의 파송을 받아 만주에 들어와 있던 존 로스 (John Ross)와 그의 매형 존 맥킨타이어(John McIntyre)였다. 그들은 한국어를 가르치며 한국어 성경번역을 도와 주던 조선인들[3]에게 1876년에 세례를 베풀었다. 그뿐 아니라 로스와 맥킨타이어는 번역한 성경의 쪽복음을 만들었으며, 만주에 조선인 교회들을 시작하였고, 조선 내부에 권서인들을 보내기도 하였다. 이런 의미에서 제임스 헌트리 그레이슨 (James Huntley Grayson)은 존 로스를 "한국의 첫 선교사"[4]라고 부르기도 하였다.

로스와 맥킨타이어로부터 복음을 받고 회심한 후에 자연스럽게 조선어 성경번역을 도왔던 인물로는 이응찬, 이성하, 백홍전, 서상륜 그리고 김청송 등이 있었다.[5] 그들은 1882년부터 쪽복음 성경이 번역 인쇄됨에 따라 권서인과 복음전도인으로 활약하기도 했는데, 김청송은 압록강 너머 간도 지방에 권서인으로 들어가 조선인교회를 개척하는 성과를 남겼다.[6] 백홍전, 이성하, 서상륜 등은 국내로 들어와 위험을 무릅쓰고 여러 지역에 쪽복음을 배포하여, 구도자들의 관심을 끌었다. 특히 서상륜은 서울에서 첫 해(1883) 활동에 대해 로스에게 보고하면서, "13명의 친구들이 하나의 회중으로 형성되기를 원"[7]하니 와서 세례를 집행해 달라고 요청하였다. 세례와 양육과 교회조직 등 회심한 사람들에 대한 후속적 조치가 필요했지만, 로스와 권서인들의 국내 활동이 곧 교회개척으로 이어지지는 않았다. 로스가 국내로 들어와 교회개척사역을 펼칠 수 있는 것도 아니었고, 권서인들이 세례를 줄 수 있는 권한도 없었기

---

3) 그 때 세례를 받은 것으로 알려진 4인 중에 백홍준, 이응찬은 분명하나, 이성하와 김진기는 확실하지 않다. J. Ross, "China, Manchuria Mission," *United Presbyterian Missionary Record* (1 Oct. 1883), 333; 재인용 서정민, "평안도지역의 기독교역사에 대한 요약,"『한국기독교와 역사』, 제3권 (1994, 12), 8.

4) 김정현(James Huntley Grayson), "나약한: 한국의 첫 선교사,"『羅約翰(John Ross): 한국의 첫 선교사』(계명대학교 출판부, 1982), 71-120.

5) Peter Ahn-ho Bae, *The Three-Self Principle and the Mission Method of John Ross: A Study on the Formation of the Early Korean Presbyterian Church (1874-1893)* (Ph D dissertation, Aberdeen University, 2002), 196-206.

6) ibid., 201, 204-7.

7) ibid., 214.

때문이었다. 배안호는 의주 및 소래에 있던 공동체를 외국인들의 직접적인 도움이 없이 세워진 토착교회로서, 자급, 자치, 자전하는 교회로 보았다.[8] 그러나 아직 세례 받은 자도 없고, 개척사역자도 없는 배아기적 공동체를 자급, 자치, 자전하는 교회로 본다는 것은 무리이다. 권서인들의 복음전도는 장래의 교회개척을 위한 준비로서 의미가 큰 것이었지만, 아직 교회개척의 책임있는 주체가 없었기 때문에 그런 활동들이 개척교회로 진행되지는 못하였다.

한편, 정부의 파견을 받아 일본으로 건너간 이수정은 거기서 개종하여 세례를 받고, 마가복음 번역에 참가하였는데, 그 마가복음은 언더우드나 아펜젤러와 같이 조선 선교를 준비하던 선교사들에게 필수적 지참물이 되었다. 1883년에는 도쿄에 있던 조선학생들을 위한 기독교 공동체를 설립하기도 하였다. 그의 활동 중에 교회개척과 관련하여 가장 중요한 것은 일본에 있는 미국 선교사들에게 조선에도 선교사를 속히 파송해 달라고 요청한 것이었다. 북장로교회 선교부는 그의 호소를 통하여 조선 선교에 도전을 받고, 1884년 호레이스 뉴우톤 알렌(Horace Newton Allen)을 한국으로 파송하였던 것이다.[9]

서울연합교회

조선에 파송된 첫 개신교 선교사는 북장로교 선교부의 파송으로 1884년 9월 20일에 조선에 도착한 의료선교사 알렌이었다. 이듬해 1885년 부활절에 북장로교 선교사 호레이스 그랜트 언더우드(Horace Grant Underwood)와 미국 감리교 선교사 헨리 게르하르트 아펜젤러(Henry Gerhart Appenzeller)가 함께 조선에 도착하였다.

---

8) 같은 책, 213.

9) 이수정에 관한 자료는 다음을 참조하라. 이광린, "이수정: 그의 생애와 사역," 『한국개화사 연구』(서울: 일조각, 1969); 오윤태, "이수정," 『한국기독교사』(서울: 혜선출판사, 1983); 이만열, "이수정: 그의 회심과 성경 번역," 『한국기독교 문화운동사』(서울: 대한기독교출판사, 1987).

그 당시 천주교에 대해서 부정적 인상을 가지고 있던 조선 정부는 기독교에 대해서도 매우 경직된 태도를 가지고 있었기 때문에, 이들 첫 선교사들은 조선에서 복음전도나 교회개척을 아직은 자유롭게 할 수 없음을 철저히 인식하고 있었다. 하지만 알렌은 정부로부터 큰 신뢰를 얻고, 1885년에 제중원을 국립의료원으로 인가받아 원장으로 봉사하였다. 언더우드는 알렌이 먼저 와서 펼쳐 놓은 의료선교에 참여하면서, 따로 언더우드 학당이라 불리는 고아원학교[10]을 설립하여 활동의 폭을 넓혀 나갔다. 의료선교사 존 헤론(John W. Heron) 부처가 조선에 도착한 1885년 6월을 기점으로 장로교 및 감리교 선교사들이 중심이 되어 처음으로 공예배를 드렸고, 점점 많은 선교사들과 체류 외국인들이 제중원에서 모이는 이 외국인 예배에 참여하였다. 이 교회는 1886년 11월 6일에 아펜젤러를 목사로, 스크랜톤, 언더우드, 그리고 달젤 벙커(Dalzell A. Bunker)[11]를 위원으로 세우고 장로교와 감리교의 인사들이 함께 예배한다는 의미에서 서울연합교회(The Union Church of Seoul)라고 이름을 정했다.[12] 1886년 7월 11일에 알렌의 언어선생이었던 노춘경(일명 노도사라고 함)이 세례를 받은 후 몇 몇의 조선인들도 이 교회에 출석하기 시작하였다.[13] 이 교회에 소수의 조선사람이 참여했으나 이 교회를 조선의 첫 교회라고 볼 수 없는 것은 어디까지나 외국인 중심의 교회였기 때문이다. 외국인들이 모여 예배드리는 것조차 정부의 감시 때문에 부담스러운 상황에서, 조선인들을 마음껏 환영하지 못하니 조선인 교회로 발전할 수는 없었다.

알렌은 서울연합교회가 조선인에게 세례를 베푸는 것에 대해서 소극적이고 유보적인 자세를 취했는데, 그는 북장로교 조선선교부가 복음전도가 금지되어 있던 조

---

10) 처음에는 교명을 '언더우드 학당(學堂)' '구세학교(救世學校)'라고 하다가, 1902년 선교사 제임스 게일(James S. Gale)이 연지동으로 교사(校舍)를 옮긴 후 '예수교 중학교'라 했으며, 1905년부터 '경신학교'로 부르게 되었다.

11) 아펜젤러, 정동제일교회사 편찬위원회 역, 『자유와 빛으로, II』, 26; 재인용, 신재의, "제중원과 초기 교회들의 설립," 『한국기독교와 초기의료선교』, 신재의 외 편(서울: 한국기독교역사문화연구소, 2007), 62-3.

12) William Campbell Kerr, "The Union Church of Seoul," *KMF*, Vol. 27 (May, 1931).

13) 신재의, 같은 책, 59.

선의 당시 정치적 상황을 고려하여 직접 전도는 자제하고, 의료, 교육 등의 봉사활동을 통하여 기독교에 대한 우호적 이해를 먼저 얻어내도록 하자는 주장을 강하게 가지고 있었기 때문이었다.

반면에 언더우드나 아펜젤러는, 알렌의 이런 소극적 태도와는 달리, 세례를 받을 만한 사람들의 요청이 있으면 은밀하지만 적극적으로 세례를 베풀고자 하였다. 이런 선교전략에 대한 의견차이가 그 이후 그들의 사역의 방향을 갈라놓는 중요한 요소가 되었다.

소래교회, 첫 개신교회.

어느 교회가 조선인들의 첫 교회일까? 소래교회일까? 황해도 소래마을에 살던 서경조가 그의 형 서상륜의 권유로 예수님을 먼저 믿고, 같은 마을에 살던 사람들이 함께 예수를 믿어, 1885년에 8칸짜리 예배당이 소래에 세워졌으니[14] 소래 공동체는 조선의 첫 개신교회라 불릴 만하다.[15] 언더우드에 의하면,[16] 서경조를 포함한 13명이 소래로부터 서울로 와서 세례문답을 신청한 것이 1887년 1월이라고 하니, 소래에 예배당이 세워진 1885년까지는 아직 아무도 세례를 받지 못했음을 알 수 있다.[17] 언더

14) 김광수, 『한국기독교성장사』, 274.

15) 곽안전(Allen D. Clark)은 소래교회를 1885년에 설립된 한국의 첫 개신교회라고 보았다. cf. Allen D. Clark, *A History of the Church in Korea* (Seoul: Christian Literature Society, 1961), 57-63. cf. 곽안전, 심재원 역, 『한국교회사』(서울: 대한기독교서회, 1973),

16) H. G. Underwood, *Rev. Underwood's Missionary Letters: 1885-1916*; 『언더우드 목사의 선교편지』, 김인수 역 (서울: 장로회신학대학교 출판부, 2002), 666.

17) 이민식은 서경조가 다른 2인과 함께 세례받은 것이 1885년이었다고 주장한다. 이민식은 서경조가 자신이 1885년에 서울에 가서 언더우드에게서 세례를 받았으며 그 해 가을에 언더우드가 송천(소래의 다른 이름)을 방문하여 서경조의 아들, 서병호에게 세례를 주었다고 말한 것에 근거한다. cf. 서경조, "서경조의 신도(信徒)와 전도와 송천교회 설립역사," 『신학지남』, 제7권, 제4호(1925); 이민식, "소래에 전래된 개화문화의 한 장면," 『한국사상과 문화』, 제8권(2000), 96-98. 그러나 해리 로즈 (Harry A. Rhodes)는 언더우드를 따른다. H. A. Rhodes, *The History of the Korea Mission: Presbyterian Church U. S. A. 1884-1934* (Seoul, Korea: Chosen Mission of the Presbyterian Church U. S. A., 1934), 106.

우드를 포함한 세 선교사가 서경조를 포함한 세 사람에게 세례를 주고 "교회에 받아들였다(admitted to the church)"[18]라고 했는데, 이 말을 서울연합교회에 받아들인 것으로 이해한다면, 소래 공동체는 그 당시 아직 하나의 교회로 인정되지는 않았음을 알 수 있다.

1887년 가을에 언더우드가 소래를 방문하여 7명에게 세례를 베풀었다고[19] 하니, 이미 세례를 받은 세 사람을 포함하여 10명의 수세자가 있었음을 알게 된다. 소래는 초임선교사들에게 현장방문의 필수코스처럼 되었고, 거기서 선교사 가족들은 휴양도 하고, 언어를 배우기도 하였다. 선교사들의 잦은 왕래와 칭찬은 소래 공동체에게 큰 위로와 격려가 되었을 것이고, 더 나아가 북장로교 선교부가 거기에 교회를 설립해 줄 것으로 기대하였을 것이다. 서경조는 언더우드를 비롯한 북장로교회 여러 선교사들에게 소래 공동체를 책임지고 지도해 주기를 거듭 호소하였으나, 소래를 방문한 어느 누구도 실제로 소래교회의 개척사역을 맡지는 않았다.[20] 언더우드가 소래에 가서 세례를 베푼 것은 개인적인 사역이 아니고, 북장로교 선교부의 교회설립의 공식적 행위라고 볼 수 있는데, 북장로교 조선선교부는 그 후에 어떤 조치도 취하지 않고, 소래공동체를 방치해 둠으로써 성장이 지연되고 있었다.

북장로교 선교부가 외면하고 있는 동안, 토론토의 기독교인 몇몇이 창립한 한국연합선교회(the Corean Union Mission)의 지원을 받아 소래에서 언어를 배우던 말콤 펜윅(Malcolm C. Fenwick)이 잠시 1890년과 1891년에 그 공동체를 가르쳤고,[21] 그 후에는 윌리엄 존 멕켄지(William John McKenzie)가 1894년에 언어를 배우러 소

18) H. G. Underwood, *The Call of Korea*, 136, 137.

19) ibid., 136–137. Lark-June George Paik, *the History of Protestant Missions in Korea 1832–1910* (Ph D dissertation, Yale University, 1927; Pyeng Yang: Union College, 1929), 149. 서경조, 앞의 글, 90. 서경조는 언더우드가 소래에 와서 세례를 베푼 사람들이 5명이라고 했는데, 혹시 유아세례를 받은 아이들을 포함시키지 않았기 때문인지도 모르겠다.

20) 언더우드와 아펜젤러는 1888년, 게일(J. S. Gale)이 1889년, 사무엘 모펫(Samuel A. Moffett)이 1890년에 소래를 방문하였다. cf. H. A. Rhodes, op. cit., 107.

21) 서경조, 앞의 글, 92–93.

래에 와 있다가 개척사역자의 역할을 맡게 된다. 그는 최선을 다 하였지만, 그의 비극적 죽음으로 사역은 더 이상 진보를 이루지 못하였다.[22] 소래 공동체는 가장 먼저 교회로서 성장할 수 있는 조건들을 갖추고 있었지만, 그 교회개척을 주도할 개척주체가 없었기 때문에 교회개척이 난항을 거듭했다.

선교사들이 소래에서 온 세 사람에게 세례를 베풀고 서울연합교회의 교인되었음을 공포한 것이 사실이라면, 소래 공동체는 마치 서울연합교회의 기도소와 같이 여겨졌던 것은 아닐까 추측해 본다. 장로교도 아니고, 감리교도 아닌, 초교파적 서울연합교회였기에, 소래 공동체를 교회로 발전시킴에 있어서 어느 선교부도 선뜻 나서기 어려운 점이 있지 않았을까? 언더우드는 서울연합교회의 초교파적 우산 아래 오래 머물지 않고, 1887년에 서울 정동장로교회를 개척하는 방향으로 나아갔기 때문에 소래공동체와 서울연합교회와의 관계도 소원해졌다. 소래 공동체는 점차 언더우드를 위시한 북장로교 조선 선교부와 더 가까운 관계를 유지하면서 하나의 장로교회로 설립될 여건이 마련되어 있었다. 그런데, 왜 북장로교 조선선교부는 소래에 하나의 장로교회를 설립하는 일에 소극적이었을까? 우선, 서울에 집중적으로 거주하고 있던 선교사들이 소래까지 왕래하기에는 너무 멀었다. 그렇다고 소래를 중심한 황해도 지역에 선교지부를 설립하거나, 선교사를 상주시키기에는 시기상조로 생각했을 것으로 짐작된다. 이런 지리적 난점, 선교인원의 부족 등을 인정하면서도, 우리는 북장로교 조선선교부가 소래 공동체를 첫 장로교회로 성장시키기에 소극적이었던 이유를 서울의 정동교회와 연결시켜서 좀 더 논의해 보고자 한다.

---

22) 같은 글, 94-100. 그는 자살한 것으로 알려졌다. 멕켄지의 죽음의 소식이 알려지자 캐나다 장로교회가 조선에 선교사를 파송하기로 결정하였고, 캐나다 장로교회 조선선교부가 형성된 계기가 되었다. cf. Allen D. Clark, *a History of the Church in Korea*, 127.

정동교회(새문안교회), 설익은 첫 장로교회.

언더우드는 북장로교회가 조선으로 파송한 첫 목사선교사였다. 그는 1887년 9월 27일에 서울의 한 한옥에서 14명의 조선인 남자들을 모아 첫 장로교회를 서울연합교회와는 별도로 설립하고자 하였다. 서울을 방문한 존 로스가 그 모임을 참관하였는데, 그의 증언에 의하면 그 교회의 첫 멤버들은 '봉천을 떠났던 그 사람'에 의해서 또는 그 후에 그를 따랐던 사람들에 의해서 전도받은 사람들이었다고 했는데,[23] 윤경로는 '봉천을 떠났던 그 사람'은 서상륜이며, 세례를 받았던 대부분의 사람들은 서울에 거주하는 사람들이 아니라 소래에서 온 사람들이었다고 주장하였다.[24] 서명원(로이 쉐어러)도 모든 회심자들은, 평양, 압록강 근처의 의주 등 먼 곳으로부터 온 사람들까지도, 한 동안 이 교회에 소속되었다고 말한 적이 있다.[25]

언더우드는 아직은 소래나 의주 등 지방에 교회를 세울 단계가 아니라고 보았기 때문에 지방에 있는 모임들을 정동교회에 부속된 기도소와 같이 생각한 것이었을까? 하지만 소래 모임은 주일예배를 위해 정동교회로 모일 수 없는 먼 거리에 있었기 때문에, 어떤 형태로든지 정동교회의 기도소라고 주장한다면 억지스러울 것이다. 아무튼 정동교회의 설립멤버들이 거의 다 지방의 외지의 사람들이었다는 것을 생각해 볼 때, 언더우드는 정동교회를 하나의 지역교회가 아닌, 전국을 대표하는 교회라고 생각한 것 같다. 조선선교부가 초기에 정동교회를 전국을 커버하는 교회로 생각했기 때문에 소래공동체와 같은 신앙공동체가 정상적으로 한 지역교회로 성장하도록 지원하는 일을 소홀히 여겼던 것으로 볼 수 있다.

그 다음으로 짚어보고 싶은 것이 있다. 언더우드는 정동교회가 시작된 바로 그 다

23) John Ross, "Christian Dawn in Korea," *The Missionary Review* (Apr. 1890), 247. '그 사람'의 실명(實名)은 언급되지 않았다.
24) 윤경로, 『새문안교회 백년사(1887-1987)』, 95.
25) Roy Shearer, *Wildfire: Church Growth in Korea*, 86.

음 주일에 창립멤버 14명 중에서 장로 2인을 선출하여 안수함으로써 조직교회의 틀을 갖춘 장로교회가 되게 하려고 하였다.[26] 그러나 그 교회의 성도수가 14명에 불과한데, 장로 2인을 선출한 것은 너무 성급한 처사였다.[27] 개인적, 가정적, 교회적으로 신앙적 지도력을 갖춘 인물을 장로 후보자로 준비시켜가는 과정이 생략되었기 때문이었다. 언더우드는 장로 2인이 있어야 당회를 구성할 수 있고, 당회가 있어야 장로교회다운 조직교회가 될 수 있다는 생각으로 2인의 장로 안수를 서둘렀던 것이 아닐까? 이런 소래교회와 정동교회의 개척 과정들을 보면서, 언더우드는 장로교회의 교회개척을 어떻게 시작하고 진행해야 조직교회에 도달할 수 있는지에 대한 사전 이해를 제대로 갖고 있지 않았던 것으로 사료된다.

십년 후인 1897년에 북장로교 해외선교부의 로버트 슈피어(Robert E. Speer) 총무가 조선을 방문한 후에 작성한 보고서에 보면, "조선선교부가 신중하기를 배우기 전에 사역을 시작하는 단계에 몇 명의 장로들을 안수했는데 그 결과는 만족스럽지 못한 것이었다. 지금 아무도 그 위치에 남아 있지 않다."[28]라고 되어 있다. 그 장로안수가 정동교회와 관련되어 있음을 직접 언급하지는 않았으나, 1900년 소래교회의 서경조를 장로로 장립하기까지 공식적인 장로장립이 없었던 것으로 보아, 슈피어가 말한 '만족스럽지 못한' 장로 안수는 분명히 정동교회의 장로장립에 대한 것으로 판단된다.

정동교회에 대하여 전국을 대표하는 교회로 인식한 것이나, 시작부터 장로를 장립한 사건은 언더우드가 장로교회 교회개척의 과정에 대해 얼마나 설익은 생각을 갖고 있었는지를 단적으로 보여주고 있다.

---

26) "Letter from H. G. Underwood," *the Church at Home and Abroad*, Vol. 3 (February, 1888), 196.

27) 장로 한 명에 30명의 세례교인이 대략의 전통적 기준이라고 할 수 있다. 헌법(고신)은 당회를 조직하는 요건에서 "세례교인 30명 이상과 장로 자격자가 있어야 한다."[대한예수교장로회 고신총회, 『헌법』(2011년 개정판), 293-294.]라고 규정하고 있다.

28) R. E. Speer, *Report on the Mission in Korea of the Presbyterian Board of Foreign Missions (1897)*, 10; 백낙준, 앞의 책, 238-a.

네비우스 방법의 수용

개신교 선교사들이 조선에 오면 처음에는 주로 서울에 머물렀다. 선교사를 포함한 외국인 거주자가 서울을 벗어나, 지방으로 여행을 하려면 조선 정부로부터 여행증을 발급받아야 할 만큼 이동이 자유롭지 못하였다. 그러나 1889년에 이르러, 아펜젤러와 언더우드는 조선에 있는 선교사들에 대한 조선 정부의 태도가 긍정적으로 변하고 있음을 감지하고 있었다. 다른 선교사들도 시골 여행의 범위를 점점 더 넓혀 나가기 시작했다. 선교사들이 순회여행 중에 여러 사람들로부터 복음을 이미 들었거나 예수님을 믿고 있다는 고백을 들으면서, 조선 땅에 전도의 문이 열리고 있음을 직접 느낄 수 있었다.

1890년에는 북장로교 해외선교부 총무였던 프랭크 필드 엘린우드(Frank Field Ellinwood, 1826-1908)가 조선선교부에게 여러 지역으로 흩어져 선교지부(mission station)를 세우고 그것을 중심으로 주변의 마을들에게 복음을 전하자고 도전하였다. 그 당시 조선에 있던 북장로교 선교사들은 불과 일곱 명이었지만, 엘린우드의 이런 의욕적 확산 전략을 적극적으로 수용하기로 하였다. 북장로교 조선선교부는 1891년 부산, 1892년 원산, 1894년 평양 등의 선교지부를 개설해 나갔던 것이다.

언더우드의 주선으로 조선선교부는 중국에서 새로운 교회개척방법을 실천함으로써 여러 사람들의 주목을 끌고 있던 존 네비우스를 초청하였다. 이미 정동교회의 초기개척과정에서 성급한 장로장립에 의해서 혼란을 경험한 언더우드 및 북장로교 선교사들은 여러 지역에 선교지부를 세우면, 거기서 어떻게 교회를 개척할 것인가에 대해서 경험과 지혜를 겸비한 선배선교사로부터 조언을 듣고자 하였다. 네비우스 부처는 조선에 있는 젊은 선교사들과 함께 두 주 동안 머물면서 그의 새로운 교회개척의 방법들에 대해서 그의 중국에서의 경험을 곁들여서 강의하였다. 그의 강의의 요점은, 그의 책『네비우스 선교방법』에 기록된 대로,[29] 현지인들을 중간 매개인으로 고용하여 월급을 지불하던 옛 방법을 지양하고, 선교사들과 조사들이 새 개척교회들을 순회하는 것과 아울러 각 개척교회에 무보수의 지도자(영수)들을 세워서 스스로 돌아보도록 하는 새 방법을 권장한 것이었다. 모든 신자들(영수 포함)은 그들보다 더 구비된 사람으로부터 배우는 한편, 덜 구비된 다른 사람들을 가르칠 수 있다는 원칙을 가르쳤으며, 모든 영수와 조사들은 성경반(the Bible Classes)을 통하여 배우도록 할 것을 제안하였다.[30]

북장로교 조선선교부는 네비우스 방법을 교회개척을 위한 공식정책의 핵심으로 채택하여,[31] "1891년 규칙과 시행세칙"(Rules and By-laws of 1891)[32]에 집중 반영하였다. 그 규칙에 보면 지소(sub-station)는 주일에 하나님께 예배하기 위하여 예배당이나 사저에서 모이는 기독교인의 무리로 구성되는데, 하나의 예배공동체라고 할 수 있다.[33] 정기적 주일예배가 있는 지소는 북장로교 조선선교부의 확장조직의 일부로서 개척전도소(mission plant) 이기도 하지만, 전임 개척사역자가 없는 것을 제외하면 하나의 개척교회(church plant)라고 할 수 있다. 각 지소에는 예배를 인도하기 위해서 가능한 한 조사 또는 영수 또는 서리집사가 있어야 한다.[34] 북장로교 조선선교부는 형식상으로는 각 지소마다 여러 선교사들을 지명하여 마치 당회와 같은 역할을 맡겼으나, 실제로는 한 선교사가 몇 개의 지소들을 맡아 감독하였다. "1891년 규

29) John L. Nevius, *the Planning and Development of Missionary Church*, 『네비우스 선교방법: 선교교회의 설립과 발달』, 김남식 역 (서울: 성광문화사, 1990), 17-46.

30) Charles A. Clark, *the Nevius Plan for Mission Work: Illustrated in Korea*, 42; 『한국교회와 네비우스 선교정책』, 박영규, 김춘섭 역 (서울: 대한기독교서회, 1994), 35-36.

31) Helen S. Coan Nevius, *the Life of John L. Nevius* (New York: Fleming H. Revell Company, 1895), 17-19. H. G. Underwood, the Call of Korea, 109-110. H. A. Rhodes, *The History of the Korea Mission: Presbyterian Church U. S. A. 1884-1934*, 86.

32) "The Rules and By-Laws of 1891," Charles A. Clark, 앞의 책, 86-94.

33) 같은 책, 86.

34) 같은 책, 86.

칙과 시행세칙"에서 유의해 볼 것은 취약한 지소를 많이 개설하기보다 전략적 지역의 중심에 인재들로 잘 갖추어진 건강한 지소들을 거점적으로 설립하기 위해, 자상한 감독기능이 뒷받침될 때에만 새로운 지소를 시작할 것과[35] 서로 가까운 거리에 있는 지소들은 할 수 있으면 병합할 것을 독려하고 있다는 사실이다.[36] 조선선교부가 규칙을 만들 때, 지소의 섣부른 시작을 경계하고 있음을 볼 수 있다.

"1891년 규칙과 시행세칙"이 네비우스 방법의 영향을 받았다는 것은 영수의 역할, 조사의 가르치는 역할, 선교사의 순회사역, 현지인 사역자를 위한 성경반, 영수의 무보수 등을 강조하고 있다는 데서도 알 수 있다. 그러나 "1891년 규칙과 시행세칙"이 네비우스 방법만을 그대로 반영하고 있는 것은 아니다. "각 지소마다 완전한 조직교회를 세우는 것"[37]을 목표로 한다는 표현은 네비우스 방법에서 따 온 것이 아니고, 교회개척의 장로교회적 목표로 보아야 할 것이다. 우리는 "1891년 규칙과 시행세칙"이 네비우스 방법에서 언급되지 않은 교회조직의 완성에 대한 부분을 언급함으로써, 초기 개척과정에서는 네비우스의 방법을 따르지만, 결국은 장로교회적 교회개척을 지향하고 있다는 단서를 찾았다고 생각한다.

선교부 공의회가 꿈 꾼 하나의 장로교회

다른 장로교 선교부들이 조선에 들어오기 전에, 네비우스 방법을 따라 장로교회 교회개척의 기초를 놓은 선교부는 북장로교 조선선교부이다. 또한 북장로교 조선선교부는 다른 장로교 선교부들과 연합하여 조선에 하나의 장로교회를 설립하려

35) 같은 책, 88.
36) 같은 책, 86.
37) 같은 책, 87.

는 갈망을 가지고 있었다. 언더우드는 먼저 호주 장로교회의 첫 선교사였던 헨리 데이비스 (Henry Davies, 1856–1890)와 소통하면서, 북장로교회와 호주 장로교회의 선교부연합공의회 (the United Council of the Missions of the American and the Victorian Churches)를 창립하려고 시도했지만, 데이비스의 갑작스러운 죽음으로 일단 무산되고 말았다. 하지만 1893년 1월에 북장로교 조선선교부와 남장로교 조선선교부의 합의로 '장로교 정치형태를 견지하는 선교부공의회'가 구성되었다. 첫 선교부공의회는 다음의 열 가지 선교정책을 채택하였다.

1. 상류계급보다는 근로 계급을 상대로 해서 전도하는 것이 좋다.
2. 부녀자에게 전도하고 크리스천 소녀들을 교육하는 데 특별히 힘을 쓴다. 가정주부들, 곧 여성들이 후대의 교육에 중요한 영향을 끼치기 때문이다.
3. 기독교 교육은 시골에서 초등 정도의 학교를 경영함으로써 크게 효력을 낼 수 있다. 그러므로 이런 학교에서 젊은이들을 훈련하여 장차 교사로 보내도록 한다.
4. 장차 한국인 교역자도 결국 이런 곳에서 배출될 것이다. 이 점을 유의하고 있어야 한다.
5. 사람의 힘만이 사람을 개종시키는 것이 아니라 하나님의 말씀이 하신다. 따라서 될수록 빨리 안전하고도 명석한 성서(번역된 성서)를 이들에게 주도록 해야 한다.
6. 모든 종교 서적은 외국 말을 조금도 쓰지 않고 순 한국말로 쓰여지도록 해야 한다.
7. 진취적인 교회는 자급(自給)하는 교회가 되어야 한다. 선교사의 도움을 받는 사람의 수는 될수록 곧 줄이고, 자급하여 세상에 공헌하는 그러한 개인을 늘여야 한다.
8. 한국의 대중들은 동족의 전도에 의해서 신앙하게 되어야 한다. 따라서 전도를 우리 자신 나서서 하는 것보다는 전도자의 교육에 전력해야 한다.
9. 의료 선교사들은 환자들과 오래 친숙하게 지냄으로써 가르칠 기회를 찾게 되

고, 또 깊은 마음의 문제를 골몰하는 모범을 보여주어야 한다. 시약(施藥)만 가지고서는 별 효과를 낼 수 없다.

10. 병원에서 치료를 받은 사람은 고향의 마을에 자주 왕래하게 해서 의료 선교사들의 인애에 넘치는 간호의 경험을 본받아 전도의 문을 열도록 해야 한다.[38]

선교부공의회가 네비우스 방법을 교회개척을 위한 기조 정책으로 채택하고 있음을 7번의 자급정책과 8번의 자전정책의 항목에서 확인할 수 있다.[39] 선교부공의회는 더 결정적인 비전을 선언하기를, 조선에 "개혁주의 신앙과 장로회적 정부형태를 견지하는 하나의 일원화되고 토착화된 (조직)교회를 세우는 것"[40]이라고 하였다. 후에 참여한 호주장로교 선교부와 캐나다 장로교 선교부도 하나의 개혁주의적이고 장로교적인 토착교회를 세운다는 특별한 목표에 기꺼이 동의함으로써 모든 장로교 선교부들의 공동목표가 되었다. 로즈(Harry A. Rhodes)는 초기 선교사들이 전 조선에 하나의 장로교회를 세우는 비전을 공유하였다는 것은 다행한 일이었다고 높이 평가하였다.[41] 우리도 하나의 개혁주의 장로교회를 세우기로 한 것이야말로 한국 장로교회 교회개척역사에 있어서 가장 특기할만한 이정표라고 생각한다. 왜냐하면 장로교회가 유럽에서 국가교회였다가, 미국에서는 신대륙 이민을 통하여 하나의 교파교회가 되었고, 이제 조선에서 선교와 교회개척의 과정을 통하여 신학적으로는 개혁주의이며, 교회정치제도적으로는 장로교회적인 교회를 설립하고자 하는 분명한 목표가 설정되었기 때문이다.

---

38) 민경배, 『한국기독교회사』 (서울: 대한기독교서회, 1982), 194-195. C. C. Vinton, "Presbyterian Mission Work in Korea," *the Missionary Review of the World*, Vol. 6, no. 9 (September 1893), 671.

39) 김성철, 앞의 책, 44-45.

40) C. A. Clark, 앞의 책, 112.

41) H. A. Rhodes, 앞의 책, 385.

지역예양

선교부공의회는 네 개의 선교부로부터 지역분담을 위한 예양(comity)에 대한 합의를 이끌어내었다.[42] 북장로교 선교부는 평안도와 황해도와 경북, 그리고 충청도 일부를, 캐나다 장로교 선교부는 함경도 전체를, 남장로교 선교부는 충청도 일부와 전라도를,[43] 그리고 호주 장로교 선교부는 북장로교 선교부로부터 경남지역 일부를 물려 받음으로써 경남 전체를 분담하기로 한 것이다. 장로교 선교부들 사이에 지역분할에 의한 예양협정이 잘 지켜질 수 있었던 것은 같은 교리와 정치제도의 공유는 물론이고, 일원화된 하나의 토착교회를 조선에 세워보고자 하는 동일한 목표를 가지고 있었기 때문이었다.

한편, 북장로교 조선선교부와 미국 북감리회의 조선선교부는 언더우드와 아펜젤러, 두 선교사가 조선에 1885년에 같은 날 동시에 입국한 때로부터 서로 존중하는 우호적 관계를 유지하고 있었다. 두 선교부 사이에 동일지역에서 각자의 교회개척이나 봉사사역이 일으킬 수 있는 마찰이나 중복을 피하기 위해서 두 선교부는 지역분담의 예양협정을 체결하기로 하고 1892년에 합동위원회가 아래와 같은 협정문 초안을 만들어, 1893년 2월에 각 선교부에게 채택해 줄 것을 요청하였다.

> 1. 일반적으로 말해서 작은 도시와 그 주변 지역을 공동구역으로 하는 것은 우리들의 자원을 가장 효율적으로 활용하는 방법이라고 할 수는 없지만, 인구 5,000명 이상의 자유항이나 도시들은 공동구역으로 개방될 것이다. 특히 그런 곳들이 그 지역 너머에 있는 구역을 관할하기에 필요한 기지라고 한다면 더욱

---

42) Chang-Uk Byun, *Comity Agreement Between Missions in Korea from 1884 to 1910: the Ambiguity of Ecumenicity and Denominationalism* (Ph D dissertation, Princeton Theological Seminary, 2003), 182-186.

43) 나중에는 전라도만 맡게 되었다. H. A. Rhodes, 앞의 책, 440-441.

그렇게 할 필요가 있다.

2. 지역 담당 선교사에 의하여 인구 5000명 이하의 마을에 지소(이 용어는 구도적 신자들이 주의 날에 예배를 드리기 위하여 정기적으로 모이는 곳으로, 또는 년 4회 이상 순회방문을 받되 그 중 적어도 2회는 외국인 선교사에 의해서 순회방문을 받는 곳으로 이해되어 있었다.)가 설립되어 있다면, 이미 그가 속한 선교부에 의해 선점된 것으로 보아야 하며, 우리는 거기에 다른 선교부가 일을 시작하기를 조언할 수 없다고 본다. 그러나 6개월 동안 사역이 중단된 곳은 개방된 선교지역으로 간주될 수 있다.

3. 복음이 전 지역으로 신속하게 전개되기 위하여, 새로운 사역을 시작하거나 확장하기를 원하는 선교단체는 아직 선점되지 않은 지역을 우선적으로 고려하여 줄 것을 강력하게 권장한다.

4. 우리는 다른 교파로 소속을 변경할 수 있는 권리가 교회의 모든 회원에게 본래부터 주어져 있음을 인정한다. 그러나 교회의 명부에 자기의 이름이 회원이나 후보로 등재되어 있는 사람들은 담임목사의 천거서 없이 다른 교회에 받아들여지지 않는다.

5. 우리는 다양한 교회들의 치리행위를 상호 존중한다.

6. 사역의 어느 분야에서도 조사들과 학생들과 도우미들은 그들에게 대한 책임이 있는 사람의 동의, 또는 기록된 동의 없이는 어떤 자격으로라도 다른 선교부에 의해서 받아들여지지 않을 것이다.

7. 일반적 규칙으로 책들은 정해진 가격에 따라 판매되어야 하며, 무상으로 주어지지는 않을 것이다.[44]

하지만 미국 북감리회의 조선선교부는 1893년 년차 총회에서 랜돌프 포스터

44) C. A. Clark, *the Nevius Plan for Mission Work*, 132–133. L. George Paik, *the History of Protestant Missions in Korea, 1832–1910*(Seoul: Yon Sei University Press, 1971), 433–434.

(Randolph S. Foster) 감독과 윌리엄 스크랜톤 (William B. Scranton) 선교감독(Mission Superintendent)의 반대로 이 제안을 무효화하였다. 이 결정을 접한 미국 북장로교 조선선교부도 그 해 10월에 위원회를 해산하였다. 그럼에도 불구하고, 두 선교부는 될 수 있는 대로 서로의 사역지역이 중복되지 않도록 조심하면서, 의료, 출판, 교육 분야에서 실제적인 협력을 이루려고 노력하였다.[45] 슈피어가 1897년에 조선을 방문하여 감리교와 지역예양을 맺기를 다시 강하게 희망하면서, 북장로교 선교부의 사역이 미약한 지역에 다른 선교부의 사역이 왕성하면, 그 선교부에게 북장로교 선교부의 사역을 양보할 수 있다고 제안하였다.[46] 그 후에도 1901년 북장로교 해외선교부가 선교단체 간의 가장 관대한 협정안이라고 할 수 있는, 연합교회의 형성을 제안하였다는 것은 놀라운 일이다.[47] 이런 것을 보면 공식적인 협정은 무산되었지만, 두 선교부가 지역예양을 실제적으로는 실천하고 있었음을 짐작할 수 있다.[48]

연합공의회와 대부흥.

두 선교부의 관계는 더 확대 발전하여, 1905년 9월에 네 개의 장로교 선교부과 두 개의 감리교 선교부의 선교사 150여명이 한 자리에 모여, '재한 개신교 복음주의선교부 연합공의회'(The General Council of Protestant Evangelical Missions in Korea)의 조직에 대한 제안을 만장일치로 수용하기에 이른다.[49] 이 제안은 원산에서 로버트 하디(Robert A. Hardie)의 회개와 고백으로 점화된 부흥운동이 전국으로 불길처

45) Chang-uk Byun, op. cit., 201.
46) R. E. Speer, *Report on the Mission in Korea of the Presbyterian Board of Foreign Missions*, 41.
47) *Annual Report of the Board of Foreign Missions of the PCUSA (May 1901)*, 12-13. "A Prayer for Unity," *the Korea Mission Field*, Vol. 9 (January, 1913), 26.
48) Chang-uk Byun, op. cit., 199, 205-213.
49) 같은 책, 217, 219. "Missionary Union in Korea," *the Korea Review* (Sep., 1905), 342-346.

럼 번져가고 있던 때를 배경으로 한다.[50] 대부분의 장로교 선교사들은 감리교회에서 시작된 이 부흥운동에 대해서 처음에는 소극적으로 관망하는 정도였으나, 많은 신자들의 성품과 생활이 변화하는 것을 보면서[51] 하나님의 역사하심을 인정하는 방향으로 선회하고 있었다. 이 공의회의 목적은 기독교 사역을 위해 상호협력하는 데 있었으며, 궁극적으로는 하나의 조선복음교회를 조직함에 있었다.[52] 연합교회의 이름은 장로교 또는 감리교가 아니고, '대한예수교회'였다. 그러나 이 비전은 각 조선선교부들의 모국 교회들, 특히 감리교회와 장로교회의 교리적 차이에 대해 매우 민감한 입장을 가지고 있던 미국 남장로교의 반대로 철회되었다.[53] 미국 북감리교 선교부의 애드나 래너드(Adna B. Leonard)는 선교부가 유기적 연합으로 한 발자국도 나아가지 말고, 오히려 먼 장래에 일어날 수 있는 일로 남겨 놓으라고 주장하였다.[54] 그의 주장의 전제는 미국의 모국 총회의 동의 없이는 하나의 조직으로 통합될 수 없다는 것이었다.[55] 두 감리회 선교부들은 다른 교파와 연합을 추구하지는 않았지만, 연합교회의 논의과정을 통하여 조선에 하나의 감리교회 설립을 동의하는 수확을 거두었다.[56]

연합공의회의 실행위원회는 지역분할에 대한 후속적 조치를 취하였다. 곽안련(C. A. Clark)이 1906년 연합공의회의 연차총회에서 다음과 같이 평가하였다. "연합을 향한 진보는 없었으나, 지금까지의 모든 행보는 이해되고 재확인되었으며 특별

---

50) Kwang-shin Chun, *A Historical and Theological Assessment of the 1907 Korea Revival* (Ph D dissertation, University of Wales, Lampeter, 2000), 67-79. 박용규, 『평양대부흥운동』(생명의 말씀사, 2000), 39-202.

51) W. G. Cram, "a Genuine Change," *the Korea Mission Field*, vol. 3, no. 5 (May, 1907), 68.

52) S. F. Moore, "Steps toward Missionary Union in Korea," *The Missionary Review of the World*, N. S., Vol. 18, No. 12 (Dec, 1905), 903-905; requoted by L. Paik, 앞의 책, 416.

53) S. H. Chester, "Church Union in Korea," *The Missionary* (March, 1906), 207.

54) *A. B. Leonard to S. A. Beck*, November 22, 1905, UMC Archives; Chang-Uk Byun, 앞의 책, 225.

55) 같은 책.

56) *Official Minutes of the Second Annual Mission Conference*, MEC (Seoud, June 6-13, 1906), 81; Chang-Uk Byun, 앞의 책, 227.

히 지역분할의 개념은 강조되었다."[57] 1909년 장로교회 및 감리교회 선교부 사이에 지역예양에 대한 최종적 의견일치가 있었으며, 중복되는 지역은 거의 없었다.[58] 장로교회 및 감리교회 등의 주류 선교부들은 다른 군소 선교부들에게 선교지 지역분할에 참여하도록 격려했지만,[59] 그들은 지역예양에 참가하지 않았다. 예를 들면, 캐나다에서 온 독립선교사였던 말콤 펜윅 (Malcolm Fenwick)은 1911년에 그의 교회는 주님이 이끄시는 곳이면 어느 곳에서든지 일할 수 있는 자유를 가지고 있다고 주장하였다.[60]

민경배는 한국에 하나의 연합교회를 세우지 못한 것이야말로 연합공의회의 실패라고 매우 애석하게 생각한다. 그는 한국에 온 교파들이 그들 자신의 교파를 추구하지 않았어야 했다고 주장한다.[61] 민경배와는 반대로, 허순길은 언더우드를 연합주의자[62]라고 지적하면서, 그가 주장하는 하나의 연합교회론은 너무 관대하고 너무 수용적이어서 장로교신조와 가치들을 보존하지 못할 수 있다고 비판하였다. 허순길은 "알미니안주의의 감리교회와 칼빈주의의 장로교회가 어떻게 하나의 연합교회를 형성할 수 있는가?" 한국에서 연합교회의 추진은 신학적 갈등을 일으킬 수 있는 공허한 생각에 불과한 것이므로 무산된 것이 오히려 다행이었다고 주장하였다.[63] 우리는 교회를 연합하기 전에 서로의 신조를 인정하고 수용하는 것이 필수적이라고 주장하는 허순길의 의견에 동의한다. 그뿐 아니라, 교회정치제도에 대한 동의도 필수적이라고 생각한다. 교파들이 해외에서 자기 교파 교회를 심지 않아야 한다는 민경배의 의견에는 동의하지만, 교회정치제도를 불문하고 하나의 연합교회를 세워야 한다는

---

57) *C. A. Clark to A. J. Brown*, October 16, 1906, PHS; Chang-Uk Byun, 앞의 책, 237.
58) 같은 책.
59) *W. M. Baird to Ellinwood*, Fusan, October 6, 1891, PHS.
60) 이만열, 옥성득, 『대한성서공회사』(서울: 한국성서공회, 1993), 341; Chang Uk Byun, 앞의 책, 275.
61) 민경배, 앞의 책, 162-163; 김인수, 『한국기독교회의 역사』(서울: 장로회신학대학교, 1997), 271.
62) 허순길, 『한국장로교회사』 [서울: 대한예수교장로회(고신) 역사편찬위원회, 2002], 75.
63) 같은 책, 142.

것에는 동의하기 어렵다. 신조나 교회정치제도에 공감대를 이룰 수 있다면 다양한 선교단체나 선교부가 혼재하고 있는 선교지에서는 연합교회를 추구하는 것이 바람직한데, 바로 한국의 4개 장로교 선교부들이 하나의 연합된 개혁주의 장로교회를 설립하고자 선교부 공의회를 만들었던 것이 그 좋은 사례이다. 그러나 장로교 선교부들과 감리교 선교부들이 하나의 연합교회를 설립하고자 하는 비전을 공유했던 것은 두 교파의 교리나 정치제도의 상이한 점들에 대한 고려를 충분히 하지 못한 비현실적인 미숙한 발상이었다. 연합공의회에 대한 토론에서 분명하게 드러난 것은 선교부들 사이에 교회정치와 교회제도에 대한 동의가 없이 하나의 연합토착교회를 설립한다는 것은 거의 불가능하다는 것이었다.

장로교 공의회는 일단 하나의 연합교회에 대한 생각을 포기함으로써, 교회개척에 있어서 장로회적 정체성을 견지하는 교회개척의 과정을 통하여, 해외 장로교회의 지부가 아닌, 토착적 장로교회 설립에 집중할 수 있게 되었다.

한편, 연합공의회는 부흥운동의 물꼬를 장로교회 쪽으로 터주는 데 공헌하였다. 연합공의회는 한국에서의 부흥을 위한 "특별한 노력을 요청함"[64]이라는 제목의 서신을 모든 선교사들에게 보냄으로써, 감리교회로부터 장로교회로 부흥의 불길을 옮겨 붙이는 풍로 역할을 하였다.[65] 그 이후 1906년 내내, 부흥운동의 불길이 감리교회 지역만 아니라, 서울, 평양, 선천, 부산, 대구, 목포 등 장로교회 지역으로도 확산되었기 때문이다. 평양대부흥이 일어나기 전, 1905년과 1906년에 전국적으로 개척교회의 증가가 두드러졌다. 1893년부터 1906년까지 장로교공의회의 관할 하에서 시작된 개척교회의 수를 보여주는 다음의 그래프에서, 1904년과 비교해 볼 때, 1905년과 1906년에 그 수가 배로 증가된 것을 볼 수 있다. 그러나 1905년과 1906년에 개척교

---

64) J. R. Moose, J. S. Gale, D. A. Bunker, W. D. Reynolds, "A Call to a Special Effort," *KMF* II:2(Dec. 1905), 30. 박용규, 『평양대부흥운동』, 132-134.

65) Kwang-shin Chun, 앞의 책, 75.

회수의 급증한 것을 두고, 한국감리교회에서 시작된 부흥운동의 영향을 얼마나 받았는지를 가늠하기는 어렵다. 1904년에서 1906년 사이에 개척교회수가 급증한 것은 주로 평안북도, 황해도, 경상남북도와 전라남북도 같은 새로운 선교지부의 지역에서 교회개척이 왕성하게 일어났기 때문이다.

그래프 4-1. 한 해에 시작된 개척교회수

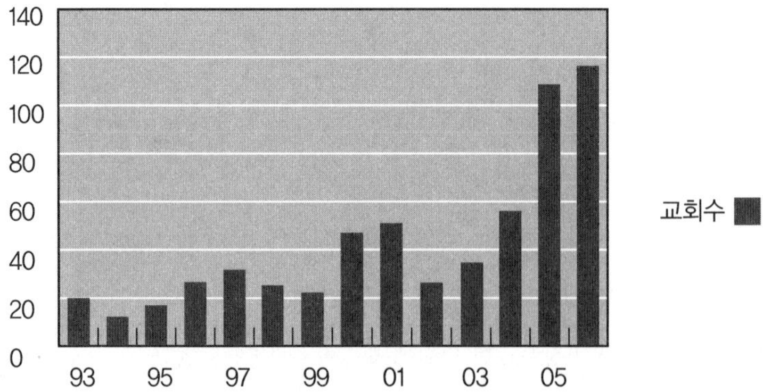

표 4-1. 각 도별 새로 개척된 교회수 (1904-1906)[66]

	평북	평남	황해	함북	함남	강원	경기	충북	충남	전북	전남	경북	경남	Total
1904	7	10	5	1	1	0	10	3	1	2	5	10	2	57
1905	25	18	3	0	1	0	5	0	3	10	12	20	14	111
1906	18	11	11	0	1	0	17	5	1	8	9	21	15	117
Total	50	39	19	1	3	0	32	8	5	20	26	51	31	285

하지만 1901년부터 평북 선천지부에서 사역하던 알프레드 샤록스(Alfred Manic Sharrocks, MD) 선교사는 1905/6년의 선천지부의 급성장은 회심의 결과라는 것을 다음과 같이 말하고 있다.

"지난 해(1905) 우리 선천지부에 있는 교회에 출석하는 인원이 6,507명이었는데,

66) 이 도표는 저자가 『조선야소교장로회사기(상)』의 자료들을 일일이 정리하여 만든것이다.

금년에는 11,943명으로 증가하였다. 지난 12개월 동안 5,436명의 회심자들이 어디에서 왔다는 것인가? 매달 평균 453명의 회심자들이다. 우리 몇 명 안 되는 선교사들의 수고의 결과로 이것이 가능했다는 것인가? 지난 한 해 동안에 1,164명이 세례를 받았는데, 매달 거의 100명, 매주 평균 22명이 세례를 받았다."[67]

이런 기록을 볼 때 1907년 평양대부흥 이전에도 많은 회심자들이 일어났음을 알 수 있으며, 이것을 주로 감리교회에 진원을 둔 부흥운동의 결과라고 하기 이전에, 1905년 2월부터 1905년 7월까지 있었던[68] 러일전쟁으로 인한 사회적 혼란함과 나중에 세워진 지소들의 활동에도 연관을 지을 수 있다고 생각한다. 하지만 감리교회에서 시작된 부흥의 불길이 장로교회로 옮겨 붙게 된 데에는 장로교 선교사들이 연합공의회를 통하여 감리교에 대한 불필요한 배타적 생각을 갖지 않고, 부흥운동의 확산을 수용할 수 있는 자세가 마련되어 있었던 것도 하나의 중요한 이유가 된다고 본다.

1907년의 대부흥은 그 해 1월에 두 주간 평양 장대현교회에서[69] 열렸던 남자들을 위한 겨울 사경회에서[70] 시작되었다. 모인 회중은 성령의 능력과 임재를 경험하고자 밤낮 부르짖어 기도하고 있었다. 많은 사람들이 성경공부, 회개에 대한 설교, 통성 기도,[71] 죄의 공적 고백,[72] 그리고 서로 용서하고 용납함을 통하여 크게 감동을 받았다. 그래함 리(Graham Lee)는 선교사들이 이런 놀라운 역사들을 목격하면서 성령께서 어린 교회들 가운데서 능력으로 일하고 계심을 확신할 수 있었다고 고백하였다.[73]

---

67) James S. Gale, *Korea in Transition* (New York: Laymen's Missionary Movement, 1909), 195–197.

68) C. E. Sharp, "Motives for Seeking Christ," *The Korea Mission Field*, Vol.2, No. 10 (Aug. 1996), 182–183. 한국기독교역사연구소, 『한국기독교의 역사 I』(서울: 기독교문사, 1989), 256–257.

69) 그 당시 가장 큰 장로교회였다.

70) W. L. Swallen, *Letter to Brown*, Jan. 18, 1907; 박용규, 『평양대부흥운동』, 208에서 재인용.

71) 같은 책, 217.

72) William N. Blair and Bruce Hunt, *The Korean Pentecost and the Sufferings Which Followed*, (Edinburgh: The Banner of Truth, 1977), 74.

73) 같은 책.

북장로교 선교사 윌리엄 블레어(William N. Blair)는 대부흥에 대해서 이런 증언을 하였다.

> 참석했던 성도들은 오순절의 불을 가지고 농촌의 자기들의 교회로 돌아갔다. 부흥의 소식이 전해지는 곳마다 성령의 불길도 함께 전해져, 북한뿐 아니라, 대한반도 전체가 그 복에 참여하였다.[74)]

그 부흥은 회개와 기도의 운동으로서, 불신자들을 회심시키는 운동이기보다 신자들에게 영적 활력을 불러일으킨 운동이었다.[75)] 평양대부흥의 영향은 전국에 있는 교회들에게 널리 확산되었다. 부흥은 선교사들이나 뛰어난 설교자들에 의해서 주도되었다기 보다, 장대현교회의 사경회에 참석했던 일반 성도들에 의해서 전파되었다. 어떤 영수나 조사는 그들의 지역교회에서 부흥회를 인도하였는데, 자기들을 통하여 부흥의 축복을 교회에 전할 수 있다는 사실에 크게 고무되어 복음의 일꾼들로 헌신하는 계기가 되기도 하였다.[76)] 선교사들과 한국교회의 지도자들은 이 부흥을 직접 목격하고 함께 경험함으로써 서로 더 나은 이해와 존경에 이를 수 있게 되었다고 한다.[77)]

부흥의 확산에 있어서, 사경회는 기독교교육을 위한 실제적 통로가 되었다. 윌리엄 블레어가 지적한 대로 한국에서의 대부흥은 교파를 막론하고 거의 성경공부, 기도 및 전도 등의 프로그램으로 짜여진 사경회를 통하여 다른 지역으로 옮겨져 갔다.[78)]

---

74) 같은 책, 75.

75) L. Paik, 앞의 책, 364.

76) 같은 책, 340.

77) William N. Blair, *Gold in Korea* (Edinburgh: The Banner of Truth, 1948), 71:『속히 예수 믿으시기를 바라나이다』 김승태 역, (서울: 두란노, 1995).

78) Balir & Hunt, 앞의 책, 66-67. cf. 송병훈,『네비우스 선교정책이 대부흥운동에 끼친 영향에 대한 연구』(신학석사학위논문, 서울성경신학대학원대학교, 2003), 20

허순길은 한국장로교회는 교회개척의 첫 단계에서부터 교회에서 성도들에게 신앙고백을 차근차근 바로 가르치지 못하고 있었는데, 1907년 대부흥을 통하여 성도들이 영적 은혜를 체험하게 되자, 한국장로교회는 교리와 신앙고백보다, 개인의 경험과 영적 부흥에 더 관심을 기울이는 교회가 되었다고 비판하였다.[79] 한국장로교회가 신앙고백과 교리 교육을 등한히 했던 것과 연합공의회를 통하여 장로교정치체제를 넘어 하나의 연합교회를 선불리 추구한 점 등은 지적되어야 한다. 하지만 대부흥을 통하여 수많은 어린 교회들이 좀 더 견고하게 세워졌다고 한다면, 대부흥은 한국장로교회에게 주신 큰 은혜요 복이며, 잊을 수 없는 역사적 전통과 자산이 되었다고 보아야 할 것이다.

79) 허순길, 앞의 책, 123.

한|국|장|로|교|회|와
교|회|개|척

제이부

제오장
독노회와 교회개척: 1907-1912

제 오 장

독노회와 교회개척: 1907-1912

1907년 9월 17일에 선교사 38명과 한국인 장로 40명이 평양 장대현교회에 모여 한국장로교회 독노회의 조직을 선언하였다. 그 날 저녁, 독노회는 즉시 평양신학교 1회 졸업생 7인을 한국인 목사로 안수한다. 신학교 졸업생을 목사를 안수하기 위해서는 우선 노회가 조직되어야 한다는 전제조건이 드디어 갖추어졌기 때문이었다. 정동교회가 설립된 이후 20년 동안 600개 이상의 교회가 개척되었으나, 한국인 목사는 한 명도 없었던 한국장로교회로서 이는 큰 경사가 아닐 수 없었다.

독노회가 조직되자 장로회 공의회의 일곱 소회(Presbyterial Committees)[1]는 일곱 대리위원회(Committees)로 명칭이 바뀌었다. 일곱 대리(위원)회가 각각 1907년에서 1911년 사이에 몇 개의 개척교회들을 개설할 수 있었는지 표를 통해서 살펴보자.

---

1) 곽안련, 『장로교회사 전휘집』(경성: 조선예수교서회, 1935), 6.

표5-1. 1907-1911 일곱 대리회 시대에 시작된 개척교회 수[2)]

	1907	1908	1909	1910	1911	합계
평북	26	19	16	15	16	92
평남	11	12	14	7	7	51
황해	11	15	1	1	1	29
경충	16	4	5	5	7	37
전라	31	32	22	14	3	102
경상	32	44	50	18	24	168
함경	2	13	10	11	2	38
합계	129	139	118	71	60	517

우리는 위의 표에서, 개설된 개척교회들이 1908년에 139개로 가장 많았지만, 그 후에는 감소하기 시작하여 1911년에는 절정의 1908년에 비하면 절반 이하로 줄어든 것을 볼 수 있다. 선교지부가 먼저 개설되어 있던 평남 대리회, 경충 대리회, 황해 대리회 등은 개척교회수의 증가세가 두드러지게 약화되어 선교지부가 늦게 개설된 전라, 경상, 평북 대리회의 증가세에 추월당하고 말았다.

각 대리회별로 살펴보면, 경충(경기 및 충청) 대리회 지역에는 1902년에서 1906년까지 5년 동안에 45개의 개척교회가 증설되었지만(표 4-1 참조), 이어진 다음 5년 동안에는 개척된 교회가 37개 밖에 되지 않은 것을 볼 때, 개척교회의 증가율은 둔화되고 있었음을 알 수 있다. 37개의 새 개척교회들 중에서 신설된 청주 선교지부 내의 7개 개척교회를 제외하면 서울 및 경기도에서 시작된 교회는 불과 30개였다. 1906년까지는 새로운 개척교회를 세우는 일이 서울 주변지역으로 힘차게 확산되다가 그 다음 5년인 1907에서 1911년 사이에 기세가 꺾였던 것이다.[3)] 쉐어러 (Roy E. Shearer)는 그 원인을 변화를 싫어하던 보수 양반계급에게 전도 자원을 우선 집중한 탓으로 돌

2) 이 도표를 포함한 이하의 도표들도 『조선야소교장로회사기(상)』의 자료들을 일일히 정리하여 만든 것이다.
3) Roy E. Shearer, 앞의 책, 92.

리고 있다.[4] 그리고 경충대리회에서 사역하던 교회개척 선교사 인원이 다른 대리회 지역에 비해 상대적으로 적었다는 것도 하나의 이유가 될 것이다. 이 지역의 교회들은 전도자를 파송하는 데 있어서 서울에 있던 선교부의 지원에 더 의존적인 것도 문제였다고 할 수 있다.

평남대리회 지역에서는 이 기간에 51개의 개척교회가 신설되었는데, 그 이전 5년 기간과 비교해 보면 개척교회가 7개나 덜 개설된 것이었다. 평양의 모체 교회와 같은 장대현교회는 회중의 규모로 보나 1400석 이상의 예배당 규모로 보나 평양의 중심교회였다. 1909년 평양의 서문교회는 중앙교회(장대현교회)에서 "평균 600명 이상의 출석교인이 함께" 분가하여 세워진 교회이다.[5] 서문교회는 "... 일년 후에는 그 회중이 900명 이상으로 증가하였고, 1911년에는 1,000명 이상이 모이는 그 도시에서 가장 큰 교회"[6]가 되었다는 기록이 있다. 그러나 큰 교회들이 계속 분립을 통하여 새 교회들을 세우지 않고, 자기 교회를 더 큰 교회로 성장시키려는 경향이 생기게 된 것으로 보인다. 이런 대교회 지향성이 개척교회의 신설을 소홀히 하게 되는 효과를 가져왔다고 생각한다. 처음에는 선교사들이 큰 교회의 당회장 목사의 역할을 맡아 있었는데, 한국인 목사가 그런 교회에 청빙되기 시작한 것은 1913년부터였다. 이런 상황을 볼 때 평양의 성장하는 교회에 비해 준비된 한국인 목사의 수가 크게 모자랐으며, 이것이 평양에서 분립을 통한 교회설립에 장애 요인이 되었다고 생각된다.

평북대리회는 관할구역을 일곱 시찰회로 나누어 각 시찰에 한 명의 선교사와 한 명의 시찰 조사를 배정하였다.[7] 이처럼 전 지역에 힘을 고루 분배한 결과, 이 대리회에서는 1907년에서 1911년 사이에 출범한 개척교회가 무려 92개나 되어, 그 이전 5년

---

4) 같은 책, 93.

5) H. A. Rhodes, 앞의 책, 150-153.

6) 같은 책, 152.

7) 같은 책, 201-205.

동안 시작된 교회수 56개[8]를 크게 상회하였다. 그 중에서 46개의 개척교회는 예배에 출석하기 위하여 본 교회까지 먼 거리를 걸어 다녀야 하던 사람들을 위해 '모교회'가 분립개척한 점이 특징이다.

황해 대리회가 1909년부터 1911년까지 3년 동안 한 해 평균 겨우 하나의 개척교회 밖에 시작하지 못하였다고 하는 것은 이상한 일이다. 이것은 1911년과 1912년에 교회출석인원이 갑자기 감소한 것과 관련된 것 같다. 그런데 로즈(H. A. Rhodes)는 이 상황을 어느 정도 짐작할 수 있을 만한 힌트를 제공한다. 북장로교가 1906년에 재령선교지부를 창립했을 때, 중앙교회는 약 천명을 수용할 수 있는 새 건물을 건립하고, 두 명의 장로를 선출하였다. 재령선교부의 선임선교사 윌러엄 헌트(William B. Hunt)와 에드윈 웨이드 쿤스(Edwin Wade Koons)는 박태로가 1911년 그 교회의 목사가 되기까지 차례로 중앙교회를 담임하였다.[9] 재령 지부의 선교사들은 중앙교회가 천 명의 출석교인으로 성장하였는데도 그 교회의 목회를 적극적으로 주도하였다. 로즈가 그 때의 선교사들의 사역분담에 대해서 언급하기를,

> 1909년, 이 구역은 둘로 나뉘어, 동부는 헌트 씨가 맡고, 남동부는 샵 목사가 맡았으나, 1910년 책임자가 다시 바뀌어 동부는 케르 목사가 맡고, 동부 중앙은 헌트 씨가 맡았다.[10]

---

8) 표 5-2. 일곱 소회에 의해서 시작된 개척교회수: 1902-1906

	평북	평남	황해	함경	경충	전라	경상	합계
1902	4	8	1		2	5	6	26
1903	2	9	2	7	4	9	4	37
1904	7	10	6	1	13	8	12	57
1905	25	18	3	1	5	25	34	111
1906	18	11	11	1	21	18	36	117
합계	56	56	23	10	45	65	92	348

9) H. A. Rhodes, 앞의 책, 232. cf. 『조선야소교장로회사기』, 165.

10) H. A. Rhodes, 앞의 책, 233.

라고 하였다. 헌트 선교사가 동부, 그리고 동부 중앙을 맡았다고 한 것을 볼 때 중앙교회를 담임 목회한 것으로 보인다. 이처럼 선교사가 대교회를 직접 목회하다 보니 전방개척활동이 위축될 수밖에 없었던 것으로 짐작된다.

황해지역의 교회개척이 원활하지 못하게 된 다른 이유는 한국장로교회와 한국감리교회 사이에 지역예양의 불균형으로 인한 마찰인데, 장로교회 소속 46개 교회의 세례교인 460명을 포함한 약 2,000명이 1909년 감리교회로 넘겨진 반면, 감리교회가 장로교회로 넘겨준 교인은 200 여명에 불과하였던 것이다.

또 하나의 이유는 선교사들이 순회사역이나 개척사역보다 사경회를 통한 양육에 더욱 힘을 쏟았기 때문이다. 1910년과 1911년 사이에 328개의 사경회가 이 황해도에서 열렸다는 것은 놀라운 일이 아닐 수 없다.[11] 헌트 선교사가 황해도에 배치되었던 1900년에 많은 교인들이 천주교회로 이탈하였다. 그는 그 이유를 성도들이 신앙교육과 훈련을 제대로 받지 못하였기 때문이라고 판단하고, 선교사의 순회사역보다 사경회를 통한 교육과 훈련에 심혈을 기울이게 된 것이었다. 사경회를 통하여 개척교회수가 즉시 증가되는 효과는 없었지만 이는 장래의 더 큰 성장을 준비하는 일이었다고 할 수 있을 것이다.

전라대리회 지역에서는 같은 기간에 102개의 개척교회가 시작되었는데, 그 이전의 5년 동안 65개의 개척교회가 시작된 것과 비교해 보면, 크게 증가된 것임을 알 수 있다. 무엇보다도 선교사들의 교회개척에 대한 열정이 큰 몫을 하였다고 본다. 예를 들면, 광주지부의 헨리 맥칼리(Henry D. McCallie)의 1910년 보고에 따르면, 그는 95개 섬에 있는 500여개의 마을을 방문하여 전도하였고 28개의 개척교회를 시작하였다고 한다.[12] 그런데 1911년에는 개척교회가 3개만 개설되었다고 하니 무슨 일이 있었던가? 1909년 클레멘트 오웬(Clement Carrington Owen)의 서거, 1910년 최중진

11) Roy E. Shearer, 앞의 책, 105.
12) 김수진, 한인수, 『한국기독교회사: 호남편』(서울: 범론사, 1980), 154.

의 목사 제명,[13] 남장로교 한국선교부의 선교사 인원 부족 등이 중요한 이유였다고 볼 수 있다. 그리고 짧은 기간에 지나치게 많은 개척교회들을 시작하였다면 후속되는 양육과 관리 사역으로 다음 기간의 개척교회의 확산은 제한될 수밖에 없다.

경상대리회는 이 기간 동안에 168개의 개척교회를 시작했는데, 일곱 대리회 중에서 가장 많은 개척교회를 개시하였다. 북장로교 및 호주장로교 한국선교부의 교회개척선교사들은 적극적으로 교회개척과 순회사역에 집중하였으며 많은 조사들이 선교사들의 개척사역을 자신의 일로 삼고 적극 참여하였다. 조사들은 처음에 선교부와 선교사로부터 생활비를 지원받았으나, 1906년부터는 조사의 정기적인 방문을 받는 개척교회들이 조사를 지원하는 일에 참여하기 시작하였다.[14] 경상대리회는 대구를 제외한 경상북도를 세 지역으로 나누어 헨리 부루엔(Henry Munro Bruen)을 포함한 세 명의 교회개척 선교사들에게 분담시켰다.[15] 부루엔은 42개의 개척교회를 순회방문하며 세례후보자들을 심사하고 성만찬을 집행하고 설교도 하였으며, 불신자 전도뿐 아니라 환자 및 영적 침체에 빠진 자들을 방문하였다.[16] 그는 분담받은 지역을 여러 개의 시찰구역으로 나누고 각 구역마다 한 명의 조사를 배치하고, 아직도

---

13) 최중진 목사는 전라대리회에게 그의 요구사항 5개를 제시하였으나 수용되지 않자, 한국장로교회를 떠나 1910년에 대한예수교 자유회를 조직하였다. 그의 5개 요구사항은 다음과 같다. "1. 구도자들에게 대한 규칙이 너무 엄격하다. 그들을 학습인으로 바로 수용하라. 2. 군산지부에게 넘겨졌던 부안지역에 대한 감독권을 나에게 돌려달라. 3. 나의 지역에 중학교를 세울 수 있도록 허락해 달라. 4. 각 교회가 가난한 사람들을 돕기 위해 두 명의 구제위원을 지정하라. 5. 내가 재정적 문제에 매달려 있지 않기 위해 집을 마련해 달라." cf. 같은 책, 172-173.

14) 같은 책, 144.

표 5-3. 대구지부와 조사: 1899-1908.

	1899	1900	1901	1902	1903	1904	1905	1906	1907	1908
선교부의 후원에 전부 의존한 조사	1	2	2	3	3	4	5	5	0	0
교회의 후원에 일부분 의존한 조사	0	0	0	0	0	0	0	3	7	7
교회의 후원에 전부 의존한 조사	0	0	0	0	0	0	0	1	2	4

15) 부루엔 외에 제임스 아담스(James E. Adams)와 윌리엄 바레트(William M. Barrett)가 나머지 두 명이다. cf. 박창식, 『경북기독교회사』(서울: 코람데오, 2001), 68.

16) Clara Hedberg Bruen, *Forty Years in Korea: Henry Munro Bruen*(Seoul: Institute for Korean Church History, 1998), 411.

복음이 제대로 전해지지 않은 곳으로 전도인들을 파송하여 전도와 교회개척을 펼쳐 나갔다. 그도 순회방문을 열심히 하였지만, "이 교회들을 모두 방문한 것은 아니었다."[17]라고 하면서 나중에는 분량 이상으로 너무 많은 개척교회들을 맡았던 것에 대해서 후회하였다.

경상남도를 맡은 호주선교사들도 본국 선교부 총무였던 프란시스 페이톤(Francis Hume Lyall Paton)에게 선교사의 증파를 요청하면서 그 지역에 집중하기 시작하였다.[18]

북장로교 선교부가 1898년에 함경도에 14개의 개척교회들을 남겨두고 철수하게 되면서 캐나다 선교부가 그들을 맡게 되었다.[19] 1910년 함경대리회의 독노회 보고에 의하면 285개의 예배모임이 있고, 81개의 예배당이 있다고 하였다.[20] 함경대리회는 1908년 한국장로교회와 한국감리교회 사이에 지역예양이 재조정된 후 원산 북부, 안변 그리고 원산남부의 덕원 일부 지역 등, 함경도 전역으로 나아갈 수 있었다.[21] 캐나다 장로교회 한국선교부가 1907년부터 1911년까지 38개의 개척교회를 시작한 것은 이전 기간에 10개의 개척교회를 시작한 것에 비교하면 큰 진보를 이루었다고 할 수 있는데, 아마도 캐나다 선교부의 관할지역이 확장되면서 더 많은 개척교회들을 시작하고자 하는 동기가 부여되었던 것 같다.

독노회가 조직된 후에도 대부분의 개척교회들은 선교사들의 동의와 인준을 거쳐서 시작되었다. 개척교회들이 양육과 조직과정을 통하여 자립교회로 성장발전하지 못하자, 선교사들이 순회하며 돌아보아야 할 교회들이 적체되어 더 이상 새로운 개

---

17) 같은 책, 165.

18) *Presbyterian Church of Victoria Proceedings* (1909), iii.

19) *Report of Foreign Missions of the Presbyterian Church in Canada for 1909, 42. Report of the Foreign Mission Committee* (1909), 120. 김윤성, "함경도 지역 교회사," 30.

20) 김승태, "한말 캐나다 장로회 선교사들의 선교활동과 일제와의 갈등, 1898–1910," 『한국기독교와 역사』 제12권(2000), 154. 저자가 조선야소교장로회사기에서 세어 본 함경도의 교회수는 63개 였는데, 독노회 보고서에는 81개로서 차이가 난다. 그 차이에 대해서는 조선야소교장로회사기에 나타난 교회들은 1924년까지 생존한 교회들만 기록에 남긴 것이기 때문에 설명이 가능한 것 같다.

21) 김윤성, 앞의 글, 35.

척교회를 시작할만한 여유가 없어졌다. 그 때에 한국장로교회는 선교사들의 교회개척사역을 물려 받기에는 역부족이었다.

1909년에 일어난 백만인구령운동은 감리교회 한국선교부에 속한 세 선교사, 마리온 스톡스(Marion B. Stokes), 포스터 갬블(Foster K. Gamble)과 위그먼 리드(Wighman T. Reid, MD)[22]가 개성에서 시작하였지만, 연합공의회와 대한예수교장로회 제4차 독노회가 이 운동에 적극 참여하기로 결정함으로써 백만인 구령운동이라는 대규모 전도운동으로 확대되었다. 이 전도운동은 단순히 전도목표만 크게 설정한 구호적 운동이 아니라, 처음부터 전도에 대한 열심이 많기로 인정을 받은 한국의 성도들이 적극 참여한 조직적 운동이었다. 이때에 동원된 전도방법은 주로 대중전도집회와 성도들이 헌금을 내는 대신에 전도할 시간을 내어드린 날연보와 전도지 배포 등이었다. 대중전도집회는 많은 청중을 모으는 데는 효과적이었지만, 대부분의 구도자들을 기존의 교회로 흡수하기에는 부적절하였는데, 교회들이 새로운 회심자들을 수용할 준비가 되어있지 않았기 때문이었다. 아담스는 "한국의 기독교인들에게 알맞은 전도방법은 공개적인 복음전도집회의 서양식 방법보다 일상적인 개인전도방법이 훨씬 낫다"고 하면서 "그 결과가 훨씬 더 영구적"[23]이라고 결론을 내렸다. 가가호호 방문하면서 전도지를 배포하는 일을 위해 성도들이 자신의 날과 시간을 기꺼이 드렸는데, 이처럼 전도지배포와 날연보는 짝을 이룬 전도전략이 되었다. 한국의 성도들은 주로 자기들의 돈으로 전도지를 사서 그들 주변의 사람들에게 무료로 나누어 주었다. 날연보 운동에 참여한 사람들이 펼친 노력이 어떤 것이었는지 다음의 표현을 통해서 짐작해 볼 수 있을 것이다.

---

22) 라드가 처음에 시작할 때에는 50,000명의 회심자를 목표로 기도하였지만, 세 선교사가 뜻을 합하여 기도한 후에 1909년 9월 감리교 선교사 년차대회에서 20만 구령운동을 제안하여 수용되었고, 연합공의회 때에 그들은 다시 백만명구령운동을 제안하게 된 것이었다.

23) James E. Adams, *Annual Personal Report to the Board of Foreign Missions of the Presbyterian Church U. S. A.* (Taegu: Korea, 1910–1911); 재인용 Shearer, 앞의 책, 57.

> 가난하지만 열심히 일하는 한국사람들은 적어도 총 100,000일을 연보하였다. 지난 겨울에는 76,000일을 진지하게 개인적으로 바쳐 봉사해 주었고, 이번 가을에도 수백명의 한국인 일꾼들이 대집회에서 개인적으로 사람들을 면담하는 일뿐 아니라, 한 달을 송두리째 가가호호를 다니며 전도하는 일에 바쳤다. 수 백 만 부의 전도지와 700,000부의 마가복음을 한국인 성도들이 사서 불신자들에게 기도와 진심어린 권면과 함께 나누어 주었다. 거의 모든 가정들을 방문하였고, 수 천 명의 한국인들이 이 일을 위하여 매일 기도하고 있다.[24)]

이전에는 전도가 주로 신자와 불신자간에 사적인 작은 교류를 통하여 일어났지만, 이 전도운동은 설정한 목표를 이루기 위해 가능한 자원을 조직적으로 동원한 전략적 작업이었다. 목표지역의 주민들에게 남김없이 전도지와 쪽복음을 배포하려는 열정은 대단한 것이었지만, 전도지를 배부하면서 얼마나 개인적 증언을 함께 나눌 수 있었는지 모르겠다. 전도가 조직화되면서 점점 더 성도들의 일상의 삶으로부터 격리되어 간 것은 아니었는지 반성해볼 만하다.

아직 새로운 회심자들을 양육할 준비가 제대로 갖추어지지 않은 어린 교회들의 상황에서는 대중전도집회도 적절한 결실을 기대할 수 없었다. 백만인구령운동은 대부흥의 효과를 전국 복음화를 통하여 극대화하려는 시도였으나, 쉐어러가 지적한 대로, 대부흥은 한국교회에게 양적 성장의 극대화의 의미보다도 일차적으로 한국교회의 영적 활력을 되살리는 데 더 큰 의미가 있었다고 할 수 있다.[25)]

대중적이고 조직적인 복음전도운동을 보고 위협을 느낀 일본은 조선 합병 후에 기독교인들의 활동에 대해서 의심의 눈초리로 감시하기 시작하였고,[26)] 외국 선교사

---

24) "The Million Movement and Its Results," *KMF*, Vol. 7, No. 1(January, 1911), 5.

25) Roy E. Shearer, 앞의 책, 56.

26) *Report of Chinju Station, June 30, 1911* (Presbyterian Church in Victoria, Archives). Sang-gyu Lee, *To Korea with Love: Australian Presbyterian Mission Work in Korea, 1889-1941*, Th. D. dissertation (the Australian College of Theology, 1996), 132.

들과 교회들에게는 아래와 같이 경고를 보내었다.

> 한국의 기독교인들이 정치를 훼방하지 않으려 한다면, 신앙의 자유는 존중될 것이며, 전도활동도 보호될 것이다.[27]

선교사들은 이런 발언을 내정 간섭을 하지 말라는 정도의 주의(注意)로 들었을런지 모르겠지만, 한국 기독교인들은 기독교 탄압의 예고로 받아 들였다.[28] 1909년의 대중집회들로 고조된 전도의 열정도 제국주의 정부의 위협으로 위축되었다. 한국 기독교인들은 일본 식민정부에 대하여 정치적 불간섭중립정책 (non-committal and neutral policy)[29]을 내세우며 정치적 항의를 하지 말도록 성도들을 종용하는 선교사들에게 실망을 느끼고 있었다. 선교사들은 선교부와 교회들을 일제와의 불필요한 마찰로부터 보호하려는 진지한 의도로 불간섭과 중립의 입장을 취했겠지만, 선교사들의 그런 태도는 자기들의 땅을 무단점거한 일본인들을 섬겨야 하는 것에 대한 울분의 감정에 빠져 있는 조선의 크리스챤들에게는 냉정한 것이었다. 교회 안에 젊은 사람들은 희망을 빼앗긴 삶의 현장에서 무엇을 위해 살아야 하는지 몸부림치고 있었다. 이들에게 삶의 의미와 희망을 심어줄 성경의 가르침이 절박하게 필요하였으나,[30] 선교사들의 가르침은 그런 기대를 충족시켜주지 못하고 있었다. 한국장로교회도 아직은 그런 사회적 책임을 감당할 만큼 성숙하지 못하였다. 이런 가운데 1909년 구령운동으로 일어난 전도열기는 합병한 후 곧 동력을 상실하게 된다.

1907년 대부흥 이후, 사경회는 각 교회에서 말씀의 양육을 제대로 받지 못하던 성

---

27) H. Loomis, "The New Korean Governor and Missions," *The Missionary Review of the World* (December, 1910), 952. 재인용 김인수, 앞의 책, 369.

28) 같은 책, 370.

29) L. Paik, 앞의 책, 402. cf. 박용규, 앞의 책, 134-135.

30) George Thompson Brown, *Mission to Korea* (Nashville, Tennessee: Board of World Missions, Presbyterian Church, U.S., 1962), 87.

도들에게 잔치와도 같은 은혜로운 시간이었다. 1909년 한 해 동안 북장로교 한국선교부 산하 여섯 개의 선교지부들이 주최한 사경회에 참석한 인원은 대략 32,000명 정도로 추산되었는데, 그 지역의 모든 교회출석인원의 39%에 해당된다.[31] 평양의 대부흥이 전국의 다른 지역에 있던 크리스찬들에게 영향을 끼칠 수 있었던 것은 다름 아닌 사경회라는 채널이 마련되어 있었기 때문이었다.[32] 사경회가 널리 확산되면서, 선교사뿐 아니라 한국인 목사, 조사, 성경부인들도 교사로서 활약하게 되었다.[33] 한국인 교사들이 많아지자, 성도들이 지역 사경회에 좀 더 쉽게 참석하여 배울 수 있게 되었다. 사경회는 많은 영수와 전도자들을 길러낸 모판이 되었고, 나중에는 성경학교로 개편되기도 하였다.[34]

사경회는 한국장로교회의 성장에 결정적인 유익을 끼쳤음에도 불구하고, 각 교회 단위에서의 정기적 가르침과 목회적 돌봄의 결핍은 쉽게 해소되지 않았다. 대리회 시대에 크게 확장된 사경회는 원래 교회의 지도자들을 양성하기 위한 교육 프로그램으로 기획된 것이었으나, 일반 성도들의 배움에 대한 갈급함을 채우려 하다 보니 지도자 양성은 소수의 신학 졸업생들을 목사로 안수하는 것 외에는 오히려 뒤로 밀려 있었다.

독노회 시대에 57명의 목사후보생들이 평양신학교를 졸업했다. 1907년에 졸업한 일곱 명의 목사 중의 한 명인 길선주는 평양 장대현교회의 담임으로 청빙되었고, 나머지 6명은 전도목사[35]로 임명되었는데, 그 중에 한 명이 제주도로 파송받은 첫 선교사 이기풍이다.[36] 전도와 교회개척을 일으키기 위해서 교회나 노회에 의해 전도목사

---

31) H. A. Rhodes, 앞의 책, 254.

32) 이철신, 『한국 초기 장로교의 사경회에 관한 한 연구』(신학석사학위논문, 장신대학교 신학대학원, 1986), 57-58.

33) Edith A. Kerr & George Anderson, *The Australian Presbyterian Mission in Korea: 1889-1941* (Australian Presbyterian Board of Missions, 1970), 38.

34) H. A. Rhodes, 앞의 책, 255-258.

35) 『대한예수교장로회 독노회록』(1907-1911), 제1권, 18-19.

36) 같은 책, 제1권, 18.

로 파송되었다.[37] 1909년에 안수 받은 8명의 목사 전원이 선교사의 동사목사로 지명되었으나,[38] 1910년에는 25명의 신학교 졸업생 중에서 16명이 동사목사 또는 전도목사로 안수받았다. 그리고 나머지는 강도사에 해당하는 명칭인 신학준사[39]로 지명된 것을 볼 때, 신학졸업생이 자동적으로 목사로 안수 받은 것은 아니었음을 알 수 있다. 1911년에는 17명이 목사로 안수받았고, 5명이 강도사로 인허되었다.[40] 그 당시에는 신학졸업생이 지역교회의 담임목사로 청빙되는 일은 드물었고, 대부분은 개척교회들을 순회하거나 선교사의 동사목사로 지명되었다. 이것은 그 당시 교회들이 아직 목회자의 생활비 지원을 감당할 준비가 되어 있지 않았거나, 졸업생들이 도시교회들을 돌볼 수 있는 능력이나 경험이 부족했기 때문이었다. 선교부들은 안수받은 목사들에게 개척교회들을 순회하는 일을 우선적으로 맡기기를 원하였으므로 독노회도 신학졸업생을 개척교회순회사역에 우선적으로 배치하였는데, 이런 정책으로 개체교회의 조직은 지연되었다.

개체교회의 조직은 지연된 반면, 아이러니하게도 노회와 총회의 조직은 신속하게 진행되었다. 일곱 노회가 1911년에서 1912년의 4개월 동안에 거의 동시다발적으로 조직되었고, 1912년 9월에 총회가 그 뒤를 이었다. 각 노회 창립 장소와 일시, 그리고 창립멤버에 대해서 아래의 표5-4에 정리해 보았다.

---

37) 양전백 목사는 평북 선천읍 북교회의 목사이며 동시에 평북 순회목사로 사역하였다 (Allen D. Clark, *History of the Church in Korea*, 197, 209).

38) 『대한예수교장로회 독노회록』(1907-1911), 제3권, 18.

39) 같은 책, 제4권, 25.

40) 같은 책, 제5권, 44.

표 5-4. 각 노회 창립 장소 및 일시, 그리고 창립 회원수.[41]

노회	창립일	창립장소	선교사수	목사수	장로수
경충	4/12/1911	신문내 교회	8	3	5
평북	15/2/1912	선천읍 교회	5	13	11
평남	18/1/1912	평양신학교	알려지지 않음		
황해	8/12/1911	모동 교회	3	3	16
전라	11/10/1911	전주 서문밖 교회	알려지지 않음		
경상	6/12/1911	부산진 교회	15	2	15
함경	29/1/1911	원산 상동 교회.	8	4	7

장로교 『교회정치문답조례』 제280조에 의하면 노회성립을 위해서 "새로운 전도지역에는 적어도 5명의 목사"가 필요하다. 그런데 1911/1912년 각 노회가 창립될 때, 한국인 목사가 5명이 채 되지 않은 대리회가 있었는데, 황해대리회 3명, 경상대리회 2명, 함경대리회는 4명에 불과하였다. 따라서 한국인 (담임 및 전도) 목사뿐 아니라, 목사 선교사들까지 포함하여 노회를 구성한 것이라고 할 수 있다. 한국장로교회의 노회들을 조직함에 있어서 목사선교사들을 노회조직의 창립멤버로 간주한 것이 정당한 것인가? 장로교 정치제도에 대한 우리의 견해로서는 목사 선교사들이 교회개척과정에 있어서 교회개척사역자로 참여하지만, 당회가 조직될 때 그 지도권을 현지 목사들에게 이양하는 것이 자립교회 설립의 원칙에 부합한다고 본다.

또한 노회조직을 목사들의 인원수에 근거할 수 있는지에 대한 논의가 필요하다. 목사는 노회가 안수하기 전에 먼저 교회의 청빙을 받아야 하고,장로는 교회의 공동의회에서 선출된 후에야 장립을 받을 수 있다. 즉 교회가 없이는 직분이 성립되지 않는다는 의미이다. 노회의 조직도 목사나 장로 개인에게 근거한 것이 아니고, 목사나 장로의 직분의 기반인 개체교회에 근거한다고 생각한다. 따라서 노회조직은 목사, 장로의 인원수 보다, 개체교회의 조직에 기반을 둔 목사, 장로의 수를 기준으로 잡

41) 대한예수교장로회 총회가시편찬위원회, 한국교회사학회편, 『조선야소교장로회 사기』 하권 55, 82, 143, 163, 181, 195에서 일곱 노회의 첫 모임에 대한 정보를 수집한 것이다.

아야 할 것이다. 실제로 개체교회의 직분 외에 기관의 목사나 전도목사나 선교사 등의 목사가 있는데, 그들은 개체교회의 근거 위에 성립된 노회의 파송을 받았으므로 그런 직분을 갖게 된 것이다. 다만, 『교회정치문답조례』에 69조에 보면, 전도목사는 조직교회의 청빙이 없이도 안수 받을 수 있도록 허락되어 있다. 하지만 이 전도목사의 안수는 노회를 조직한 후에 안수하고 파송한 것이지, 노회도 없는데 안수받은 것은 아니다. 현지선교부는 선교지에서 교회를 개척하고 조직할 수 있는 권이 있기 때문에 현지에서 원주민교회의 선출이나 청빙에 의해 장로와 목사를 안수할 수 있다고 생각한다. 그러나 현지에서 노회를 조직하는 것은 선교부의 권한이 아니다. 현지의 교회에 근거를 둔 현지 목사와 장로들의 인원이 최소정족수에 이르게 될 때 성립된다고 생각한다. 노회를 조직하는 것이 선교사와 전도목사를 포함한 목사들의 최소정족수에 근거한다면, 노회는 교회 없이도 시작할 수 있다는 의미가 된다. 그러나 개체교회의 조직이 없이, 노회나 총회를 조직한다는 것은 사상누각과 같다.

그러므로 장로교회의 현지선교부는 노회가 조직되기까지 현지의 교회들을 개척하고 조직하는 일을 완성시킬 책임을 지고 있다. 노회를 조직할 때에는 현지의 선교사들은 초대된 손님으로 성립된 노회로부터 회원권을 얻을 수는 있어도 노회를 조직하는 창립회원은 아니라고 생각한다. 이런 관점에서 한국인 목사가 다섯 명 미만이었던 대리회의 노회조직은 시기상조였다고 말할 수 있다.

한|국|장|로|교|회|와 교|회|개|척

제 이 부

제 육 장

교회개척의 의존과 자립: 1912-1938

제 육 장

교회개척의 의존과 자립: 1912-1938

1911년 제 5회 독노회의 결의에 따라,[1] 1911년에서 1912년 사이에 일곱 대리회가 일곱 노회로 조직되었고, 그 직후 총회가 곧 조직되었다. 그 때부터 한국장로교회는 개체교회, 노회 및 총회의 세 단계에서 자치(自治)하는 교회의 형태를 갖추게 된 것이다. 그러나 실제로는 총회가 조직교회들의 기반을 갖춘 노회들 위에 구축된 것이 아니었고, 대부분의 미조직교회들을 관할하고 있던 외국 장로교 조선선교부들에게 크게 의존하고 있었다. 조직교회라 할지라도 선교사가 담임목사 역할을 하고 있는 교회들이 대부분이던 때에 노회가 조직되었고, 노회들이 조직되자마자 총회가 곧 조직되었으므로 개체교회뿐 아니라, 노회 및 총회도 초기에는 선교사의 영향력 아래 있을 수밖에 없었음은 명약관화한 사실이었다.

---

1) 『독노회록』, 제5회, 43-44.

이 장에서는 총회가 조직된 이후 1912년에서 1938년까지 교회개척은 어떻게 이루어졌는지를 살펴보고자 한다. 왓슨(Alfred W. Wasson)과 쉐어러(Roy E. Shearer)는 1911년에서 1919년까지의 교회성장에 대하여 서로 상충하는 해석을 내어 놓았다. 왓슨은 미국 및 남감리교 한국선교부(the Korea Mission of the Methodist Episcopal Church in America and South)를 배경으로 한 반면, 쉐어러는 대한예수교 장로회의 관련선교부들을 배경으로 하였기 때문에 교회성장에 대한 분석이 조금 다를 수 있으나, 두 교파가 네비우스 방법,[2] 지역예양, 대부흥, 백만인 구령운동 등과 같은 공동의 경험들을 가지고 있기 때문에 이들의 해석이 어디에서 차이가 나는지 비교해 볼 필요가 있다.

1911년에서 1919년까지 왜 한국감리교회의 회원 및 학습인 수가 1910년에 9,809명에서 1919년에 5,877명으로 떨어졌는가?[3] 또 매년 보고된 성인 수세자 평균이 1906년과 1910년 사이에는 1,137명이었는데 왜 1911년과 1919년 사이에는 491명으로 현저히 줄어들었는가?[4] 왓슨은 같은 기간(1911–1919)에 선교사들과 한국인 사역자들이 거의 두 배로 늘어났음[5]을 대조시키면서 이런 의문을 제기하고 있다. 왓슨은 또한 한국감리교와 한국장로교가 1911년과 1919년 사이에 경험한 교회성장의 침체를 두고, 이 기간을 '포박된 성장기'(a period of arrested growth)[6] 또는 '9년의 흉년'(nine lean years)[7]이라고 불렀다.

---

2) Alfred W. Wasson, *Church Growth in Korea*, 29. 왓슨은 "벌써 1902년부터 우리는 네비우스에 의해 저술된 선교사역의 방법이 초임 선교사들의 필독서 목록에 포함되어 있음을 보게 된다."라고 하였다.

3) 같은 책.

4) 같은 책.

5) 같은 책, 78. 왓슨은 1911년과 1919년 사이에 사역하고 있던 선교사들 평균인원은 26명이었는데, 이 인원은 1906년과 1910년 사이의 평균인원이 두 배 이상이었다고 하였고, 1911년과 1919년 사이의 한국인 사역자들 평균인원은 126명으로서 그 전 기간에는 74명이었다고 밝히고 있다.

6) 같은 책.

7) 같은 책.

그래프 6-1. 수찬자와 출석자 증감비교

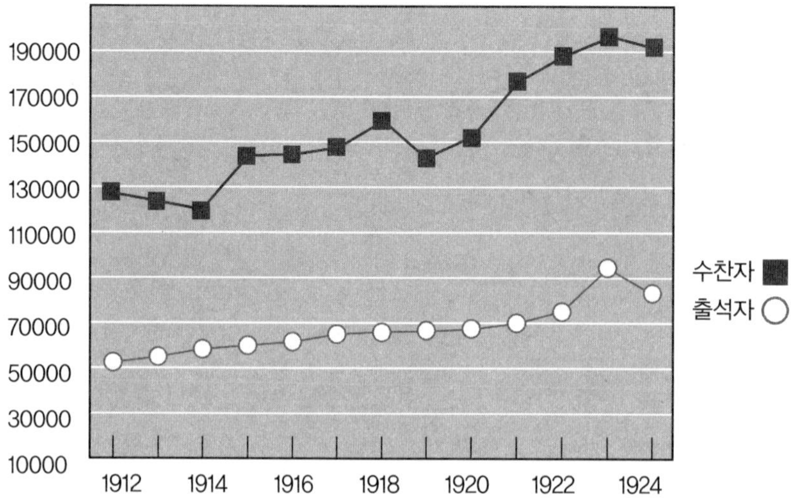

쉐어러는 그의 책, *Wildfire: Church Growth in Korea*에서 1885년부터 1930년까지의 한국장로교회의 성장을 분석하였다. 그는 우선 왓슨의 '포박된 성장기,' 또는 '9년의 흉년,' 등을 동의하지 않았는데, "그의 통계가 회원과 학습인들의 통계에 근거"[8] 하고 있기 때문이라고 지적하였다. 쉐어러는 한국에서 '어떤 교회의 성장에 대한 더 정확한 지표'[9] 또는 '장로회적 교회성장의 가장 좋은 그림'[10]은 "수찬 회원의 자료를 일관성있게 활용"[11]하는 것이라고 주장하였다. 그는 1885년부터 1930년까지 한국장로교회의 9개 지역[12]의 수찬 회원수의 통계로 본다면, 1911년과 1919년의 기간에는 '좋은 성장'[13]이 있었다고 주장하였다.

이 기간의 교회성장에 대한 균형 잡힌 이해에 이르기 위해서는, 각 교회마다 많은

8) Roy E. Shearer, 앞의 책, 59.
9) 같은 책.
10) 같은 책, 69.
11) 같은 책.
12) 같은 책, 82-83. 그 9개 지역은 평북, 평남, 황해, 경기-충북, 경북, 함경, 경남, 전북, 전남-제주, 등이다.
13) 같은 책, 60.

학습인과 구도자들이 세례받기를 기다리고 있었다는 사실을 염두에 두어야 한다. 많은 학습인들이 세례문답의 수준이 너무 높아 한 번 만에 통과하지 못하거나, 선교사들이 자주 마을 교회들을 방문하지 못하여 세례문답을 제 때에 하지 못한 것이 중요한 이유이다. 교회 안에 세 그룹, 즉 수찬자, 학습인, 구도자들을 동시에 고려해야 한다. 다음 그래프 6-2에서 보듯이 수찬자는 꾸준히 증가하지만 학습인은 완만히 감소하고 있고, 구도자의 경우, 증가와 감소가 교대로 일어나고 있다. 이런 배경을 고려하면, 1911년부터 1919년까지 한국장로교회의 성장을 수찬회원의 증감에 대한 통계로만 평가하는 것은 합당하지 못하다.

그래프 6-2. 수찬자, 학습인 및 구도자 비교

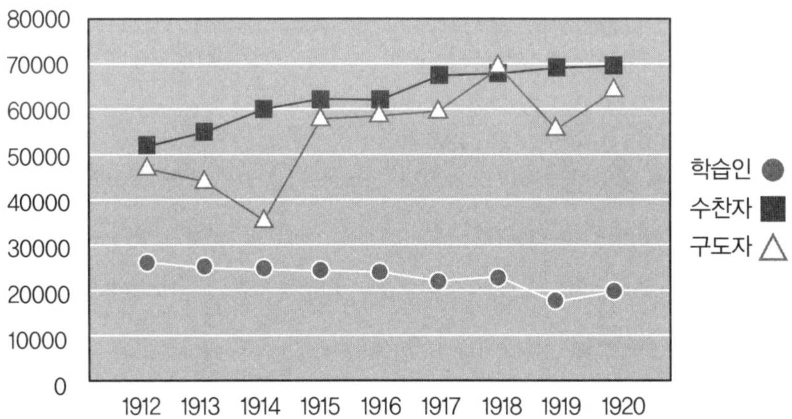

구도자에 관한 그래프는 한일합방 이후 한 동안 전도의 동력이 상실되었다가 1915년에는 105인 음모사건에 대한 공판이 1914년에 매듭되어 체포된 사람들이 풀려나고[14] 1915년 9월 11일부터 조선물산공진회가 열리고 있던 50일간 전도캠페인이 펼

14) Samual A. Moffett, "Missionary Life and Service," *The Fiftieth Anniversary Celebration of the Korean Mission of the Presbyterian Church in the U. S. A.* (June 30 – July 1934, John D. Wells School, Seoul, Chosen), 46.

쳐진 역사와,[15] 1919년에 있었던 독립만세운동에 의해서 크게 방해를 받아, 구도자들이 감소하였던 사실을 반영한다.

그래프 6-3. 수찬자와 학습인(1909-1919)

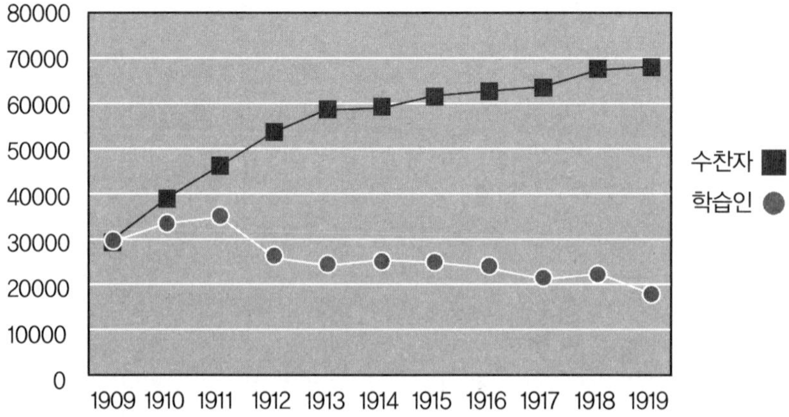

그래프 6-3은 1911년과 1919년 사이에 수찬자의 증가와 학습인의 감소를 대조적으로 보여주고 있다.[16] 어떻게 이런 대조적 현상이 일어났을까? 수찬자의 증가는 이 기간에 한국인 목사의 수가 증가하여, 적체되어 있던 학습인들에게 세례를 더 자주 베풀 수 있었기 때문이라고 생각한다. 한편 학습인의 감소는 학습인으로서 세례를 받은 사람들이 늘어난 만큼, 구도자로서 학습인이 된 사람들이 늘어나지 않았기 때문이었다. 1909년부터 1911년까지의 수찬자의 증가는 학습인의 증가가 기초가 되어 있지만, 1911년부터 1919년까지 수찬자의 증가는 적체되어 있던 학습인들이 세례를 많이 받았기 때문이라고 할 수 있다. 특별히 1911년에서 1913년 사이에 학습인들이 감소한 것은, 그래프 6-2에서 보는 바와 같이, 이 기간에 구도자의 수가 줄어들었기

15) Thomas Hobbs, "Union Evangelistic Campaign," *KMF*, Vol. 11, No. 12 (1915), 347-349.
16) "통계표," 『대한예수교장로회 총회록』 1912-1924. 위의 그래프는 1912년부터 1924년까지의 총회록 통계표에서 뽑아낸 것이다.

때문이다. 이렇게 볼 때에, 이 기간에 한국장로교회의 수찬자의 증가를 구도자들의 증가의 결과라고 말할 수 없다.

1911년부터 1919년까지 교회성장에 대한 해석에 있어서 우리는 왓슨과 쉐어러의 견해를 종합할 필요가 있다. 교회는 예배 출석인원으로 보면 감소했으나, 세례교인 수로 보면 성장했다고 할 수 있다. 교회개척의 관점에서 볼 때 세례교인의 증가는 개교회들의 정식 회원 증가에 의한 일차적 조직화가 진행되고 있었음을 시사해 준다. 그러나 예배 출석인원이 줄어들었다고 하는 것은 그 만큼 구도자 또는 회심자가 줄었다는 것이며 새로운 교회개척을 시작할 필요성도 약화되어 가고 있었음을 알게 해 준다.

1919년의 독립운동은 일본제국의 조선통치에 대한 조선사람들의 대규모 항거였다. 종교적 신분을 막론하고 수많은 사람들이 나라의 주권과 독립을 주장하면서 이 시위에 참가하였다. 교회나 선교부가 이 운동에 공식적으로 참가하거나 후원하지는 않았지만, 많은 기독교인들과 지도자들이 사적 차원에서 참가하였다.[17] 김선두 목사(1876-1949)는 총회장을 역임했던 인물이고, 길선주 목사(1869-1935)는 유명한 설교자였는데 개인적으로 이 운동에 흔쾌히 참여하였다. 투옥된 자들 중에 장로교인들은 18%로 1,154명이나 되었다.[18] 독립운동에 참가함으로써 보여준 기독교인들의 나라에 대한 충성심은 백성들의 가슴에 깊은 인상을 남겼다.

독립운동이 일어난 그 해의 총회록에 의하면 전년도보다 교회수는 64개, 출석교인은 16,849명이 감소하였으나,[19] 다음 해(1920년)의 총회록에 의하면, 942개 교회의 예배, 기도회, 및 주일학교에 출석하는 교인들의 수가 50%이상 증가하였다고 한다. 남장로교 한국선교부 담당 지역에는 수세자가 1919년에 368명에서, 1920년에 516명

---

17) 독립선언서에 서명한 33인의 대표들 중에 15인이 기독교 지도자들이었다.
18) 허순길, 앞의 책, 61.
19) 같은 책, 62.

으로, 1922년에는 1266명으로 거듭 증가하였다.[20] 이런 성장의 원인은 크게 두 가지로 설명된다. 일본식민정부가 독립운동이후 한국인들을 회유하기 위하여 종교적 규제를 완화하는 등 소위 문화정책을 채택하고 교회당건물의 신축, 전도소 또는 개척교회의 시작, 개종을 위한 전도 등을 좀 더 자유롭게 할 수 있게 되었기 때문이었다. 또 하나는 독립운동이후 복음을 증거하고자 하는 성도들의 용기가 되살아났기 때문이라고 생각한다.

한국장로교회 총회록은 유용한 교회통계를 담고 있지만, 한 가지 아쉬운 것은 매년 새로 개척된 교회의 통계는 수록되어 있지 않다는 것이다. 저자가 『조선야소교장로회사기』로부터 일일이 세어서 파악한 바, 1912년부터 1924년 사이에 개척된 교회 수는 다음 그래프 6-4와 같다.

5년의 짧은 대리회 기간에 517개의 개척교회가 새로 시작되었던 것에 비교해 볼 때, 1912년부터 1924년까지 12년 동안 406개의 교회가 개척되었다는 것은 교회개척이 크게 둔화되었다는 것을 의미한다.

이 기간(1912-1924)에는 특별히 노회의 수가 늘어났는데, 1912년 총회가 조직될 때 7개의 노회가 있었으나 1924년에는 16개의 노회로 분립, 확대되어 있었다(표 6-1 참조). 이 기간에 개척된 교회들을 원래의 일곱 노회의 지역으로 분류해 보면, 상대적으로 오래된 교회들이 많이 있던 평남, 경충, 황해, 평북 노회에서는 160개의 개척교회들이 개설된 반면, 어린 교회들이 더 많이 있던 전라, 경상, 함경 노회에서는 246개의 개척교회들이 개설된 것이 드러난다.

20) G. T. Brown, 앞의 책, 115.

그래프 6-4. 1912-1924 기간 중에 개척된 교회수

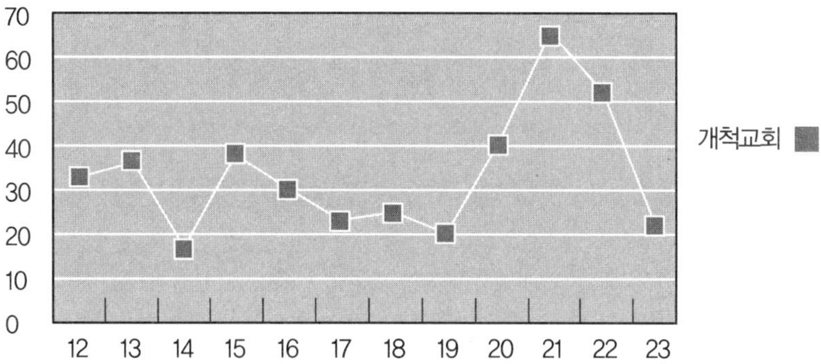

표 6-1. 한국장로교회의 노회별 연도별 새로 개척된 교회 수: 1912-1924.[21]

<table>
<tr><th colspan="3">년도</th><th rowspan="2">1912</th><th rowspan="2">1913</th><th rowspan="2">1914</th><th rowspan="2">1915</th><th rowspan="2">1916</th><th rowspan="2">1917</th><th rowspan="2">1918</th><th rowspan="2">1919</th><th rowspan="2">1920</th><th rowspan="2">1921</th><th rowspan="2">1922</th><th rowspan="2">1923</th><th rowspan="2">1924</th><th rowspan="2">합계</th></tr>
<tr><th>원노회</th><th>1차 분립 노회</th><th>2차 분립 노회</th></tr>
<tr><td colspan="3">경충</td><td>2</td><td></td><td></td><td>6</td><td>1</td><td>1(U)</td><td>1</td><td>1</td><td>1</td><td>3</td><td>1</td><td>2</td><td>7</td><td>26</td></tr>
<tr><td rowspan="3">평북</td><td colspan="2">산서</td><td rowspan="3">8</td><td rowspan="3">11</td><td rowspan="3">4</td><td rowspan="3">10</td><td rowspan="3">7</td><td>1(4)</td><td>1</td><td>2(8)</td><td></td><td>1</td><td>1</td><td>1</td><td></td><td rowspan="3">71</td></tr>
<tr><td rowspan="2">평북</td><td>평북</td><td rowspan="2">8</td><td>3</td><td>1</td><td>2</td><td>2</td><td>1</td><td></td><td></td></tr>
<tr><td>의산</td><td>1</td><td></td><td>1</td><td></td><td>5</td><td></td><td></td></tr>
<tr><td rowspan="3">평남</td><td colspan="2">평양</td><td rowspan="3">4</td><td rowspan="3">10</td><td rowspan="3"></td><td rowspan="3">4</td><td rowspan="3">3</td><td rowspan="3">4</td><td rowspan="3">5</td><td rowspan="3">2</td><td rowspan="3">6</td><td rowspan="3">4</td><td>1</td><td></td><td></td><td rowspan="3">50</td></tr>
<tr><td colspan="2">평서</td><td></td><td></td><td></td></tr>
<tr><td colspan="2">안주</td><td>6</td><td>1</td><td></td></tr>
<tr><td colspan="3">황해</td><td>3</td><td>1</td><td>3</td><td></td><td>6</td><td></td><td></td><td></td><td></td><td></td><td></td><td></td><td></td><td>13</td></tr>
<tr><td rowspan="3">전라</td><td colspan="2">전북</td><td rowspan="3">6</td><td rowspan="3">4</td><td rowspan="3">5</td><td rowspan="3">7</td><td rowspan="3">8</td><td rowspan="3">3</td><td>4</td><td>1</td><td>1</td><td>2</td><td></td><td>1</td><td></td><td rowspan="3">104</td></tr>
<tr><td rowspan="2">전남</td><td>전남</td><td rowspan="2">5</td><td rowspan="2">8</td><td rowspan="2">13</td><td>14</td><td>15</td><td>4</td><td></td></tr>
<tr><td>순천</td><td></td><td></td><td>3</td><td></td></tr>
<tr><td rowspan="3">경상</td><td rowspan="2">경북</td><td>경북</td><td rowspan="3">6</td><td rowspan="3">9</td><td rowspan="3">5</td><td rowspan="3">11</td><td rowspan="3">5</td><td rowspan="2">4</td><td rowspan="2">1</td><td rowspan="2">2</td><td rowspan="2">12</td><td rowspan="2">34</td><td>14</td><td>8</td><td></td><td rowspan="3">123</td></tr>
<tr><td>경안</td><td>4</td><td></td><td></td></tr>
<tr><td colspan="2">경남</td><td>0</td><td>1</td><td>1</td><td>0</td><td>2</td><td>4</td><td></td><td></td></tr>
<tr><td rowspan="2">함경</td><td colspan="2">함남</td><td rowspan="2">3(2)</td><td rowspan="2">1(4)</td><td rowspan="2">0(8)</td><td rowspan="2">1</td><td rowspan="2">0(6)</td><td rowspan="2">1(4)</td><td>2</td><td>1</td><td>3</td><td>3</td><td></td><td></td><td></td><td rowspan="2">19</td></tr>
<tr><td colspan="2">함북</td><td>1(6)</td><td>1(1)</td><td>1(5)</td><td>0</td><td></td><td>1(U)</td><td></td></tr>
<tr><td colspan="3">합계</td><td>32</td><td>36</td><td>17</td><td>39</td><td>30</td><td>22</td><td>25</td><td>20</td><td>40</td><td>65</td><td>52</td><td>21</td><td>7</td><td>406</td></tr>
</table>

21) 산서 노회는 1917년 평북노회에서 분립되었다. 초산, 위원, 강계, 자성, 후창 그리고 간도지방의 일부가 이 노회에 배속되었다. 표의 몇 칸은 채워지지 않았는데, 아마도 보고서 미제출로 인하여 자료를 얻을 수 없었기 때문이라고 보여진다.

그래프 6-4에서 보듯이, 1921년에 시작된 개척교회가 가장 많았다가, 1923년에 다시 급격히 감소하였다. 독립운동 당시 한국사회가 기독교인과 교회에게 보여준 우호적인 태도가 1921년과 1922년의 교회개척의 활성화로 연결되었다고 생각한다.

하지만 1921년에 개척교회가 가장 많이 늘어난 것은 그 해에 안식년을 마치고 복귀한 제임스 아담스(James Edward Adams, 1867-1929) 선교사와 특별히 관련되어 있다. 그는 안식년을 마치고 대구지역으로 돌아와, "성령께서 조성하신 추수의 때가 이미 무르익어"[22] 있음을 보게 되었다. 그는 아직 교회가 없는 지역에 다섯 명의 전도자들과 함께 교회개척운동을 펼친 결과, 그리고 4개월 만에 20개의 지소 또는 개척교회를 시작할 수 있었다.

그렇다면 왜 다른 선교사들은 1921년의 그 좋은 기회를 아담스처럼 적극적으로 활용하지 못하였던 것일까? 그것은 다른 선교사들에게는 순회하며 돌보아야 할 개척교회들이 이미 너무 많아, 더 이상 새로운 개척교회들을 시작할 여유가 없었기 때문이라고 볼 수 있다. 예를 들면, 부루언(Henry M. Bruen, 1874-1959)은 1917년과 1918년에 자기의 구역을 12개의 시찰로 나누고 2명의 목사, 8명의 조사, 2명의 권서인과 4명의 성경부인 등을 동역자로 삼아 59개의 개척교회들을 관할하고 있었다.[23] 부루언은 네비우스 방법을 철저히 실천한 선교사로서, 가족과의 시간을 희생하면서 순회사역에 열성을 쏟았으며, 조사들을 감독하고, 영수를 선택하여 세우며, 직분자들과 평신도들을 위한 사경회도 지속적으로 운영하고 있었다. 부루언도 독립운동 이후 기독교에 우호적으로 변화된 사회적 분위기와 환경을 인식하고 있었지만, 새롭게 열리는 복음전도와 교회개척의 기회를 그냥 지나칠 수밖에 없었다. 조직교회를 담임하는 일과 봄 성경학교의 강의를 미루거나 포기하여도[24] 이미 맡은 일들을

22) "Taiku Station Report: 1920-1921," Clara Hedberg Bruen, 앞의 책, 278.
23) 같은 책, 244.
24) 같은 책, 281.

다 감당할 수 없을 만큼 할 일들이 너무 많았기 때문이었다.

1916년 경상노회가 경북과 경남 노회로 나뉜 후, 경남노회 안에서의 선교사들의 활동을 살펴보자. 경남노회에는 다섯 명의 한국인 목사가 있었고, 36명의 호주 선교사들 중에 아홉 명의 목사 선교사가 있었다.[25] 그 목사 선교사들은 다섯 개의 지역으로 배정되어 있었다. 부산진에 세 명의 목사선교사가 한 명의 한국인 목사와 여덟 명의 유급조사와 함께 101개의 교회 또는 개척교회들을 돌보고 있었다. 마산포에는 한 명의 목사선교사가 세 명의 유급조사와 함께 46개의 교회 또는 개척교회들을 맡고 있었다. 진주에는 두 명의 목사 선교사가 네 명의 전임조사와 한 명의 파트타임 조사와 함께 60교회 또는 개척교회를 지도하고 있었다. 통영에는 한 명의 목사 선교사와 한 명의 의료 선교사가 한 명의 조사와 함께 28개의 교회 또는 개척교회를 돌보고 있었다. 그리고 거창에는 두 명의 목사 선교사가 두 명의 조사와 한 명의 전도자와 함께 22개의 교회 또는 개척교회를 책임지고 있었다.

그런데 7년이 지난 1923년에는 호주선교사들 중에 목사선교사는 일곱 명으로, 1916년보다 두 명이 감소하여 목사 선교사들의 사역은 더 가중되었다. 부산진은 80개의 개척교회 또는 조직교회를 두 명의 목사선교사가, 마산포는 39개의 개척교회 또는 조직교회를 한 명의 선교사가, 진주의 교회수는 알려지지 않았으나, 진주의 동부와 서부, 사천, 하동, 남해, 의령, 삼가, 산청 등에 있던 개척교회 또는 조직교회들을 두 명의 목사 선교사가 맡고 있었으며, 통영에 한 명의 목사 선교사, 거창에도 한 명의 목사 선교사가 개척교회 또는 조직교회를 돌보고 있었다.[26] 이처럼 경남지역에서도 대부분의 선교사들은 과중한 사역으로 인하여 새로운 개척교회를 시작할 수 있는 기회가 있어도 붙잡을 수 없었다. 1912년부터 1924년까지의 기간에 경남과 경북

---

25) *Extracts from the Records of the Australian Presbyterian Mission in Korea*, Vol. 4, (Fusanjin, Korea: Australian Presbyterian Mission, 1917), 3.

26) 같은 책, vol. 10 (Tongyung, Korea: Australian Presbyterian Mission, 1923), 24-27.

지역은 상대적으로 가장 많은 개척교회들이 개설된 지역임에도 불구하고 선교사 중심의 교회개척은 이미 포화상태에 이르렀음을 보게 된다.

이미 1913년과 1914년 사이에 1580개나 되는 미조직교회가 있었지만 교회조직에 앞장서야 할 한국인 목사들의 등장은 천천히 진행되고 있었다. 그 당시 224개의 조직교회 중에 149개 교회는 82명의 담임선교사의 지도 아래 있었고, 57개 교회는 담임선교사와 한국인 목사가 동사목사로 있는 교회였고, 18개 교회만 한국인 목사가 담임을 하고 있었다. 경험이 부족한 한국인 목사들은 우선 조직교회에 동사목사로 청빙을 받았다가, 목회 능력을 인정받게 될 때 담임선교사가 목회사역을 그에게 위임하였다.[27]

표 6-2. 노회별 담임목사의 구분에 따른 조직교회의 수 (1913-1914)[28]

	경충	평남	평북	황해	전라	경상	함경	합계
한국인 담임목사가 있는 조직교회	2	5	3	3	5	0	0	18
한국인 동사목사가 있는 조직교회	3	25	13	9	1	5	1	57
한국인 목사가 없는 조직교회	14	58	25	20	15	8	9	149
조직교회 (총합)	19	88	41	32	21	13	10	224
비교 : 미조직교회 (총합)	155	154	231	117	308	502	123	1580

그러다가 1917년의 총회록 통계표에서 동사목사의 통계가 사라졌다. 그리고 조직교회를 담임하는 한국인 목사의 수가 1917년에는 54명이었는데, 1918년에는 183명으로 폭증하였다.[29] 이런 획기적인 변화는 한국장로교회의 자치화를 알리는 신호탄이었다. 1922년에 이르면 한국인 목사가 252명이 되었고, 한국인이 담임목사인 조직교회가 261개 교회였다고 하니, 두 교회 이상을 담임한 한국인 목사가 있었다는 것을

27) Clara Hedberg Bruen, 앞의 책, 211.
28) 이 통계는 한국장로교회 제 3회 총회록에 수록된 총계표에서 편집한 것이다.
29) "총계표," 『대한예수교장로회 총회록』(1918), 101.

의미한다. 노회에서도 한국인 목사들의 수가 꾸준하게 증가된 것은 물론이다. 특히 평남노회에서는 한국인 목사가 5명에서 52명으로, 그리고 평북노회에서도 16명에서 54명으로 증가하였다.

한국장로교회와 선교부들이 목사와 선교사의 동등한 사역관계를 논의하기 시작한 것이 바로 이 때인 1922년이었다. 한국인 목사들은 선교사들의 총대권에 대해서 재검토하기를 주장하면서, 선교사들이 본국교회의 회원권을 이명해 오지도 않은 채, 한국장로교회의 노회 및 총회의 총대권을 자동적으로 갖고 있는 것에 대해서 비판하였다. 선교사들이 이명하지 않고, 한국장로교회의 법적 관할 아래로 들어오기를 동의하지 않는다면, 한국장로교회의 노회나 총회의 회원권을 유지할 수 없다고 주장하였다.[30] 한국인 목사와 장로는 일곱 당회를 대표하여 각 1명이 총대가 되는데 비해,[31] 모든 목사 선교사들은 자동적으로 총회의 총대가 된다는 것은 부적절한 비율이라고 지적하였다.

1922년에 이런 비판들을 염두에 둔 선교부들은 노회에 제안하기를, 선교사들이 노회등록을 위한 소개서를 각 노회에 제출하고 그 노회의 관할지역에서 선교사역을 할 수 있다는 허락을 받아야 노회의 회원이 될 수 있도록 하자고 하였다. 선교사들은 본국 노회의 회원권을 그대로 유지한다 하더라도, 한국장로교회의 노회의 관할 아래 속할 것에 대해서 동의하였다. 또한 총회의 총대가 되기 위해서는 "노회는 한국인 목사 총대수의 절반에 해당하는 선교사들만 총대로 선출하며, 쌍방은 동등한 힘을 행사하고," "총회의 선교사 총대의 전체인원이 40명을 초과하지 못하도록"[32] 하자고 제안하였다. 이 제안이 수용된 이후, 노회와 총회에서 선교사들의 지도력은 상당히 제한된 반면, 한국인 목사들에게는 더 많은 역할이 주어지게 되었다. 이런 변화로 선교부와

---

30) 『조선야소교장로회 사기』 하권, 54.
31) 같은 책, 22. 이 비율은 1916년 제 5회 총회에서 채택된 것이었다. cf. 『대한예수교장로회 총회록』(1916), 33.
32) H. A. Rhodes, 앞의 책, 388. 『대한예수교장로회총회록』(1921), 54.

한국장로교회는 노회와 총회 차원에서 동등한 동역자 관계를 조정해 나갔던 것이다.

앞에서 언급했듯이, 한국인 목사들이 담임하는 조직교회들이 크게 증가하였으나, 조직교회들의 선교사 의존도는 별로 낮아지지 않았다. 게다가 교회개척이 완료되지 않은 미조직교회들을 돌보는 사역도 아직 거의 선교부의 소관으로 남아 있었다. 이런 가운데 조금씩 교회개척에 대한 책임이 노회와 총회로 이관되고 있었다. 1915년에 북장로교 한국선교부가 조사들에 대한 재정 지원을 철회하기로 결정함에 따라,[33] 조사들의 지원에 대한 부담을 노회가 맡게 되었고, 노회는 조사들에게 시찰구역 안에 있는 학습후보자들을 문답할 수 있는 권한을 주었다. 1924년에 총회는 24인으로 구성된 국내전도부를 설치하기로 결정하고, 교회설립과 폐쇄는 노회의 명의로 하기로[34] 하였다.

한국장로교회가 노회와 총회 차원에서 자치권을 증진시키려고 했던[35] 1922년부터 선교부들은 교육과 의료 사업뿐 아니라 사경회, 성경학교 등의 사역주도권을 어떻게 이양할 것인지를 토론하기 시작하였다.[36] 북장로교 한국선교부의 실행위원들은 미래에 대해서 다음과 같은 발언을 하였다.

> 현지인들이 사역을 물려받게 될 때, 외국 선교사들이 현지교회에 의해서 초청받거나 교회에 종속되지 않고 그 선교지에서 독립적으로 일하기를 원한다면 그들은 교회조직의 설립자들로서가 아니라 독립적 전도자들로서 와야 한다.[37]

이런 표현을 통하여 선교사들이 교회개척사역을 한국장로교회에게 이양할 것에

---

33) Clara Hedberg Bruen, 앞의 책, 235.

34) 『대한예수교장로회총회록』(1924), 18, 43.

35) 한국교회 백주년준비위원회 사료분과위원회, 『대한예수교 장로회 백년사 (the History of Hundred Years of the PCK)』(서울: 대한예수교장로회 총회, 1984), 396-7.

36) *Minutes and Reports of the Thirty-eighth Annual Meeting of the Chosen Mission of the Presbyterian Church in the USA* (held at Seoul, Chosen, June 25th to July 4th, 1922), 85-8.

37) ibid., 86.

대해서도 심도있게 의논했음을 짐작할 수 있다. 선교사들이 실제적으로 개척교회를 주관하고 있더라도, 그 행정적 권위는 노회에게로 이양되었고, 교회개척과 순회사역을 주관하던 선교사들의 수도 점점 줄어들기 시작하였다.

북장로교 한국선교부는 또한 사경회 운영을 노회에게 이양해 나가는 한편, 1922년부터 성경학교 또는 성경원의 사역을 발전시키기 시작하였다.[38] 선교부들과 한국장로교회가 많은 남 여 전도인들을 사경회 또는 성경학교 등을 통하여 배출한 것은 아주 적절한 선교전략이었다. 교회개척의 초기에는 권서인이나 성경부인들이 전도자들로 간주되었는데, 그들이 쪽복음을 팔면서 사람들에게 복음을 전파한 때문이었다. 1922년까지 총회록의 통계표에 보면 전도인들은 권서인들과 거의 동일시되고 있으나,[39] 1923년 이후로 이것이 바뀐 것을 알게 된다.[40] 성경배포가 주임무이고 전도는 자발적 봉사로 하던 권서인과는 달리, 이제 전도인들은 노회의 공식 파송을 받아 주로 개인전도와 교회개척을 맡게 된 것이다. 여성 전도인들의 증가와는 대조적으로 여선교사들을 돕던 여성 조사들은 감소하였는데, 여선교사들이 그들의 조사와 함께 전도에 직접 참여하는 대신에, 성경학교를 통하여 여전도인을 훈련시키는 데에 더 무게를 두었기 때문이었다. 활동적인 지역교회들은 개인전도는 물론이고, 여전도회와 남전도회를 조직하여 열심히 전도하였다. 하지만 회심한 사람들 대부분은 기존의 지역교회로 흡수되어 새로운 교회개척의 유발효과는 그리 크지 않았다. 이런 상황에서 한국장로교회의 교회개척은 점점 파송된 전도인들의 활약에 의존하게 되었다.

1917년 총회록 총계표에는 미조직교회가 3,700개로 분명히 기록되어 있는데 이듬해 1918년에는 1,578개로 급격하게 줄어든 것으로 나타난다. 이것은 1917년까지 기도소를 미조직교회수에 포함시키다가, 1918년부터는 포함시키지 않았기 때문이

38) ibid., 53.
39) "총계표,"『대한예수교장로회 총회록』(1922), 153.
40)『대한예수교장로회 총회록』(1923), 141.

다. 1915년부터 기도소 통계는 총회록 총계표에 별도 항목으로 나타나는데, 1925년 876개, 1926년에는 898개로 되어 있다가, 1927년부터 '기도소'도 총계표에서 사라졌다. 초기에는 기도소라도 자체로 주일예배를 드리면 하나의 개척교회로 간주하였다. 하지만 많은 기도소들이 오랜 시간이 지나도 자체 건물도 없고, 영수도 없이 정체되어 있는 경우가 많았기 때문에, 노회의 보고상에 있어서나 통계표 상에서 기도소에 대한 통계는 생략되다가 총회도 기도소를 교회로 간주하지 않기로 했던 것이다. 1933년 총회의 교회정치위원회는 미조직교회와 기도소의 차이를 "(미조직교회의-저자 삽입) 교회설립은 노회에 의하여 인준될 수 있"으나, "기도소는 참석자들의 편의를 위하여 당회에 의해 마련된 기도를 위한 모임장소"[41]라고 일단 정리하였다. 한편, "기도소의 성도들이 본교회에 출석하기에 너무 멀게 느낄 뿐 아니라, 그들을 위한 적합한 영수가 있다면 노회는 그것을 교회로 간주할 수 있다."[42]고 말함으로써 경우에 따라서 기도소가 하나의 개척교회로 간주될 수 있는 여지를 남겨 놓기도 하였다.

그래프 6-5. 조직교회 및 미조직교회 및 기도소 (1915-1938)

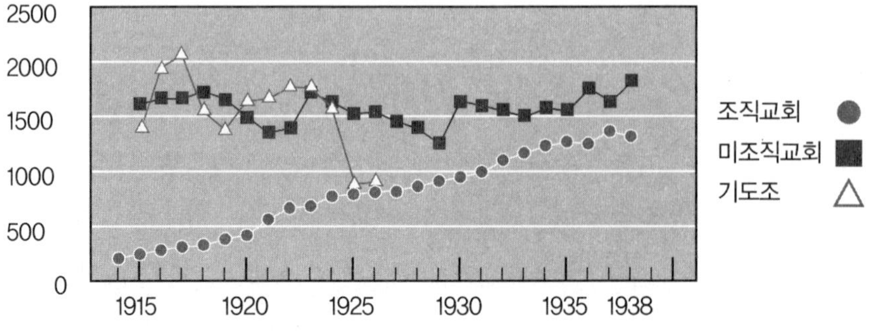

기도소의 통계가 총회록 통계표에서 사라진 것이 얼핏 예사로 보일지 모르지만,

41) *Minutes and Reports of the Thirty-eighth Annual Meeting of the Chosen Mission of the Presbyterian Church in the USA* (held at Seoul, Chosen, June 25th to July 4th, 1922), 65.

42) ibid.

이것은 한국장로교회 교회개척에 있어서 아래와 같은 엄청난 변화가 일어나고 있었음을 확인할 수 있는 지표이다. 첫째로, 그 때 이후로 개척교회는 하나의 예배공동체를 시작하는 정도의 단계를 지나 더 성장하여, 노회로부터 하나의 개체교회로 설립허락을 받아야 한다는 공감이 이루어졌다는 것이다. 둘째로, 교회개척의 주체가 선교부에서 노회로 이양되는 과정에서, 이전의 선교부들은 개척교회의 시작에 관심을 많이 기울였다고 한다면, 이제 노회는 개체교회의 설립에 관심을 기울이게 되었다는 것이다. 셋째로, 노회로부터 개체교회로 설립허락을 받기 위해서는 노회가 인정하는 조사 또는 적어도 전도인과 같은 전임 사역자를 반드시 모셔야 한다는 것이다. 넷째로, 노회로부터 하나의 교회로 인정을 받지 못한 모든 기도소들은 본 교회로 종속시킴으로써, 분립개척을 억제하는 결과를 낳았다. 전에는 근처에 본 교회가 있으면, 그 교회를 근거로 하여 기도소를 시작하였고, 그것이 성장하면 '모교회'로부터 분립하도록 장려받았으나, 그 이후로는 교회 설립의 허락을 받지 않는 이상 본 교회의 기도소로 남도록 권장하는 분위기가 되었다.

선교사들은 조사들을 직접 지원하는 대신에 노회에 선교기금을 냄으로써 그들을 간접적으로 지원하였다. 노회가 자체적으로 조사들의 생활비를 지원할 수 없었기 때문에, 조사들의 수도 점점 감소하였다. 조사들의 감소현상은 다음 표 6-3에서 잘 볼 수 있다. 1922년에 남자 조사들이 444명이 있었으나, 1930년에는 333명으로 줄어든 것이다.

표 6-3. 남자 및 여자 조사의 수.[43]

	1922	1923	1924	1925	1926	1927	1928	1929	1930
남자 조사	444	372	396	407	374	353	360	373	333
여자 조사	149	137	111	100	102	85	86	16	119
합계	593	509	507	507	476	438	389	389	452

43) "통계표,"『대한예수교장로회 총회록』(1930), 110.

하지만, 1931년에 남자 조사의 수가 갑자기 449명으로 반등한 것은 시취를 통과하여 자격을 취득한 전도인들을 전도사로 인준하여 조사의 범주에 포함시켰기 때문이다.

표 6-4. 조사와 전도사[44)]

	1930		1931	1932
남자 조사	333	남자 조사 (전도사 포함)	449	393

교회가 아직 없는 지역에 복음전도와 교회개척을 위해 파송을 받았던 전도인이 노회의 시취를 거쳐 전도사 자격을 얻고 조사들의 빈자리를 채우게 되었다. 헌법은 전도사를 당회장의 감독 하에서 미조직교회를 돌보기 위해 노회의 인준을 받은 유급사역자라고 정의하였고, 경남노회 제38회 노회는 전도사의 지원자격을 세례받은지 5년 이상, 23세 이상으로 제한하기로 결정하였다.[45)] 전도인들이 전도사가 되는 것을 일종의 진급처럼 여기고 전도사로 전환한 결과로 교회개척 전방의 일꾼은 줄어들고, 미조직교회의 교역자는 많아졌다. 이는 적체되어 있던 미조직교회들을 돌아보고 양육하는 데에는 도움이 되었으나, 미개척의 현장은 조금씩 외면당하고 있었음을 보여준다. 조사가 전도사로 대체되고 있었다고 하는 것은 선교사-조사를 근간으로 한 선교부 중심의 네비우스 방법이 퇴장하고, 목사-전도사를 근간으로 한 노회 중심의 장로교회 체계가 구체화되고 있었던 것을 의미하기도 한다.

1930년대의 한국장로교회의 조직교회수는 꾸준히 증가하고 있었다. 1934년 기준으로 볼 때, 전체교회 2,729개 중에서 조직교회는 1,193개로서, 조직교회율은 약 43.7%였다. 한국인 담임목사가 있는 조직교회의 수는 1922/1923년에 234개에서 1931/1932년에는 495개로 두 배 이상 증가한 반면, 한국인 목사 없이 선교사의 감독 아래 있던 조직교회의 수는 1922/1923년에 467개에서 1931/1932년에는 560개로 상

44) 같은 책.
45) 『경남노회 제38회 노회록』(1936).

대적으로 소폭 증가하였다. 그러나 전체적으로 보아, 조직교회의 거의 절반이 선교사의 감독 아래 있었다는 것은 아직도 자치적 기반을 완전히 갖추지 못하고 있었음을 보여준다.

1930년대에도 절반 이상의 많은 교회들이 미조직상태로 남아 있었다. 이것은 아직 당회가 없어 자치적 장로교회로 조직되지 못하였기 때문에 장로교회의 교회개척이 미완성 상태로 남아 있었음을 의미한다. 미조직교회의 적체 현상을 대처하기 위해, 한국장로교회는 조사나 전도사와 같은 사역자들을 거의 미조직교회를 돌보는 사역에 투여할 수밖에 없었다. 따라서 새로운 교회개척의 현장은 점점 뒷전으로 밀려났다. 개척교회가 적당한 시기에 다음 단계로 진보하지 못하게 되면 미조직교회의 적체현상이 일어나게 되고, 그 결과 새로운 교회개척의 동력을 잃기 쉽다는 것을 1930년대의 한국장로교회의 교회개척의 상황은 잘 보여주고 있다.

지금까지 우리는 1912년에서 1938년까지 교회와 선교부의 동역을 통한 교회개척을 주로 다루었다. 다음 장으로 넘어가기 전에, 대구 동산기독병원을 중심으로 일어났던 교회개척운동의 사례를 간단히 소개하고자 한다.

의사 아치볼드 플레처(Archibald G. Fletcher, MD)는 대구 동산기독병원의 원장이며 선교사였는데, 1921년 2월에 병원직원들과 함께 전도팀을 조직하였다. 그는 병원의 직원에게는 복음전도를 위한 삼중의 책임이 있다고 주장하였다. 각 직원은 모든 환자와 복음을 나누고, 될 수 있는 대로 많은 환자들을 개종시키며 될 수 있는 대로 많은 개종자들을 교회로 인도할 책임이 있다고 선언하였던 것이다. 그 병원에는 전 직원으로 구성된 전도팀이 있었고, 그 팀의 유급사역자들로서 다섯 명의 목사, 한 명의 장로, 두 명의 전도사와 성경부인들이 있었다.[46] 병원전도사들과 성경부인들은 퇴원한 환자들을 심방하여 돌아보고, 새로운 회심자들이 친척과 친구들에게 복음을

---

46) 박창식, 『경북기독교회사』(서울: 코람데오, 2001), 188.

전하도록 격려하였다.[47] 전도사들은 그 회심자들을 중심으로 새로운 소모임을 만들어 연말에 그 지역을 담당하는 선교사에게 인계하였다. 이 병원의 전도팀은 이런 방법으로 1940년까지 112개의 교회를 개척하였다고 하니 놀라운 일이 아닐 수 없다.[48]

대구 동산기독병원의 선교는 한 선교사에 의해서 시작되었으나, 직원들이 복음전도에 참여하고, 전도팀의 유급 사역자들이 회심자들을 퇴원 후에도 돌볼 뿐 아니라, 교회개척 선교사와 서로 협력함으로써 교회개척의 새로운 하나의 모범적 사례를 남겨주었다.

---

47) 같은 책, 186.
48) 같은 책, 190-193.

제 이 부

제 칠 장
신사참배와 교회개척의 파탄

제 칠 장

신사참배와 교회개척의 파탄

한국장로교회를 비롯한 대부분의 교회들이 일제의 신사참배의 강요 앞에 무너져 내림으로써 복음전도의 열정은 싸늘하게 식고, 교회개척은 파탄에 이르게 되었다. 조선총독부의 신사참배 강요는 1930년대 초에 먼저 학교에서부터 시작되었다.[1] 일본제국의 신사참배 강요의 논리는 한국이 일본제국의 일부이며 한국 사람들과 일본 사람들은 제국 안에서 하나라는 의미의 내선일체(內鮮一體)에 근거한 것이었다. 신사참배는 종교행위가 아니라, 국가의식이라고 가르치면서, 제국의 시민이라면 누구나 황제에게 경의를 표해야 하고, 신사에서 그의 조상들을 숭배해야 한다고 주장하였던 것이다. 1932년에 이르러 신사참배에 참여하라는 지시를 받았지만, 평양의 기독교학교들은 한 목소리로 신사참배는 우상제사로서 하나님의 계명을 위반하는 것

1) C. I. McLaren, "The Pagan State and the Christian Church in Japan," *the Reformed Theological Review* (May, 1943), 18.

이므로 참여할 수 없다는 입장을 분명히 밝혔다. 한국장로교회 총회의 대표들도 총독부 관리들을 찾아가 총회산하의 교육기관들은 신사참배의 지시를 받아들일 수 없다고 항의하였다. 그러나 총독부는 "총독의 교육정책에 순종하라"고 시종일관 기독교학교들을 압박하였다.[2]

총독부는 1936년에 연합기독대학의 학장이었던 조지 맥큔(George S. McCune, 1878-1941)과 숭의여자중학교의 교장대리였던 벨마 스누크(Velma L. Snook)를 신사참배를 거부한다는 이유로 해직시켰다.[3] 이에 북장로교 선교부는 신사참배를 강요당하는 교육의 현장에서 기독교학교들의 철수 여부를 두고 투표하여, 찬성 69표, 반대 16표로 철수를 결정하였다.[4] 남장로교 한국선교부도 1937년에 선교부가 운영하던 학교들을 자진해서 폐교시켰다. 호주장로교 선교부는 1936년에 신사참배 반대 결의를 했으나 교육현장의 일선에 있던 어떤 선교사들은 타협안으로 신사참배의식이 거행되지 않을 때에 학생들을 신사로 데리고 가서 조용히 국가의 평화와 안녕, 국가의 통치자를 위하여 기도하도록 제안하기도 하였다.[5] 반면, 캐나다 장로교 한국선교부는 1938년 10월에 신사참배를 국가의식으로 수용하기로 결정하고 학교들을 계속 운영하였다.[6] 캐나다 장로교 선교부를 제외한 장로교 선교부들은 신사참배를 거부하다가 결국은 그들의 학교를 폐쇄하지 않을 수 없었다.

신사참배 강요에 있어서 일반 학교들을 비롯하여 기독교 학교까지 평정한 일제

---

2) 김양선, "신사참배 강요와 박해," 『한국기독교와 신사참배문제』, 김승태 편 (한국기독교역사연구소, 1991), 24.

3) 허순길, 앞의 책, 225.

4) Byung Joon Chung, *Theological Thoughts of the Missionaries of the Presbyterian Church of Victoria, Australia and the Mission in Korea: 1889-1942* (Seoul: the Institute of Korean Church History, 2007), 303. H. H. 언더우드를 비롯한 몇 선교사들은 이 결정에 반대하였다. cf. *The Minutes of the Foreign Department of the Board of North Presbyterian Mission*, August 31, 1937.

5) Sang-gyoo Lee, *To Korea with Love; Australian Presbyterian Mission Work in Korea in 1889-1941* (Th D dissertation, the Australian College of Theology, 1996), 198, 200.

6) 김인수, 『한국기독교회의 역사』(서울: 장로회신학대학교출판부, 1997), 512. Cf. William Scott, "Canadian Mission Schools Carry On," *KMF*, Vol. 36 (May, 1941), 76-77.

식민세력은 이미 1936년에 로마 가톨릭 교회, 제7일 안식일교회, 성결교회, 구세군, 성공회 그리고 감리교회 등을 차례로 굴복시킨 성과에 고무되어 있었다. 그들은 신사참배를 수용하지 않고 끝까지 버티고 있는 한국장로교회 마저 굴복시켜 신사참배를 하게 만들 수 있다고 장담하고 있었다. 일본기독교단도 신사참배는 종교적 행위가 아닌 애국적 의식이라고 주장하면서, 그들의 정부를 지원하고 있었다.[7] 이근삼은 일본교회의 기독교진리의 왜곡 발언에 대해서 "일본교회는 그 메시지를 희생시키고, 그 자신의 독특성과 전도 동력마저 잃고 말았다."[8]라고 꼬집어 책망하고 있다.

선교부들이 자기들의 정체성을 끝까지 지킨 데 반해, 한국교회의 최종 보루와도 같았던 한국장로교회가 신사참배에 끝까지 맞서지 못하고 굴복하고 만 역사를 교회개척과 관련하여 좀 살펴보아야 한다. 먼저 한국장로교회가 신사참배의 강요에 굴복하기에 앞서, 교인 중에 큰 비중을 차지하는 크리스챤 학부모들이 무너졌다. 많은 기독교인 학부모들은 선교부들의 폐교 결정에 반대하면서 자녀들이 신사참배하는 것을 별 문제로 삼지 않으려고 하였다.

남장로교 세계선교부 실행총무였던 챨스 다비 풀턴(Charles Darby Fulton)은 한국에 와서 한 보수적 크리스챤이 "신사에 참배하는 것은 우리의 신앙노선과 맞지는 않지만, 우리는 우리의 아들과 딸들이 학교에 다닐 기회를 잃게 할 수 없기에 이런 지시에 순응할 수밖에 없다."[9]라고 말하는 것을 듣고 크게 실망하였다. 경남노회는 학부모들의 입장을 대변하듯이, 호주장로교 한국선교부 앞으로 노회원 22명의 서명을 담은 청원서를 내고, 학교들의 문을 계속 열어 놓아 달라고 진정하였다. 북장로교 한국선교부의 한 선교사는 1939년 7월에 제출한 보고서에서 한국 크리스챤의 90%

---

7) 그 때 연맹은 국가 신도는 종교가 아니라고 하는 정부견해를 수용한다고 성명을 내면서, "국가신도를 구약으로 보고, 그것을 신약 속으로 모아보자. 신사들을 기독교 속으로 넣어보자."라고 하였다. cf. Kun Sam Lee, *The Christian Confrontation with Shinto Nationalism* (Philadelphia, PA: Presbyterian and Reformed Pub. Co., 1966), 140.

8) 같은 책, 147.

9) C. Darby Fulton, *Star in the East*, 190. Shearer, 앞의 책, 73.

에 달하는 절대 다수가 신사참배강요에 굴종하였다고 평가하였다.[10] 한국장로교회 초기에는 평신도들이 자발적으로 전도함으로써 교회개척의 가장 든든한 주체들이 었는데, 신사참배 문제가 대두될 때에는 그 때의 용맹은 이미 어디론가 사라지고, 자녀들의 교육혜택을 잃지 않으려고 신사참배를 묵인하려고 할만큼 신앙자세가 흐려져 있었다.

일제는 드디어 평북노회로부터 회유작업을 시작하여,[11] 1938년 총회가 열리기 전에 이미 27개 노회 중에서 17개 노회로부터 신사참배는 단지 국가의례일 뿐이라는 결의를 받아 내었다. 제27회 총회가 경찰의 삼엄한 입회하에 신사참배 가부에 대한 공개투표를 할 때, 사회자는 가부(可否)를 다 묻지 않고 가(可)만 물어, 신사참배를 가하다고 결정하였다. 총회장 홍택기는 "아등은 신사는 종교가 아니요, 기독교의 교리에 위반하지 않는 본의를 이해하고 신사 참배가 애국적 국가의식임을 자각"[12]한다고 선언하였다. 이렇게 총회가 신사참배를 수용함으로써 지역교회들에게 신사참배에 참여하여도 좋다고 승인한 셈이되었다.

신사참배를 수용한 때부터 교회개척의 환경이 어떻게 바뀌었는지 자세히 살펴볼 필요가 있다. 첫째로 한국장로교회의 신사참배의 수용으로 전도의 의욕이 꺾여버렸다는 것이 가장 뼈아픈 대목이다. 신사참배 문제가 대두되기 전, 1930년 총회는 교회진흥방침연구위원회를 조직하여 한국장로교회의 부흥과 교세확장을 시도하였다.[13] 총회는 각 노회마다 희년복음단을 조직하여 1935년부터 1938년까지 희년복음전도를 펼칠 계획을 세우라고 촉구하기도 하였다.[14] 그러나 그 목표연도인 1938년에 총회

---

10) "Personal Report of Edward Adams," *Korean Mission Materials of the PCUSA (1911-1954), Reports, Filed Correspondence and Board Circular Letters*, Vol. 26 (The Institute for Korean Church History, 1995). 허순길, 『한국장로교회사』, 241.

11) G. T. Brown, 앞의 책, 175.

12) 『대한예수교 장로회 총회록』(1938).

13) 안종철, "윤산온의 교육선교 활동과 신사참배문제" 『한국기독교와 역사』, 제23권 (2005년 9월), 85.

14) 『대한예수교 장로회 총회록』(1935), 25-26.

가 신사참배를 수용함으로써 이 위원회의 모든 기획은 물거품이 되고 말았다.[15] 한국 장로교회는 1941년에 포교사 자격을 목사와 전도사만으로 제한하자는 총독부의 제안[16]에 맹종하여, 개척의 최전방에서 일하는 전도인과 전도목사를 교회의 공식 직분자 명단에서 삭제하였다. 교회는 신사참배의 죄 때문에 참된 복음의 전도자로 떳떳이 나설 수 없는 거리낌이 있었다. 전도활동이 몰락한 이런 분위기에서 개척교회운동도 함께 쇠퇴하고 말았다.

둘째로 교회병합과 교회폐쇄가 많이 일어났다. 조선총독부는 모든 면(面)마다 신도 신사를 세우려는 목표를 갖고, 모든 사람은 신사참배에 참석할 것을 입법화하였다.[17] 반면에 교회는 각 도시마다 하나의 교회만 허용하고 나머지는 폐쇄시키든지 병합시켰다.[18] 신사참배 이후 폐쇄된 전도소 또는 교회의 수에 대한 몇 가지 통계가 있다. 어떤 보고는 폐쇄된 전도소가 1941년에는 28개,[19] 1942년에 140개[20]로 급증하고 있었다고 한다. 그런데 폐쇄된 교회수에 대하여 가장 자주 인용되는 통계수치는 "200교회가 폐문(廢門)되었고, 2,000여 신도가 투옥(投獄)되었으며, 50여명의 교직자들은 순교의 피를 흘렸다"[21]고 하는 김양선의 기록에 담겨 있는 것이다. 김양선의 '200교회 폐쇄설'을 따르는 학자들은, 모펫(Samuel Hugh Moffett),[22] 김광수,[23] 최훈,[24] 커어와 앤더슨(Edith A. Kerr & George Anderson)[25] 등이 있다.

---

15) 『대한예수교 장로회 총회록』(1938), 55.
16) 『대한예수교 장로회 총회록』(1941), 43.
17) 김인수, 『한국기독교회의 역사』, 501.
18) 한석희, 『일제의 종교침략사』(서울: 기독교문사, 1990), 174.
19) 『대한예수교 장로회 총회록』(1941), 43.
20) 『대한예수교 장로회 총회록』(1942), 55.
21) 김양선, 『한국기독교 해방십년사』(서울: 대한예수교장로회총회 종교교육부, 1956), 43.
22) *The Christians of Korea* (New York: Friendship Press, 1962), 75.
23) 김광수, 『한국기독교성장사』(서울: 기독교문사, 1976), 248.
24) "신사참배와 한국재건교회에 대한 역사적 연구," 『신학지남』, 제39권, 제4호 (1972), 101.
25) *The Australian Presbyterian Mission in Korea: 1889–1941* (Australian Presbyterian Board of Missions, 1970), 132.

그러나 폐쇄된 교회에 대해서 훨씬 더 많은 수치를 제시하는 다른 기록들이 있다. 경남노회의 전 노회장이었던 김길창(1892–1977)이 제31회 총회(1942)에 제출한 보고서에 의하면, 교회의 폐쇄와 합병 정책이 적용된 이후 경남노회 안에서만 교회들이 335개에서 108개로 줄어들었다고 하니, 전국적으로 생각해 본다면 김양선의 200교회 폐쇄설과는 비교가 안 될 만큼 많은 교회들이 폐쇄되었을 것으로 짐작할 수 있다.[26] 그 해 총회의 통계표에 의하면 전체교회수가 1941년에 3,624개 교회였는데, 1942년에는 2,543개 교회였다고 하니, 한 해 동안 1,081개 교회가 감소한 것으로 되어 있다.[27] 풀턴(C. D. Fulton)은 약 1,200교회가 폐쇄되었다고 주장한다.[28] 제국정부는 1945년 2월에는 전국의 교회들의 문을 닫으려는 계획을 세웠다.[29] 1945년 7월 25에는 대구제일교회와 다른 큰 교회당을 군사적 용도로 사용할 수 있도록 비우라고 명령하기도 하였다. 이런 계획이 실행되면서 해방 직전인 1945년 8월에는 실제로 거의 모든 교회당들이 예배없이 비어 있었다.[30] 이런 주장들과 상황들을 고려해 볼 때 폐쇄교회들이 김양선이 말하는 200교회보다 훨씬 더 많았을 것이라고 생각한다. 신사참배강요에 항복함으로써 교회개척과는 정반대의 결과인 교회폐쇄가 심각하게 가속화되고 일반화되어 있었다고 보아야 할 것이다.

셋째로 교회들은 개혁주의 장로교회의 정체성을 상실하여가고 있었다. 주일예배가 시작되기 전에 목사는 교인들이 황제가 앉은 동쪽을 향하여 요배하는 일을 선도(先導)하였다. 목사는 정부가 내려준 지침에 맞는 내용만 설교할 수 있을 뿐, 일본 황제숭배에 반하는 어떤 교리를 설교하거나, 하나님의 나라와 그리스도의 재림에 대

---

26) 『대한예수교 장로회 총회록』(1942), 75.

27) "총계표," 같은 책, 84.

28) C. D. Fulton, *Now is the Time*, Executive Committee of Foreign Mission, Presbyterian Church, U. S. (Richmond: John Knox Press, 1947), 132.

29) 김인수, 『일제의 한국교회박해사』 (서울: 대한기독교서회, 2006), 172; 박용규, "일제 통치 하 한국교회(1940–1945)," 『신학지남』 제69권 제2호(2002년 여름), 50.

30) William Newton Blair, *Gold in Korea*, 165.

해서 가르치는 것도 금지되어 있었다. 세례식의 빈도는 훨씬 줄어들었으며, 성찬은 일반적으로 망각되어갔다. 신학교는 황국에 충성하는 일본식 기독교를 가르칠 충성된 교사를 양성하는 기관으로 그 정체성이 변질되었다. 앞에서도 말했지만, 1942년 한 해 동안에만 1,081개의 교회가 감소되었고, 106,088명이 교회출석을 중단하였다.[31] 말씀의 설교와 성례의 집행을 바로 하는 교회가 참된 교회라고 하는 개혁교회의 표지로 판단해 볼 때, 신사참배에 굴종한 교회는 말씀과 성례 및 예배를 훼손한 변질된 교회였다고 생각된다.

넷째로 1938년 제27차 총회의 신사참배 결의 이후, 교회와 선교부(캐나다 장로교 한국선교부는 제외)의 결속이 깨어졌다. 1938년 총회가 신사참배를 가결한 직후 남장로교 한국선교부가 한국장로교회로부터 탈퇴를 선언하였고, 북장로교 한국선교부도 같은 해 10월 5일에 탈퇴를 결정하였다.[32] 호주장로교 한국선교부는 경남노회로부터 제명당한 목사들을 돕겠다고 밝혔다. 선교사들은 기독교 학교들을 자진 폐교한 후, 농촌에서 복음전도를 다시 시작해보려고 했으나, 신사참배를 수용한 한국장로교회는 더 이상 선교사들의 전도 및 교회개척사역을 원하지 않았을 뿐 아니라,[33] 선교사들이 물러간 그 자리에 일본 제국주의 세력을 파트너로 받아들였다. 한국에서 더 이상 할 수 있는 일이 없다고 판단한 선교사들은 한국을 떠나는 것밖에 다른 방도가 없었다. 이렇게 한국장로교회와 선교부의 동반자적 관계가 깨어지면서 선교부와 교회의 동역에 기초하고 있던 한국장로교회의 교회개척도 산산조각이 났다.

다섯째로 하나의 교파로서의 한국장로교회도 결국 와해되었다. 총회가 일본정부의 정책을 전 한국장로교회에게 파급시키기 위해 1940년에 총회에 상치위원회를 조직하였고,[34] 1943년 5월 6일 한국장로교회는 일본기독교 조선장로교단으로 이름을

---

31) "총계표," 『대한예수교 장로회 총회록』(1942), 84.
32) 김영재, 『한국교회사』(서울: 개혁주의신행협회, 1992), 214.
33) "평양노회 총회보고서," 『대한예수교 장로회 총회록』(1941), 85.
34) 허순길, 앞의 책, 243.

바꾸어 달게 되었다.[35] 해방되기 직전인 1945년 8월 1일에는 순정식 일본교회[36]를 한국에 세우겠다는 의지에 따라 장로교, 감리교, 구세군을 비롯한 다른 5개의 군소교단[37] 등 모든 교파들은 일본기독교 조선교단이라는 단일교단에 흡수통합되었으며, 그 과정에서 복음전도와 교회개척은 완전히 실종되고 말았다.

신사참배에 저항한 가장 유명한 인사는 1936년부터 평양 산정현교회의 목사였던 주기철(1897–1944)이었다.[38] 경찰이 1938년 이후 그를 두 번 감옥에 가두어 위협하고 교회 지도자로서의 권위를 추락시켜려고 시도했으나, 그는 전혀 흔들림 없이 강단에서 그리스도의 왕권을 굳건히 선포하였다.[39] 평양노회는 주기철을 목사직에서 파면하고 회원명부에서 그의 이름을 삭제하였다.[40] 주기철은 5년 이상 옥고를 치르다가 1944년 4월에 세상을 떠나 하나님 품에 안김으로써 신사참배로 인한 순교자의 반열에 들었다. 그가 목회하던 산정현교회 회중의 대다수는 신사참배거부로 교회당이 강제로 폐쇄당한 후에도 은밀히 모이기를 계속하였고 감옥에 있던 목사들과 성도들을 격려하고 그들의 가족들을 후원하였다. 신앙의 절개를 굳게 지키며 일제 정부의 회유와 탄압에 맞서 싸운 주기철의 모습은 그 교회의 성도들뿐 아니라, 전국의 많은 신자들과 목사들에게 큰 격려가 되었다.

주기철과 그의 교회 외에도 신사참배를 하지 않은 목사들과 성도들이 여러 명 있었는데, 그 중에 어떤 이들은 성도들에게 신사참배에 가담하지 말 것과 타협한 교회

---

35) 박용규, 『한국기독교회사 II』, (서울: 생명의 말씀사, 2004), 787.

36) 같은 책, 790. 순정식 일본 기독교라는 것은 그들 방식의 기독교 정화작업이었는데, '내 주는 강한 성이요,' '십자가 군병들아,' 등의 찬송가를 완전히 삭제하든지, 부분적으로 개작하게 하였고, 사도신경의 '전능하사 천지를 만드신 하나님 아버지를 내가 믿사오며'를 신도의 창조신화와 모순된다 하여 삭제했고, 일본황제의 영원성을 거부한다고 하여 '저리로서 산 자와 죽은 자를 심판하러 오시리라.'도 삭제하게 하였다.

37) 같은 책, 790.

38) 김인수, 『예수의 양, 주기철』 (서울: 홍성출판사, 2007), 민경배, 『주기철』(동아일보사, 1996), 김린서, 『주기철 목사의 순교사와 설교집』(信仰生活社, 1959), 박용규, 『저 높은 곳을 향하여』(생명의 말씀사, 1992), 김충남, 『순교자 주기철 목사의 생애』(백합출판사, 1987), 정연희, 『순교자 주기철 I, II』(두란노, 1997), 『소양 주기철 목사 기념논문』(주기철 기념사업본부, 2000) 등의 관련서적들이 있다.

39) 김인서, "일사각오 주기철 목사,"『김인서 저작전집』, 제5권, (서울: 신망애사, 1976), 154–162.

40) 김인서, 앞의 책, 164.

를 떠날 것을 권면하면서 신사불참배운동을 일으켰다. 그들은 신자들이 신사참배를 용인한 교회를 떠나, 작은 모임으로 따로 모여 지하교회를 조직할 것을 권장하였으니, 하나의 새 교회설립운동이었다고 할 수 있다.[41)]

이기선(1878–1950)은 제27차 총회의 신사참배 결정이 있은 후, 평북의주노회 하단동교회의 목회를 사임하고, 교회들을 순회하며 부흥회를 인도하는 가운데 신사참배에 가담하지 말 것을 성도들에게 권면하였다. 1940년에 그와 뜻을 같이하는 성도들은 다음과 같은 입장을 천명하였다. "1. 자녀들을 신사참배하는 학교에 보내지 말 것, 2. 타협한 교회를 떠남으로써 그 교회에 대한 반대를 분명하게 표현할 것. 3. 따로 예배를 드리기 위하여 신실한 성도들을 모으고 그들을 교회로 조직할 것."[42)] 이기선은 '현실을 인식한' 또는 타협한 교회들을 떠나 지하교회를 시작하라고 함으로써 분명히 새교회 설립운동을 벌인 것이었다.

경남노회 마산문창교회 목사였던 한상동(1901–1976)은, 이기선이 평북에서 그러하였듯이, 경남에서 신사참배반대운동의 최전방 리더가 되었다.[43)] 한상동과 그의 동지들은 처음에는 신자들에게 이기선의 지침과 유사한 것을 따르도록 권장하였다.[44)] 이기선과 채정민이 이끄는 신사참배반대운동이 북쪽에서 일어나고 있다는 소식을 듣고, 한상동이 그의 동지들과 함께 1940년 1월에 선언한 내용은 좀 특이하다. 그는 신사참배에 타협한 교회들과 분리된 새노회의 조직을 언급하고 있다. "1. 현 노회 해체운동 2. 신사참배 목사의 수세불능 3. 신사 불참배주의 신도들만의 신노회 조직 4.

---

41) 이에 대한 상세한 설명은 다음 책을 참조하라. Kun-sam Lee, *The Christian Confrontation with Shinto Nationalism* (Philadelphia: The Presbyterian and Reformed Publishing Company, 1966).

42) "부록: 21인 예심판결문," 『태양신과 싸운 이들』, 안용준 편(부산: 칼빈문화출판사, 1956), 263–389.

43) 한상동의 동지들은 조수옥, 손명복, 부산의 배학수, 그리고 1914년부터 1941년까지 호주 선교사로 메이지 테이트(Maysie G. Tait)와, 염애나, 마산의 이찬수, 거창의 주남선, 함안의 이현속, 진주의 황철도, 최덕지, 통영의 김영숙, 남해의 최상림 등이었다. 이상규, "한상동 목사와 그의 신사참배반대운동," 월간고신』(1986년 1월), 32–37. 심군식, 『세상 끝날까지』(서울: 총회출판국, 1997), 145. 한국기독교역사연구소, 『한국기독교의 역사 II』, (서울: 기독교문사, 1990), 336.

44) 한상동, 『주님의 사랑』(부산: 성문출판사, 1954). 심군식, 『세상 끝날까지』, 133, 134.

신사 불참배 동지의 상호원조 도모 5. 그룹 예배의 여행과 함께 동지 획득에 주력할 것"[45] 등의 다섯 가지 제안을 내어 놓았다.

이기선과 한상동은 신사참배반대운동을 더 확산시키고 새교회들과 노회들을 조직하기를 원하였던 반면, 주기철은 그의 설교를 통하여 신사참배를 반대하고 항거한 것 외에, 타협한 노회를 대항하여 어떤 조직적 행동을 취하지 않았다. 신사참배반대운동의 지도자들이 1940년 4월 21일에 채정민의 집에서 주기철 목사를 만났을 때, 한상동은 신사참배반대운동을 더 조직적으로 전개하여 신사참배에 타협하지 아니한 성도들과 함께 새로운 교회들을 조직하고, 그런 교회들을 모아 노회를 조직하자고 제안하였다.[46] 그들 중의 연장자였던 주기철은 그런 방법은 신자들에게 더 심각한 핍박을 일으킬 수 있다고 하여 반대하였다. 신사참배 항거 초기부터 주기철은 신자들이 신사참배에 반대하여 나서라고 강권하기를 원치 않았고, 오히려 각 사람이 자기의 양심의 결정대로 행동하도록 일임하였다. 노회와 총회가 신사참배를 결정한 후에도, 주기철은 다시 "새노회의 즉시 재건은 시기상조"[47]라는 유보적 의견을 표현하였다. 이는 신사참배 반대운동이 새노회의 조직운동으로 나아가는 것에 대해서 아직 그렇게 할 때가 되지 않았다고 판단하였기 때문이었다.

이상규는 주기철과 한상동의 차이는 신사참배를 반대한 것과 신사참배 반대를 위한 운동을 벌인 것 사이의 차이라고 지적한다.

> "그 (주기철 – 저자의 삽입)는 신사참배를 반대하였으나 신사참배에 항거하는 반대운동을 또한 반대했다는 사실이다. 이 당시 신사참배 반대와 관련하여 두 가지 유형의 견해차가 있었다. 첫째는 신사참배를 반대하지만, 전적으로 개인의 양심

---

45) 박용규, 『한국기독교회사 II』, 725.
46) 허순길, 『한국장로교회사』, 276.
47) 남영환 역, 『일제수난성도의 발자취: 일본검사의 기소내용』(서울: 영문, 1991), 54.

에 맡겨 개인적으로 반대하도록 해야 한다는 입장이다. 다른 하나는 신사참배를 개인적으로 반대할 뿐 아니라, 이를 조직화하여 전국적으로 반대운동을 전개해야 한다는 입장이었다. 주기절 목사가 전자의 입장이라면 한상동 목사의 입장은 후자에 속한다. 주기철이 개인의 신념을 강조하였다면 한상동은 조직화된 강요에 대해서는 조직적인 반대운동을 전개해야 한다는 입장이었다. ..... 그는 신사참배에 대한 반대는 개인의 신앙양심과 확신에 따라야지 반대운동을 조직화하고 이를 운동의 차원에서 전개하지는 않았다. 비록 주목사 자신의 친필기록은 아닐지라도 약 30여편의 설교를 남겨주고 있는데, 그의 설교에서도 신사참배 반대운동을 전개해야 한다고 주장하거나 이를 권고한 사실이 없다. .... 그는 신앙투쟁은 조직의 힘으로가 아니라 이념(정신)의 힘으로 대처해야 한다고 보았던 것이다. 주기철은 조직의 한계와 운동의 본성(Nature of movement)을 헤아리고 있었던 것이다."[48]

이상규는 두 지도자들 사이의 차이를 설명한 후에, 어떤 반위(an antithesis), 즉 개인적 확신에서 나오는 반대 대(對) 운동으로서의 조직적 반대로 대립시켜 설정하였다. 그러나 주기철이 이미 설교를 통하여 자신이 신사참배를 하지 못할 이유를 밝혔는데, 교회가 그의 설교를 거부하지 않은 이상, 이것은 그의 개인적 입장이 아닌, 교회의 공적 입장이었다고 해석할 수 있을 것이다. 주기철에게 있어서 신사참배는 자신이 죽음을 무릅쓰고 해서는 안 되는 것이었을 뿐 아니라, 성도들도 참여해서는 안 되는 것임을 설교를 통하여 분명히 밝혔다고 볼 수 있다. "개인적 신앙양심과 확신"에 따라 각자 개인이 하나님의 말씀을 순종할 것인지 않을 것인지 결정하겠지만, 목사는 신자들이 하나님의 말씀에 순종하도록 권면하고 감독해야 할 책임을 가진다. 이상규는 주기철의 태도를 신사참배 반대운동에 대한 반대로 해석하지만, 주기철이 반대한 것은 신사참배 반대운동 자체가 아니고, 신사참배 반대운동의 방법에

48) 이상규, "주기철의 신사참배 반대와 저항,"『기독교사상연구』 제4호(1997), 227-8.

대한 이견(異見)을 가지고 있었던 것으로 볼 수 있다. 반대운동의 지도자들이 문제를 야기시키고 당국에게 도발하는 듯한 인상을 주어, 신자들에게 더 많은 해와 핍박이 돌아갈지도 모른다는 우려에서 나온 것이었다.[49] 그리고 너무 조속히 새 노회를 조직하려고 하는 것에 대해서 조급한 행동을 하지 말 것을 권고하는 의미였다고 볼 수 있다.

만약 신사참배 반대운동자들이 조금이라도 정치적 세력의 규합에 뜻을 두고 있었다고 한다면, 신사참배 반대운동은 비판을 받아야 마땅할 것이다. 그리고 주기철의 조언을 신사참배 반대운동의 반대로 해석하는 것이 맞을 것이다. 그러나 신사참배 반대운동은 새교회 운동이지 정치적 운동이 아니었다. 신사참배 반대운동자들의 활동은 신실한 목사로서 신사참배와 타협할 위험에 처해 있는 성도들에게 하나님의 말씀대로 살아야 할 것을 권면하는 충정어린 목회자의 실천적 행동으로 이해되어야 한다. 한상동은 어느 누구에게도 그들의 의사에 반하여 신사참배 운동에 참여하라고 강권하지 않았으며, 그들의 자유로운 결정을 존중하였다.

이상규는 두 목사들의 태도를 교회론적 관점에서 다음과 같은 표현으로 구별하였다.

> 이 문제와 관련하여 한상동과 주기철이 입장이 달랐다는 사실을 인정하는 것은 두 지도자 간의 교회관을 이해하는 데 중요하다. 초대교회 당시 3세기 이후에 있었던 교회론 논쟁에서 보는 교회의 순결과 분리주의적 견해에 대한 흥미로운 재현을 본다. 한상동은 신사참배반대운동을 전개하였고, 반대운동자를 규합하므로 기존의 신사참배 교회와 지도자들을 무력화하는 분리주의적 입장을 보여주었다.[50]

이상규가 한상동이 분리주의적 입장을 보여주었다고 평가한 것은 최근에 한국장로교회 특히 고신 교단 안에 적지 않은 논쟁거리를 안겨 주었다. 주기철이 새로운 교

49) 허순길, 앞의 책, 276.
50) 이상규, 앞의 책, 229.

회조직을 할 때가 아직 되지 않았다고 반응한 것을 두고, 허순길은 주기철이 신사참배를 하기로 결정하고 배교한 교회는 인정하고, 신사참배에 타협하지 아니한 교회들과 노회의 조직을 "원리적으로 반대할 리 없었을" 것이라고 지적하고 있다.[51] 이상규의 의견에 대해 동의하지 않는 허순길은 "한상동이 새로운 교회를 원한 것은 제도적 교회가 배교로 흘러갔을 때"였으며, 그것은 "분리주의가 아니라"[52]고 반박한다. 허순길은 한상동과 주기철의 입장 차이는 타협하지 않은 교회들과 노회들의 조직의 시점에 놓여 있는 것이지, 교회론적 분리주의에 놓여 있지 않다고 결론짓는다. 거짓 가르침으로부터 성도들을 보호하는 것이 목사의 중요한 임무임을 기억한다면, 타협한 교회지도자들에게 성도들을 그냥 맡겨두는 것은 목사의 의무에 대한 배임이라고 생각할 수 있다. 한상동은 타협한 교회지도자들에게 비타협 성도들을 목회할 권위를 부여할 수 없음을 분명하게 밝히고, 하나의 대안으로서 비타협 성도들이 함께 모여 비타협교회를 조직하기를 촉구하였던 것이다. 새로운 교회와 노회들을 어떻게 설립할 것인지 세부사항에 대한 의견의 불일치가 주기철과 한상동 사이에 있었지만, 이 두 지도자는 신사참배를 거부한 성도들을 수용할 수 있는 새로운 교회가 필요하다는 사실에 대해서는 묵인된 동의가 있었다고 본다. 우리는 신사참배반대운동을 분리주의적 경향에서 비롯된 것으로 보는 이상규의 논지에 동의하지 않으며, 주기철과 한상동의 입장의 차이를 조직의 시점에 대한 의견의 차이로 보는 허순길의 논지에 동의한다.

우리는 신사참배 반대운동을 벌였던 지도자들이 지하교회의 형태로 새로운 교회를 세워야 할 필요를 좀 더 빨리 인식했더라면 좋았을 것이라고 생각한다. 새로운 교회들이 아직 제대로 설립되지 않은 상태에서 비타협 노회의 조직을 서두를 이유는 없었다고 생각한다. 왜냐 하면 대부분의 비타협 교회들은 지하교회들로서, 당회를

---

51) 허순길, 『한국장로교회사』, 264-265.

52) 같은 책, 265.

갖춘 조직교회로 발전하기보다 가정교회 같은 작은 규모로 그 상황에 맞는 자체의 구조와 리더십을 견고하게 다질 시간이 필요하였을 것으로 보기 때문이다. 1907년 독노회를 조직할 때나 1911년과 1912년 사이 불과 몇 개월 만에 일곱 노회를 조직하고 곧 이어 총회를 조직하던 식으로, 개체교회들의 든든한 기반이 갖추어지기도 전에 노회와 총회 조직을 서둘렀던 조급함이 신사참배반대운동 지도자들의 노회조직의 구상 속에도 묻어 있음을 보게 된다. 그 때는 신사참배에 대한 비타협 노회를 세우기보다 각 지하교회들을 든든히 세우는 일에 힘쓰되, 그 교회들 간에 교류는 은밀하게 진행하는 것이 더 좋았을 것이다. 극심한 핍박의 때에는 장로교회의 드러난 상층부 조직체계를 고집하기보다 지하교회 또는 가정교회 형태의 교회조직을 긴밀히 하여 서로의 믿음을 격려하고 굳게 지켜 나가는 일을 차근차근히 확산시켜 나갔더라면 신사참배반대운동이 좀 더 유연하고 은밀하게 지속될 수 있었을 것이다.

우리는 4장부터 7장까지 한국장로교회의 역사를 따라 장로교회 교회개척의 발전의 흔적을 살펴보았다. 이 연구를 통하여 초기에 한국장로교회의 교회개척의 불같은 확산을 보았을 뿐 아니라, 개척된 교회들이 장로교회의 한 개체교회로 조직되지 못한 채, 미조직교회로 적체되어 있었던 것도 보게 되었다. 그 결과 한국장로교회는 장로교회를 재생산하는 교회개척의 순환적 역동성을 유지하지 못하고, 그 동력을 많이 상실한 것도 알게 되었다. 신사참배에 굴복한 한국장로교회는 교회개척을 감당할 주체로서 의욕도 자격도 없이, 오히려 수많은 교회를 폐쇄하는데 한 몫을 하였던 것에 놀라지 않을 수 없었다. 신사참배반대운동도 핍박의 시기에 적절하고 유연한 교회개척의 모델을 남길 수 있는 방법으로 전개되지 못한 아쉬움이 있음을 보았다. 그럼에도 불구하고, 신사참배 반대와 반대운동으로 인한 고난은 한국장로교회가 해방 후 교회를 회복하는 데 있어서 가장 중요한 불씨가 되었기에 귀중하다 하지 않을 수 없다.

하나님은 일본의 권력을 이 땅에서 걷어내셔서, 우리 민족에게 광활한 자주독립의 지평을 열어 주셨고, 신사참배로 무너졌던 교회들에게는 회개와 회복을 통하여 민족과 세계를 복음으로 섬길 새로운 기회를 맞이하게 해 주셨다. 다음 장에서는 해방 이후 한국장로교회의 회복을 통하여 교회개척이 어떻게 재개되었는지 살펴보고자 한다.

제 삼 부

제 팔 장

한국장로교회의 회복과 교회개척

제 팔 장

한국장로교회의 회복과 교회개척

4장부터 7장까지는 1876년부터 1945년까지 장로교 선교부들과 한국장로교회가 어떻게 교회개척을 해 왔는지를 장로교회적인 관점에서 분석하고 평가하였다. 8장부터 10장까지는 한국장로교회의 교회개척의 역사를 그 첫 분파인 고신을 중심으로 살펴볼 것이다. 8장에서는 해방 직후에 한국장로교회의 교회회복을 위한 노력이 어떻게 진행되다가 고신의 첫 분열을 맞게 되었는지를 반성적으로 돌아보고자 한다. 장로회적 정체성을 회복하지 않고도 교회개척은 일어날 수 있으나, 장로교회를 설립하기 위해서는 장로교회로서의 정체성 회복이 선행되어야 한다는 전제를 가지고 이 장을 전개하려고 한다.

1945년 8월 15일에 한국이 일제로부터 해방은 되었으나, 얼마 못되어 북위 38도선을 기준으로 남북이 나뉘어, 북은 소련, 남은 미국의 신탁통치 아래 놓이게 되었다. 조선총독부는 한반도에서 물러가면서 신사참배 반대를 불법이라고 단죄하여 오년 또는 육 년 동안 옥에 가두어 두었던 약 이 십여 명의 목사들과 성도들을 풀어주었다. 그들은 출옥하자마자 평양 산정현교회에 모여 어떻게 하면 신사참배와 뒤따른 여러 가지 죄로부터 한국장로교회를 회복시킬 수 있을 것인지를 숙의하며 기도하였다. 그 결과 1945년 9월 20일에 출옥성도들은 만장일치로 다음의 다섯 항목을 한국장로교회 회복의 원리로 제안하게 된다.

1. 교회의 지도자(목사 및 장로)들은 모두 신사에 참배하였으니 권징(勸懲)의 길을 취하여 통회 정화한 후 교역에 나아갈 것.
2. 권징은 자책 혹은 자숙의 방법으로 하되 목사는 최소한 2개월 간 휴직하고 통회 자복할 것.
3. 목사와 장로의 휴직 중에는 집사나 평신도가 예배를 인도할 것.
4. 교회 재건의 기본 원칙을 전국 각 노회 또는 지교회에 전달하여 일제히 실행케 할 것.
5. 교역자 양성을 위한 신학교를 복구 재건 할 것.[1]

후에 김영재가 바로 지적했듯이,[2] 출옥성도들이 강조한 바는 제도적 교회의 재조직에 앞서 영적 회복이 선결되어야 한다는 것이었다. 노회와 총회가 재조직되기 전에, 신사참배 가결에 동의한 모든 목사와 장로들이 회개할 것을 촉구하였는데, 이 권면은 매우 적절한 것이었다.

북한에서는 많은 목사들과 장로들이 자기들의 죄를 회개하면서 출옥성도들이 제안한 회복의 기본원칙을 받아들였다. 하지만 어떤 사람들은 그 원칙에 동의하지 않았다. 1945년 11월에 평안북도 선천에서 여섯 개 노회의 목사 200여명이 함께 연합

1) 김양선, 『한국기독교 해방10년사』, 45.
2) 김영재, 『한국교회사』, 243.

퇴수회로 모였을 때, 제27차(1938년) 총회 당시의 총회장이었던 홍택기가 출옥성도들의 제안에 반대를 표명하였는데, 그의 반론의 요지는 다음과 같은 것이었다.

> 옥중에서 고생한 사람이나 교회를 지키기 위하여 고생한 사람이나, 그 고생은 마찬가지 였고, 교회를 버리고 해외로 도피생활을 했거나, 혹은 은퇴생활을 한 사람의 수고보다는 교회를 등에 지고 일제의 강제에 할 수 없이 굴한 사람의 수고가 더 높이 평가되어야 한다.[3]

그의 주장은 신사참배에 가담했던 목사들로부터 상당한 호응을 얻었다.

하지만 출옥성도들 중의 한 사람이었던 이기선은 홍택기의 항변에 매우 실망하여 산정현교회를 포함한 30 여 개의 교회들을 모아 '독립노회'[4]를 조직하였다. 그 때 이기선이 밝힌 혁신과 복구를 위한 결의는 다음과 같다.

> 혁신에 관한 내용
>
> 1) 혁신기에는 복구위원 약간명을 대표로 선정하여 회개를 중심한 예배를 인도하게 한다.
> 2) 전 교우는 3일간 금식기도를 이행한다(요3:6–7).
> 3) 혁신기간은 6개월 이상, 이는 대강 표준을 세운 것이요, 그 이상은 형편에 따라 정할 수 있다.[5]
>
> 복구에 관한 내용
>
> 1) 교인권 복구기간은 근신기간의 만료되는 시에 목사 사회하에 복구 문답으로써 일반교인은 장로교의 정당한 교인이 된다.

---

3) 김양선, 앞의 책, 46.
4) 김인수는 이 교회를 재건교회와 혼돈하고 있으나, 재건교회와는 별도의 교회이다. cf. 김인수, 『한국기독교회의 역사, 하』(쿰란출판사, 2012), 269.
5) 최훈, "신사참배와 한국재건교회의 역사적 연구," 『신학지남』 39권 4호(1972년 겨울), 137.

2) 직분 복구: 목사직은 시무투표를 통하여 그 교직을 회복하며, 나머지 직분자들은 투표로 선출된다. 장로교회의 헌법에 의하여 전에 장로였던 자가 다시 선출되면, 안수 없이 그 직분에 취임할 수 있다.[6]

위에서 이기선이 말하는 혁신은 회개를 의미하고, 복구는 복권을 의미한다고 볼 수 있다. 그가 복구(복권) 이전에 혁신(회개)을 앞세운 것은 순리였다. 그리고 위의 문서로 볼 때, 목사나 직분자들뿐 아니라, 일반 평신도들도 삼 일 동안 금식하고 6개월 이상 근신한 후 목사와의 문답을 통하여 회원권을 회복하도록 하고 있는데, 이것이 이기선의 결의 내용의 큰 특징이다. 사실은 평신도들도 신사참배의 죄에서 자유로울 수 있는 자가 별로 없었기 때문에 평신도들을 포함한 전(全) 교회의 회개를 촉구한 것은 출옥성도들의 회복의 원칙보다 더 포괄적이고 균형잡힌 제안일 수 있다고 생각한다.

하지만 이기선의 독립노회의 결성은 섣부른 것이었다고 생각된다. 아직 개체교회의 회원과 제직(諸職)이 회복되지 않은 상황에서 노회를 조직한다는 것이 순리에 맞지 않다. 거듭 지적하는 바이지만, 노회의 조직은 개체교회에 기반을 둔 것이 되어야 하기 때문이다. 이기선이 그의 제안을 따르는 교회들을 따로 모아 독립노회를 조직하자마자, 그 개혁운동에 초대되지 않았던 목사와 장로들은 1945년 12월에 평양 장대현교회에 모여 이북 오도(五道)연합노회를 조직하였다. 이북 오도연합노회는 발빠르게 움직여 신사참배와 관련된 과거의 죄악을 인정하고, 교회 직분자들에게 두 달간 자숙할 것을 권고하는 한편, 또한 자체 신학교를 열기로 하였으며, 독립기념 전도운동을 전국적으로 조직하고자 하였다.[7] 이렇게 되자 독립노회의 개혁은 더 이상 이북 오도연합노회에 속한 교회들 속으로 확산되지 못하였다.

---

6) 한국기독교자료센타, 『한국기독교년감』(서울: 백합출판사, 1968), 214-215.

7) 김양선, 앞의 책, 47-48.

어떤 기독교 지도자들은 기독교사회민주당(후에는 사회민주당)을 조직하였는데, 이것이 얼마 지나지 않아 공산주의자들의 무자비한 탄압을 초래한 빌미가 된다. 김일성이 그의 외삼촌이자 목사인 강양욱을 내세워 조선기독연맹을 조직하게 하고, 교회들로 하여금 이북 오도연합노회로부터 탈퇴하고 조선기독교연맹에 가입하도록 강권함으로써 이북 오도연합노회를 해체시키려고 하였다.[8] 공산당은 주일에 성도들에게 선거에 참여하도록 강요하였고, 김일성 초상화를 교회당 내부의 전면에 걸도록 하였다. 공산당은 더 나아가 1948년에 모든 교회의 재산을 몰수하고, 많은 기독교인들을 인민재판에 회부하거나 아무 재판도 없이 처형하였다. 북한 공산당의 이런 가혹한 핍박을 피하여 다수의 목사들과 수많은 성도들이 한국동란 전부터 이남으로 피난하였고, 한국동란이 끝난 후에 보니 이북에는 공인된 교회는 다 없어지고, 기독교인도 더 이상 눈에 띄지 않게 되었다.

북한 공산치하에서 교회들이 완전히 몰락한 것을 어떻게 보아야 할까? 교회가 정당을 결성하고, 정치에 직접 뛰어든 것은 공산정권의 탄압을 야기하였을 뿐, 아무 긍정적인 결실을 이루지 못하였다. 장로교회의 지역 및 전국 조직은 박해가 심한 상황에서는 유지되기 어렵다. 이북의 교회는 공산당의 박해에도 살아남을 수 있는 가정교회 또는 지하교회로 속히 전환했어야 했는데, 그런 유연성이 제때에 준비되어 있지 않았다.

핍박을 받고 있던 북한의 교회들과는 달리, 남한의 교회들은 미군정 하의 과도정부 아래서 종교의 자유를 누리고 있었다. 일제 말기에 만들어진 (일본그리스도)'교단'의 지도자들이었던 김관식, 김영주, 송창근 등은 교회일치를 위해 독립 후에도 '교단'은 유지되어야 한다는 궤변을 폈다.[9] 그러나 장로교를 비롯하여 감리교 등 각 옛 교파 교회의 지도자들은 더 이상 '교단'에 남아 있을 필요도, 그럴 마음도 없었다. '교단'

---

8) 같은 책, 69.
9) 같은 책, 50.

의 총회가 1945년 9월 8일에 열렸는데, 회의 도중에 감리교 지도자들이 옛 한국감리교회로 돌아갈 것을 선언하고 퇴장하였고,[10] '교단'의 다른 회원교회들도 각기 자기들의 옛 교파로 복귀하려고 했기 때문에 '교단'은 1946년 5월에 해체되고 말았다.

'교단'을 벗어 던진 목사들이 '교단' 이전의 옛 교회로 환원을 선언하였지만, 문제는 그 '교단' 속으로 융합되어 실종된 옛 교파의 정체성을 어떻게 회복할 것인가 하는 것이었다.

이에 대해서 한국장로교회의 복구 사례에만 집중해 보자. 1946년 초까지 경남노회를 필두로 여러 노회들이 하나씩 그들의 옛 노회가 재조직되었음을 선포하였다. 그 재조직된 노회들이 1946년 6월 12일에 서울 승동교회에 모여, 한국장로교회 남부대회의 조직을 선언하였다. 남북 간의 자유로운 왕래도 점점 어렵게 되어가고 있는 상황에서, 우선 남한에 있는 교회들만이라도 남부대회라는 형태로 옛 한국장로교회를 회복하고자 한 것이다. 많은 목사들이 옛 노회를 제도적으로[11] 재조직하고, 남부대회를 거쳐 이북의 교회들과 함께 나중에 총회를 재조직하면, '교단'에 흡수되기 이전의 단일 한국장로교회로 최종적으로 회복될 수 있다고 생각한 듯하다. 제1차 남부대회는 다음과 같이 결의하였다.

> 남부대회는 북쪽과 남쪽의 통일의 날까지 헌법을 개정하지 않을 것이며, 제27차 총회에서 실수로 내린 신사참배에 대한 결정은 삭제하며, 조신신학교를 직접 경영할 것이며, 여장로 문제에 대한 논의는 남북이 통일될 때까지 연기할 것이다.[12]

위에서 보듯이 남부대회는 제27차 총회의 결의가 잘못된 것임을 인정하였으나, 신사참배자들의 권징문제에 대해서는 언급을 회피하였다. 다음 해에 제2차 남부대

10) 같은 책, 50-51.
11) 대한예수교장로회(고신) 역사편찬위원회, 『한국장로교회사(고신)』, 205.
12) 김양선, 앞의 책, 52.

회(1947년)가 대구제일교회에서 열렸는데, 일제에 의하여 해산된 제31차(1942년) 총회를 남부대회가 계승한다는 명분으로 제33차 총회를 개회한다고 선포하였다.[13] 남북의 분단이 고착화되고, 공산정권 하에서 핍박을 받던 이북 오도연합노회로 대표되는 교회들이 후에 흔적도 찾기 어렵게 된 것을 볼 때, 남한의 교회들이 남부대회로나마 한국장로교회의 재건의 발걸음을 재촉한 것은 적절한 판단이었다고 할 수 있다.

그러나 노회와 총회가 재조직되었다는 것만으로 한국장로교회의 정체성 회복을 일단락 짓기에는 해결되지 않은 문제들이 많이 남아 있었다. 출옥성도들을 비롯한 대부분의 목사들은 일단 한국장로교회의 노회와 총회의 제도적 복원을 수용하였다. 그러나 신사참배를 가결한 제27차 총회로부터, 한국장로교회의 해산이 선포된 제31차 총회를 지나, '교단'이 해체되기까지 온 교회가 하나님 앞에 범한 죄악을 회개함이 없이 한국장로교회의 회복이 제대로 이루어질 수 없는 것이었다.

소위 '재건파'는 신사참배의 죄를 철저히 회개하지 않고 겉모양만 다시 갖춘 한국장로교회를 현실교회 또는 사탄의 회라고 정죄하고, 그 교회로부터의 철저한 분리를 주장하였다. 북쪽에서는 김린희, 남쪽에서는 최덕지가 재건파의 대표적 지도자들이었다. 그들은 다음과 같이 기독교인의 생활의 오대 원리를 내세웠다.

1. 우리들은 하나님의 영광을 위하여 그에게만 충성한다.
2. 우리들의 신령적 예배 존엄과 성경도리(주일성수, 십일조 봉헌)에 합당한 생활을 실천한다.
3. 우리들은 철두철미 회개하자.
4. 우리들은 과거 범죄한 건물은 부인한다.
5. 우리들은 모든 불의와 위선에 동참하지 말고 절교하자.[14]

---

13) Allen D. Clark, *A History of the Church in Korea*, 237.
14) 최훈, 『한국재건교회사: 한국교회박해사』(성광문화사, 1989), 103.

재건파는 배교한 회중이 사용한 교회건물의 사용을 금함으로써 그 교인들로 하여금 일체 다른 교회당에는 접근조차 하지 못하도록 차단시켰다. 최훈에 따르면 이기선과 한상동이 한국장로교회에 남아서 기성교회 성도들과 성도의 교제를 할 수 있다고 했으나 재건파는 그렇게 하면 동참죄가 된다고 하여 절교를 주장하였다.[15] 한국동란 후, 이남의 재건파 교회들은 여목사 안수나 배교한 교회로부터 전적 분리 등의 이슈에 대한 내부 의견의 불일치로 예수교 재건교회 총회, 대한예수교장로회 재건교회 노회로 나뉘었다가 1973년에 대한예수교 장로회 재건교회로 통합되었는데, 통합시에 분리해 나간 재건노회가 한 동안 나뉘었다가[16] 1989년에 완전히 통합되었다.[17]

이제 논의를 한국장로교회의 제도권 안에서 회개와 자숙을 통한 교회회복을 촉구한 지도자들에게로 돌려 보자. 한상동, 주남선, 이인제, 손명복, 최상림, 조수옥, 등의 출옥성도들을 배출한 경남노회는 출옥성도들의 자숙안과 대동소이한 내용의 자숙 결의를 1945년 9월에 하게 된다.[18] 주남선과 한상동은 조선신학교에게 한국장로교회의 미래를 짊어질 목사양성을 맡길 수 없다고 보고, 한국장로교회의 진정한 회복을 이루기 위하여 "진리 위에서 조선교회와 운명을 같이할 목사를 양성하고 전도인을 길러서 교회를 설립할"[19] 목적으로, 1946년 9월 20일에 부산에 고려신학교를 설립하였다. 교회회복을 위해서는 바른 신학에 입각한 신실한 목회자의 양성이 핵심이라고 본 것이다. 그리고 전도인을 통한 교회개척을 고려신학교 설립목적의 한 축으로 삼았던 것이다. 설립자들은 우선 구 평양신학교의 성경원어 강사였던 박윤

---

15) 같은 책, 94.

16) 같은 책, 166, 168. 여목사 최덕지 측(예수교 재건교회 총회측) 48교회와 그에 반대하는 주상수 측(대한예수교 장로회 재건교회 노회측) 34교회로 나뉜다. 1958년 주상수측은 이북에서온 김린희측과 통합하여 대한예수교 재건교회 대회가 되었다. 김남식 외 3인, 『진리에 목숨걸고: 신사참배 반대운동과 재건교회』(서울: 새한기획, 2007), 127-8, 129,

17) 같은 책, 130. 하나의 재건교회로 통합된 첫 총회가 (기존의 총회 회기를 살려 제71회 총회로) 1989년 9월 19일에 개최되었다.

18) 허순길, 앞의 책, 316.

19) 한상동, "주님의 사랑: 한상동 목사의 옥중회고기(4)," 『파수군』, 제29권(1953년 6월) (부산: 성문사, 1954), 22.

선(1905–1988)을 교수로 청빙하였다.

한상동과 주남선은 고려신학교에 대한 총회의 직접적인 간섭을 허용하지 않았다. 신사참배의 죄를 회개하지 않은 친일적 지도자들이 총회를 장악하고 있었기 때문에, 총회의 지도와 감독을 신뢰할 수 없다는 입장이었다.[20] 총회와 여러 노회들이 고려신학교의 독자적 행보에 대해서 마땅치 못한 시선을 보내고 있었지만, 경남노회원 다수는 고려신학교에게 동정과 지지를 보내주었다.[21] 이런 가운데 1947년 4월에 열린 대한예수교장로회 제2차 남부대회는 조선신학교를 목사후보생 양성을 위한 총회의 직영 신학교로 지정하였다. 고려신학교 설립자들은 신사참배를 용인하고 자유주의 신학노선을 따르던 조선신학교를 직영하기로 한 남부대회의 결정에 결코 동의할 수 없었다. 하지만 경남노회 안에, 신사참배에 타협한 목사들과 장로들은 고려신학교에 대한 노회의 지지를 철회하는 결정을 이끌어내기도 하였다.[22] 이처럼 고려신학교에 대한 지지 결의와 철회 결의의 양극을 오락가락 번복하는 가운데 경남노회는 친 고려신학교 측과 반 고려신학교 측으로 나뉘게 되었다. 불 위에 기름을 붓듯이, 경남노회의 의견대립을 격화시킨 것은 "목사후보생을 고려신학교에 추천할 수 있는가?"라는 전남순천노회의 질의에 대하여 "노회들은 고려신학교에 학생을 추천할 의무가 없다."[23]라는 제34차(1948년 4월) 총회의 결의였다. 이 결정으로 경남노회는 고려신학교의 지지 또는 반대와 관련하여 한 때 다섯개의 노회[24]로 분열되기도 하였다. 총회의 중재적 노력이 고려신학교 측에게 불리하게 작용되어, 결국은 총회가 고려신학교를 지지하는 경남(법통)노회를 거부하고, 나머지 네 노회 그룹은 받아

---

20) 심군식, 『세상 끝날까지: 한국교회의 증인 한상동 목사의 생애』, 273.

21) 경남노회는 제47차 임시노회(1946년 7월)와 제49차 정기노회(1947년 12월 9일)에서 고려신학교에 대한 지원을 약속하였다. 김양선, 앞의 책, 151, 153.

22) 경남노회 제48차 정기노회(1946년 12월 3일)와 제49차 임시노회(1948년 9월)과 제50차 정기노회(1948년 12월 7일)에서 고려신학교를 거부하는 결의를 이끌어내었다. cf. 김양선, 앞의 책, 155, 156.

23) 『대한예수교장로회 총회록』(1948), 23.

24) 한 때 법통, 경남, 경중, 경서, 중립 등 5개 노회로 나뉘었다. 양낙흥, 앞의 책, 434–459.

들였다. 법통노회가 총회에 총대를 삼년 동안 세 차례 파견했으나,[25] 매 번 총회 회의장에 들어가지도 못하고 문전박대를 당하였다. 이에 경남(법통)노회는 몇몇 다른 지역 교회로부터[26] 온 목사들 및 장로들과 함께 1952년 9월 11일에 진주 성남교회에 모여 별도의 총노회를 조직하였다. 이것이 해방후 재조직된 한국장로교회로서 겪게 된 첫 분열이자, 고신파[27]의 시작이 되었다.

이 첫 번째 분열의 직접적인 원인은 경남노회 안에서 고려신학교의 인준 문제에 대한 의견의 대립에 있지만, 더 근본적인 원인은 신사참배의 죄에 대한 목사와 장로의 자숙 여부에 관한 의견대립이라고 생각한다. 경남노회 내에서 고려신학교의 인준을 강력히 거부한 목사들은 주로 자숙안에 대하여 압박을 느끼고 회피하려던 목사들이었다.[28]

고려신학교와 관련한 총회의 결의는 노회들이 고려신학교에 목사후보생을 추천해야 할 의무나 필요가 없다는 것이었지, 고려신학교 자체를 불법이라고 단정한 것은 아니었다. 불법신학교로 단정하거나, 고려신학교에 학생을 추천하는 것을 불법이라고 규정하려면, 고려신학교가 신학적 정통에서 어떻게 벗어나 있는지에 대한 정확한 판단근거가 있어야 할 것이었다. 목사 안수는 노회의 권한이다. 총회의 직영신학교가 학생의 추천을 노회에 의뢰하는 것도 노회의 목사안수권을 인정하기 때문이다.

그 당시에 한국장로교회 안에는 만주 봉천신학교 출신도 있었고, 일본 중앙신학교 출신도 있었던 것을 보면, 반드시 총회직영신학교인 조선신학교 출신만을 목사로 받아들인 것은 아니었음을 알 수 있다. 경남노회의 고려신학교의 인준을 반대하

25) 1950년 4월, 1951년 5월, 1952년 4월 등 세 차례였다.

26) 대구, 경주, 전라도 지역에서 온 교회들이었다.

27) 처음에는 고려신학교의 '고려'를 따서 '고려파'라고 일반적으로 불리었는데, 이는 고신파가 얼마나 고려신학교와 깊은 관계를 맺고 있었는지를 단적으로 보여 준다. 고려신학교는 고려파 총회의 직영은 아니었으나, 고려파의 교회회복운동의 중심이었다. 1974년 반고소측이 고려파로부터 분리되면서 '고려파'라는 속칭을 그대로 유지하고자 하였고, 그 후 고려신학교가 교육부(그 당시에는 문교부)의 인준을 받아 고신대학으로 교명이 바뀌면서 이제는 '고신파'라는 명칭으로 더 많이 일컬어지고 있다.

28) 양낙흥, 앞의 책, 440-443.

던 노회원들은, 총회가 노회들이 고려신학교에 학생을 추천할 의무가 없다고 결의한 것을 두고, 고려신학교가 마치 불법 사설신학교인 것처럼 몰아갔다. 나중에 경남노회의 내분에 개입한 총회는 경남(법통)노회 총대들을 받아주지 않음으로써 고려신학교를 거부하는 측(側)은 수용하고 고려신학교를 지원하는 측(側)은 거부하였다. 총회가 경남(법통)노회 총대들을 거부한 것이 적절한 것이 아니였다. 이에 대해서 이미 잘 알려있으므로 우리가 여기에서 길게 말하지는 않으려고 한다.

여기서 우리가 잠간 논의하고자 하는 것은 고려신학교와 경남법통노회가 반성할 점은 없는가 하는 것이다. 고려신학교가 총회의 직영신학교가 아닌데, 입학생들과 재학생들에게 노회 추천서를 제출하도록 요구할 필요가 있었을까? 고려신학교가 임시적이나마 총회의 간섭을 배제한 것이 사실이고, 직영신학교이기를 오히려 원치 않았던 것이 사실이라면, 입학지원생에 대한 노회의 추천도 당분간 기대하지 말았어야 한다고 생각한다. 학생들을 개체교회 당회의 추천을 요구하는 정도로 만족할 수 있었으면 좋았을 것이다. 고려신학교가 신실한 말씀의 사역자를 양성함으로써 한국장로교회의 교회회복운동에 기여하기를 원하였다면, 좀 더 겸손한 자세로 교회를 섬겼어야 하지 않았을까 반성해 볼만하다. 총회 회의장 입장을 거부당한 경남(법통)노회가 별도로 총노회를 조직한 것은 적절한 행위이었는가? 총회가 세 차례에 걸쳐 경남(법통)노회의 총대들에게 총회입장을 거부한 처사에 대하여 경남법통노회가 상당한 인내심을 발휘한 것은 사실이지만, 총회의 처사가 부당하다면 항의를 반복하면서 그 문제가 해결되기를 좀 더 기다리며 인내할 수 없었을까 하고 생각해 본다.

이기선의 결의 외에, 출옥성도, 이북 오도연합노회, 경남노회 등의 자숙안은 공통적으로 신사참배의 죄에 대한 회개를 목사와 장로들에게 촉구하는 데 그치고 있고, 평신도들도 회개를 통하여 회복되어야 한다는 사실을 별로 강조하지 않고 있다. 노회와 총회의 신사참배 수용의 책임은 목사와 장로들에게 있는 것이 분명하다. 총회의 재조직에 앞서 노회를 재조직해야 하고, 노회의 재조직을 위해서는 지역교회가 우선 재조직되어야 하기 때문에, 당회원들의 회개와 회복이 필수적이다. 그러나 지역교회는 당회로만 재조직되지 않는다. 지역교회의 재조직은 우선 신사참배의 죄에 가담한 성도들이 회개함으로써 주의 성찬에 참여할 수 있도록 회복되는 것이 가장 기본적인 요건이다. 신사참배에 직접 간접으로 참여한 평신도들은 지도자들과 함께 회개함으로써 성만찬의 자리로 나아올 수 있도록 회복되어야 한다는 말이다. 전 교회가 성찬에 참여하기 전에 신사참배와 뒤따른 죄악들을 회개하고 자숙하도록 했다면, 자신의 죄를 자복하지 않는 지도자들은 더 이상 거룩한 교회 안에 설 자리조차 인정받을 수 없었을 것이다. 이런 과정을 충실히 거쳐 개체교회들이 정상화되고 난 후에 노회를 재조직하고, 그 후에 총회를 재조직했어야 했다. 그런데 해방 후 한국장로교회는 노회와 총회의 재조직을 먼저 서두르다 보니 회개와 자숙을 통한 교회의 본질적 정체성 회복을 소홀히 하였다는 비판을 피할 수 없다. 한국장로교회의 첫 번째 교회분열은 교회회복에 있어서 교회조직의 복구를 중시한 사람들에 의해 회개를 통한 회복을 중시한 사람들이 거부당함으로써 발생되었다고 평가하게 된다.

한국장로교회의 회복운동의 미완성과 분열의 아픔을 보면서 한국장로교회가 정체성 회복을 가장 우선적 과제로 삼지 못한 것을 지적하지 않을 수 없다. 그리고, 교회지도자들의 의식이 노회와 총회의 조직을 개체교회의 조직보다 우선적으로 생각하던 이전(以前)의 틀에서 아직도 벗어나지 못하고 있었다. 한국장로교회의 교회회복이 미완의 과제를 남김으로써 그 다음 세대에서도 장로교회 교회개척은 계속해서 정체성의 혼란을 겪지 않을 수 없었다.

한|국|장|로|교|회|와
교|회|개|척

제 삼 부

제 구 장

고신의 정체성과 교회개척: 1952–1975

제 구 장

고신의 정체성과 교회개척: 1952-1975

총회의 회의장 문턱에서 총대들의 입장(入場)을 거부당한 경남(법통)노회 소속 교회들의 50명의 목사와 37명의 장로[1]가 1952년 진주 성남교회에 모여 고신[2] 총노회를 출범하기로 결정하였다. 이 장에서는 1952년 고신 총노회가 조직된 이후 1975년 반고소파의 분열에 이르기까지 고신의 교회개척이 어떻게 진행되었는지를 살펴보고자 한다.

분열의 아픔 가운데서 교회개혁의 과제를 부둥켜안고[3] 시작된 고신은 한국장로교회가 덮어 넘긴 신사참배의 죄에 대한 회개를 그냥 묵과할 수는 없었다. 우선 모든 목사, 장로, 남녀 전도사들에게 의무적으로 삼 주간의 자숙기간을 가질 것을 선포하였

1) 고신역사편찬위원회, 『한국장로교사(고신)』, 240.

2) 그 당시에는 고신이 아니라, 고려파라고 불렸다. 고려파가 대한예수교장로회 주류로부터 떨어져 나온 이후, 교파분열은 거듭되어 이제는 약 170개 이상의 분파로 쪼개어진 한국장로교회가 되고 말았다. 실제로는 단일의 한국장로교회가 국내에 더 이상 존재하지 않지만, 대부분의 분파들은 대한예수교장로회의 이름을 아직도 유지하고 있다.

3) 허순길, 앞의 책, 379-380.

다. 특히 신사참배, 신도연맹, 미소기바라이[4] 등에 참여한 죄를 하나님 앞에 내어놓고 회개하되, 이 기간 동안 설교나 공예배 인도나, 성례주례나 공중기도 인도 등을 일절 중지하도록 하였다.[5] 이 자숙의 기간을 끝내고 교역자들은 성도들과 함께 고려신학교 교정에 모여 다시 삼 일간 부흥회를 가진 후, 1952년 10월 16일에 부산삼일교회에서 총노회를 창립하기로 한 것이었다.[6] 고신은 이처럼 교회회복을 위해 목사 장로들이 실제로 자숙의 기간을 가졌을 뿐 아니라, 평신도들이 자숙의 과정에 자발적으로 참여한 것을 볼 때 교회회복에 대한 전 교회적 열망이 진지한 것이었음을 짐작할 수 있다.

한국동란 말기와 휴전 직후의 사회적 상황에서 교회개척의 가장 큰 이슈는 월남 동포들을 위한 교회개척이었다. 강인철이 지적하듯이, 1945년에서 1951년 사이에 삼팔선을 넘어 남쪽으로 피난한 이북동포 기독교인들이 약 70,000명에서 80,000명으로 추정되었다.[7] 한국동란이 일어나, 일사후퇴 이후 많은 이북 피난민들이 경상남도로 몰려왔을 때 고신 교회들과 접할 수 있는 기회가 주어졌지만, 실제로 고신에 가입한 이북 피난민은 많지 않았다.[8] 강인철은 그 이유에 대해서 분석하기를, 북쪽에서 피신하여 온 월남 목사들 대부분이 신사참배에 굴복하고 타협한 장본인이었기에 신사참배의 죄에 대한 회개와 자숙을 요구하던 고신에 참여하기를 꺼렸기 때문이라고 하였다.[9] 고신은 이북 피난민들을 위한 교회개척을 펼치지 못하였다.

1949년에 부산 영도교회가 제 이, 제 삼, 제 사, 제 오 영도교회, 그리고 광복동에 남교회를 분립개척한 바 있으나,[10] 고신 교회의 초기에는 교회개척이나 분립개척 보

---

4) 미소기바라이는 신도(神道)의 세례의식이라고 할 수 있는데, 이때에 천조대신(天照大神, 아마데라스 오미가미)만 섬기겠다고 하는 맹세를 하였다.

5) 『대한예수교장로회 총회회록(고신),1-10회』(칼빈문화출판사, 1961년), 5.

6) 허순길, 앞의 책, 379-380. 경남노회뿐 아니라, 다른 지역에서 참여한 교회들을 망라하였기 때문에 총노회라 한 것이었다.

7) 월남 기독교인들은 북쪽의 기독교인 전체인구의 35-40%에 해당한다. 강인철,『한국 기독교회와 국가. 시민사회: 1945-1960』(서울: 한국기독교역사연구소, 1996), 280.

8) 같은 책, 279.

9) 같은 책.

10) 『제일영도교회 백년사』(부산: 육일문화사, 1997), 393-408.

다는 교회편입을 통하여 교회수가 증가했다는 점이 특징이다. 1951년 당시 분열 이전의 경남노회에 소속한 교회들은 모두 344개 였는데, 그 중에 276개 교회가 이듬해 고신 총노회에 가입하였다.[11] 1952년에 총노회에 가입한 교회수는 302개로 늘어났고, 1953년에는 363개, 총회가 창립된 1956년에는 568개로,[12] 급속히 증가하였으니, 연평균 22%씩 증가한 셈이었다. 이는 고신의 교회회복에 대한 진지함을 보고 경남지역 외에 다른 지역에 있던 교회들도 고신에 가입하였기 때문이었다.[13]

1962년에 연세대학교의 한국 중소도시교회 성장연구회는 10개 중소도시의 교회수에 대한 연구보고를 하였는데, 그에 따르면 1952년부터 1957년 사이에 그 열 개 도시에 있는 교회수가 95개에서 195개로 증가하여,[14] 연평균 증가율은 21% 이었다. 중소도시를 대상으로 한 이 통계를 고신 교회수의 전체 증가율과 직접 비교할 수는 없다 하더라도, 고신 초기의 교회수의 증가율은 결코 낮은 것이 아니었음을 보여주는 하나의 참고자료는 될 수 있다고 본다.

그래프 9-1. 고신의 교회수(1952-1960)

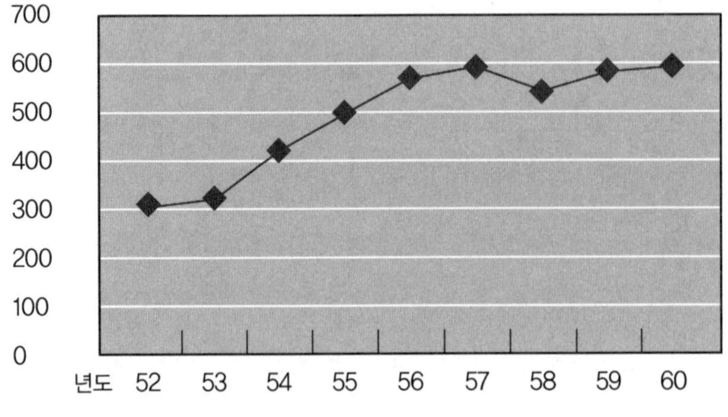

11) 조긍천, 『대한예수교장로회(고신) 교단의 성장을 위한 연구』, 목회학박사학위논문(아세아연합신학대학원, 1987), 80.

12) 조긍천, 앞의 책, 79.

13) 고신역사편찬위원회, 『한국장로교사(고신)』, 260.

14) 한국 중소도시교회 성장 연구회, "한국 중소도시교회 성장연구회 보고서,"『신학논단』 제8권(1964), 209. 강인철, 『한국 기독교회와 국가, 시민사회: 1945-1960』, 226.

고신은 1952년에서 1956년 사이에 경남 이외의 지역에서 괄목할만한 성장을 이루었는데, 제2차 총노회에서 조직보고된 경북노회는 1953년 22개 교회에서 1956년 108개 교회로, 제3차 총노회에서 조직보고된 경기노회는 소속교회가 1954년에 9개에서 1956년에 47개로, 그리고 같은 해에 조직보고된 전라노회는 소속교회가 1954년 3개였는데, 1956년에는 24개로 증가하였다고 하였다. 이와 같은 교회수의 증가는 대부분 고신으로 편입한 교회들로 인한 것이었다.

고신에 가입한 교회들의 대표적 사례 두 가지를 그 당시 총회록으로부터 발췌하여 소개한다.

경주시찰

① 양복교회 소재지: 경주군 양복면 감천리.

교인수: 세례 10명 학습 2명, 원입 18명 합 30명.

제직: 남 2명, 여 2명, 권찰 1명.

② 설립 상황: 1953년 2월 2일, 어일교회 집사 정춘화씨가 경주읍교회 윤봉기 목사를 내방하여 교역자를 청빙하므로 부산에 체재중인 고흥봉 목사를 청하여 파송한 바 어일교회 당회장이 총로회 노선 목사의 설교를 거절하므로 정춘화씨를 중심하여 상기 교인들이 감천부락 동사에 회집하여 새로운 교회를 설립하였습니다.

안동시찰.

① 광평교회 소재지: 안동군 와룡면 광평리.

교인수: 25명, 집사 1명.

② 설립상황: 안동읍 남문교회(고신교회임 – 저자주) 교인 조후임씨의 전도로 광명교회 교인들이 신앙 진리를 갈망하게 되어 전체교회가 본 노선으로 돌아오

게 되어 남문교회에서 1953년 1월말 주일부터 순차로 인도하고 있는 중 희망이 많사옵니다.[15)]

1955년 제4회 총회에서는 상임심사위원회가 조직되어 타교파에서 가입하는 교역자에 대하여 40일 동안 자숙기간을 갖도록 가결하였다.[16)] 대부분의 가입교회들이 미조직교회들이었기 때문에 고신은 그들을 지원하고 양육해야 할 무거운 부담을 안게 되었다.

1955년 총회보고서에 보면 고신 총회전도부는 교회들의 경남 편중 현상을 탈피하기 위해서 전국 각처에 교회를 개척해야 한다고 보고, 목사들과 전도사들을 전도와 교회개척을 위하여 파송하였다는 기록이 있다.[17)] 1956년에 조직된 전라노회는 그 지역에 더 많은 목사를 파송해 주실 것과 교회개척자를 위하여 특별히 후원해 주실 것을 총회에 요청하고 있다.[18)]

경남노회는 교회개척의 활성화를 위한 계획서를 제6회 총회에 제출하였다. 전교인들의 수를 배가(倍加)시키되, 200명 이상의 회원을 가진 교회들은 개척교회 둘을, 300명 이상의 회원을 가진 교회들은 개척교회 셋을, 100명 미만의 회원을 가진 교회들은 서로 협력하여 개척교회 하나를 시작하도록 하겠다는 것이었다.[19)] 다시 말하면, 교회의 규모에 따라 개척후원 또는 분립개척을 추진하겠다는 계획이었다. 그러나 교회개척에 대한 세부계획이나 사전동의도 없이 목표만 일방적으로 부과한 제안은 소속교회들로부터 별 호응을 끌어내지 못하였다.

고신의 초창기인 1950년대 초반에 많은 교회들이 고신으로 편입한 것은 한국장

---

15) 『대한예수교장로회 총회회록(고신),1-10회』, 23-24.

16) 같은 책, 44.

17) 같은 책, 60.

18) 같은 책, 96. 교회개척사역자에 대한 재정적 후원을 책임질 개체교회들이 거의 없었기 때문에 총회가 그 책임을 맡아야 했다.

19) 같은 책, 115.

로교회의 정체성의 회복에 앞장 선 고신 교회에 동참하려는 의지의 표현이었다고 볼 수 있다. 하지만 타 교단 소속이었던 교회들이 고신으로 가입함에 따라 미조직교회의 적체현상은 더 심화되었고, 새로운 개척에 대한 절실한 동기부여는 약화된 면이 있다. 고신은 월남한 성도들과 피난민들을 대상으로 한 새로운 교회개척의 기회도 거의 활용하지 못하였다.

고신 총회가 조직된 1956년 이후, 고신에 가입하는 교회들이 크게 줄었는데, 강인철은 고신이 메첸파(Machen's Group) 선교사들[20]과만 교류하고 다른 선교사들과는 거리를 두었기 때문에[21] 고신의 영향력이 축소되어 교회가입이 감소되었다고 하였다. 그러나 이보다 더 근본적인 문제는 1950년대 후반에 교회의 법정고소에 대한 시비로 생겨난 갈등이었다고 생각한다.

여기서 법정고소에 대한 시비란 고신 교회들이 주류측 총회로부터 분리해 나옴에 따라 교회 재산권에 대한 분쟁과 법정고소가 일어났을 때, 신자가 신자를 법정에 고소할 수 있느냐 하는 문제를 두고 오래 동안 고신 내부에서 빚어진 의견대립을 말한다. 한국장로교회의 주류측은 고신 교회들이 그 교회의 재산을 본래의 소유주인 한국장로교회 총회에게로 되돌려 주어야 한다고 주장하였다. 그럼에도 불구하고, 대부분의 고신 교회 안에서 재산권 분쟁이 실제로 일어나지는 않았는데, 다수의 회중이 고신에 소속한 것을 좋아하였기 때문이었다.

하지만 마산문창교회에서 일어난 법정고소에 대한 시비는 오래 동안 끌면서 논쟁거리가 되어 고신 전체에 심각한 문제들을 야기시켰다. 이 교회의 담임목사는 고신측의 송상석이었는데, 이 교회가 고신측에 가담하자, 그 중에 소수의 반대파 사람들이 한국장로교회 주류측의 목사를 모셔왔다. 양측은 같은 건물 안에서 다른 시간에

---

20) 이들은 미국정통장로교회 소속 선교사들로서 프린스톤 신학교로부터 갈라져 나와 세운 웨스트민스트 신학교의 선임교수였던 그래험 메첸의 이름을 따서 메첸파로 불리었다. Sung-chun Chun, *Schism and Unity in the protestan Churches in Korea*, Ph. D. dissertation(Yale University, 1955), 173.

21) 강인철, 『한국 기독교회와 국가. 시민사회: 1945-1960』, 278.

따로 예배를 드렸다. 각기 교회재산에 대한 자기들의 소유권을 주장하며 한 치의 양보도 없었다. 송상석은 주류측 소수파를 법정에 고소하였는데, 법정 시비가 오래 끌면서 교회의 갈등이 해소되지 않자, 지친 고신측 성도들은 마산문창교회를 떠나 따로 제2문창교회와 오동동교회(지금의 마산동광교회)를 시작하였다. 그들이 빠져나간 뒤 마산문창교회에 남은 고신측 교인들은 더 이상 다수가 아니었으나, 송상석은 법정투쟁을 포기하지 않았다.[22]

교회 건물의 소유권 문제에 대해서 1951년 11월에 열린 경남(법통)노회 제55차 임시노회는 "교회 재산 관리기본원칙에 대해서는 송상석 목사가 발표한 설명서의 내용을 인정하고 이를 노회명의로 각교회에 보내어 그 원리대로(그교회의 형편대로 처사할 것) 나아가도록 하기로 가결하다."[23]라고 선언하고 있다. 경남(법통)노회는 1952년과 1953년 노회에서도 교회건물 문제에 대한 이전(以前) 노회의 결정을 재확인하였다.[24] 그러나 1953년 부산노회 임사부 모임에서 고려신학교 교장이었던 박윤선은 비록 다른 교파에 속한 성도 또는 교회라 할지라도 교회 재산을 두고 서로를 고소하는 것은 합당하지 않다고 비판하였다.[25] 박윤선은 1956년에도 교회재산을 위한 법정 송사가 가능한 지, 재고해 줄 것을 총회에 요청함에 따라 형제간의 법정송사 문제가 하나의 신학적, 교회법적 논쟁으로 재점화하였다.[26]

경기노회 총대들은 마산문창교회의 법정송사에 대하여 항의하다가 회의 중에 총회장(總會場)을 박차고 나갔다. 1957년 총회는 긴 토론 끝에 법정송사가 교회에 아무 도움이 되지 못함을 인정하고, 위원회를 만들어 그 문제를 적극적으로 해소하기

---

22) 허순길, 앞의 책, 417-418.
23) 송상석, "교회소송문제 재검토 (1)," 『파수군』, 제63권 (1957), 64.
24) 같은 책, 64. 허순길, 앞의 책, 418.
25) 허순길, 같은 책, 418.
26) 송상석은 1957년에 교회소송문제 재검토 이라는 논문을 세 차례 파수군, 63권 (6월, 61-66), 64권 (7월, 41-62), 그리고 66권 (9월, 47-60)에 게재하였다. 이에 대하여 박윤선도 같은 잡지 65권 (8월, 28-40)에 송상석의 논문에 대한 반박문을 실었으며, 송상석이 다시 박윤선에 반박한 내용이 66권 (9월, 36-44)에 실었다.

위해 법적송사 논쟁의 양자를 설득하기로 결정하였다.[27] 그러나 경기노회 총대들은 "총회가 소송을 그만 둘 때까지"[28] 총회에 대하여 공식적으로 행정보류를 선언하였다. 총회는 지방위원회를 경기노회에 파견하여 이 문제를 처리하게 하였으나, 그 위원회는 행정보류 총대들을 제외하고 또 하나의 노회를 승인함으로써[29] 이 문제를 더욱 복잡하게 만들었다. 지방위원회가 새 노회조직을 허용한 것에 대해서 박윤선은 '해노회 자율적 행정에 너무 간섭한'[30] 처사이며, ""월권행동"[31]이었다고 비판하였다. 결국 행정보류한 경기노회는 고신으로부터 분리해 나감으로써 화해는 결렬이 되고 말았다.

왜 경기노회는 행정보류를 불사할 만큼 강력하게 법정송사를 반대하였는가? 그 때의 경기노회는 서울과 경기도, 충청도 및 강원도를 포괄하는 수도권과 중부권의 유일한 노회로서 교회수는 적지만 활발하고 역동적인 노회였다. 대부분의 고신교회들이 부산을 포함한 경남과 경북에 편중되어 있었지만,[32] 경기노회의 교회들은 감리교회와 장로교회의 다수 교회가 이미 포진되어 있던 서울과 중부권에서 고신의 선명한 정체성에 대한 강한 자부심을 가지고 있었다. 경기노회 교회들은 교회개척을 통하여 수도권에 고신의 최전방 거점을 구축하고 거기서 교신의 교세를 확장해 보려고 고군분투하고 있었다. 하지만, 마산문창교회 안에서 일어난 교회재산문제가 법정송사로 비화되어 전국 신문에 보도되고, 사회의 지탄을 받게 되자, 경기노회는 위기를 느꼈다. 이 송사로 인하여 고신의 이미지가 크게 손상될 뿐 아니라, 수도권과 중부

---

27) 예배당 소유권문제 해결 위원은 한상동, 전성도, 이인재, 황철도 그리고 박손혁 등 고신에서 가장 잘 알려진 인물들이었다. 『대한예수교장로회 총회회록(고신),1-10회』, 138.

28) 같은 책, 166, 167-169. 허순길, 앞의 책, 423.

29) 세 목사와 8개 또는 9개의 교회가 새 노회 조직에 참가하였다. 『대한예수교장로회 총회회록(고신),1-10회』, 168. 그러나 1958년 그 노회가 총회에 통계를 보고할 때에 21개 교회와 8명의 목사, 2명의 장로가 있었고, 당회도 2 교회에 있었다. 같은 책, 187.

30) 같은 책, 188.

31) 같은 책, 189.

32) 1956년 고신 총회가 조직되었을 때에 568개 교회 중에서 경남과 경북에 소재한 교회수는 497개로서 전체의 87.5%였다. cf. 같은 책, 118-119.

권의 복음전도와 교회개척 행보에도 지장이 있다고 인식한 것이었다.[33] 경기노회는 1958년 총회에 제출한 '헌의서'에 그 때의 실망감을 이렇게 표현하고 있다.

> 현재 각 교파 간에 행하고 있는 예배당 소송 문제로 인하여 하나님의 영광이 떠러지고, 기독교가 매몰당하는 일에 대하여 본 노회는 소송이 비성경적인 줄 알아서(고전 6:1-7) 작년 총회에 건의하였던 바 이에 대한 선한 해결을 보지 못하였습니다.[34]

만약에 고신 총회가 경기노회의 법정송사에 대한 항의에 복음전도와 교회개척을 염려하는 마음이 담겨 있음을 조금이라도 이해하고 그들의 요청에 대해 좀 더 수용적인 태도를 취했다면, 경기노회가 행정보류와 분열의 길로 치닫지는 않았을 것이다.

서울지역의 고신 교회수는 그들이 분리해 나간 후에 급격히 감소되었다 (그래프 9-2 참조).

그래프 9-2. 경기노회 교회수(1955-1960)

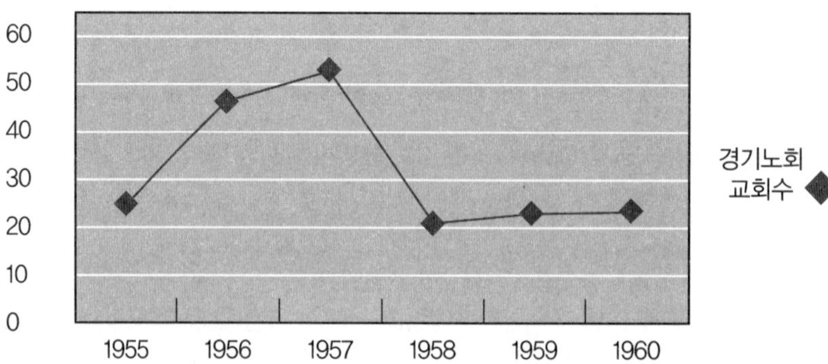

한국동란이 끝난 후에 많은 사람들이 서울로 복귀한 가운데, 도시화의 물결을 따

---

33) 같은 책, 118.
34) 같은 책, 166. 허순길, 앞의 책, 424.

라 사람들이 서울로 몰려들기 시작하던 때였기에, 경기노회의 분열은 고신이 수도권에서 도약할 수 있는 교회개척의 적기(適期)를 무산시킨 것이나 다를 바 없었다. 법정송사에 대한 논란으로 내부갈등과 분열이 일어나지 않았다면, 경기노회의 교회들이 힘을 합하여 지속적으로 교회개척에 집중할 수 있었을 것이고, 고신 교회의 수도권으로의 확산도 가속화될 수 있었을 것이다.

성도간의 법정송사의 논쟁에 개입되어 있던 고려신학교 교장 박윤선의 해임에 대해서 짚고 넘어가고자 한다. 이사회는 박윤선이 선교사 스푸너(Arthur Boyce Spooner)를 전송하기 위해 주일예배에 참석하지 않았다고 지적하면서[35] 그에게 사과하기를 요구하였다. 그렇게 하지 않으면 교장직과 교수직을 중지시키겠다는 경고서한을 보낸 것이었다. 박윤선이 어떤 도덕적 책임도 없다고 하면서 사과하기를 거부하자, 이사회는 그를 곧 해임조치 하였다.[36] 이에 박윤선은 1960년 9월에 고려신학교는 물론이고 고신 교회를 떠나갔다.

허순길은 고신은 그 당시에 개혁주의적 주일 성수가 아닌, "청교도적인 안식일 성수의 개념"[37]을 가지고 있었다고 지적하였다. 박윤선의 사임 및 탈퇴의 직접적 이유가 주일성수 위반이었다고 하지만, 깊은 속 배경에는 성도간의 법정송사에 대한 시비로 인한 갈등이 내연되고 있었던 것이라고 할 수 있다. 박윤선 없이 다음 학기를 맞은 고려신학교는 쓸쓸한 빈 집과 같았다. 그의 빈자리는 고신에게 큰 상실과 당혹

---

35) 스푸너 선교사가 1960년 5월 안식년을 갖기 위해 미국으로 떠나던 어느 주일 아침이었다. 박윤선은 한부선 선교사의 차에 동승하여 전송하러 가던 중, 한부선 선교사의 차가 고장나 배에 도착하기까지 상당한 시간이 경과되어 있었다. 박윤선이 스푸너를 배 위에서 만났을 때는 이미 어느 교회의 주일예배에 참석하기엔 늦은 시각이었다. 박윤선이 주일예배에 참석하지 않고 선교사를 전송하러 갔다는 소문이 널리 퍼졌다. 고신은 신사참배는 우상숭배이므로 죽기까지 반대한 출옥성도들의 순교적 신앙의 터 위에 세워진 교회라고 자부하던 때였기에, 주일에는 차도 타지 말고, 여행도 하지 말라고 철저하게 하기를 가르쳐왔기 때문에, 그의 주일예배 불참은 큰 문제로 제기되었다. 박윤선은 전송 후에 주일예배에 참석하려고 했으나, 예기치 않게 시간이 지체되어 주일예배에 참석 못하였지만, 선상에서 송별예배를 드릴 수밖에 없었다고 부산노회에 설명하였다. 그리고 주일이라고 하더라도 불가피한 경우나 긍휼을 베풀거나, 선을 행하기 위해서는 어떤 일은 허용된다고 주장하였다. (cf. 마12:11, 12, 특히 12절 후반부.) cf. 『한국장로교사(고신)』, 265.

36) 허순길, 앞의 책, 429.

37) 같은 책, 428-429.

을 안겨 주었고, 고신의 영적 센터인 고려신학교의 위기는 고신 전체에 큰 불안 요소가 되었다.

1950년대 후반의 고신은 오래 끌던 법적송사와 내부의 갈등, 그리고 경기노회의 탈퇴에 이어 박윤선의 해임 등으로 그 이미지가 크게 퇴색되어 교회편입으로 인한 성장도 더 이상 일어나지 않았으며 고신의 분위기는 가라앉아 있었다.

1960년[38]에 일어난 승동측과 고신측의 합동을 이해하려면 우선 1959년에 있었던 한국장로교회 주류측의 두 계파라 할 수 있는 연동측과 승동측의 분열을 이해해야 한다.[39] 일반적으로 그 분열의 원인을 말할 때, 총회신학교 교장이었던 박형룡이 교비 3000만환[40]의 손실에 연루되었다는 의혹이나, WCC(세계교회협의회) 가입에 대한 입장의 차이나, 경기노회 총대의 적법성에 대한[41] 승동측과 연동측의 의견 충돌을 언급한다. 그 중에서도 WCC 가입 여부에 대한 상충된 견해가 분열의 소용돌이의 핵심에 있었다고 할 수 있다.

해방 후에 다시 한국에 들어와 있던 네 장로교선교부의 본국교회들은 이미 WCC에 가입하였기 때문에, 한국장로교회 주류측의 제42회 총회는 친교와 공동의 사업 분야뿐 아니라, 교회의 연합 분야에서도 WCC와 협력하기로 결정하였다.[42] 그러나 NAE(복음주의전국협회) 측[43]은 "WCC는 에큐메니칼 정신으로 혼합된 새로운 보편적 교리와 새로운 초교회적 교회정치제도를 선전하고 실천하는 일을 진행하고 있으

---

38) 연동측은 지금의 통합측를 이루었다. 승동측은 고신이 환원한 후에는 합동측이라고 불리고 있다.

39) 이에 대한 대표적 참고서적을 꼽는다. 민경배, 『한국기독교회사』, 김인수, 『한국기독교회의 역사』, 이영헌, 『한국 기독교사』(컨콜디아사, 1978). 김요나, 『총신 90년사』(서울: 양문출판사, 1991). 김덕환, 『한국교단형성사, 제1권』(1985, 1991), 제2권』(1986), 제3권』(1989), (인천: 임마누엘). 남영환, 『한국교회와 교단: 고신교단사를 중심으로』, 박용규, 『한국기독교회사, 제2권』, 허순길, 『한국장로교회사 (1952-2002)』, 양낙흥, 『한국장로교회사』(서울: 생명의 말씀사, 2008).

40) 1962년에 10환이 현재의 1원으로 화폐 개혁됨.

41) 양낙흥, 앞의 책, 569.

42) 같은 책, 584.

43) National Association of Evangelicals는 1942년 미국 세인트 루이스에서 조직되었는데, NAE 한국지부는 1953년에 시작되었다. cf. 남영환, 『한국교회와 교단』, 477.

며 이러한 정신을 가진 지도자를 실제로 양성하고 있다"[44]고 하면서 WCC에의 가입을 반대하였다. NAE 측은 신앙과 정치제도의 정통성을 우선시 한 반면, 에큐메니칼 측은 교회일치를 더 강조한 것이다.[45]

분열의 다른 두 원인도 WCC 가입에 대한 논쟁과 관련되어 있다. 박형룡은 10,000불을 암시장에서 교환한 것과[46] 한 사기꾼에게 3,000만환을 잃은 데 대한 도덕적 책임을 지고 총회신학교 이사회에 사직서를 제출하였다. 이 때 반(反) WCC 측은 박형룡이 신학교 교장직에서 물러나면 한국장로교회 내에 자유주의자들이 득세할 것이라고 경고하면서 박형룡을 변호하려 하였으나 여의치 않은 상황이었다.[47] 경기노회가 1959년 5월 14일 총대 선출과정에서 계표(計票)를 잘못하여 임시노회에서 재투표를 하기로 하자, NAE 측 총대들은 재투표를 거부하였다. 1959년 9월 총회에 경기노회로부터 서로 다른 두 가지의 총대명단. NAE측 명단과 에큐메니칼 측 명단이 제출되었는데, 총회는 그 중에 에큐메니칼 측 명단을 받아들였다. 반발하는 NAE 총대들을 제외하고, 에큐메니칼 측은 9월 말에 연동교회에서 별도의 총회를 조직하였다. NAE 측도 이에 맞서 1959년 11월에 승동교회에서 그들의 총회를 따로 조직하였던 것이다.

이듬해인 1960년 8월에 승동측은 고신측에게 한국장로교회의 보수신앙을 지키기 위하여 양측이 합동할 것을 제안하였다. 박형룡은 자신이 고려신학교를 떠났던 것을 후회한다고 하면서,[48] 이제 새롭게 힘을 합하여 한국에서 보수신학을 파수하고 개혁주의 장로교회를 세우자고 고신 지도자들에게 호소하였다. 고신은 한국장로교회 주류측으로부터 영구 분리를 의도한 바 없었기 때문에, 조선신학교를 중심으로 하는 기장측과 WCC 가입을 추진한 연동측이 제외된 즈음에 승동측과 합동하지 못

---

44) 박용규, 앞의 책, 990–991.
45) 같은 책, 983.
46) 고신역사편찬위원회, 『한국장로교사(고신)』, 269.
47) 『대한예수교장로회 총회회의록』(1958), 180–181.
48) 남영환, 『한국교회와 교단』, 471, 476.

할 이유가 없다고 판단하여,[49] 승동측의 합동 제안을 별 주저함이 없이 환영하였다. 고신의 대표들은 한편으로는 박윤선이 고려신학교와 고신을 떠나감으로써 생긴 공백을 합동으로 채울 기대를 갖고 있었을 것이다.[50]

1960년 12월 13일에 고신측과 승동측이 합동총회를 열고 양측의 합동을 선언하였다.[51] 그 때 양측은 4개 분야에 대한 합동 원칙을 다음과 같이 발표하였다.

1. 신조: 웨스트민스터 신도개요에 의하여 대한예수교장로회 헌법에 명시한 12신조와,
2. 신학: 칼빈주의 신학에 의하여 합동을 원칙으로 하며,
3. 신학교: 신학교는 총회 직영의 신학교로 일원화하고 양보다 질에 중심을 두며 이사회의 이사신임제청제를 폐하지 않기로 한다.
4. 규칙에 대한 복수규정: 장로회 규칙에 특수규정을 첨가하여 이를 장점으로 통용한다.
   가. 일반교회행정은 과반수로 가결하고,
   나. 재정 특히 부동산 처리에 대한 공동의회 정족수는 2/3 이상으로 가결하고,
   다. 교리 및 신학 신앙문제는 전원의 3분지 1의 거부권 행사를 실시키로 한다.[52]

이런 합동의 과정에서 필요한 절차를 제대로 밟지 않고 서두른 점이 눈에 띈다. 합동초안을 노회의 수의를 거쳐 총회에서 최종확정해야 함에도 불구하고 승동측은 이 과정을 생략하였고, 고신 측도 수의과정을 최대한의 간략히 처리했던 것이다.[53] 허순길은 합동을 장로회적인 방식으로 추진시키지 않고, 적법한 과정을 생략하거

---

49) "예장 고신 합동을 이렇게 본다." 『파수군』 제105권(1960년 12월), 26.
50) 허순길, 『고려신학대학원 50년사: 1946-1996』(서울: 고려신학대학원출판부, 1996), 138, 145.
51) 그 때, 신사참배에 타협한 목사와 장로에 대한 자숙은 더 이상 문제가 아니었다. 양낙흥, 앞의 책, 633.
52) 『대한예수교장로회 총회회록(고신): 제11회-제20회』(대한예수교장로회 총회(고신)출판부, 1971), 19.
53) "고신측 예장측 합동위원 보고 채택," 2(7). 허순길, 『한국장로교회사』, 445. 고신측의 수의결과는 여섯 노회 188표 찬성, 14표 반대이었다. 『대한예수교장로회 총회회록(고신): 제1회-제10회』, 258.

나 간략화한 것을 '개혁주의 정통신앙과 생활에 맞지 않는'[54] 과오라고 지적하고 있다. 또한 양측이 같은 신학을 공유하고 있기 때문에 합동이 잘 진행될 것이라고 예단한 것이나, 양측의 의견 차이로 인하여 일어날 갈등과 문제들을 사전에 충분히 예상하지 못하고 덤벼들었던 것도 실수였다고 허순길은 비판하였다.[55] 고신과 승동의 합동성명서에는 과거 갈등의 주요 원인에 대한 진단과 처방이 별로 제시되어 있지 않았는데, 합동에 대한 양측의 이런 안이한 자세는 동일한 실수를 예방하기에는 부적절한 태도였다.[56] 특히 고신측 분열의 중요한 원인이었던 고려신학교 승인의 문제를 어떻게 다루어야 할지, 합동하면 고려신학교와 총회신학교를 어떻게 통합해야 할지, 그 방법에 대해서 좀 더 신중한 논의의 과정을 거치지 못하였다.

1961년 총회에서 9개의 승동측 노회들이 고려신학교의 폐교를 의미하는 신학교의 통합을 주문하였다. 승동측의 의도를 간파한 고신측 경남(법통)노회는 합동성명서에 기록된 "한 이사회, 한 지도자 아래 있는 두 기관을 서로 연결시킨다는 의미"[57]의 신학교 일원화를 강조하면서 그 해 총회에 고려신학교를 유지하자는 요청을 하였다.[58] 총회가 승동측의 요청을 따라 신학교를 통합하기로 결정하자, 경남(법통)노회의 총대들은 그들의 요청이 진지하게 다루어지지 않은 것에 대해 항의하였다. 하지만, 승동측은 그 문제는 총회가 이미 결정한 것이라고 하면서 재론하지 않으려는 분위기였다.[59]

그 해 12월에 신학교 합동이사회는 두 신학교를 통합하기로 결정하였으나, 승동측 이사 10명, 고신측 이사 6명이 다수결로 한 것이었다.[60] 합동성명서에 명시된 바에 의하면 양측이 당분간 신학교 통합이사회에 동수의 이사를 유지하게 되어 있었는

54) 허순길, 앞의 책 (2002), 447.
55) 허순길,『고려신학대학원 50년사: 1946-1996』, 149.
56) 같은 책, 150.
57) 남영환,『한국기독교교단사: 고신교단을 중심으로』(서울: 영문출판사, 1995), 505.
58) 김요나,『총신 90년사』, 399.
59) 같은 책.
60) 허순길, 앞의 책(1996), 154-155.

데,[61] 그 약속은 벌써 잊혀지고 있었던 것이다. 합동계획에 의하면, 부산의 고려신학교는 서울의 총회신학교의 임시 분교로서, 더 이상 신입생을 받아들이지 않기로 했기 때문에 2년 후에는 자동 폐교될 상황이었다.

한상동은 합동총회장과 신학교 통합이사장으로서 신학교 통합을 위한 결정과정에 깊이 참여하고 있었다. 부산의 학생들은 고려신학교가 폐교되지 않도록 하기 위해 항의를 하였지만,[62] 한상동은 승동측의 선한 동기를 신뢰하면서, 통합을 적극적으로 추진하였다. 한상동은 신학교 통합논의를 추진하면서 고려신학교에 대한 법적 소유권을 통합과정이 종결되면 총회에 넘기려고 마음을 굳히고 있었다.[63]

그런데 1962년 10월 17일에 한상동은 돌연히 고려신학교의 복교를 선언하여 모두에게 큰 충격을 안겨 주었다. 아무도 왜 그가 마음을 갑자기 바꾸었는지 잘 모른다. 다만 신학교 통합논의 과정 가운데 그가 승동측에 대해 갖고 있던 신뢰가 어느 순간에 깨어진 것으로 추측된다. 시간이 경과함에 따라 승동측 이사들이 다수의 힘으로 이사회의 결정을 임의로 조종하는 것에 대해서, 고신측의 여러 인사들이 먼저 느끼고 있던 배신감을 한상동도 결국 공감하게 된 것으로 보인다. 신뢰가 깨어지자, 한상동은 고려신학교가 그냥 폐교가 된다면, 신실한 목사를 훈련시켜 교회를 개혁해 보고자 했던 비젼도 물거품처럼 사라질 수 있다는 위기감을 느꼈을 것이다. 그가 고려신학교의 복교선언을 하기 전에 사석에서 고신측 목사, 장로 몇 명과 만났고, 고려신학교 옛 이사들 몇 명과 이 문제를 두고 상의를 한 것처럼 보인다.[64] 그러나 최종적인 복교선언은 전적으로 그의 단독적인 결정이었기에, 많은 고신측 인사들도 잘 알지

61) 『대한예수교장로회 총회회록(고신): 제11회–제20회』, 14.

62) 허순길, 앞의 책(1996), 159–160.

63) 『대한예수교장로회 총회회록(고신): 제1회–제10회』, 205, 265, 281. 사실 합동이전에 경남(법통)노회 또는 진주노회가 여러 차례 고려신학교를 고신 총회의 직영으로 하자고 제안하였지만, 그 결정은 늘 유보된 채 합동되었고, 법적으로는 이사장 한상동의 명의로 등록되어 있었다.

64) 김상도, "고려신학교 복교운동의 전망," 『크리스챤 신문』(1962년 11월 5일). 김상도에 의하면 한상동이 10월 13일에 부산에 있는 몇몇 목사들을 모으고 그가 고려신학교를 복교하겠다는 뜻을 드러내었다고 한다. 그리고 10월 18일에 그의 갑작스러운 행동을 고신측 몇몇 목사와 장로들에게 설명하려고 하였다고 한다. 10월 22일과 23일에 한상동은 옛 고려신학교 이사들과 만났다고 한다. cf. 양낙홍, 앞의 책, 651–655.

못하고 있었던 것이다.

1962년 10월 31일에 고려신학교 학우회는 전체 66명의 학생들 중에서 51명의 서명이 담긴 성명서를 발표하였는데, 요지는 한상동의 복교선언을 지지한다는 것이었다.

> 1. 우리는 한국장로교회의 합동을 재확인하며 굳게 견지한다.
> 2. 우리는 합동의 원칙을 지키며, 신학교들의 일원화 구조를 재확인한다.
> 3. 우리는 한상동의 사과를 수용하며 그의 고려신학교 복교선언을 지지한다.[65]

고려신학교 학우회는 고려신학교의 복교를 지지한 것이지, 복교로 인하여 합동이 무산되기를 기대하는 것이 아님을 분명하게 밝히고 있다. 학우회의 성명서를 통해서 볼 때, 학우회가 한상동의 복교선언을 고신의 환원의 신호탄으로 여기지 않았다는 것을 확인할 수 있다.

한상동은 이미 총회신학교의 교수로 봉직하고 있던 홍반식과 오병세를 고려신학교로 불러오기 위하여 그의 복교선언의 동기와 배경을 그들에게 적극 해명하였을 것이다. 고려신학교 제5회 졸업동기생으로 미국이나 화란에서 신학박사 학위를 받고 귀국해 있던 홍반식 (1918-1992), 오병세, 이근삼 (1923-2007) 등이 1963년 2월에 한상동의 고려신학교 복교선언에 대한 입장을 밝히고, 복교된 교려신학교에 교수로 봉직하기로 하는 성명을 내었다.

> 우리는 고려신학교 복구의 방법은 가하지 않았다고 하겠으나, 그 동기는 순수하고 그 정신은 한국교회를 사랑하는데 있는 것을 인정합니다.[66]

세 교수들의 공동성명은 복교를 선언한 한상동의 속마음을 어느 정도 이해하고

---

65) 고려신학교 학우회, "성명서,"(1962년 10월 31일), 양낙흥, 같은 책, 169.
66) 홍반식, 오병세, 이근삼, "성명서,"『한국장로교사(고신)』, 291

난 다음에 나온 것이라고 볼 수 있다. 고려신학교 복교에 대한 그들의 평가는 우선 그 방법이 적합하지 못하였다고 인정하고 있다. 한상동도 자신이 많은 사람들로부터 욕을 얻어먹을 각오를 하고 결행한 것이었기에, 복교방법에 대해서 변호를 하려고 한 적은 없었다. 복교의 독단적 결정은 결코 정당화될 수 없으며, 미래에도 역사적으로 비난을 받을 수밖에 없음을 자신도 잘 알고 있었다고 본다. 그럼에도 불구하고, 세 교수들은 한상동의 복교선언의 동기는 순수한 것이고, 한국교회를 사랑하는 충정에서 비롯되었다는 점을 변호하고 있다. 이 성명서는 복교선언에 대한 신학적 해명을 담고 있지 않다. 한상동의 복교선언이 합동총회의 잘못된 교리적 결정에 대한 항거나 총회신학교의 신학노선에 대한 거부가 아니었기 때문에 신학적으로 논의해야 할 성격은 아니라고 판단한 것 같다. 그들은 한국교회를 사랑하여 바른 신학교육을 통하여 한국교회의 개혁을 추구하고자 했던 고려신학교 본래의 설립정신으로 돌아가고자 하는 한상동의 안간힘에 마음을 같이 합하기로 하였던 것이다.

허순길도 후에 한상동의 독단적 행동에 대해서 말하기를, 한상동은 사람들이 자신을 비난할 것을 감수하더라도, 한국교회의 개혁을 위한 그루터기로서 "적어도 고려신학교만은 건지려"[67]고 했었다고 한상동의 속마음을 이해하려는 입장을 취했다.

고려신학교를 통하여 한국교회를 살려보고자 하는 한상동의 비전이 교회분열을 전제한 것이 아니었음은 그가 1946년 고려신학교를 설립할 때를 생각해 보면 알 수 있을 것이다. 그 때에도 한상동은 한국장로교회를 떠나지 않고, 여러 가지로 여의치 못한 환경 가운데에서나마, 신학교육을 통하여 교회개혁의 일익을 담당하고자 하였던 것이다.

고려신학교의 복교가 승동측과 고신측의 합동의 기초를 약화시킬 수 있는 심각한 사건이었던 것은 틀림없지만, 합동이 파기될 수밖에 없게 만드는 필연적 요인은

67) 허순길, 앞의 책(2002), 463.

아니었다. 한상동의 고려신학교 복교선언 이후 고신측은 환원의 길로 갈 수밖에 없었다는 논리는 이미 양측의 합동유지를 불가능하다고 보고 포기한 자들에게 적용될 수 있을지 몰라도, 합동의 희망을 버리지 않았던 자들에게는 지나친 비약이다. 합동의 당사자인 양측은 고려신학교의 복교선언으로 인하여 합동의 균열이 더 일어나지 않도록 긴급한 대책들을 함께 마련해 내었어야 마땅하다. 하지만 실제로는 고려신학교의 복교로 인하여 양측은 더 깊은 불신의 수렁으로 빠져 들어갔다. 합동 총회신학교 이사회에서나 노회에서 다수를 점하고 있던 승동측이 소수의 고신측 의견 또는 불만을 넓은 아량으로 경청하여 주고, 불신을 해소하고 신뢰를 회복하기 위한 모든 노력과 인내를 기울였어야 하였다. 그러나 1963년 승동측이 주도한 고시부 위원들은 오히려 복교한 고려신학교의 졸업생 5명에게 강도사 고시에 참가를 허락하지 않음으로써,[68] 고신측 지도자들의 감정을 더욱 자극하였다. 고신측도 그들의 불만을 승동측 인사들에게 솔직하고도 끈기 있게 대화를 통하여 전달하고 서로의 오해를 풀고자 노력했어야 하는데, 일방적으로 불만만 터트리고 있었던 것으로 보인다.

두 교단이 합동을 이루어가는 과정에서, 위기는 어느 때 언제든지 일어날 수 있는 것이지만, 그것을 극복하고 합동을 지켜내기 위한 인내와 헌신이 있어야 한다는 것은 가장 기본적인 상식이다. 하지만 승동측과 고신측의 합동 이후 일어나는 불만과 문제를 대처할만한 상호 신뢰나 대화 능력이 양측에게 부족했던 것이 너무 안타깝다. 이렇게 되어 고려신학교의 복교로 생긴 균열은 봉합되지 못한 채 결국 합동의 파국으로 귀결되고 말았다.

우리는 양측이 합동을 했을 때에 재분리를 복안으로 숨긴 채 합동하지 않았고, 한상동이 고려신학교의 복교를 선언했을 때에도 환원을 목표로 행동하지 않았다고 생각한다. 하지만 이 합동이 본의 아니게 서로의 불신으로 깨어진 것은 심히 후회스러

---

68) 『한국장로교사(고신)』, 291.

운 일이 아닐 수 없다. 합동이 합동총회의 합동 선포의 순간에 다 완성된 것이 아니고, 그 후에도 합동의 원칙과 정신이 교회의 모든 영역에 고루 적용되게 하려면 양측이 지난 과오를 용서하고, 오해를 풀고, 서로에 대해 깊은 신뢰를 구축하기 위한 상당한 시간과 과정이 필요한 것이었다. 그런데 승동측과 고신측은 교단의 합동이 완성될 때까지 어떤 후속적 과정을 밟아 나가야 하는지에 대한 이해나 노력이 매우 부족했다고 하지 않을 수 없다.

이제 우리는 합동이 파국을 맞이한 결과로 일어난 환원에 대해서 언급하고자 한다. 1963년 9월 17일에 7개 노회[69]의 435개 교회[70]와 116명의 목사들이 합동측에서 분리하여 고신 환원총회에 가담하였다. 고신의 환원총회에 참가한 교회수를 노회별로 보면, 부산노회가 69개, 경남노회 143개,[71] 경북노회 70개, 전라노회 20개, 경기노회 21개, 진주노회 85개, 경동노회 27개, 등이었다.[72] 각 노회별로 환원 당시의 교회수를 합동 당시의 교회수와 비교해 보면, 부산노회 31교회, 경남노회 18개, 경북노회(1963년에 설립된 경동노회를 포함) 24개, 진주노회 70개, 경기노회 2개, 그리고 전라노회 10개가 각각 감소하였고,[73] 전체적으로는 155개가 감소하였다. 합동 전에 고신측에 속했던 목사들 가운데 49명이 1963년 8월에 환원반대 성명을 내고, 합동측에 남았다.[74] 합동 직전에 590개 교회와 17,503명의 세례교인들이[75] 고신에 속해 있었으

---

69) 7개 노회는 부산, 경남, 진주, 경북, 전라, 경기 그리고 경동이었다. 그러나, 전라, 경기, 경동 노회는 총대로 겨우 2명의 목사와 2명의 장로만 파견하였다. 『대한예수교장로회 총회회록(고신): 제11회-제20회』, 31-32.

70) 『대한예수교장로회 총회회록(고신): 제11회-제20회』, 44-47.

71) 환원총회에 가담하지 않고 합동측에 그대로 남은 교회수는 경남노회가 18개로서 제일 낮은 비율이었다. 허순길은 경남노회의 환원율이 높은 이유에 대해서 환원의 논리를 가장 설득력있게 제시한 송상석 목사의 지도력으로 돌린다. 허순길, 앞의 책(2002), 471.

72) 『대한예수교장로회 총회회록(고신): 제11회-제20회』, 44-47.

73) 『한국장로교사(고신)』, 285-286, 294.

74) 장희근, 『한국장로교회사』(부산: 아성출판사, 1971), 437-440. 『한국장로교사(고신)』, 293. 허순길, 앞의 책(2002), 470. 정규오, 『신학적 입장에서 본 한국장로교 교회사, 상』(한국복음문서협회, 1983), 278-285. 양낙흥, 앞의 책, 671-675.

75) 『대한예수교장로회 총회회록(고신): 제1회-제10회』, 317.

나, 환원 직후에는 435개의 교회와 10,623명의 세례교인들로 감소하였고,[76] 교회당 세례교인수로 보면, 합동 전 약 30명에서 환원 후 약 25명으로 줄어들었다. 이것은 상대적으로 더 큰 교회들이 합동측에 남은 반면, 더 작은 교회들이 고신측으로 환원한 것을 시사하는 것이다.

합동 후 환원하기까지 고신측 교회개척에 대한 자료는 찾을 수 없었다. 개혁 이미지에 이끌려 여러 교회들이 고신에 가입하던 1950년대 초의 흐름은 더 이상 환원한 고신 교회의 성장패턴으로 지속되지 않았다. 환원 이후 합동측은 크게 성장하여 한국장로교회의 대표적 교단으로 자리매김하였으나, 고신측은 교회수와 성도수의 감소뿐 아니라, 정체감에도 큰 상처를 입었다. 1963년에 환원한 고신은 진리를 사랑하고 경건한 삶을 살기를 원하는[77] 교회라고 하는 자부심 또는 회개 자복한 교회로서의 유쾌함으로 회복되기보다, 합동에 실패하여 상처를 입고 벌거벗기운 것과 같은 스스로의 부끄러움에 몸을 떨지 않을 수 없었다. 그러나 하나님은 고신 교회들을 겸손케 하시고, 회복시키셨다.

환원 총회는 대한예수교장로회라는 이름을 한국장로교회로 바꾸자는 제안에 대해서 9인 위원회를 지명하여 1년간 연구해 보기로 결정하였다가,[78] 다음 총회에서 그 제안은 보류되었다.[79] 환원한 고신이 본래의 고신을 자동적으로 승계할 수 있는지에 대해서도 진지한 논의가 일어났다. 합동의 실패와 환원으로 야기된 정체성 위기에 대한 반성적 논의는 적절한 것이었다. 왜냐하면 합동을 주도한 지도자들이 합동의 실패에 대한 책임을 스스로 시인함이 필요하였고, 총회는 고신의 신학과 신앙고백을 재확인할 뿐 아니라, 교회개척과 선교를 위한 내부의 역량을 재결집하고 교단의 미래의 새로운 방향을 찾아야 할 필요가 있었기 때문이다.

76) 환원 당시의 세례교인수는 정확한 것은 아니다.『한국장로교사(고신)』, 294.
77) 허순길, 앞의 책(2002), 471-472.
78)『대한예수교장로회 총회회록(고신): 제11회-제20회』, 38, 39.
79) 같은 책, 65.

그 때에도 고신의 환원에 대해서 비판한 분들이 없지는 않았으나, 근년에 고신의 몇몇 학자들이 고신의 환원에 대해서 강도 높은 자성의 목소리를 내고 있다. 한국장로교회의 분열이 극도의 상황으로까지 치달림으로 더 이상 장로교회의 교파적 자존심을 찾기 어려운 차제에, 고신은 아무튼 교회분열의 첫 단서를 제공했고, 합동을 깨고 다시 환원을 한 데 대한 역사적 부담을 느끼고 이에 대한 심각한 반성을 해야 한다는 데 동의한다. 그러나 고신의 환원은 그 어떤 정당성도 없다고 주장하거나[80] 현재 고신의 존재의 불법성을 주장하기까지 하는 글들을 읽으면서 당혹감을 느꼈다.

근년에 고려신학대학원 교회사 교수인 양낙흥은 고신의 환원을 '환원'이라고 부르는 것에 이의를 제기하면서 고신측은 이전의 고신으로 환원한 것이 아니라, 합동한 한국장로교회를 '재분리'[81]한 장본인이라고 주장하였다. 양낙흥은 그리스도 안에서 하나된 교회를 찢는 것은 개혁주의 교회론에 정면으로 대항하는 행위이며 어떤 명분으로도 정당화될 수 없다고 격렬하게 비판하였다.[82] 그에 의하면 승동측과 고신측은 이미 합동함으로써 그 실체가 없어지고 하나가 되어 있었기 때문에 거기서 다시 분리하여 나온 현재의 고신은 옛 고신과 아무 상관이 없으며,[83] 교회를 정당한 이유 없이 분리하기를 일삼는 분리주의자라는 오명을 벗기 어렵다고 보았다.

우리는 양낙흥의 '재분리' 논리에 대해서 동의하기 어렵다. 그의 비판은 승동 및 고신 양측의 합동이 완결되었다는 것을 전제하고 있지만, 우리는 양측의 합동이 완

---

80) 미정통장로교 선교부는 환원을 "부적절한 절차"이며 "신학적 근거가 없는" 사건이었다고 주장했다. *Minutes of the Called Meeting of the Kroea Mission of the OPC*, held July 23–24 (1964); 양낙흥, 앞의 책, 681. 이보민은 환원이 신학적 정당성을 갖지 못하였는데, 합동측 총회신학교도 합동이전 고려신학교가 그러했듯이, 칼빈주의 신학을 견지하고 있었기 때문이라고 지적하였다. 이보민, "고신신학의 현주소,"『고신대학보』, 31 (1989년 10월). 이상규도 "고신측이 신학적 이유 없이 연합을 파기하고 분리를 선언한 것은 정당성이 없다."고 주장하였다. 이상규, "고신역사의 회고와 전망: 1960년대 승동측과 합동과 환원," 종교개혁 및 개교 60주년 기념 학술대회 발표논문집(고려신학대학원, 2006), 96. 허순길은 환원에 대해서 신학적 정당성이 없기 때문이 아니라, 정당한 절차를 거치지 않았기 때문에 비판하였다. 허순길, 앞의 책 (2002), 472.

81) 양낙흥, 앞의 책, 690–691, 693.

82) 양낙흥, 앞의 책, 682–693.

83) 같은 책, 687–689.

전히 종결되었다고 보지 않고, 합동의 과정이 시작되어 아직 진행 중에 있었다고 본다. 양측이 합동의 완성을 향하여 나름대로 노력하였으나, 결국 상호간의 불신의 벽을 허물지 못함으로 인하여 안타깝게도 합동이 중도에서 실패한 것으로 본다. 그 합동 실패의 책임은 고신측에게만 있는 것이 아니고, 승동측에게도 있었다. 고신측이 합동의 실패를 원하지 않았지만, 일단 합동이 실패하였다고 판단하였을 때, 고신측으로서는 다시 옛 고신으로 돌아가자는 공감대가 이루어져서 같은 행보를 했으니, 이것은 재분리가 아니고, 환원이었다. 합동이 실패로 끝난 뒤에 돌아갈 곳을 몰랐다면 아마 뿔뿔이 흩어졌을 것이다.

일제 말기에 한국장로교회도 일본기독교단에게로 흡수되어 겉보기에는 완전히 '교단' 속으로 용해되었으나, 해방 직후에 다시 한국장로교회로 환원하고자 하지 않았던가? 다시 돌아갈 옛 한국장로교회가 있었던 것이다. 그 한국장로교회의 정체성의 연속성을 '교단' 속에 용해되어져 버린 그 세월로 인하여 부인하는 학자가 있는가? 특히 고신은 합동을 자발적으로 추진하였기 때문에 그 실패 이후에 옛 교단으로 돌아가고자 했던 것에 대해서, 분리주의자의 오명을 씌워 고신의 현재의 정체성을 폄하하는 것은 지나친 논리라고 생각한다. 자기 자신에게 냉엄한 비판이 필요하다고 하지만, 때로는 과도한 자학으로 들리기까지 한다. 고신측에게는 분리주의자의 굴레를 씌운다면, 승동측, 아니 남은 합동측에게는 합동주의자라는 관을 씌우겠는가? 합동실패의 책임은 쌍방에게 있다. 쌍방이 함께 실패의 책임을 인정하고, 그 아픔과 상처를 싸매어가야 한다. 고신의 환원은 매우 후회스러운 일이지만, 합동 실패로 인하여 합동 안에서 더 이상 나아갈 길을 찾을 수 없게 된 교회들에게 그나마 남아 있던 퇴로였다고 보아야 할 것이다.

고신 교회의 존경을 받던 지도자들은 합동과 환원의 과정에 있어서 자신들의 즉흥적이고 근시안적이었던 결정으로 인하여 환원총회 석상에서 부끄러움을 당하여야 하였다. 1963년 환원총회에서 합동의 대표적 지도자였던 송상석, 황철도, 한상동 등은 하나님 앞에 그들의 죄를 회개하고, 총회 앞에 그들의 실수와 잘못된 판단으로 빚어진 혼란과 손실에 대해서 사과하였다. 온 총회는 그들의 사과를 수용하고 그들의 회개에 동참하였다.[84] 총회는 목사와 장로들이 총대로서 전체 교회를 합동으로 인도한 것이 잘못이었다고 자백하면서 한 주간을 자숙하기로 결정하였다.[85] 1964년 두 번째 환원총회에서 한상동은 고려신학교의 설립자로서 갖고 있던 법적 소유권을 총회에게로 기꺼이 양도하였고,[86] 환원총회는 복구된 고려신학교를 총회직영으로 삼았다. 1965년에 한상동은 총회장으로 당선되었으나, 합동과 환원 과정을 통하여 교단이 입은 모든 손실에 대한 책임을 지는 의미에서, 스스로 사양하고 자숙하였다.

왜 한국장로교회 고신의 교회개척을 말하면서 합동과 환원을 말하지 않으면 안 되는가? 장로교회는 개체교회의 자율성뿐 아니라, 연계성을 중요하게 여기는 장로교회로서 분명한 교파적 정체성을 확보하는 것이 교회개척의 기본적 조건이 되기 때문이다. 지금도 고신의 교회개척이 분명한 명분을 견지하려면, 고신 교회들이 자기의 존재의 의의와 정체성에 대한 소신이 확고해야 한다고 생각한다.

1960년대 박정희 정권에서는 장기 경제개발계획에 따라 산업화와 도시화가 진행되고 있었기 때문에 한국교회도 그런 시대적 변화를 감안한 전도와 교회개척의 새로운 전략이 절실하게 요청되고 있었다. 노치준은 산업화가 한국 사회전반에 미친 심층적 변화를 산업구조, 가계수입의 수준, 그리고 거주지역 등 세 가지 영역에서 요약하였다. 첫째 1960년대의 산업구조는 농업, 입업, 어업 등 1차 산업의 비율이 감소된 반면, 공업, 광업 등의 2차 산업과 교통, 금융 등 서비스를 포함하는 3차 산업의 비중이 증가하였다. 둘째 가계수입의 수준이 크게 향상되어, 1963년 일인당 100달러에 불과하던 국민총생산이 1970년에는 253달러로, 1980년에는 1,579 달러로 성장하였

84) 『대한예수교장로회 총회회록(고신): 제11회–제20회』, 33.
85) 같은 책.
86) 같은 책, 64.

다. 셋째 도시인구가 1960년에는 전 인구의 28%였으나, 1970년에는 41.1%로, 그리고 1980년에는 57.3%로 증가하였다.

그 중에 도시인구의 증가는 농촌인구의 감소를 의미하므로 교회로서 도시선교와 농촌선교를 위한 양면적 대책이 절실한 때였다. 1965년 경남노회는 총회에 낸 보고서에서 "농어촌에서 대도시로 이거한 교인들이 많아 세례교인의 수가 현저히 감소"[87]하였다고 했고, 진주노회도 1968년 총회보고서에 "본 노회 산하 여러 교회에서는 많은 교인들이 대도시로 전출"[88]하였다고 하였다. 교회가 성장하는 만큼 농촌 교회 성도들의 빈자리가 늘어나고 있었다는 것은 부인할 수 없다.

표9-1. 대표교단들의 교회수의 증가(1964-1975)[89]

	고신[90]	합동	성결	통합	감리	기장
1964년	450	1,496	507	2,130	1,200	679
1975년	553	2,484	761	2,685	1,538	738
성장율(%)	22.9	66.0	50.0	26.0	29.0	8.6
매년 평균 성장율(%)	2.1	6.0	4.5	2.4	2.6	0.8

1964년부터 1975년까지 합동측은 산업화와 도시화로 일어나는 교회성장과 교회개척의 기회를 잘 활용하여 전체 교회수에 있어서 66.0%의 성장을 이루었으나, 고신은 그 기회를 충분히 살리지 못하여 전체 교회수의 성장은 22.9%에 불과하였다.

---

87) 같은 책, 118.

88) 같은 책, 247, cf. 239.

89) 이정근, "한국문화 안에서의 기독교교육의 한 연구,"『신학사상』 제17권 (1977), 363.

90) 이 표에서 고신란의 1964년 통계는 조긍천으로부터 인용하여 별도로 삽입함. cf. 조긍천,『대한예수교장로회(고신) 교단의 성장을 위한 연구』 92. 1975년은 반고소측이 교단 이탈을 했기 때문에 경남노회의 교회수가 보고되지 않아, 정확한 통계가 불가능함. 하지만 경남노회 통계를 뺀 교회수는 463개로서 1976년 경남노회가 보고한 교회수 90개를 합하여 553개로 일단 산정함. cf. 조긍천, 97.『대한예수교장로회 총회회록(고신): 제21회-제27회』 116.

지역별 성장의 편차는 이 기간(1963년-1975년) 동안 고신의 노회별 교회수의 추이를 살펴보면 알 수 있다.

표9-2. 고신의 노회별 교회수의 추이(1963-1975)

		'63	'64	'65	'66	'67	'68	'69[91]	'70	'71	'72	'73	'74	'75
경남('55)[92]		143	158	166	153	135	141		146	144	143	144	145	(90)
부산('55)		69	76	78	76	97	101		105	110	121	130	134	137
진주('55)		85	90	97	98	97	99		105	102	103	104	109	105
경남('53)	경북('53)	70	65	69	72	80	62		89	90	100	97	68	72
	경안('74)												30	31
경동('63)		27	24	25	25	24	24		25	25	25	26	26	28
전라('54)		20	18	23	22	22	22		22	24	25	25	25	26
성진('65)				13	13	15	15		14	13	14	14	15	15
경기('54)		21	19	20	25	26	28		32	35	35	42	41	49
합계		435	450	491	484	496	492		548	543	566	582	593	553

고신의 노회들 가운데 산업화와 도시화의 환경을 가장 크게 활용할 만했던 수도권의 경기노회는 그 이전의 행정보류와 분열, 그리고 합동과 환원으로 이어진 어수선한 분위기 속에서 성장의 전기(轉機)를 맞이할 준비가 전혀 되어 있지 않았다. 서울 및 경기도, 충청도, 강원도를 통틀어 노회라고는 경기노회 하나 밖에 없었는데, 1958년에 노회를 탈퇴한 다수의 교회들과 1963년에 환원하지 않은 교회들로 인해 환원 당시 경기노회에 남은 교회수는 21개에 불과하였다. 수도 서울로 모여드는 수많은 사람들에게 복음을 전하고 교회개척할 기회로 활용하기에는 서울에 소재한 고신 교회들이 너무 미약하였던 것이다. 1958년의 분열과 1963년의 환원으로 더욱 미약하게 된 경기노회였지만, 그 후 꾸준히 조금씩 성장하여 1975년에는 49개의 소속 교

91) 1969년 통계는 총회보고서에 나타나지 않는다.

92) 노회 이름 뒤의 괄호 안의 숫자는 노회가 조직된 년도를 나타낸다.

회들을 확보하며, 고신의 수도권 진출의 불씨를 되살릴 수 있었던 것은 참으로 다행한 일이다.

부산노회의 교회수는 1963년에 69개였는데, 1968년에 101개로, 그리고 1975년에는 137개로 늘어나 약 두 배가 되었다. 1967년에 노회 간의 구역 조정으로 16개 교회가 경남노회로부터 편입된 것을 감안하더라도,[93] 부산노회는 이 기간 동안에 고신의 노회들 중에 가장 큰 성장을 이룬 노회라는 사실에는 변함이 없다.

1963년부터 1975년까지 고신의 노회별 교회수의 증감 추이를 보면 부산, 울산 등을 포함한 부산노회, 서울을 포함한 경기노회, 대구를 포함한 경북노회 등 대도시에 소재한 노회들의 교회수는 증가한 것에 비해, 주로 소도시 또는 농촌교회들을 포함한 진주, 경남, 경동, 등의 노회들의 교회수는 거의 증가하지 못한 것으로 나타난다. 이런 추세는 그때의 교회개척의 주요한 변수가 도시화였음을 반영하는 것이었다.

성진노회에 소속한 교회들은 주로 한센씨병 음성 환자들과 그들의 가족으로 구성된 교회들로서, 주로 농촌지역에 분포되어 있었기 때문에 도시화로 인한 영향을 거의 받지 않았고, 도시에 교회개척할 일이 거의 없었다.[94] 전라노회의 교회개척이 부진했던 이유는 그 지역에서 고신의 존재감이 너무 미미했기 때문이라고 생각한다.

고신은 왜 환원 이후 70년대 중반까지 도시화와 산업화의 기회를 교회개척에 활용하지 못하였을까? 우선 지적되어야 할 것은 전체적으로 고신이 돌보아야 할 기존의 미조직교회가 너무 많았다는 것이다. 1963년 고신이 환원할 때, 435개의 교회가 있었는데 그 중에 조직교회는 124개로 전체의 28%에 불과하였다. 큰 교회들은 작은 교회들을 후원하기에 바빴으며, 대부분의 전도사들은 미조직교회의 목회자로 투입되었기 때문에 새로운 교회개척에 나서지 못하였던 것이다. 1960년대 고신의 대부

93) 『대한예수교장로회 총회회록(고신): 제11회-제20회』, 201.

94) 성진노회는 1965년 주로 한센씨병을 앓거나 앓았던 성도들과 그 가족들로 구성된 교회들로 시작되었다. 『대한예수교장로회 총회회록(고신): 제11회-제20회』, 101.

분의 새 교회들은 전도와 회심의 열매로 형성되는 개척교회가 아니라, 환원 이후 개별적으로 고신에 가입한 교회들이었는데, 총회록에 의하면 1964년부터 1969년까지 이런 가입 교회가 51개나 있었다.[95)]

고신교단 50주년 기념화보집[96)]의 자료를 근거로 각 교회들의 설립년도를 십년 단위로 정리해 보면, 고신 교단이 성립된 이후 개척된 교회들의 수가 가장 적었던 시기가 1960년대였다.

표9-3. 현존하는 고신교회들의 개척년대별 교회수 (2002년 현재)

-1890s	1900s	'10s	'20s	'30s	'40s	'50s	'60s	'70s	'80s	'90s	'00s	소계	미확인	합계
5	51	23	18	31	79	190	95	203	276	271	50	1292	180	1472

환원 이후의 고신은 고려신학교를 통하여 교단의 성장과 발전에 필요한 사역자들을 양성하는 일에 총력을 기울였다. 총회 직영 신학교가 된 고려신학교의 안정과 발전을 위해 사단법인 고려학원을 설립하였고,[97)] 칼빈대학과 복음병원을 고려학원의 우산 아래로 결집시켰다.[98)]

하지만 정부로부터 고려학원을 인준받는 과정에서 고려신학교의 지도자들이 임시이사회를 조직하고 이사장의 인감을 불법적으로 사용한 사건이 터져, 고신의 지도자들은 갈등의 늪으로 빠져 들어갔다.[99)] 1969년에 이사장 송상석은 환원 이후 학교운영이나 행정의 일선에서 물러나 있던 한상동을 고려신학교의 학장으로 세워 갈등을 수습하고자 하였다. 1970년 12월에 문교부로부터 고려신학교의 대학과정이 고

95) 저자가 1964년부터 1969년까지 총회록에 나타난 환원 이후 개별적으로 환원한 교회들을 체크해 보았다. 1964년에 32개 교회, 1965년에 7개 교회, 1966년에 2개 교회, 1967년에 7교회, 1968년에 2개교회, 1969년에 1개 교회가 돌아왔다. cf. 총회록 부록에 수록되어 있는 노회보고서들을 참조함.

96) 서창수 편, 『고신교단 50주년 기념화보집』

97) 『대한예수교장로회 총회회록(고신): 제11회-제20회』, 155.

98) 고려성경학교도 포함되었다. 『대한예수교장로회 총회회록(고신): 제11회-제20회』, 64.

99) 허순길, 앞의 책 (1996), 179-180, 181-184.

려신학대학으로 인준을 받게 된다.[100] 1970년은 환원의 상처도 어느 정도 아물고, 고려신학대학의 인가도 얻게 되어, 오랜 만에 고신의 미래에 대한 희망이 돋아나고 있던 때였다.

조금씩 성장의 탄력을 받기 시작한 경기노회가 수차에 걸쳐 총회에 탄원서를 제출하였는데, 고려신학교가 서울과 수도권 지역으로 진출해 달라는 것이었다. 이미 1967년[101]에 서울에 고려신학교의 분교를 열어 주기를 청원한 경기노회는 1969년,[102] 1970년[103]에 고려신학교를 서울로 옮겨주기를 제안하였고, 1971년[104]과 1972년[105]에도 연속적으로 같은 의제를 거듭 제안하였다. 경기노회는 고려신학교가 수도권으로 이전하게 되면 수도권에서 신학교를 중심으로 전도와 교회개척의 전기를 마련해 볼 수 있을 것으로 기대하고 있었기 때문이었다. 총회는 이 제안을 몇 번 보류시키거나,[106] 1년간 더 연구하여 보고하도록[107] 결의 하는 등, 소극적으로 대처했다. 하지만 1972년에는 거듭되는 청원을 더 이상 미루어 둘 수 없어서, 일단 교단발전종합연구위원회를 구성하여, 다음 총회까지 신학교 이전에 대한 연구결과를 발표하게 함으로써 상당한 기대를 불러일으키기도 하였다.[108] 그러나 1974년 총회는 교단미래발전 연구위원회를 존치시키되, 경기노회의 고려신학교 서울이전의 제안은 반려하기로 결정하

---

100) 그 때, 고려신학교는 대학원으로 인정을 받지 못하였기 때문에, 행정적으로 고려신학대학에 부속된 비인가과정으로 있다가 1980년 신학대학원으로 인준을 받았으나, 여전히 고신대학에 속한 하나의 특수대학원으로 인가되었다.

101) 『대한예수교장로회 총회회록(고신): 제11회-제20회』, 180, 205-206.

102) 같은 책, 259.

103) 같은 책, 301, 330-331.

104) 『대한예수교장로회 총회회록(고신)』(1971), 60.

105) 『대한예수교장로회 총회회록(고신)』(1972), 13.

106) 1969년과 1970년에는 보류 또는 반려시켰다. 『대한예수교장로회 총회회록(고신): 제11회-제20회』, 270, 321.

107) 71년에는 고려신학교 이사회에 맡겨 1년간 더 연구 보고하게 하였다. 『대한예수교장로회 총회회록(고신)』(1971), 25.

108) 『대한예수교장로회 총회회록(고신)』(1972), 25-26.

였고,[109] 더 나아가 서울분교도 폐교하기로[110] 결정하였다. 고려신학교의 서울 이전 논의를 무기한 보류함으로써 서울과 수도권지역에 교회개척의 봄을 꿈꾸던 비전은 다시 묻히게 되었고 경기노회는 총회의 이런 결정에 매우 실망하였다.

1967년부터 1974년까지 거의 매년 총회가 고려신학교의 서울분교 설치, 또는 서울 이전에 대한 논의를 계속하였으면서도 서울 이전 논의가 결국 폐기된 이유는 무엇이었던가? 그 이유의 골자는 다음과 같다. 1972년에 고려신학교는 그 당시 교장 한상동의 섭외를 통하여 화란개혁파교회(Gereformeerde Kerken Vrijgemaakt)로부터 상당한 액수의 건축후원금을 받게 되자, 1974년 총회는 부산 송도에 고려신학교의 교사(校舍)의 신축 계획을 인준하였고, 고려신학교의 서울 이전에 대한 논의는 백지화될 수밖에 없었던 것이다.

고신의 지도자들 간에 고려학원을 둘러싼 정치적 갈등으로 인해, 고려신학교의 서울 이전에 대한 논의를 진지하게 토의할 만한 마음의 여유가 없었다는 것도 그 이유 중의 하나로 지적되어야 한다. 송상석은 총회가 정한 임기가 지났음에도 불구하고 고려학원 이사장직을 총회가 선출한 후임 이사장에게 넘겨주지 않았다. 그는 자기의 임기는 고려학원이 문교부로부터 인준을 받은 때로부터 산정되어야 한다고 주장하면서 총회로부터 임명받은 때를 기준으로 임기를 산정하기를 거부한 것이다. 고려학원 이사회로부터 새 이사장으로 선출된 김희도는 송상석을 법정에 고소하였고, 1973년에 법정 판결에 의하여 송상석의 이사장직은 몰수되었다.[111] 마산 문창교회의 재산권 시비를 법정에 고소한 바 있었던 송상석이 피고소인으로 법정의 판결을 받았던 것은 역사의 아이러니였다. 1973년, 1974년, 그리고 1975년 총회는 송상석을 고소한 데 대한 찬반 양측의 격렬한 논쟁과 갈등으로 어수선하였다. 마침내 총회는 송상

---

109) 『대한예수교장로회 총회회록(고신)』(1974), 13.
110) 같은 책, 20.
111) 『대한예수교장로회 총회회록(고신)』(1973), 27. 허순길, 앞의 책(2002), 494.

석을 목사직에서 제명하였고,[112] 이 결정으로 인해 고신은 뼈아픈 분열로 치닫게 된다 . 1975년 10월에 법정송사를 반대한 경남(법통)노회의 반고소파와 서울 경기노회의 반고소파는 소위 반고소 노회를 조직하였고, 이듬해 10월에 그들의 총회를 조직하기에 이른다.

이런 갈등과 분열의 소용돌이 속에서 경기노회의 고려신학교 이전에 대한 제안은 전혀 다루어질 수 없는 분위기였다. 송상석의 이사장직 고수, 그에 대한 세속법정에의 고소, 목사제명, 반고소파의 항의와 분리 등은 고려신학교를 둘러싼 교회 지도자들 간의 오래된 감정대립에서 비롯된 것이었던 것 같다.

참으로 안타까운 사실은 고신 안에 지도자들 간의 갈등이 심화되어 가고 있던 그 때는 바로 고신의 희망의 싹이 한창 싹트고 있던 시기였다는 데 있다. 고신의 지역교회들은 환원으로 인한 상실을 딛고 1970년대 초반에 전도와 회심에 의한 성장과 교회개척의 움직임이 일어나고 있음을 느끼고 있던 때였다. 1975년에는 고신 교회가 오랜 와신상담 끝에 합동 이전의 교세의 수준이었던 593개의 교회로 회복되고 있던 때였다. 하지만 곧 약 70개의 반(反) 고소파 교회가 분리해 나가니, 1976년에는 다시 553개로 감소하였다. 반 고소파 이탈 전의 경남노회에는 155개의 교회들이 소속되어 있었으나, 이탈 후인 1976년에는 겨우 90개 교회만 남아 있었다. 경기지역에서는 1975년 10월에 반고소파의 대표격인 석원태를 포함한 5명의 목사들이[113] 그들 자신의 노회를 조직하였다. 1975년 반고소파의 이탈은 고신에게 재기의 길목에서 다시 힘을 잃고 주저앉게 만든 매우 잔인한 시련이었다.

112) 『대한예수교장로회 총회회록(고신)』(1975), 70-74.
113) 그 5인은 최영구, 석원태, 하찬권, 오주영, 그리고 박성호 등이었다. 『대한예수교장로회 총회회록(고신)』(1976), 102.

한|국|장|로|교|회|와 교|회|개|척

제 삼 부

제 십 장

고신의 성장과 교회개척: 1975년 – 2000년

제 십 장

고신의 성장과 교회개척: 1975년 – 2000년

1963년에 환원할 때만 해도 고신 교회들은 서로 강한 연대의식을 가지고 있었다. 환원한 교회들 중에 큰 교회들은 환원에 가담한 미조직교회들의 전도사 또는 목사를 후원하고 보듬는 일을 기꺼이 감내하고 있었다. 하지만 1970년대 초반에 고신은 지도자들 간에 격렬한 내부 갈등을 겪으면서 교회와 교회간의 연대의식에 균열이 생겨 결국은 반고소파의 분열에 이르게 되었다. 1975년의 분열은 고신역사에 있어서 환원 못지않게 불행한 일이었는데, 고신의 교회들이 장로교회로서의 연대의식에 심각한 손상을 입었기 때문이다.

고신은 반고소파와의 분열 이후, 1970년대 후반부터 조금씩 개교회 중심주의적인 경향을 띠게 되었다고 볼 수 있다. 고려신학교 등 교단의 연합사업에 대한 관심은 식어지고, 노회와 총회의 차원에서 힘을 합하여 미조직교회를 돌아보려는 열심도 예전과 같지 않았다. 이 장에서는 1970년대 중반 이후부터 고신 교회들의 개교회주의적 경향의 추이를 살피고, 그런 변화가 교회개척에 어떤 영향을 끼쳤는지를 밝혀 보고자 한다.

고신의 조직교회는 1963년 환원 당시에 124개로서 전체 435개의 28.5%였는데, 1974년에는 250개로서 전체 593개의 42.2%로 크게 증가하였다. 그 직접적인 원인은 목사의 수가 116명에서 258명으로 증가한 때문이며, 환원 이후 고려신학교가 정상화되어 감에 따라 꾸준히 목사후보생들을 배출한 결과였다. 물론 목사들 중에는 미조직교회나 개척교회를 섬기는 목사들도 있었고, 어떤 큰 교회에서 담임목사와 동역하는 경우도 없진 않았지만, 대부분의 목사들은 조직교회의 목사였다. 전체 목사의 수가 조직교회 수를 상회하기 시작하게 된 것은 1972년 이후이지만 조직교회 안에 두 명 이상의 목사가 함께 일하는 데 대한 논의는 그 이전부터 있었다.

한 교회에 두 명 이상의 목사가 있을 때, 상호 어떤 관계를 가지고 일하게 되는가? 한국장로교회는 1934년 개정재판『헌법』에서 두 명 이상의 목사들이 한 교회에서 동사목사로서 동역할 수 있음을 밝히고 있다.[1] 고신의 1958년판 헌법에도 동사목사에 대한 조항은 그대로 유지되고 있음을 볼 수 있다.

> 동사목사: 타목사와 협동시무하되, 그 권리는 동일하니, 순번으로 당회장이 되고, 일방이 사면하면 특별수속 없이 자연 전권으로 시무하나니라. 단, 동사위임 및 동사임시목사도 있나니, 그 시무는 1, 2항에 준용할 것이니라.[2]

위의 동사목사 항목과는 별도로, 1957년 제7회 고신총회는 헌법개정판에 부목사에 관한 한 문장을 첨가하기로 결정하였다.

---

1) 곽안련 편,『대한예수교장로회 헌법』(대한기독교서회, 1934년 개정재판), 80–81.

2) 대한예수교장로회 출판부 편,『대한예수교장로회 헌법: 정치개정판』(부산: 대한예수교장로회 출판부, 1958),

부목사는 목사를 도우는 임시목사니라.[3]

1958년 개정판의 이 조항 하나가 동사목사의 관계를 담임목사와 부목사의 관계로 전환시킨 기점이 되었다. 결국 고신의 1968년판『헌법』에는 동사목사에 대한 조항이 삭제되고, 부목사에 대한 조항만 남았다.

부목사는 위임목사를 보좌하는 목사인데, 임기는 1년이며, 위임목사가 위탁할 때에는 당회장의 직무를 대행할 수도 있다.[4]

부목사가 담임목사의 유고시에 그 역할을 대행할 수 있도록 한 것이나, 당회원권을 인정한 것은 부목사를 동사목사와 같이 대우하는 일면을 보여준다.

1973년 총회는 1968년 개정판『헌법』의 부목사에 관한 조항은『교회정치문답조례』제62문답과 제75문답을 잘 조화시킨 것이므로 받을 만하다고 하는 송상석의 보고서를 채택하였다.[5] 그러나 과연『교회정치문답조례』제 62문답과 제75문답이 부목사에게 적용될 수 있는지를 검토해 볼 필요가 있다. 제62문답은 '목사는 직무상 동등하냐?'라고 질문하고, "성경이 목사는 동등하다고 가르쳤다. 더 높은 자가 없으며, 모두 같은 자격과, 같은 명칭과 직무를 수행한다."라고 답하고 있다. 제75문답의 질문을 박병진은 '부목사(Pastors assistant)가 무엇이냐?' 라고 번역했으나, 우리는 '목사의 조사는 무엇을 하는 자인가?' (What is a pastor's assistant?)라고 번역해야 한다고 본다. 그는 답변을 번역하기를 "위임목사를 보조하도록, 위임목사나 혹은 교회의 청원으로 노회의 허락을 받은 목사이니, 그 목사비를 교회가 드리거나 혹은 담임목

---

3) 『대한예수교장로회 총회회록(고신): 제1회-제10회』, 110, 126.
4) 대한예수교장로회(고신),『헌법(교회정치개정판)』(부산: 고신출판사, 1968), 21.
5) 『대한예수교장로회 총회회록(고신)』(1973), 28.

사가 담당하며, 당회에 참여할 권과 치리권이 없으며, 오직 담임목사의 지시대로만 일한다.(이는 조사와 방불하다.)."라고 했는데, 우리의 번역은 "그는 목사를 보조하기 때문에, 그를 선택함에 있어서 문의를 받아야 한다. 회중이 그의 전 생활비를 지불하더라도, 그는 당회권이 없고, 회중 안에서 사법권이 없다. 그는 목사의 지시 아래, 그의 이름으로 그의 의무를 행한다."라고 번역하는 것이 더 낫다고 생각한다. 무엇보다도 부목사란 단어가 원문에는 없다.[6] 우선 제75문답에서 '목사의 조사'(a pastor's assistant)는 목사가 아니고 조사임을 분명히 해야 한다. 그러므로 부목사로 번역한 것은 오역이다.

조사가 어떻게 부목사로 해석될 수 있었을까? a pastor's assistant(助師)를 an assistant pastor[7](助牧師)로, 그리고 다시 副牧師로 번역한 것이 아닐까? 송상석이 1968년 개정판의 부목사 조항에 대한 법적 근거로 『교회정치문답조례』 제75문답을 제시하고 있는 것은 조사의 조항을 (부)목사에게 적용하고 있으므로 부적절하다. 송상석이 1968년 개정판 『헌법』의 부목사 조항에 대한 법적 근거로 『교회정치문답조례』 제62문답을 제시하고 있는 것은 부목사를 동사목사 즉 동등한 권위를 가진 목사가 아닌, 목사의 조사처럼 여기면서, 목사의 평등을 말하는 것이므로 자가당착이다. 그러므로 1973년 총회가 1968년 개정판 『헌법』의 부목사 조항에 대한 송상석의 해석을 채택한 것은 부적절하다.

목사 간의 차등은 감독교회적 개념이지, 장로교회적 개념은 아니다. 1972년 이후에도 부목사의 당회원권은 인정하나, 부목사가 담임목사 유고시에 목회를 대행할 수 없도록 한 것은 1958년판에 '부목사는 임시목사'라고 한 규정 때문이다. 고신은

---

6) J. A. 하지, 박병진 역, 교회정치문답조례 (성광문화사, 1980), 45, 51; J. Aspinwall Hodge, What is Presbyterian Law as Defined by the Church Courts? 4th ed. (Philadelphia: Presbyterian Board of Publication, 1886).

7) 助牧師란 단어가 사용된 적은 없으나, 助師를 助牧師의 준말 정도로 생각한 것이었는지 모른다. 실제로 네비우스 방법에서 사용된 助事(helper)를 점점 助師로 바꾸어 불렀던 것을 보면, 助師를 助牧師의 의미로 바꾸는 것은 그리 어려운 일이 아니었을 듯하다.

1970년대 초반 이후 동사목사로서의 동역적 개념을 밀어내고, 부목사로서의 차등적 개념을 받아들였다. 현재 부목사는 담임목사의 전적인 지휘 감독 아래 있는 직분인 것처럼 받아들임으로써 장로교회의 교회체계의 대원칙인 목사 간의 평등(parity)을 깨고, 목사 간의 차등을 묵인하는 감독교회적 개념으로 고착화되어 있다고 생각한다. 부목사 제도는 그 후에 대교회주의의 결정적 수단으로 사용되어, 적극적인 교회개척운동을 억압하는 효과를 낳았다고 보는데 이에 대해서는 13장에서 좀 더 언급하고자 한다.

1975년 반고소파와의 갈등으로 인하여 교단분열의 상처를 입은 고신총회는 자신이 처한 상황을 진단하고 새로운 발전방향을 모색하기 위하여 교단발전연구위원회를 발족시켰다. 1976년 제26차 총회에서 그 위원회는 고신이 당면한 정체성의 위기를 적나라하게 지적하였는데, 그 중에 몇 가지만 열거하면 다음과 같다.

> 과거에는 신사참배 반대와 회개운동이라는 분명한 명분이 있었으나, 1960년 교단합동 이후로는 이런 명분이 소멸되어가고 있는 점. .... 내부 분규의 장기화에서 오는 비기획적 운영. ... 교단 약세로 인한 가치의 불분명. ... 본 교단출신의 젊은 엘리트들의 교단기피현상. ... 수도권(서울)을 외면하고 전국토를 보지 않고 부산을 중심한 영남지역에 본진을 두어 왔다는 점.[8]

이 보고서는 위의 분석에 근거하여 교회개척에 대한 네 가지 방안을 제시하고 있다. 첫째, 고려신학교는 서울에 분교를 재개하고 대학졸업자가 아닌 사람이라도 비정규학생으로 입학시켜 농촌 목회 또는 교회개척을 할 수 있도록 한다.[9] 둘째, 본 교단 교회가 없는 지역 즉 대전, 청주, 전주, 춘천 등 도청 소재지에 최우선적으로 개척

8) 『대한예수교장로회 총회회록(고신)』(1976), 35.
9) 같은 책, 32-34.

교회를 설립한다. 셋째, 5차 5개년 계획을 세워 2000교회를 설립할 것을 목표로 한다. 넷째, 교인 200명 이상 회집되는 교회는 1차 5개년 기간 중에 1교회 이상 개척교회를 설립할 것을 의무화한다.[10]

1978년 총회는 1976년의 위원회 제안을 구체화하여 각 교회는 예산규모에 따라 교회를 개척하되, 한 해 예산이 2,000만 원 이상이면 단독으로 매 삼년마다 일 개처씩 개척교회를 세우고, 1,000만 원 이상이면 두 교회가 힘을 합해서 매 삼년마다 한 교회를 세우기로 하였다.[11] 1956년에 경남노회가 이와 유사한 지원방법을 이미 제안한 바 있는데, 각 교회의 교인수에 따라 교회개척지원금을 배정하는 것이었다.[12] 1956년과 1976년과 1978년의 제안을 비교하여 볼 때, 그 핵심적 차이 지원금의 기준이 교인수에서 예산 규모로 점점 바뀌는 데 있다. 1956년의 정책은 기존교회가 개척비용의 지원과 함께 필요하다면 성도들을 떼어 보내어 개척교회에 참여할 수 있음을 전제로 하고 있다면, 1976년과 1978년의 정책은 기존교회들이 성도들을 파견하기보다는 개척비용을 지원하는 쪽에 더 무게를 두고 있다고 생각한다. 이런 현상은 분립개척의 전통을 잇기 보다, 자기 교회의 지속적 성장을 더 중요시하는 개교회 성장주의가 유행하기 시작한 시대적 상황을 반영한다. 교단발전연구위원회가 1976년과 1978년 총회에 제시한 방안들이 채택은 되었으나, 재정규모가 큰 교회들의 비협조로 인하여 그 제안은 거의 구호에 그치고 말았다.

총회는 그 후에도 교회개척과 관련한 여러 가지 규칙을 마련하고자 하였다. 개척전도는 집중적으로 하되, 노회에서 파송을 받은 자가 할 것이며, 헌금도 교회나 노회를 통하여 하도록 하였다.[13] 이 때만 해도 교회개척에 있어서 노회의 자기역할의 이해가 분명히 살아있음을 보게된다. 1978년 총회에서 전도목사는 자기가 개척한 교회

10) 같은 책, 34, 41-2.

11) 『대한예수교장로회 총회회록(고신)』(1978), 59.

12) 같은 책, 184 참조.

13) 『대한예수교장로회 총회회록(고신)』(1976), 18.

가 완전한 지교회(조직교회–저자주)로 인가를 받은 후에도 계속 머물기를 원한다면 임시목사 또는 위임목사로 청빙을 받아야 한다고 결의하였다.[14] 전도목사에 관한 지침이 부가된 이유는 간혹 개척사역자가 위임목사로 청빙되지도 않았는데, 마치 그 교회에 평생 목회할 것처럼 말하고 행동하는 경우가 있었기 때문이라고 본다. 1979년에는 총회가 개척교회 후원과 국내전도부 활동에 대한 예산을 확보하기 위하여 11월 셋째 주일을 국내전도부의 주일로 정하였다.[15] 총회는 농촌 미자립교회나 개척교회를 위한 목회자를 확보하기 위해, 강도사들에게 목사 안수 받기 전에 삼 년 동안 농촌 미자립교회나 개척교회를 시무하여야 목사고시에 응시할 수 있도록 의무화하기도 하였다.[16] 교회당과 교회당 사이 거리를 종전대로 반경 500m 이내로 하는 것을 원칙으로 하였다.[17]

위에서 언급한 바와 같이, 총회는 교회개척을 위한 규칙들을 계속 만들어내고 있었지만 총회의 결정은 제대로 실효를 거두지 못하는 경우가 많았다. 1950년대에는 총회가 힘을 합하여 국내의 개척사역자를 지원했으나, 1970년대 이후로는 총회의 응집력이 크게 약화되어 개체교회들이 더 이상 총회의 제안에 따라 움직여주지 않는 일이 많았다.

교회개척은 헌법에 보면[18] 노회의 가장 중요한 임무 가운데 하나이다. 하지만 교회개척에 있어서 노회의 주도적 역할이 제대로 정립되어 있지 않아, 1980년대 초반까지도 고신의 교회개척은 대부분 총회에 의해 주도되었다. 70년대 후반부터 80년대 중반까지 개척교회들은 늘어나는데, 고신의 교회개척에 있어서 총회의 역할이 점점 위축되고 있었다. 그들을 지원할 수 있는 재원이 부족하였기 때문이다. 그 때가 바로 노회의 역할을 점점 강화해야 할 시점이었다. 우리가 다음으로 살펴보아야 할 분야는

---

14) 『대한예수교장로회 총회회록(고신)』(1978), 35.
15) '제29회 총회촬요 결의안 8–11번', 『총회촬요: 제18회–제44회(1968–1994)』(대한예수교장로회 고신).
16) '제32회 총회촬요 중요결의사항 6)', 『총회촬요: 제18회–제44회(1968–1994)』.
17) '제32회 총회촬요 중요결의사항 1)', 『총회촬요: 제18회–제44회(1968–1994)』.
18) 제93조 9항, "교회정치," 『대한예수교장로회 헌법(고신)』(1992), 206.

고신의 노회들이 얼마나 교회개척의 역할을 주도적으로 감당하였는가 하는 것이다.

표10-1는 1976년에서 1982년까지 매년 각 노회들이 총회에 제출한 보고서에 근거하여 미조직교회의 변동 상황을 '개척(을 시작한)교회', '설립(허락을 받은)교회', '폐쇄된 교회', '편입한 교회', '환원한 교회', 그리고 '탈퇴한 교회' 등의 항목으로 구분하여 정리한 것이다. 1976년에서 1982년까지 '개척교회'들은 모두 56개, '설립 교회'들은 68개, '폐쇄된 교회'는 9개 교회였으며, '편입한 교회'는 63개, 전에 고신소속이었으나 잠시 다른 교파 (합동 혹은 반고소측)에 가입하였다가 '환원한 교회'가 24개, 고신으로부터 '탈퇴한 교회'가 10개였다.

표10-1. 미조직교회수의 증감 원인들 (1976년-1982년)

	'76	'77	'78	'79	'80	'81	'82	합계
개척 교회(A)	13	7	11	14	5	3	3	56
설립 교회(B)	9	21	6	7	6	12	7	68
폐쇄된 교회(C)	-5	-1	-2	0	0	-1	0	- 9
소계 I (A+B-C)	17	27	15	21	11	14	10	115
편입한 교회(D)	8	3	6	8	20	9	9	63
환원한 교회(E)	0	4	5	3	1	5	6	24
탈퇴한 교회(F)	0	-1	-1	-1	0	0	-7	- 10
소계 II (D+E-F)	8	6	10	10	21	14	8	77
총합 (소계 I + II)	25	33	25	31	32	28	18	192

우선 교회편입에 대해서 알아보자. 1950년대에는 신사참배 죄에 대한 회개를 힘쓸 뿐 아니라, 신학의 정통과 생활의 순결을 강조하던 고신의 선명성에 끌려 많은 교회들이 고신으로 편입하였지만, 70년대 후반에 고신으로 편입한 교회들은 어떤 동기로 고신으로 들어오게 되었는지 그 원인을 분석할 필요가 있다.

표10-2의 노회별 교회편입현황에서 보듯이, 교회편입의 전체 건수인 63건 중에 절반에 해당하는 32건이 경기노회에 일어났다. 경기노회는 특히 1980년에 17개 교회의 편입을 허락함으로써 크게 성장하였고, 같은 해에 서울노회를 분가해 내기도

하였다.[19] 이 기간 동안 경기노회는 개척 또는 설립 보고된 교회의 수가 21개에 불과하였던 것을 보면, 경기노회의 교세 성장에 있어서 편입이 개척보다 더 큰 비중을 차지하고 있었던 것을 알 수 있다.[20] 이 현상을 두고 특별히 고신의 선명한 정체성에 이끌린 것이라고 획일적으로 볼 수는 없다. 고려신학교의 서울분교가 생김으로써 서울, 경기, 충청, 강원 지역에 있던 교회들과 목회자들이 실제적으로 고려신학교의 서울분교에서 공부하거나 편목과정을 이수함으로써 고신에 가입할 수 있는 길이 열렸기 때문이라고 해야 할 것이다. 고려신학교의 서울분교는 고신의 영남 편중현상을 조금이나마 완화하는 데 일조하였다.

표10-2. 노회별 편입교회 현황 (1976-1982)

	'76	'77	'78	'79	'80	'81	'82	합계
경남법통	1				2	1		3
부산		1	2	1			1	5
동부산	1			2	1	1	1	6
중부산	1						2	3
진주	2			1	1	1	1	6
경북	1							1
경동			1			1	2	4
경안			1					1
성진			1					1
경기	2	2	1	4	16	5	2	32
합계	8	3	6	8	20	9	9	63

이와 관련하여, 고신은 교회 분포상 부산 · 경남지역에 편중된 태생적 한계를 70년대 후반 이후 교회개척을 통하여 얼마나 극복할 수 있었는지 궁금하다. 환원 당시

19) 『대한예수교장로회 총회회록(고신)』(1980), 53, 72.

20) 표 10-3. 1976-1982 사이에 경기노회가 보고한 설립교회의 수

	'76	'77	'78	'79	'80	'81	'82	합계
설립교회	4	8	3	2	2	2	0	21

『대한예수교장로회 총회회록(고신)』(1976-1982)의 경기노회 보고서 중에서.

(1963년) 고신 교회수는 435개였는데 그 중에 부산 경남에 소재하고 있던 교회수는 297개, 그리고 경북, 경동, 전라, 경기 등 그 외 지역의 교회들은 138개 이었으며, 고신 교회들의 부산 · 경남지역 편중도는 68.3% 이었다. 그러다가 그 편중도가 1976년에 60.7%로 크게 완화된 것은 경남(법통)노회에 소속되어 있던 많은 교회들이 반고소파로 이탈했기 때문이었다. 표10-4에서 알 수 있듯이, 그 후 1976년부터 1982년까지 부산 · 경남의 지역편중도는 거의 개선되지 않았다. 그 기간 동안 145개의 교회가 증가하였는데, 그 중에 부산 · 경남 노회 구역에서 86개의 교회가 증가했으므로, 증가된 교회 중에 부산 · 경남 지역의 교회의 비율이 59.3%였던 것이다.

표10-4. 노회별 교회수와 고신교회의 부산경남편중도: 1976-1982[21)]

<table>
<tr><th colspan="5">모체노회/분립노회</th><th>1976</th><th>1977</th><th>1978</th><th>1979</th><th>1980</th><th>1981</th><th>1982</th><th>증감</th></tr>
<tr><td rowspan="10">총노회
(52)</td><td rowspan="6">경남(법통)
(52)</td><td colspan="3">경남(법통)(54)</td><td>90</td><td>100</td><td>102</td><td>105</td><td>106</td><td>110</td><td>123</td><td>+33</td></tr>
<tr><td rowspan="4">부산(54)</td><td colspan="2">부산(54)</td><td>62</td><td>63</td><td>67</td><td>68</td><td>68*</td><td>72</td><td>65</td><td>+3</td></tr>
<tr><td rowspan="3">동부산
(76)</td><td>동부산
(76)</td><td>82</td><td>84</td><td>93</td><td>98</td><td>100</td><td>84</td><td>47</td><td rowspan="3">+38</td></tr>
<tr><td>울산
(80)</td><td></td><td></td><td></td><td></td><td></td><td>23</td><td>23</td></tr>
<tr><td>중부산
(81)</td><td></td><td></td><td></td><td></td><td></td><td></td><td>50</td></tr>
<tr><td colspan="3">진주(54)</td><td>113</td><td>113</td><td>118</td><td>118</td><td>121</td><td>124</td><td>125</td><td>+12</td></tr>
<tr><td colspan="4">경남에 소재한 교회들의 합계</td><td>347</td><td>360</td><td>380</td><td>389</td><td>395</td><td>413</td><td>433</td><td>+86</td></tr>
<tr><td colspan="2" rowspan="3">경북(53)</td><td colspan="2">경북(53)</td><td>73</td><td>74</td><td>79</td><td>83</td><td>85</td><td>87</td><td>91</td><td>+18</td></tr>
<tr><td colspan="2">경동63)</td><td>27</td><td>26</td><td>29</td><td>29</td><td>30</td><td>31</td><td>35</td><td>+8</td></tr>
<tr><td colspan="2">경안(74)</td><td>32</td><td>32</td><td>33</td><td>33</td><td>33</td><td>32</td><td>32</td><td>+0</td></tr>
<tr><td rowspan="4"></td><td colspan="4">전라(54)</td><td>27</td><td>28</td><td>29</td><td>33</td><td>33</td><td>33</td><td>33</td><td>+6</td></tr>
<tr><td colspan="4">성진(영남91)</td><td>14</td><td>14</td><td>15</td><td>15</td><td>15</td><td>15</td><td>16</td><td>+2</td></tr>
<tr><td colspan="3" rowspan="2">경기(54)</td><td>경기
(54)</td><td>52</td><td>58</td><td>60</td><td>63</td><td>80</td><td>43</td><td>44</td><td rowspan="2">+25</td></tr>
<tr><td>서울
(80)</td><td></td><td></td><td></td><td></td><td></td><td>37</td><td>33</td></tr>
</table>

21) 같은 기간의『대한예수교장로회 총회회록』의 각 노회보고서의 교회수에 대한 자료를 취합한 것이다.

	경남외 지역에 소재한 교회들의 합계	225	232	245	256	276	278	284	+59
	총합계	572	592	625	645	671	691	717	+145
	고신교회의 부산, 경남 편중도	60.7	60.8	60.8	60.3	58.9	59.8	60.4	59.3

※(　) 안의 숫자는 노회의 시작년도를 의미함

표10-1로 돌아가서, 각 노회의 개척교회들에 대한 통계를 볼 때 주의할 점을 지적하고자 한다. 노회가 새로 형성된 교회에 대한 보고를 할 때, 어떤 노회는 개척교회가 시작된 것을 보고하고, 다른 노회는 개척교회가 설립 허락을 받은 것을 보고함으로써 통계상 혼선이 있었다. 사실 총회보고서 상으로 개척교회와 설립교회의 개념이 명확하게 구분되어 있다고 보기는 어렵다. 노회가 개척교회의 시작을 보고했다면 그 교회의 설립허락에 대해서도 후속적으로 보고했어야 하는데, 개척교회의 시작을 보고한 56건의 사례 중에 차후에 교회설립의 허락을 받았다고 보고한 경우는 10건에 불과하고,[22] 나머지 46건은 사후의 설립허락의 여부를 통계상으로 확인할 수 없었다. 한편, 68건의 설립허락을 보고한 교회 가운데 개척교회 시작을 보고한 사례는 찾아볼 수 없었다. 개척교회가 시작된 첫 해에 급성장하여 개척교회 시작에 대한 보고를 하지 않고 바로 설립허락을 청원한 경우도 간혹 있었으나, 대부분의 노회들은 설립허락에 대한 보고를 개척교회의 시작에 대한 보고보다 더 중점적으로 취급한 것으로 보인다.

이처럼 노회들이 교회개척의 시작과 교회설립의 허락에 대한 보고를 별로 구분하지 않고 보고하였기 때문에[23] 교회개척의 초기 과정을 정확하게 파악하기가 쉽지

22) 10개 교회는 다음과 같다. 동평제일교회: 1976년에 시작되어 1977년에 설립됨. 금평교회 및 전북교회: 1977년에 시작되어 1978년에 설립됨. 영광교회: 1978년에 시작되어 1979년에 설립됨. 연산동교회, 반여동 교회 및 초광교회: 1979년에 시작되어 1980년에 설립됨. 문산교회: 1978년에 시작되어 1980년에 설립됨. 부천소망교회: 1981년에 시작되어 1982년에 설립됨. 지곡교회: 1977년에 시작되어 1982년에 설립됨.

23) 총회록에 개척교회라는 용어는 설립교회, 또는 미조직교회와 다른 의미로 사용되었으나 그 구분이 모호하다. 개척교회는 조직교회가 되기 전의 교회성장단계를 모두 포괄하는 용어인지, 아닌지 확실하지 않다. 본 논문에서는 개척교회를 첫 예배모임을 갖게 된 날로부터 설립인준을 받기까지의 교회성장단계를 일컫는 용어로 사용하고 있다. 설립교회에 대한 1992년판 고신헌법의 부록 헌법적 규칙의 기준은 20명의 헌신된 성인 (구도자, 학습인, 또는 세례인의 구별없이)을 확보해야 한다는 것이다. cf. 『헌법(고신)』(1992), 257; 헌법(고신)』(2011), 259.

않다. 이 기간(1976년-1982년)부터 조금씩 드러나기 시작하여 1980년대 말에 이르러 거의 정착된 통례는 총회보고서에 개척교회의 시작에 대한 보고는 생략하고, 주로 교회설립의 허락에 대한 보고만 기록하는 것이었다. 개척교회의 시작에 대한 보고가 점차 생략되었다는 것은 개척교회의 시작에 대한 노회의 관심이 희미해지고 있었음을 보여주는 것이다. 개척의 시작부터 설립의 허락까지 노회의 역할은 거의 없어지고, 개척의 진행은 사역자 개인이 알아서 하는 식의 개별개척이 일반화되고 있었던 것이다. 교회성장의 활기가 넘치던 1970년대 말과 1980년대 초에는 개별개척의 문제가 잘 드러나지 않았지만, 1990년대 초반 이후 교회성장률이 크게 둔화되자, 비로소 그 문제점들이 드러나기 시작하였다.

1983년에는 고신 교회에 큰 경사가 있었다. 고신으로부터 분리되어 나갔던 반고소파 교회들 중에 66개의 교회들이 일시에 고신의 이전 소속 노회로 돌아왔다.[24] 구체적으로는 서울노회로 20개 교회, 경기노회로 25개 교회, 경남노회로 15개 교회, 대구노회로 4개 교회, 그리고 동부산노회로 2개 교회가 환원한 것이었다.[25] 또한 1983년 제33차 총회는 국내전도부를 해외선교부로부터 분리하여, 하나의 독립된 상비부가 되게 하였고,[26] 국내 전도와 교회개척을 진작시키기 위하여 각 교회들은 세례교인 1명당 매년 1,000원씩 헌금하기로 결의하였다.[27] 1984년 총회는 고신의 취약지역인 전북, 충청, 강원 등 세 지역에 교회개척을 집중하기로 결정하고, 노회들이 그 지원을 분담하도록 하였다.[28] 이런 도전을 가장 진지하게 받아들인 노회는 동부산노회였다. 동부산노회는 1984년부터 1989년까지 46개 교회를 개척하였는데 그중에 적어도 15개 이상을 충청지역에 개척하였던 것이다. 동부산노회의 교회개척운동은 노회가 주

---

24) 『대한예수교장로회 총회회록』(1983), 8, 138.
25) 같은 책, 95-96, 107, 111. 『대한예수교장로회 총회회록』(1984), 74, 78, 83, 90-91, 94.
26) 『대한예수교장로회 총회회록』(1983), 33, 295.
27) 같은 책, 353.
28) 『대한예수교장로회 총회회록』(1984), 27.

도한 교회개척모델로서 전체 고신노회들이 본받을만한 것이었다. 하지만 1989년 동부산노회가 남부산노회를 분립한 이후 교회개척을 더 이상 그 전처럼 지속하지 못하였다.

한편, 총회는 1984년에 2,000교회 운동을 추진하기로 결의하였다.[29] 총회전도부장 박유생이 2,000교회 운동과 관련하여 제안한 구상은 다음과 같다. 교회의 연간 예산규모가 4,000만원 – 5,000만원이면 도시에 한 교회를, 3,000만원 – 4,000만원이면 농촌지역에 한 교회를, 2,000만원 – 3,000만원이면 두 교회가 힘을 합해서 도시에 한 교회를, 2,000만원인 교회는 면 지역에 한 교회를 개척하자는 것이었다. 1억원이면 도시와 농촌에 각각 한 교회를 개척하고, 1억원 이상이면 비례적으로 더 많은 교회를 개척하자. 그리고 총회산하의 각 선교기관도 한 교회를 개척하도록 하자.[30] 그렇게 하여 10년 동안 2,000교회 60만 성도에 이르는 것을 성장 목표로 삼자는 제안이었다.

1986년 총회는 2,000교회운동의 목표를 재확인하고 년 예산의 10% 이상을 국내전도와 교회개척에 배정하자고 제안하였다.[31] 1989년 총회는 이 제안을 재확인하였으며,[32] 국내전도위원회는 관리지침을 만들고, 고신 교회개척을 위한 협력, 연구, 재정, 훈련의 중심적 역할을 감당하기로 다짐하였다.[33] 이처럼 총회는 거듭 국내전도와 교회개척을 위한 여러 방안을 발표하였으나, 개체교회들은 각자 자기 교회의 성장에 몰두하고 있었기 때문에, 총회의 결정들은 별로 관심을 끌지 못했고, 효과도 없었다. 총회의 핵심사안이었던 2,000교회운동은 지지부진 한 채 제대로 추진되지 않고 있었다.

---

29) 같은 책.
30) cf. 박유생, "농어촌 교회부흥과 농어촌 교역자," 『월간 고신』(1986년 2월),
31) 『대한예수교장로회 총회회록』(1986), 32.
32) 『대한예수교장로회 총회회록』(1989), 20.
33) 같은 책, 442-447. 『대한예수교장로회 총회회록』(1988), 342-348.

이런 가운데 1987년 총회는 교회개척과 관련하여 중요한 결정 아닌 타협을 하게 된다.

> 개척교회는 해교회를 개척한 교회에 소속되었다가 교회로 인준을 받은 후에는 해 지역노회에 속하는 것을 원칙으로 하기로 가결하다.[34)]

이 결정은 개척교회가 어느 노회의 지역에서 시작하든지 상관없이 소재지 노회로부터 설립허락을 받을 때까지는 '개척한 교회'의 지도를 받도록 규정한 것이었다. 이 규정은 1970년대 후반에 개척교회가 노회로부터 설립 허락을 받기 전에는 노회의 지도와 감독을 받지 않아도 아무 상관이 없던 현장 상황을 반영한 것으로서, 1992년판『헌법』의 부록인 헌법적 규칙에 그대로 수록되어 있다.[35)] 헌법이 규정한 노회의 임무가운데 "개체교회의 설립"[36)]의 임무를 고신의 헌법적 규칙은 '개척한 교회'에게 위임함으로써, 노회가 개척교회에 대해서 할 일은 다만 설립청원을 심사하고 허락하는 것으로 축소되었다.

모든 개척교회가 '모교회'를 갖고 있으면 좋겠지만 현실은 그렇지 않다. 사실 '모교회'가 없는 개척교회들이 '모교회'가 있는 개척교회들보다 더 많다. 그렇다면 '모교회'가 없는 개척교회들은 누가 지도하고 감독해야 하는가? 노회는 뒤로 물러나고 '모교회'로 하여금 개척교회들을 돌보게 한 정책은 실제로 '모교회'가 없는 개척교회들이 많은 상황에서 개척의 모든 책임을 개척사역자 개인에게 다 떠넘기는 격이 되었다. 이런 규정은 고신의 교회개척의 연대적 성격을 약화시키고 개별개척을 무분별하게 방치하는 꼴이 되고 말았다.

---

34)『대한예수교장로회 총회회록』(1987), 26.
35) 제1장, 14조, "헌법적 규칙,"『대한 예수교장로회(고신) 헌법』(1992), 257.
36) 제93조 9항, "교회정치,"『대한 예수교장로회(고신) 헌법』(1992), 206.

개척교회의 시작을 준비하는 단계에서는 '모교회'가 주도적인 역할을 해야 하겠지만, 일단 개척교회가 시작되고 나면, '모교회'가 개척교회를 계속 지원할지라도 개척교회가 '모교회'에 종속되지 않게, 개척교회를 관리 감독하는 것을 노회가 맡도록 하는 것이 더 좋을 것 같다. '모교회'가 없는 개척교회의 경우에는 물론 노회가 그 교회에 대한 지도와 감독의 책임을 담당하도록 해야 할 것이다.

이미 말한 대로, 총회는 1984년에 이어 1989년에도 2,000교회운동을 벌이기로 재차 결정하였다. 1970년대 중반 이후부터 한국교회에는 교파마다 교회수와 성도수의 성장 목표치를 설정해놓고 경쟁적으로 양적성장을 추구하던 교회성장운동이 유행처럼 번지고 있었다. 합동측은 1974년부터 일만교회운동을 펼쳤고, 통합측도 1974년부터 한국개신교 100주년이 되는 1984년까지 5,000교회 150만 성도운동을 전개하기로 선언하였다가, 1992년부터는 일만교회 사백만 신도운동으로 격상시켰다.[37] 한국장로교회의 선두주자격인 두 교회가 교회개척을 교세확장의 주요전략으로 채택하자, 한국장로교회의 여러 분파들뿐 아니라 다른 교파들도 이런 방법을 후속적으로 따르게 되었다. 이런 교회성장운동은 그들 교파의 성장목표를 교인수의 증가뿐 아니라, 교회수의 증가로 삼고 있다는 점에서 교회개척운동을 내포한다고 볼 수 있다.

이와 관련하여 한국에서 일어난 교회성장운동의 영향을 좀 살펴보자. 미국으로부터 들여온 교회성장이론을 어떻게 보아야 할 것인지를 두고 신학적 논의가 필요하던 때에, 총신대학원 교수였던 박아론이 "교회성장신학, 무엇이 문제인가?" 라는 글을 발표하였다. 그는 한편으로 교회성장신학의 문제점을 지적하면서도,[38] 교회성장이론의 핵심적 강조점인 교회의 양적 성장은 신실한 증거의 결과이므로 교회가 마땅

37) 대한예수교장로회(통합) 전도위원회, 『일만교회 사백만 신도운동: 1992-2012』.

38) 그가 교회성장신학의 문제점으로 지적한 것들은 숫적성장을 강조한 반면 신앙성숙을 소홀히 한 점, 교회성장을 왕국성장과 동일시한점, 사회참여의 의식을 약화시킨 점, 신학적 중립을 취함으로써 신학적 입장을 흐린점, 선교 방법론으로 사회 동질집단의 개념을 채택한 점, 성공을 우선적 가치로 여기는 사업적 모델을 수용한 점 등이다. 박아론, "교회성장신학, 무엇이 문제인가?" 『신학지남』 제50권 제1호 (1983년 봄), 19-26.

히 추구해야 할 목표라고 주장하였다.[39] 이렇게 함으로써 그는 이미 국내의 교회들 사이에 널리 유포되고 있던 교회성장운동을 신학적으로 인정하는 데 앞장섰다.

1980년대 중반 이후, 고신 내부에서도 과거 30여 년 동안(1952년-1983년) 교회 성장이 미미했던 것을 반성하면서 교회성장학파의 방법론을 수용하여야 한다는 여론이 조성되고 있었다. 그 당시 화란개혁파교회의 파송으로 고려신학대학원 교수로 재직하고 있던 고재수는 교회성장운동의 신학적 문제점을 지적하였다. 그는 맥가브란의 '찾아질 수 있는 사람들'(findable people)[40]의 개념을 비판하였다. 그 개념은 복음을 기쁘게 받고 싶어하는 사람들이 있으며, 우리는 그들을 찾고 그들에게 복음을 전해야 한다. 우리가 그들에게 전하지 않으면 우리는 '찾아질 수 있는 사람'을 버리는 것이 되고 우리의 책임이라는 것이었다. 고재수는 '찾아질 수 있는 사람'의 개념이 인간 중에 하나님을 찾는 자는 하나도 없이(롬3:10-18) 전적으로 타락되었다는 교리와 상반되며,[41] 우리가 아무리 열심히 외친다고 하여도 죽은 사람은 능력이 없으며 '찾아질 수 있는 사람'이라고 불리워질 수 없다고 하였다. 그들은 이미 하나님을 거부한 사람들이라는 것이다.[42] 하나님의 일이 우리의 권면에 의존한다는 주장은 성령의 능력에 대해 거부하는 것이라고 비판하였다. 또한 '우리 신자들이 복음을 전하지 않았기 때문에 하나님을 믿지 않는다는 사실은 불가능하다'라고 주장하였다.[43] 전도와 교회성장을 말하나 하나님의 말씀을 모두 진리로 받아들이지 않는 교회가 많이 있을 수 있다는 그의 지적은 맞다.[44] 개혁주의 교회성장은 어디까지나 사도들과 선지자들의 터 위에 세움을 입어야 하고, 구주 예수 그리스도를 왕으로 믿어야 한다. 그런데

---

39) 같은 책, 28-31.

40) D. McGavran, *Understanding Church Growth, 3rd edition*(Grand Rapids, MI: Wm. B. Eerdmans Pub. Co., 1990), 24.

41) 고재수, "교의학적 입장에서 본 교회성장 개념,"『월간고신』 통권 12호(1982년 8월), 65-66.

42) 같은 책, 66.

43) 같은 책, 68.

44) 같은 책, 109.

그의 교회성장이론에 대한 비판이 구체적인 교회성장의 대안들을 제시한 것은 아니었기에 교회성장을 갈망하고 있던 고신교회 지도자들의 충분한 공감을 이끌어내지는 못하였다.

김형규는 교회성장은 복음전도와 성령의 사역의 결과라고 하면서[45] 교회는 성령께서 확신을 주시는 대로 죽도록 충성해야 한다고 함으로써[46] 하나님께 대한 신뢰와 하나님의 일에 대한 책임감의 균형을 잡아 보려고 하였다.

조긍천은 1987년 그의 목회학박사학위 논문에서 교회성장에 대한 고신의 부정적 태도가 낮은 성장률의 한 원인일 수 있다고 지적하였다.[47] 그는 고신이 개혁주의 신학을 견지하면서도 교회성장방법론을 수용하여야 한다고 주장하였다.[48]

고신의 신학자들이 교회성장학에 대한 의심과 무관심의 태도에서 벗어나, 좀 더 수용적으로 교회성장학을 논의하기 시작한 것은 1990년대 이후이다. 변종길은 "성경은 교회의 질적성장이 있을 때 양적성장이 따름을 말하고 있다. 양적성장 자체는 그 질적성장을 증거하는 것은 아니다."[49]라고 하였다. 그는 양적성장보다 질적성장을 앞세우면서, 질적성장이 있으면 양적 성장은 자연스러운 부산물이라는 의미의 발언을 하였다. 현유광은 "교회의 양적성장이란 질적성장과 상호 보완적 관계에 있다"고 하면서도, 질적성장이 있는 교회는 "개인적으로 전도하며, 사회적으로 세상의 빛과 소금의 역할을 다함으로" "숫적 성장이 있어야 한다."[50]고 하였다. 그는 질적 성장 이후 양적 성장이 자동적으로 이어지는 것이 아니므로 교회는 질적 성장과 더불

45) 김형규, "교회성장학파의 방법론," 『미스바』 제11권(1986), 80-97.
46) 같은 책, 97.
47) 조긍천, 『대한예수교장로회(고신) 교단의 성장을 위한 연구』, 106.
48) 같은 책, 120.
49) 변종길, "무엇이 성경적 교회성장인가?" 『목회와 신학』(1993년 7월), 35.
50) 현유광, "교회가 숫적 성장을 추구해야 할 성경적 근거와 적용," 『개혁주의 전통과 교회성장』, 교회문제연구소편(서울: 총회출판국, 1996), 63.

어 양적 성장에 항상 관심을 가지고 "새로운 방법들을 개발하여 사용해야 한다."[51]고 강조하였다. 이복수는 교회성장의 개념에 대해서 "양적이며 질적인 성장을 이루어 나가는 교회가 사명의 폭과 질을 넓혀 나가는 성장"[52]이라고 하여 성장만을 위한 성장이 아닌, 하나님 나라를 위한 선교적 성장을 주장하였다.

한국교회에 팽배한 교회성장론은 질과 양의 균형이 아닌, 교회개척이라는 관점에서 다시 비판적으로 평가되어야 한다고 생각한다. 교회성장학자들이 공통적으로 동의하는 것은 한 교회가 성장하다가 더 이상 같은 추세의 성장을 지속하지 못하는 한계점을 만난다는 것이다. 학자들에 따라서 교인수 150명(아언[53]), 200명(와그너,[54] 조지,[55] 설리반,[56] 등), 또는 300명(명성훈[57])을 한계점으로 제시한다. 그 한계점에 이르면 목사의 마인드가 목자(shepherd)의 관점을 벗어나서, 목장경영자(rancher)의 관점으로 전환되어야 교회가 그 한계점을 뚫고 지속적으로 성장할 수 있다고 주장하였다.[58] 목사가 목장경영자의 관점을 가져야 한다는 표현은, 어느 정도 규모를 갖춘 교회의 담임목사는 최고경영인(CEO)과 같이, 부목사를 포함한 회중전체를 효율적으로 관리하는 경영 마인드를 가져야 한다는 의미이다. 이와 같이 성장과정에서 부딪치게 되는 장벽 또는 한계점을 돌파하여 더 큰 교회로 계속 성장해야 한다는 것이 교회성장학파의 지론이다.

---

51) 현유광, "교회의 숫적성장을 위한 신학적 재조명," 같은 책, 87.

52) 이복수, "개혁주의 전통과 교회성장," 같은 책, 13.

53) Win Arn, *The Church Growth Ratio Book* (Monrovia, C. A.: Church Growth Inc., 1990), 『나도 교회성장을 진단할 수 있다』 이성호 역(서울: 베다니출판사, 1994), 33.

54) Peter Wagner, *Leading Your Church to Growth*, (Ventura, C.A.: G L Publications, 1984), 『교회성장을 위한 지도력』, 김선도 역(서울: 생명의 말씀사, 1993), 71.

55) Carl F. George, *How To Break Growth Barriers* (Grand Rapids, Mishigan: Baker Books, 1993), 『교회성장의 한계 이렇게 돌파하라』, 최예자, 유진화 역(서울: 프리셉트, 1996), 161-72, 205-222.

56) Bill Sullivan, *Ten Steps to Breaking the 200 Barrier: a Church Growth Strategy*, 『출석교인 200명 돌파를 위한 작은교회 성장전략』, 이현훈 역(서울: 도서출판 나사렛, 1994), 15.

57) 명성훈, 『장년출석 300명 돌파의 원리와 전략: 이론편』, 38.

58) Peter Wagner, 김선도 역, 앞의 책, 177.

이런 교회성장학파의 한계 돌파의 이론은 다른 말로 바꾸면 대교회지향 이론이라고 할 수 있다. 그러나 개체교회가 적정규모를 넘어 대형화를 지향하면 자체성장에만 몰입하게 되어 분립개척에는 인색하게 될 소지가 크다. 장로교회의 교회정치 제도 상, 몇 교회의 과도한 대형화는 교회 간의 불균형을 낳고 노회 안에서 교회간의 평등과 연대를 위협할 수 있다.

1980년대와 1990년대 고신 교회들의 몇 가지 통계를 주목해 보고자 한다. 우선 고신의 교회별 수찬자 평균이 1983년에는 84명이었는데, 1992년에는 99명으로 증가하였다. 수찬자 평균은 노회별로 차이가 크게 나타난다. 예를 들면, 동부산노회의 교회별 수찬자 평균은 228명, 교회별 등록교인 평균은 638명이었으나, 서울노회의 교회별 수찬자 평균은 27명, 등록교인 평균은 64명에 불과하였다. 전체적으로는 아직 대형화 추세가 나타나지 않았으나, 어떤 노회에서는 대형화의 조짐이 조금씩 보이고 있었다고 할 수 있다.

우리는 이런 대형화의 조짐을 총회의 총대비율 조정에서도 엿볼 수 있다. 고신은 제31회(1981), 제32회(1982), 제35회(1985), 제37회(1987) 총회에서 총대비율에 대하여 논의하다가 1988년에 총대파송 조정위원회를 구성하였다. 노회들이 오래 동안 '다섯 당회 마다 한 목사와 한 장로'를 총회 총대로 보내었는데, 이 규정이 대교회의 교세를 충분히 반영하지 못한다고 보고, 여러 차례 총회에서 그 개정을 시도했으나 부결되곤 하였다.[59] 그러다가 이것을 헌법적 규칙에 명시함으로써,[60] 도시의 대교회들이 교세에 맞게 총대를 파견할 수 있도록 규정화하였다. 이러한 시도들을 볼 때 고신의 교회들이 교회성장운동의 유행을 따라, 대교회를 지향하는 분위기로 서서히 전환되고 있었음을 알 수 있다.

이상의 통계에서 우리는 1980년대와 1990년대에 나타난 교회성장은 개체교회들

59) 『대한예수교장로회 총회회록(고신)』(1988), 320; (1999), 15.
60) "헌법적 규칙," 『헌법(고신)』 (1992), 271.

의 양적 성장과 전체교회수의 증가의 두 측면으로 정리할 수 있다. 그런데 개체교회들이 자체의 양적성장을 계속 추구하면서 '모교회'로서 교회개척을 위하여 물질적 후원뿐 아니라 개척멤버도 파견하는 경우는 흔치 않다. 일반적으로 교회들은 개척교회를 도울 때에 자기 교회의 성도들을 떼어주기보다 후원금을 보내기를 더 선호하는 것 같다. 교인수의 증가와 교회수의 증가 – 이 두 가지 성장이 어떻게 지속적으로 조화를 이룰 수 있을 것인가?

개체교회로서 개척교회와 맺을 수 있는 가장 긴밀한 관계는 분립개척(분봉, hiving-off)할 때에 형성된다. 한국장로교회의 교회개척의 역사는 말할 것 없고, 고신의 교회개척 역사를 보더라도, 분립개척은 새로운 모델은 아니다. 1949년에 영도교회(지금의 제일영도교회)는 4개의 전도소를 제2, 제3, 제4, 제5 영도교회로 분립개척하여 큰 모범을 남겼으며,[61] 광주은광교회[62]나 울산교회[63]도 분립개척을 통하여 여러 교회를 남긴 교회들로 손꼽힌다. 하지만 그 후에 고신 교회들이 분립개척의 좋은 전통을 제대로 계승 확산하지 못한 것은 고신 교회들이 교회성장운동의 영향으로 대교회를 지향하는 개교회 성장을 추구하고 있었기 때문이 아닌가 한다.

1990년대에 고신 교회 가운데 분립(개척)의 대표적 사례는 1976년에 개척된 서울영동교회로부터 분립된 교회들이라 할 수 있다. 서울영동교회는 양적으로 급성장하게 되자, 자체 교회건물을 더 크게 짓지 않고, 그 대신 분립하기로 결정하였다. 1990년에 두 장로와 100여명의 성도들을 떼어 내어 한영교회를, 1993년에는 다섯 장로와 50여명의 성도들로 일원동교회를, 1994년에는 두 장로와 50여명으로 서울남교회를, 1998년에는 박은조 담임목사 및 몇몇 장로들과 약 300여명의 성도들을 떼어 샘물교회를 분립하였다.[64] 그 후 분립된 교회들이 다시 분립개척을 하였는데, 1997년에 한

---

61) 『제일영도교회 100년사』(부산: 육일문화사, 1997), 367-426.

62) 『광주은광교회사:1947-1987』(광주은광교회, 1987), 94-98.

63) 울산교회 40년사 편찬위원회 편,『울산교회 40년사: 1956-1996』(울산교회, 1996).

64) http://www.sydc.net. 2007년 10월에 참조함.

영교회는 다니엘교회를, 샘물교회는 샘빛교회를 2002년에 분립개척하였다. 서울영동교회는 교회를 분립시킬 때 성도들과 장로들을 함께 내보내었기 때문에, 분립된 교회들은 개척교회의 초기단계를 거치지 않고, 처음부터 조직교회로 시작할 수 있었다.[65] 처음부터 조직교회의 규모로 시작하였기 때문에 분립개척이라고 하기보다는 분립이라고 하는 것이 더 적합할 것이다.

잠실중앙교회도 그와 유사한 분립의 한 대표적 사례가 된다. "하나의 대교회를 세우는 것보다 중간 규모의 교회들을 여러 개 세우는 것이 더 낫다."[66]는 확신을 공유한 당회원들이 만약 회중이 1,500명 이상으로 성장하면 그 회중을 재산과 함께 양분하기로 1989년에 이미 결정한 바 있었다. 하지만 실제로 그 회중이 1996년에 1,500명을 상회하게 되자 주요 직분자들의 의견이 크게 나뉘어 분립결정을 실행에 옮기지 못하였다. 분립을 반대하는 직분자들은 대교회가 되면 더 나은 봉사사역을 펼칠 수 있다고 주장하면서, 교회가 자랄 수 있는 데까지 그대로 유지하자는 입장을 굽히지 않았던 것이다. 그러다가 드디어 21세기를 눈앞에 둔 1999년 11월에 잠실중앙교회의 교회발전위원회는 분립을 감행하기로 결의한다. 새로 분립될 교회를 향상교회라 명명하고, 2000년 10월에 정주채 담임목사 및 일곱 장로들이 아이들을 포함한 402명의 성도들과 함께 첫 주일예배를 새 장소에서 드렸다.[67] 향상교회도 분립개척이라고 하기보다는 분립이라고 하는 것이 더 적합할 것이다. 서울영동교회와 잠실중앙교회의 사례는 근년에 고신 교회 가운데 흔치 않은 교회분립의 모범적 사례라고 할 수 있다.

고려신학대학원 교회문제연구소 주최로 2001년에 목회자의 수급에 대한 포럼이 있었다. 그 당시 교회문제연구소장이었던 한정건은 한국교회에 목회자가 과잉 공

---

65) 그렇기 때문에 분립개척이라고 하기보다는, 분립이라고 부르는 것이 더 낫다고 생각한다.

66) 박은조, 정주채, "교회가 교회를 개척하는 패러다임이 필요합니다." 『목회와 신학』 (2002년 4월), 60.

67) http://hyangsang.com/prog/home/html.php?vPwhere=sub1&vPfile=56&P_NO=1. 2009년 2월 17일에 참조함.

급되고 있음을 지적하고,[68] 이런 문제가 무인가 신학교들의 난립 현상에서 비롯되고 있다고 주장하였다. 더 나아가 목사의 공급과 수요를 조정해야 할 교회와 신학교가 그 자정 능력을 상실한 것에 대해서 강하게 비판하였다.[69] 한정건은 교회개척을 무임목사의 문제해소책으로 보지 않았는데,[70] 무분별한 교회개척은 더 많은 미자립교회를 양산할 수 있기 때문이었다.[71] 이복수는 한정건과는 달리 목사후보생 정원을 감축하는 아이디어에 대해서 반대하면서,[72] 교회와 선교부가 사역의 다변화와 전문화를 통하여 신학교 졸업생들을 적극적으로 수용할 수 있도록 해야 한다고 주장하였다. 그는 또한 교회개척을 노회차원의 협의를 통하여 발전시킬 것과,[73] 목사후보생과 졸업생을 팀사역 전문가로 구비시키고,[74] 노회나 총회의 전도부(전도위원회)와 선교부(선교위원회)에 속한 특수사역이나 총회 산하의 기관에 더 많은 일꾼을 배치할 것[75]을 제안하였다.

그러나 두 발표자 중 누구도 개체교회가 적정규모 이상으로 과대성장하려고 하는 문제를 지적하지는 않았다. 한정건은 "우리가 성도 100명 정도의 교회마다 한 명의 목사가 필요하다고 한다 해도 한국에 목사의 수는 지나치게 많을 것이다."[76]라고 했는데, 현재의 교회수와 신학교 졸업생의 수에 따라 예측한 것이지만 앞으로 큰 교회들이 적극적으로 분립개척을 한다면 목회자에 대한 수요가 더 많아질 수도 있음을 고려할 필요가 있다. 이복수는 각 분야의 전문적 은사와 소양을 갖춘 목사들이 개

68) 한정건, "한국교회 목회자 수급조절, 어떻게 할 것인가?" 『한국교회 목회자 수급조절, 어떻게 할 것인가?』 총회신학부 · 고려신학대학원 교회문제연구소 공동주최 세미나 (2001년 9월, 미발행 자료), 6.
69) 같은 책, 15.
70) 같은 책, 19.
71) 같은 책, 19-20.
72) 이복수, "고신 목회자 수급 방향에 대한 제안," 『한국교회 목회자 수급조절, 어떻게 할 것인가?』, 39-47.
73) 같은 책, 48.
74) 같은 책, 49-50.
75) 같은 책, 54-56.
76) 한정건, 앞의 책, 10.

체교회에서 사역팀을 형성한다면, 교회수가 늘어나지 않더라도 목회자가 더 늘어날 것이라고 전망하였다. 그러나 이복수는 그런 제도를 통하여 지속적 성장을 추구하는 개체교회들의 대교회 지향성에 대해서는 문제를 제기하지 않는다. 적정규모 이상이 된 개체교회는 분립함으로써 담임목사의 수요가 늘어날 수 있으며, 분립개척을 하게 되면 개척사역자의 수요도 늘어날 수 있다는 것을 감안하여 목회자 수급을 논해야 한다고 본다.

일반적으로 대교회들의 부적절한 행태에 대해서는 비판하고 있으나, 개체교회들이 적정 규모 이상으로 과도한 성장을 추구하는 대교회지향주의 자체에 대하여는 거의 문제시하지 않고 있다. 독립교회라면 대교회를 추구하는 것에 대해 왈가왈부할 것이 없을지 몰라도, 장로교회로서는 한 개체교회가 거의 한계 없이 지속적인 성장을 추구하도록 방치할 수는 없다고 생각한다. 1992년 고신의 위임목사는 454명, 임시목사는 415명이었다. 임시목사 중에서 135명은 부목사로서 대부분 조직교회에 배치되어, 점점 부목사제도가 고신 전체에 확산되고 있었던 것이다. 앞장에서도 언급했지만, 부목사제도는 대교회주의의 수단으로 사용되고 있다. 대교회의 내부에는 담임목사가 여러 명의 부목사를 수하에 두고, 보고받고 지시하는 경영주(CEO)와 같은 권한을 행사하고 있다. 목사 간의 평등을 존중하는 장로교회로서 대교회 안에 있는 감독적 상하 조직체계를 수용하는 것이 적절하지 않다면, 부목사제도를 채용하고 있는 대교회 자체를 중립적으로 방관하기는 어렵다고 본다.

적정규모 이상으로 자랐으면서도 분립개척을 준비할 생각조차 하지 않는다면, 이미 대교회주의의 흐름에 편승하고 있는 것이 아닐까? 우리는 자신도 모르는 사이에 대교회주의의 대세를 따라가고 있거나, 이런 문제들을 알고 있으면서도 대세를 거슬러 말하지 못하고 침묵하고 있는 것은 아닌지 모르겠다. 이런 분위기 속에서 건전한 교회개척의 기회들이 억압되었다고 감히 말할 수 있다.

고신의 큰 개체교회들은 개척교회에 대한 '모교회'로서의 책임을 감당하기보다,

오히려 자기교회의 성장에만 몰두하여 개척교회에 대한 책임을 외면하지는 않았는지 반성해 보아야 할 것이다. 고신은 개척교회의 관리를 '모교회'에 맡기기로 헌법적 규칙에 규정화하였으나, 실제로 분립개척을 통하여 한 개척교회의 '모교회'가 되고자 하는 의지를 가진 교회는 별로 없었다고 생각한다. 그러면서도 고신은 2,000교회운동과 같은 교회개척운동을 펼쳤으니, 이는 개별개척을 간접적으로 방조한 것과 다름없었다.

1990년대의 총회록에 기재된 노회보고서 가운데 교회개척에 대한 통계는 정확하지 못한 면이 많다. 교회개척에 대한 보고가 생략된 부분이 많고 너무 빈약하여 그 교회의 발전 혹은 퇴보를 확인하기 어렵다. 그래서 우리는 노회보고서의 대안으로 1991년부터 2000년까지 매년 발간된 교단주소록을 면밀히 분석해서 어느 정도의 개척상황을 살펴 볼 필요가 있다고 생각하게 되었다. 교단주소록이 교회의 변동사항에 대한 정확한 자료는 아니지만, 교회의 소재와 존재 유무를 추적할 수 있는 비교적 신뢰할만한 간접 자료가 된다. 전년도의 주소록과 금년도의 주소록을 비교하여 새로 수록된 교회와 새로 누락된 교회를 포착하고, 그 변화의 원인을 찾아가다 보면 새로 개척된 교회인지 아니면 이름만 바뀐 교회인지, 더 나아가 폐쇄되었는지, 다른 교회로 병합되었는지, 탈퇴했는지[77]를 어느 정도 추적할 수 있다고 생각하였다.[78] 1991년부터 2000년까지 교단주소록에 그 이름이 처음으로 등장한 교회가 410개였는데, 그 중에 (이름이 바뀌었거나, 주소가 변경된 교회들을 포함해서) 310개 교회는 2000

77) 다락방운동과 연루되어 교단을 탈퇴한 교회는 파악해 보니 적어도 9개 교회 이상이었다. 교단 탈퇴의 주요한 원인은 다락방 사건 때문이었다. 교회 안팎에 작은 성경공부 모임을 통하여 전도운동을 펼치던 단체였는데, 교인들에게 전도에 헌신하도록 도전하였기 때문에 많은 성도들뿐 아니라, 목사들도 이 운동에 가담하였다. 다락방운동의 이단성에 대한 의문이 일어나, 총회가 고려신학대학원 교수회의 연구보고를 받아 심의한 후에 몇몇 교리에 이단적 성격이 있다고 판단하여 다락방과 관련된 교회들에게 다락방을 떠나도록 결의했으나, 그 결의에 따르지 않고 교단을 탈퇴한 교회들이 여러 교회였다. 다락방 운동은 몇 가지 지나친 교리 외에도, 교회와의 상호 협력적인 관계설정 없이 교인들을 자기 단체로 흡수하는 방법이 문제였다. 나중에 그들은 하나의 교단이 되어 총회를 조직하였다.

78) 그리고 고신 50주년기념화보집에 나타난 교회명단으로 각 교회의 개척년도, 이름, 생존여부를 교차 비교하였다. 서창수 편, 『고신교단 50주년 기념화보집』.

년 교단주소록에도 남아 있었다. 그러나 100개 교회는 문을 닫았는지, 다른 교회로 병합되었는지, 고신을 탈퇴하였는지, 안타깝지만 알 수가 없었다. 폐쇄된 개척교회들은 여러 가지 결정적 사유들이 분명히 있었을 것인데, 그 원인들을 파악하는 작업이 반드시 이루어져야 한다고 생각한다.

과거의 개척사역자들은 더 열악한 상황에서도 모든 역경을 이기고 교회를 개척해 내었는데, 현재의 개척사역자들은 더 나은 여건에서도 개척을 이루어내지 못하니 역량과 헌신이 부족하다고 질타하기가 쉬운데 과연 그런 평가가 공평한 것일까? 무엇보다도 오늘의 개척 상황이 과거와는 크게 다르다는 것을 기억해야 한다. 그 때에는 주변에 교회들이 별로 없었다. 전도를 받은 사람들이 인도자에게 이끌리어 별 선택의 여지없이 개척교회로 등록하였다. 그러나 지금은 전도하여 회심자를 얻기 힘들 뿐 아니라, 회심자를 얻었다고 하더라도 인도자가 그를 개척교회로 데려와 정착시키기는 더욱 힘들다. 주변에 많은 교회들이 있기 때문에 회심자들이 자기들이 원하는 기존교회로 이끌리는 경우들이 많다. 개척사역자들은 예배당 시설을 개선하기 위하여 건축이나 인테리어에 무리한 투자를 하다가 큰 빚을 지기도 하고, 부채의 이자조차 갚지 못하여 부도가 나기도 한다. 계속되는 재정압박을 견디지 못하다가 결국 개척의 꿈을 접는 사례도 적지 않다.[79)]

고신은 2001년 총회에서 교단미래발전정책위원회가 제안한 '2020년까지 3000교회운동'을 교세확장전략으로 채택하였다.[80)] 이에 따라 2003년 총회는 교회개척사역자 훈련원을 설립하기로 결의하고 그 첫 훈련을 2006년에 시행하였다.[81)] 이미 2008년부터 3000교회운동의 일환으로 160개 이상의 개척교회가 시작되었다.[82)] 이제는

---

79) 2009년을 기준으로 1699 교회 중에서 아직도 외부의 재정적 지원을 매월 10만원 이상 지원 받고 있는 교회들은 685개 교회로서 40.3%에 해당한다. 총회(고신) 국내전도위원회, 『미자립교회 지원현황 보고 및 지원 요청 통합자료』(2009).

80) 『대한예수교장로회 총회회록(고신)』(2001), 40, 191-3.

81) 『대한예수교장로회 총회회록(고신)』(2003), 40, 487.

82) 『대한예수교장로회 총회회록(고신)』(2007), 58.

그 개척교회들이 그 이후 어떻게 성장하고 있는지에 대해서 후속적 관심과 지도가 절실히 필요한 시점이다. 왜냐하면 3000교회의 운동은 교회의 수만 늘리는 운동이 아니라 장로교회의 정체성을 갖춘 내실있는 개혁주의 교회개척운동이 되어야 할 것이기 때문이다.

한|국|장|로|교|회|와
교|회|개|척

제 사 부

제 십 일 장
장로교 교회개척의 원리

제 십 일 장

장로교 교회개척의 원리

제 십 일 장에서 제 십 사 장까지는 장로교 교회개척의 원리들을 찾아보고자 한다. 장로교 교회개척을 위한 일반적 원리들을 권장하기 위하여 세 가지 방향으로 논의를 진행하고자 한다. 첫째, 장로회적 교회개척원리를 확인하고 적용하기, 둘째, 장로교 정체제도에 있어서 교회개척에 미흡한 부분을 보완하기, 셋째, 다른 교회들이 가지고 있는 교회개척의 장점들을 장로교 교회개척의 체계 안에 채용하기 등이다. 지금까지 장로교 정치제도와 상관된 교회개척의 원리를 논한 책이나 글들은 거의 없다. 우리는 한국장로교회의 공식문서들과 다른 장로교회들의 교회개척 매뉴얼을 참고로 할 것이다.

1. 『교회정치문답조례』[1]에 나타난 교회개척.

『교회정치문답조례』에서는 교회개척이라는 표현은 보이지 않고, '교회조직'이란 표현이 자주 나타난다. 이 문헌에서 교회개척에 가장 근접한 용어는 '교회조직'[2]이라고 할 수 있다. 『교회정치문답조례』에서 '교회조직'은 새 회중을 장로회 개체교회(Presbyterian particular church) 즉 조직교회(organized church)가 되게 하는 과정을 말한다. 『교회정치문답조례』에 나타나는 용어인 '개체교회'와 '조직교회'를 간단히 비교해 보자. 개체교회는 일반적으로 보편적 교회의 일부가 "한 장소에서 함께 만나 성찬과 예배를 함께"[3] 하는 "고백적 신자들로 구성되며, ... 어떤 정치형태를 띤다."[4] 『교회정치문답조례』 제36문답에서는 특별히 '장로교회적 개체교회'를 다음과 같이 정의하고 있다;

> 장로교회적 개체교회는, 장성한 사람들로서 예수 그리스도의 제자됨을 고백하고 그 길을 걸어가는 사람들이 구성하여 교회를 설립하고, 신앙고백과 장로교 교회정치의 원리에 입각하며, 한 사람 이상의 치리 장로를 선출하여 노회의 장립을 받게 하고, 위임식을 하게 되면, 자원하는 마음으로 주 안에서 그들의 권위에 순복하는 사람들의 영적 지도자가 되면서 장로교회 지교회가 된다.[5]

'장로교회적 개체교회'란 용어는 신앙고백과 장로교 교회정치에 표현된 대로 장로

---

1) J. Aspinwall Hodge, *What is Presbyterian Law as Defined by thc Church Courts? 4th ed.* (Philadelphia: Presbyterian Board of Publication, 1886). 1917년에 이 책을 한국어로 번역한 사람은 북장로교 선교사였던 Clarles Allen Clark(한국명 곽안련) 이었지만, 그의 번역은 여자적 번역은 아니었다. 지금 국내에서 일반적으로 구할 수 있는 번역책은 박병진과 김정덕 공역, 『교회정치문답조례』(서울: 은성문화사, 1968)이다.

2) J. Aspinwall Hodge, 32.

3) ibid., 29.

4) ibid., 30.

5) ibid. 번역된 인용문은 배광식의 번역을 참고했다. cf. J. A. 하지, 배광식 외 2인 역, 『교회정치문답조례』(대한예수교장로회총회 출판사업국, 2011), 44. 이 번역에서는 개체교회를 '지교회'로 번역하였다.

회적 정치제도의 일관성을 강조하고 있는데, 그런 교회는 한 명 또는 그 이상의 치리장로의 지도력 아래 있다고 한다.

조직교회라는 용어는 당회를 갖춘 교회를 지칭한다. 『교회정치문답조례』에 의하면 "사전에 노회의 지시나 허락 없이 교회를 조직하는 것은 복음의 사역자인 목사의 특권이 아니다."[6]라고 말함으로써 교회조직은 목사의 사적 권한 아래 있는 것이 아니고, 노회의 권한 아래 있음을 명시하고 있다. 교회조직의 과정은 노회가 "새교회로 조직되어지기를 원하는 사람들로부터" 신청을 받는 것으로 시작된다. 그 다음으로 노회의 위원회가 청원인들의 신앙고백을 심사하고, "장로교회가 인정한 교리와 질서에 의하여 한 교회의 관계 속에서 함께 걸어가려는"[7] 자들과 계약을 맺는다. 필요하다면 아직 세례를 받지 못한 자들에게 세례를 준다. 그 다음 단계로 치리장로와 집사들을 선출하고 장립한다. 마지막으로 그 교회가 조직되었음을 공예배 시에 선포하고 다음 노회모임에 보고하는 것으로 일단락된다.[8]

여기 교회조직에 대해서 논하면서 위임목사에 대한 직접적인 언급은 없다. 교회개척사역자나, 다른 목사를 위임목사로 청빙하는 것은 장로를 선출한 후의 일이므로 언급이 되지 않았을 뿐이다. 『교회정치문답조례』가 "완전조직은 목사의 존재 없이는 불가능하다."[9]고 말한 것도 장로를 장립한 후에 목사를 청빙함으로써 교회조직이 완성됨을 규정하고 있는 것이라고 볼 수 있다. 미조직교회의 목사는 그 교회에 장로가 장립되기까지 교회의 지도자로서 모든 분야의 사역들을 주도적으로 이끌어야 하겠지만, 일단 장로가 장립되면 반드시 목사의 청빙절차를 통과해야 그 교회에서 계속 목회사역을 할 수 있다.

---

6) J. Aspinwell, op. cit., 31.
7) ibid., 32.
8) ibid., 33. (박병진과 김정덕, 10:372, 32)
9) ibid., 34.

어떤 회중은 장로를 선출할 최소한의 정족수인 세례교인(입교인) 30명[10]에 미치지 못하여 미조직 교회로 머물러 있을 수 있다.[11] 하지만『교회정치문답조례』가 말하는 바, 장로와 목사가 존재하는 교회로서 완전당회가 조직되는 시점을 교회개척의 종료시점으로 설정하는 것이 옳다.

『교회정치문답조례』에서 회중(congregation)이란 용어는 교회와는 구별된다. 회중은 조직교회이든, 미조직교회이든, "공예배를 위하여 한 장소에 모인 사람들"[12]을 지칭한다. 일반적으로 회중은 단순히 "예배를 위하여 연합하기를 원하는 사람들에 의해서"[13] 형성될 수 있다. 교회는 "정규적으로 안수받은 교역자 하에서 믿는 자들과 그들의 자녀들로 구성"된다고 말하는데, 즉 조직된 회중이다.『교회정치문답조례』에서 '장로회적 회중'은 "그 인준과 완전조직을 위하여 가장 가까운 노회에 청원을 해야 하며, 정규예배를 마련해야 한다."[14]라고 규정하고 있다. 장로회적 회중은 장로교회로 조직된 회중인 것이다.

『교회정치문답조례』 속에서는 '장로회적 회중을 어떻게 조직할 것인가' 하는 질문을 해 보는 것이 '장로회적 교회개척을 어떻게 할 것인가'라는 논의에 가장 가까이 다가갈 수 있는 길이라고 생각한다. 하지만 '교회조직'이란 용어는 교회개척의 준비과정을 다 포괄하지 못한다. 한편, '교회개척'이란 단어는 장로회적 회중으로서의 '교회조직'의 완성의 단계를 포용하지 못한 채 사용될 때가 많다. 따라서 장로교 교회개척을 논할 때, 교회개척의 종료시점을 장로교회 회중의 기본 조직이 완성되기까지로 잡아야 할 것이다.[15]

---

10) 대한예수교장로회 고신총회,『헌법』(2011), 293-4. 농어촌교회(면 소재지는 제외)는 세례교인(입교인) 20명 이상이 있으면 장로 한 사람을 선출할 수 있다.

11) J. Aspinwall Hodge, op. cit., 35.

12) ibid., 36.

13) ibid.

14) ibid., 31.

15) 교회개척의 전체과정에 대해서는 제14장에서 집중적으로 논의하고자 한다.

『교회정치문답조례』는 '교회조직'의 시작을 어떻게 설명하고 있으며, 그 설명이 '교회개척'의 시작에 대한 설명으로 충분한지 살펴보자. 몇 가지의 예외를 제외하고는,[16] 교회조직을 시작할 수 있는 특권은 어떤 목사 개인에게 주어지지 않았다. 앞에서도 언급했듯이, 어떤 그룹이나 회중이 장로회적 회중이 되기를 원한다면, 노회에다 그 인준을 위한 청원을 제출해야 한다. 이 청원은 '장로회적 회중으로의 조직을 시작할 수 있도록' 인준해 달라는 것이다. 교회조직은『교회정치문답조례』의 표현을 따른다면, 한 회중의 청원과 노회의 인준으로 시작된다는 것이다. 문제는 이 청원과 인준의 원리를 교회개척의 어느 단계에서부터 적용시킬 것인가 하는 것이다.『교회정치문답조례』는 그 적용 시점에 대해서 더 이상의 자세한 언급을 하지 않는다. 그런데 고신의『헌법』은 이 원리를 개체교회의 설립에 적용시키고 있다.[17] 이에 대해서는 조금 후에 다루기로 하자.

『교회정치문답조례』는 "노회는 어떤 일정한 지역 안에 있는 5명 이상의 모든 목사와 각 회중으로부터 한 명의 치리장로로 구성된다."[18]라고 새로운 노회의 조직에 필요한 조건을 말하고 있다. 기존의 노회를 분립하는 경우에는 소속하게 될 교회들을 적절히 안배할 것이기 때문에 새 노회의 창립의 조건이 되는 목사와 치리장로에 대해 자세히 논의할 필요가 없을 것이다. 하지만 기존 노회의 변방이나 기존의 노회로부터 멀리 떨어진 새로운 지역에 새 노회를 조직하려는 것이라면, 그 구성원이 될 목사와 치리장로에 대해서 좀 더 자세하게 따져 볼 필요가 있다고 생각한다.

여기에 언급된 '5명 이상의 목사'는 조직교회의 목사일 수도 있고, 미조직교회의 목사일 수도 있다. 아직 노회로부터 교회설립의 청원과 인준을 받지 못한 교회의 목사일수도 있지만, 목회 외의 다른 사역을 하고 있는 목사일 수도 있다. 새로 노회를

16) "전도자들의 사역의 일부로 만들어진 전방과 빈민지역을 제외하고, 그리고 노회에 청원을 내기에 극도로 불편한 지역을 제외하고, ... 교회를 조직하는 것은 한 전도목사의 특권이 아니다." 같은 책, 31.

17)『헌법(고신)』, 259.

18) J. Aspinwell Hodge, 181.

만들고자 하는 그 지역에 있는 목사라면 목회를 하든 하지 않든, 새 노회의 구성원이 될 수 있다는 의미로 해석할 수도 있다. 한편, '치리장로'는 이미 장로회적 회중으로 조직된 회중을 대표하기 때문에, 치리장로는 각 자의 조직교회를 대표하여 새 노회에 총대로 참여하도록 한 것으로 볼 수 있다. 그러나 치리장로의 수를 규정하지 않은 것으로 보아 새 노회의 조직에 있어서 조직교회가 몇 개가 되어야 한다거나 치리장로가 반드시 있어야 한다는 기준은 제시되지 않았다.『교회정치문답조례』도 이 점에 대해서 "(노회는) ... 조직교회 없이도 성립될 수 있지만, 어떤 한 지역을 반드시 가져야 한다."[19]고 밝히고 있다. 다시 말하면, 새 노회를 조직하려고 설정한 지역에 목사가 5명 이상 있으면, 치리장로를 가진 회중, 즉 조직교회가 몇 개이든지 상관없이 노회를 조직할 수 있다는 의미였던 것이다.

이미 앞의 장에서 언급했듯이,[20] 한국장로교회 역사에 있어서 장로회 공의회가 목사 선교사들과 지소(sub-station)의 회중을 대표하는 치리장로들로 1907년에 독노회를 조직할 때에, 조선인 목사가 있는 조직교회는 하나도 없었다. 대한예수교장로회 독노회의 조직은 선교사를 개체교회의 당회장으로 하는 개체교회들로 서둘러 진행되었다고 하지 않을 수 없다. 이처럼 노회조직이 어설프게 진행된 데에는 '조직교회 없이도 노회를 조직할 수 있다.'고 한『교회정치문답조례』의 영향이 있었던 것으로 생각된다.

『교회정치문답조례』의 이런 조항들의 의미를 표면적으로만 분석해 보면, 새 노회 조직의 기본적 구성요소는 조직교회가 아닌 목사 개인이라는 판단도 가능하다. 이에 따르면 조직교회의 목사나 그 회중의 대표인 치리장로가 없다 하더라도, 그 지역에서 개척을 시작한 목사이거나, 목회 외의 다른 사역을 하는 기관목사이거나, 아무 사역을 하지 않는 무임목사라 할지라도, 그 지역에 정착한 목사이면 개인적 자격으

19) ibid., 182 (박병진과 김정덕 역, 10:280, 125)
20) 제5장 78페이지를 참고하라.

로 새 노회의 창립 구성원이 될 수 있기 때문이다. 하지만 기관목사나 무임목사들로 새 노회를 조직한다는 것은 명분이 서지 않는 일이므로 실제적으로는 가능하지 않다고 봐야 한다.

『교회정치문답조례』가 노회는 "… 조직교회 없이도 노회는 성립될 수 있지만, 어떤 한 지역을 반드시 가져야 한다."라고 한 것은 새 노회의 조직의 명분은 새로운 지역에서의 교회개척에 있음을 강조하려는 의도를 보여준 것으로 이해된다. 하지만 기존의 노회가 두 노회로 분립하는 것이 아닌, 새로운 노회를 조직하는 것은 교회개척의 과정과 깊이 연관되어 있다. 개체교회들이 조직교회로 기반을 닦은 위에 노회를 조직하는 것이 합당하다. 교회가 조직된 후에 치리장로들과 목사들이 나란히 새 노회의 조직에 창립회원으로 참여할 수 있기 때문이다. 개척교회나 미조직교회를 담임하고 있는 목회자들은 새 노회가 조직된 후에 회원으로 받아들일 수는 있으나, 노회의 창립회원이 되기에는 적절하지 않다고 본다. 조직교회의 목회자들이 아직 5명이 되지 않는다면, 개척교회와 미조직교회들이 조직교회로 성장하기까지 새 노회 조직을 준비하는 기간으로 삼으면 될 것이다. 개체교회에서 목회를 하지 않거나, 기관 사역을 하는 목사는 새 노회가 조직된 후에 새 노회로 이명하면 되지, 새 노회의 창립회원으로 간주할 필요는 없다고 본다.

『교회정치문답조례』에서 조직교회가 아직 세워지지 않았음에도 불구하고 노회를 신설할 수 있도록 한 것은 노회가 조직교회를 바탕으로 한다는 기본 개념이 분명하게 정립되어 있지 않기 때문으로 사료된다. 장로교회의 교회개척은 한 회중을 장로회적 회중으로 조직하는 것이며, 장로교회의 노회신설은 교회개척의 결과로 형성된 조직교회들의 목사와 장로를 중심으로 하는 지역 단위의 장로회적 교회 연대를 조직하는 것이라 할 수 있다.

장로교회의 정치는 교권을 한 사람에게 집중시키지 않기 위해 개체교회마다 복수의 장로를 세우는 것을 원리로 삼고 있다. 복수장로의 원리를 노회에 적용한다면,

한 두 교회가 주도하는 노회가 아니라, 여러 조직교회가 어우러져서 노회가 신설되도록 하는 것이 장로교회의 정치원리에 부합한다고 생각한다. 물론 어떤 교회는 장로를 장립할 만큼 성장하지 못하고 오래 동안 미조직교회에 머물러 있을 수 있다. 그러나 일반적인 상황에서는 교회마다 장로를 장립하고 목사를 청빙하여 당회가 있는 조직교회로 자라가야 한다. 따라서 최소한의 복수장로의 조합인 한 장로와 한 목사로 구성된 준당회가 조직되면 장로회적 교회개척은 일차적으로 종료된 것으로 볼 수 있다.

2. 고신『헌법』의 '교회정치'에 나타난 교회개척

1992년판 고신『헌법』의 '교회정치' 편에는 "노회는 일정한 지역 안의 시무교회가 각기 다른 목사 5인 이상과, 당회 5개처 이상에서 파송한 장로로 조직한다."[21]고 함으로써 조직교회 없이 노회를 조직할 수 있도록 한『교회정치문답조례』의 오류가 시정되어 있다. 2011년판 고신『헌법』의 '교회정치' 편에는 "목사 30인 이상과, 당회 12개처 이상에서 파송한 장로"[22]를 노회조직의 기준으로 상향조정하였다. 이렇게 함으로써 노회의 구성요소가 목사 개인이나 장로 개인이 아닌 지역의 교회에 기반하고 있음을 분명히 나타내고 있다.

고신『헌법』의 '교회정치' 편에서 개체교회에 대한 일반적 언급은『교회정치문답조례』에 나타난 개체교회의 정의와 거의 동일하다.[23] 그러나, 고신『헌법』의 '교회정치'에서는 개체교회를 조직교회와 미조직교회로 분류하고 있다는 점이 다르다.[24] 이러

21) 제12장 90조, "교회정치,"『헌법』(고신) (1992), 205.
22) 제11장 127조, "교회정치,"『헌법』(고신) (2011), 298.
23) 제2장 13조, 같은 책, 258.
24) 2장 13조, 같은 책.

한 차이로 인해 『교회정치문답조례』에서는 적어도 한 명 이상의 치리장로가 있어야 개체교회로 보는데 비해, '교회정치'에서는 아직 치리장로가 없는 미조직교회라도 개체교회로 인정된다.

『교회정치문답조례』에서 많이 사용된 '교회조직'이란 용어 대신에 고신 『헌법』에서는 '교회설립'이란 용어가 가끔 나오고 있다.[25] 『헌법』의 '교회정치' 부분에서 '교회개척'에 가장 근접한 용어가 있다면 그것은 '교회설립'이다. 『교회정치문답조례』나 고신 『헌법』은 공통적으로 개체교회의 조직 또는 설립은 노회의 소관임을 분명하게 밝히고 있다. 이를 위한 청원을 『교회정치문답조례』는 개체교회의 조직에 대한 청원으로 보기 때문에 교회조직이란 용어가 많이 사용된 반면, 고신 『헌법』은 이 청원을 미조직 개체교회의 설립에 대한 청원으로 보기 때문에 교회설립이라는 용어가 선호된 것 같다. 『교회정치문답조례』에서 이 청원은 한 회중이 장로와 집사를 (한 명 이상) 장립함으로써 개체교회의 조직을 인준하기에 이른다. 그러나 『헌법』에서는 '교회정치' 제2장 14조 1[26]에 나타난 대로 개체교회설립에 대한 청원의 시점을 개척교회의 시작이 아닌 미조직교회 시작으로 잡고 있다는 것이다. '교회정치'에서의 '교회설립의 허락'이란, 정기적 예배 모임을 가지는 개척교회가 하나의 미조직 개체교회[27]로 노회로부터 허락을 받는 것을 의미한다. 따라서 『교회정치문답조례』에서의 '교회조직'과 고신 『헌법』 '교회정치' 편에서의 '교회설립'은 등가의 개념은 아니다. 교회설립 허락을 받은 후에 한 명의 장로를 장립하여 조직교회가 되기까지는 상당한 성장의 과정이 필요하기 때문이다.

고신 1992년판 『헌법』의 부록, '헌법적 규칙'에 들어있던 개체교회 설립에 대한 조항들 대부분이 개정된 2011년판 『헌법』에 그대로 삽입되었다. 새 『헌법』의 '교회정치'

25) 제2장 14조, 16조, 19조, 같은 책, 259.

26) 제2장 14조 1에는 "예배 장소를 준비하고 일정한 교인들이 회집하다가 교회를 설립하고자 하면 노회에 청원하여 허락을 받아야 한다."는 규정하고 있다.

27) 『헌법』(고신) '교회정치'편에서의 개체교회 개념을 따름.

편에도 '헌법적 규칙'에서처럼 "개체교회의 설립에 필요한 교인의 수는 장년교인(원입, 세례, 학습) 20인 이상"[28]이어야 한다고 규정하고 있다. 처음부터 20명의 장년교인이 확보되어 교회설립을 바로 청원하는 경우도 있겠지만, 장년교인 20명을 확보하기까지 상당히 오랜 세월을 보내야 하는 경우가 많다. 여기에서 우리는 질문하게 된다. 예배장소를 준비하고 장년교인이 20명이 되기까지의 개척교회의 단계는 청원과 인준(허락)의 절차 없이 임의로 진행되어도 좋은가? 이 청원과 인준의 원리가 개체교회의 설립의 단계가 아닌, 개척교회의 시작단계부터 적용된다면 무분별한 개별개척을 견제하는 동시에, 준비된 팀개척을 촉진할 수 있을 것이다.

교회설립청원의 조건은 20인 이상의 장년교인인데, 원입, 학습, 세례 등의 신급과는 상관이 없다고 한다. 아직 세례를 받지 않고 그 교회에 정착하지도 못한 원입교인들을 교회설립의 청원인에 포함시킴으로써 미조직교회 설립의 조건을 완화시켜 놓았다.

제2장 14조 3은 개체교회설립 및 분립 청원을 위한 구비서류 목록을 제시하고 있다.[29] 공통으로 구비할 서류는 교회명칭과 소재지, 20명 이상의 장년교인들의 명단, 예배당 시설, 교회의 경제적 자립의 가능성, 부근교회와의 거리, 지역환경의 적합성 평가 등의 내용을 담고 있어야 하며, 분립할 경우에는 설립청원 서류 외에 당회와 공동의회의 회의록 사본 등을 더 첨부해야 한다. 제2장 14조 4는 노회가 교회설립과 교회분립을 허락할 권한을 가지고 있음을 밝힌다. 제2장 16조 2는 노회가 설립 또는 분립의 청원의 합당성 여부를 평가하며, 설립(또는 분립)이 허락된 교회에 당회장을 파송할 권한도 가지고 있음을 밝히고 있다.

"개체교회 설립 및 분립청원을 받은 노회는 설립 또는 분립될 곳의 형편과 여건을

28) 제2장 14조 2. 같은 책.
29) 같은 책.

소상하게 살펴서 합당하면 허락하고, 당회장을 파송한다."[30]

고신의『헌법』에는 설립허락을 받았으나 당회가 없는 교회마다 노회가 당회장을 파송하도록 하고 있는데,[31] 설립허락을 받은 교회는 노회에 속한 하나의 개체교회이기 때문이다. 목사인 개척사역자가 있는데 다른 교회의 목사를 당회장으로 파송해야 하는가, 이런 질문이 생긴다. 개척교회의 단계에서부터 시무하고 있는 개척사역자(고신『헌법』에서는 전도목사라고 함[32])가 그 교회의 당회장이 되기 위해서는 우선 전임목사가 되어야 하는데, 개척사역자를 전임목사로 청빙하기 위해서는 노회가 공동의회[33]를 주관할 당회장을 임명해야 한다. 개척사역자가 전임목사로 청빙되면, 그를 당회장으로 임명하는 것이 상례이지만, 노회의 결의 없이 자동적으로 당회장이 되는 것은 아니다.[34] 노회가 전임목사를 당회장으로 결의하기까지는 노회의 보냄을 받은 타교회의 목사가 당회장의 역할을 겸하게 되어 있다. 이런 절차들을 감안한다고 하더라도, 노회가 개척사역자가 있는 교회에 타교회의 목사를 당회장으로 파송하는 것은 어색하다. 교회설립 허락과 개척사역자의 청빙과 당회장의 파송을 따로 분리해서 취급할 것이 아니고, 개척교회가 교회설립을 신청할 때에 전임목사의 청빙서를 동시에 제출하게 하고, 노회가 교회설립을 허락할 때에 전임목사의 청빙도 함께 허락한다면, 그를 당회장으로 즉시 임명 할 수 있다고 생각한다.

그러나 노회가 장로나 당회가 없는 미조직교회에 당회장을 배정하던 전통이 고신을 포함한 한국장로교회의 헌법에 아직도 남아 있는 것은 이제 재고되어야 한다. 이제는 대부분의 개척사역자들이 목사이기 때문이다. 노회가 한 개척교회를 미조직

30) 같은 책, 260.
31) 제2장 13조 2, 같은 책, 258.
32) 제5장 47조, 같은 책, 273.
33) 제5장 50조, 같은 책, 274.
34) 제10장 118조 2, 같은 책, 295.

개체교회로 설립 허락할 때에 그 개척교회의 시작부터 개척사역자로 수고한 목사를 전임목사로 청빙하면 된다. 당회도 없는데 당회장을 배치해야 할 이유는 없다고 생각한다.

다만 아직 장로교회의 틀을 다 갖추지 못한 교회, 즉 당회가 없는 미조직교회에게 적용하기에 적합한 장로교회적 제도를 마련하는 것이 필요하다. 일시적으로 당회를 구성할 필요가 있다고 한다면 고신『헌법』'교회정치' 제10장 121조가 제시하고 있는 것처럼 전임목사가 당회장의 역할을 하되 시찰회의 협조를 얻든지, 노회에게 협조 당회원을 파견해 줄 것을 청원할 수 있다.[35] 미국정통장로교회에서는 개척교회를 시작할 때부터 대여장로를 배치하고 있는데, 이것에 대해서는 이 장의 후반부에 자세하게 언급하고자 한다.

고신의『헌법』은 교회개척에 있어서 노회의 역할을 '교회설립의 허락'에만 너무 한정시키고 있다. 사실 노회의 교회개척에 대한 관심이 "예배장소를 준비하고 일정한 교인들이 회집"하기 시작한 개척교회 단계에도 미쳐야 한다. 그런데 고신의『헌법』은 노회의 개척교회에 대한 관리에 대해서 매우 소극적인 입장만 보여 줄 뿐이다. '개척교회의 관리'라는 항목이 새『헌법』'교회정치' 제2장 15조에 나타나는데,『헌법』에서 '개척교회'란 용어가 처음으로 등장하는 데가 바로 이 조항이다.

> 개척교회의 관리
>
> 1. 동일한 노회지역의 개척교회는 그 교회를 개척한 교회가 관리하고, 교회설립 허락을 받은 후에는 노회에서 관리한다.
> 2. 다른 노회지역 내의 개척교회 관리는 1항에 준한다. 단, 교회설립허락은 개척교회 소속 지역노회에 한한다.[36]

---

35) 제10장 121조, 같은 책, 295.
36) 같은 책.

우선 이 조항을 보면, 교회설립 허락 이전에 존재하고 있는 '개척교회'의 관리는 노회가 아닌 '그 교회를 개척한 교회,' 소위 '모교회'가 맡게 되어 있음을 알게 된다. 이 조항에 의하면, 노회는 개척교회의 교회설립 청원이 들어오기 전에는 개척교회를 위해서 공식적으로 할 일이 없다. 15조는 또한 소위 '모교회'가 자기 노회 관할 밖의 지역에 교회를 개척하더라도, 그 개척교회에 대한 관리의 권한을 가지고 있음을 보여준다. 즉, 개척교회의 관리는 노회의 관할 사안이 아니고, '모교회'의 사안이라고 못박고 있는 것이다. 하지만 분립개척을 하거나 주후원교회가 되지 않는 이상, 개척교회를 주도적으로 책임지고 관리할 '모교회'는 많지 않다. 이런 상황에서 개척교회의 관리책임을 '모교회'에 맡긴다고 하는 것은 실제로는 개척사역자 개인에게 그 책임을 떠넘기는 것과 다를 바 없으며, 개별개척을 간접적으로 방조하는 결과를 초래한다. 이 규정처럼 '모교회'에 개척교회의 관리 책임을 다 맡기려면 개척교회마다 '모교회'를 배정해 주어야 한다.

사실 '모교회' 없이 개척된 교회도 많이 있는데,[37] 그런 교회는 누가 관리하는가? 개척교회의 시작부터 설립청원을 하기까지 개척교회를 관리하고 육성할 책임이 노회에게 있다고 보아야 한다. 개척사역자가 혼자 어려운 개척교회의 모든 무거운 짐을 지고 허덕이는 동안, 노회는 관망만 하고 있다가 나중에 설립 허락에만 관여한다면 행정절차만 따지는 매우 무정한 일이 될 것이다. 노회는 해당 지역 내에 새 교회들을 설립하는 임무를 띠고 있는데,[38] 설립의 청원과 허락에 대한 행정적 책임만이 아니라, 개척의 시작부터 설립 청원을 하기까지 지도하고 감독할 책임을 인식해야 한다. '모교회'는 그 개척한 교회가 자립할 때까지 우호적인 관계를 유지하면서 재정후원도 계속해야 하겠지만, 노회가 개척교회의 관리 책임을 더 주도적으로 감당하

37) '모교회'가 적극적으로 개척하지 않기 때문에 개척사역자가 주도하는 개별개척이 60%를 상회한다는 것은 이미 언급하였다. 제1장 4페이지를 참조하라.

38) 제11장 132조 11, 같은 책, 300.

는 것이 개별개척을 사전에 예방하기에 더 바람직하다고 생각한다.

『헌법』은 개체교회로서 설립허락을 얻은 미조직교회와 기도소를 엄격히 구분해 놓고 있다. '교회정치' 제2장 19조 1은

> "개체교회가 설립허락을 받은 후, 장년교인수가 20인 미만인 상태로 2년이 경과되면 노회의 결의에 따라 이를 기도소로 변경할 수 있고, 교회설립의 여건이 회복되면 교회설립청원 수속을 거쳐야 한다." [39]

라고 규정하고 있다. 장년교인수가 20인 미만인 상태로 2년이 경과하면 설립허락을 받은 후에라도 기도소로 변경할 수 있다는 것이다. 단, 기도소로 변경하려면 "노회의 결의"가 있어야 한다. 이 규정에 "변경할 수 있고," 라고 한 것은 변경하지 않아도 상관없다는 의미로 해석할 수도 있기 때문에 강제력이 없어 보인다. 우리는 실제로 노회의 결의로 설립허락을 받은 교회를 기도소로 변경한 사례가 있었는지 잘 알지 못한다. 노회가 그렇게 기도소로 변경시킨 후에 그 기도소는 누가 관리하는가? 기도소의 여건이 회복되어 다시 개체교회로 인정을 받으려면 교회설립청원 수속을 하여야 한다고 말하지만, 노회가 그 기도소에 대한 사후 관리나 지도 감독을 한다는 언급은 일체 없다. 기도소로의 변경을 노회가 결의하기 어려운 이유는 아마 그 결의 후에 그 기도소에 대한 관리와 지도 감독의 책임을 떠맡기가 부담스럽기 때문일 수도 있다.

미조직교회들 가운데 장년교인수가 20인 이하로 감소하여 2년 이상 회복되지 않고 있는 교회들이 적지 않은데, 노회는 책임감을 가지고 이런 교회들을 평가하여 기도소로 변경시킨 후에 재정비하여 재개척할 수 있는 좋은 기회로 삼아야 한다고 생각한다.

---

39) 같은 책, 258.

고신『헌법』의 '교회정치'에서는 '교회설립'에 대한 조항들이 적은 않은데 비해, '교회설립' 이후 그 교회의 교회개척의 과정이 종료되었는지, 더 진행되어야 하는지에 대한 언급은 없다. 『교회정치문답조례』는 적어도 한 명의 장로와 한 명의 목사로 준 당회를 갖춘 교회를 개체교회로 여기지만, 『헌법』은 미자립교회도 하나의 개체교회로 보기 때문에 교회설립 허락을 받으면 교회개척이 종료되었다고 보는 것이 아닌가 하는 인상을 받는다. 하지만 대부분의 미조직교회들이 재정 후원을 외부로부터 받고 있는 미자립교회들이기 때문에 일반적으로 교회설립 허락을 받았다고 해서 교회개척이 종료되었다고 보지는 않는 것 같다. 일반적인 인식은 그 교회가 재정적 자립을 하게 되었을 때 교회개척이 종료되었다고 간주하는 것 같다. 『헌법』에는 미자립교회나 자립교회라는 용어는 없으며, 언제 교회개척이 종료되는지에 대한 동의된 기준도 없고, 공식적인 근거 규정도 없다. 하지만 장로교회의 교회개척의 목표는 그 교회가 장로교회의 개체교회로서 당회를 갖춘 조직교회가 되는데 두어야 할 것이다. 최근에는 충분히 성장하였음에도 불구하고, 장로의 선출을 미루고 있는 교회도 있는데, 당회가 조직되지 않은 교회는 장로교회의 개체교회로서는 아직 미숙한 교회라고 할 수 있다.

지금까지 한국장로교회의 대표적 표준 문서들 가운데, 『교회정치문답조례』나 헌법에는 교회조직이나 교회설립 등의 용어가 교회개척에 가장 근접한 용어였기 때문에 그런 용어들을 교회개척에 어떻게 적용할 수 있는지를 논의하였다. 『헌법』은 교회개척을 교회설립 허락이라는 기준을 중심으로 취급할 뿐, 교회설립 허락 이후에는 교회개척에 대해 언급한 조항이 전혀 없었던 것을 볼 수 있었다. 고신은 교회개척에 대한 구체적인 규정과 지침을 『헌법』이나 교회개척매뉴얼로 보충해야 한다. 장로교회 교회개척의 결과 장로교회가 세워져야 하기 때문이다.

3. 미국 정통장로교회(Orthodox Presbyterian Church)의 『교회개척매뉴얼』

미국 정통장로교회의 국내선교 및 교회확장 위원회(The Committee on Home Mission and Church Extension)는 2002년에 *Planting an Orthodox Presbyterian Church*(정통장로교회 개척하기)라는 정통장로교회 교회개척매뉴얼[40]을 출판하였는데 거기에 "장로회적이며 개혁주의적인(Presbyterian and Reformed)"[41] 교회를 설립하는 것을 교회개척의 목표로 명시하고 있다. 이 『교회개척매뉴얼』은 먼저 "장로회적이며 개혁주의적"이라는 표현을 장로교회의 기원은 스코틀랜드이며, 개혁주의의 기원은 유럽대륙이라는 의미로 사용하지 않았다고 밝히면서,[42] "장로회적"이란 "한 교회의 정치상의 구조와 연계적 성격"[43]에 관한 것을 의미하며, "개혁주의적"이란 "한 교회의 교리적 헌신과, 성경과 전체 삶에 접근하는 방식"[44]을 지칭한다고 하였다. 이 『교회개척매뉴얼』은 교회개척의 일반적 유형을 유행을 따라 아무 분별없이 수용하는 것을 경계하면서, "시중에 쉽게 구할 수 있는 교회개척 자료들의 대부분이 비연계적 관점[45]으로부터 기술되어 있"[46]음을 지적하고 있는데, '비연계적'이란 표현은 독립교회적 정치제도를 가진 교회들을 의미한다.

고신 『헌법』에서는 개체교회를 조직교회와 미조직교회의 두 범주로 구분하지만,[47] 정통장로교회의 『교회개척매뉴얼』에서 개체교회는 정통장로교회에 속한 하나

40) 우리는 이 책의 제목을 약칭 『교회개척매뉴얼』로 사용하고자 한다.

41) The Committee on Home Mission and Church Extension of the Orthodox Presbyterian Church, *Planting an Orthodox Presbyterian Church*(Willow Grove, Penn.: 2002), 2. http://www.opc.org/chm/chplant/. 2009년 2월 17일 참조.

42) ibid.

43) ibid.

44) ibid.

45) 여기서 비연계적 관점이란 개체교회들의 상호 연관성보다는 개교회의 자율과 독립성을 강조하는 독립교회적 관점을 일컫는 표현이다.

46) ibid., 3.

47) 제2장 제13조 "교회정치," 『헌법 (고신)』(1992년판), 187.

의 조직교회를 의미한다.[48] 『교회개척매뉴얼』에서 '선교사역회(mission work)'란 용어는 "주의 날에 예배를 위하여 정기적으로 모이나, 아직 정통장로교회의 하나의 구별된 회중으로 조직되지는 않은, 성도들의 그룹"[49]을 가리킨다. 그리고 정통장로교회 『교회개척매뉴얼』의 '선교사역회'(mission work[50])는 아직 장로를 선출하지 않은 미조직교회 모두를 포함하는 용어로서,[51] 우리의 용어로 비교해 본다면 '개척교회' 단계와 '설립교회' 단계에 있는 모든 교회들이 이에 해당한다.

정통장로교회 『교회개척매뉴얼』의 특징은 노회가 '선교사역회'의 시작 단계에서부터 "유능하고 잘 돌보는 장로 그룹(일명 '대여장로들' – 'borrowed elders')"과 "조직목사(organizing pastor)"[52]를 배치하여 당회의 역할을 어느 정도 감당하도록 강력하게 제안하고 있다는 점이다. 대여장로들은 각자 자기들 교회에 여전히 소속되어 있으나, 그 '선교사역회'에 관심을 가지고 수시로 방문하며, 필요한 대로 당회적 역할로 봉사하도록 파견된 자들이다.

이 『교회개척매뉴얼』은 또한 교회개척의 목표를 "정통장로교회의 하나의 새로 구별된 회중을 조직하는 것"[53]이라고 제시하고 있다. 이 목표를 염두에 두고 모든 교회개척은 사역과 재정의 필요를 자급(自給)하고, 회중 가운데에서 장로를 세워 자치(自治)하고, 언약의 자녀들과 지역주민들, 그리고 더 나아가 모든 족속에게 복음을 자전(自傳)하는 것뿐 아니라, 교회의 역할, 신학적 정체성, 상호 사랑의 관계형성, 그리고 정통장로교회의 일원으로서의 자발적 참여, 등에 있어서 주도적이며 성숙한 교회를

---

48) The Committee on Home Mission and Church Extension of the Orthodox Presbyterian Church, op. cit. 90.

49) The Committee on Christian Education of the Orthodox Presbyterian Church, *The Book of Church Order of the Orthodox Presbyterian Church*, XXIX, A, 1 (2005 edition), 76.

50) 정통장로교회(OPC) 교회개척메뉴얼에서는 개체교회가 조직되기 전의 공동체를 mission work라고 부르는데, 본 논문에서는 이를 '선교사역회'로 번역하였다.

51) The Committee on Home Mission and Church Extension of the Orthodox Presbyterian Church, op. cit., 73.

52) ibid., 4. 조직목사는 본 논문의 개척사역자와 같은 용어이다. 정통장로교회에서 보는 개척사역자란 전혀 조직되지 않은 신자 그룹을 장로교회의 한 개체교회로 조직해나가는 전 과정을 주도할 책임을 맡은 자로 여긴다.

53) ibid., 10–11.

설립하는 일에 모든 노력을 경주해야 한다고 하였다.[54] 장로교회의 개체교회를 조직하는 것이 교회개척의 목표라고 분명히 규정하고 있는 점이 『교회개척매뉴얼』의 가장 큰 장점이라고 생각한다.

이제 정통장로교회의 『교회개척매뉴얼』이 교회개척의 과정을 어떻게 펼쳐내고 있는지 알아보고자 한다. 정통장로교회는 "여기 정통장로교회가 없으니, 우리가 교회를 시작해야 해."[55] 라는 식의 교파적 입장에서 교회개척을 합리화하는 것에 동의하지 않는다. 하지만 먼 지역으로 이사한 사람들이나 "다른 마을에 ... 성경공부모임을 지속하여 얻은 회심자들"[56]을 위한 교회개척의 필요성은 정당한 것으로 인정받는다. 『교회개척매뉴얼』은 새 교회를 설립하는 데 참여하고자 하는 핵심그룹을 모은 후, 서로의 친목을 위한 모임, 가정성경공부, 또는 저녁예배를 통하여 그 핵심그룹을 견고하게 하기를 제안한다.[57] 그리고 노회는 이 핵심그룹이 정통장로교회에 가입할 것인지를 자발적으로 결정할 수 있도록 안내하는 역할을 해야 한다고 강조하고 있다.[58] 핵심그룹의 회원들 간에 강한 결속력과 새 교회에 대한 굳은 헌신과 정통장로교회에 소속할 의지가 분명할 때에 '선교사역회'로 진행할 준비가 되었다고 할 수 있다.[59] '선교사역회'는 노회의 허락을 받아 교회라는 이름을 공적으로 사용할 수 있지만, 아직 정통장로교회가 인정하는 개체교회는 아니다. 왜냐 하면 '선교사역회'에 속한 사람들은 "(아직 전에 다니던) 기존교회에 등록된 회원으로 소속되어 있거나 (한 지역의 지역회중 전체와 목사들을 총칭하는) 지역교회(regional church)의 회원으로 등록"[60]되어 있기 때문이다. 이 점이 개척교회나 설립교회도 자기 회원을 가질 수

54) ibid., 11-12.
55) ibid., 15.
56) ibid., 15.
57) ibid., 17-18.
58) ibid., 20.
59) The Committee on Home Mission and Church Extension of the Orthodox Presbyterian Church, 21-22.
60) The Committee on Christian Education of the Orthodox Presbyterian Church, XXIX, A, I, 76. cf. ibid., XIV, I, 20.

있다고 보는 우리의 의견과 다르다. 우리는 본 교회에서 파견을 받아 임시적으로 개척교회에 참여하는 성도들이라면 본 교회의 회원권을 유지할 수 있다는데 동의하지만, 개척교회나 설립교회에 참여할 때 처음부터 그 교회의 회원으로서의 의무를 다하려는 헌신의 자세를 권장한다.

정통장로교회는 교회조직의 허락 과정을 세 가지 국면으로 말할 수 있다.

> 첫째, 노회는 '선교사역회'가 하나의 새로운 회중으로 조직될 준비가 되었다고 판단한다.
> 둘째, 교회가 장로와 집사를 선출하고, 공식 문서를 채택하며, 목사를 청빙하기 위하여 적합한 회의들이 확실하게 열릴 수 있도록 노회가 지원하거나, 감독하거나, 또는 어떤 다른 방법을 강구한다.
> 셋째, 노회는 실제적으로 환영예배를 주최하여 그 예배에서 그 교회가 정통장로교회의 한 회중으로 조직된 것을 인정받도록 해야 한다.[61]

정통장로교회는 한 '선교사역회'가 조직교회로 되기까지 모든 필요한 일들을 노회가 주도적으로 지도할 책임이 있음을 강조하고 있다. 또한 '선교사역회'가 장로와 집사를 선출할 뿐 아니라, 목사를 청빙함으로써 조직교회가 되며, 교회개척이 종료됨을 보여주고 있다.

노회는 '선교사역회'를 네 가지 측면에서 지원을 해 주어야 한다.[62] 첫째는 '선교사역회'가 장로교회의 독립적 회중으로 성장할 수 있도록 돕기 위하여 감독당회(overseeing session)의 역할을 임시적으로 담당할 대여장로들을 처음부터 파견하는 것이고, 둘째는 새순과 같은 어린 그룹이 성장하여 스스로 장로를 선출하고 목사를

---

61) The Committee on Home Mission and Church Extension of the Orthodox Presbyterian Church, 78.
62) ibid., 22.

청빙할 준비를 갖추기까지 교회조직의 책임을 맡을 조직목사 즉 개척사역자를 파송하는 것이고, 셋째는 조직목사의 생활비 지원을 포함하여 개척에 필요한 제반 사항을 재정과 기도로 후원하는 것이며, 넷째는 교회개척의 진행을 조언하고 평가하는 것이다.

정통장로교회는 '선교사역회'에 참여한 성도들의 회원권을 보호하는 데 큰 관심을 가지고 있으나, '선교사역회'의 성도들이 교회에 대한 권리를 독자적으로 주장할 수 있다고 보지는 않는다.[63] 그들은 아직 장로를 선출하거나, 목사를 청빙하거나, 공동의 결의를 할 수 없다. '선교사역회'는 분별력, 지도력, 재정자립 등의 분야에 있어서 아직 성숙의 과정에 있기 때문에, 감독당회가 필요하다는 것이다. 이런 의미에서 이 『교회개척매뉴얼』은 감독당회를 '선교사역회'에 있어서 필수 요소로 규정하고 있다. 목사 한 사람이 돌봄, 가르침, 그리고 감독 일체를 전담하는 것은 교회를 위한 하나님의 뜻이 아니라고 생각하기 때문에, 경험있는 장로들 또는 다른 한 교회의 당회를 새 교회에 일정 기간 대여한다는 것이다.[64] 새 회원을 받아들이고, 성례를 집행하며, 교회치리를 시행하는 일, 등을 조직목사 한 사람에게 다 위임하지 않고, 감독당회와 함께 의논하도록 하고 있다.[65] 또한 감독당회는 '선교사역회'의 회원들을 정기적으로 방문하여 실제적인 도움과 격려를 줄 수 있도록 해야 한다.

정통장로교회는 감독당회를 권장사항이 아닌 의무로 규정하고 있는데, 이 제도를 그대로 한국적 상황에 적용하기에는 무리가 있다. '선교사역회' 마다 감독당회를 반드시 배정해야 한다는 것은 어린이에게 어른의 옷을 입히는 것 같은 부자연스러운 모양이 될 수 있다. 『교회개척매뉴얼』에서도 '선교사역회'의 운영위원회(steering committee)와 대여장로들 간에 어떤 불협화음이 있을 수 있음에 대해 주의를 환기시

63) ibid., 28.
64) ibid., 29.
65) ibid., 32-33.

키기도 하였다.[66] 목사와 장로 간의 견제가 상당히 심한 한국장로교회의 상황을 볼 때 이런 우려는 충분히 이해할 수 있다. 당회의 간섭을 받지 않는 목회를 하기 위해 교회개척에 나서는 목사도 없지 않은 상황인데, 정통장로교회의 대여장로제도를 한국장로교회의 개척교회에 적용하기는 쉽지 않을 것이다. 하지만 우리가 대여장로제도를 눈여겨보는 이유는 선교사역회가 초기부터 장로교회의 특징인 '당회'의 순기능에서 나오는 유익을 경험하면서 성장할 수 있도록 배려한 제도이기 때문이다. 그들이 조직목사와 좋은 동역 관계를 이룰 수만 있다면 대여장로제도는 장로교회의 교회개척에 중요한 장점으로 기여할 수 있을 것이다. 조직목사 한사람이 주도하는 개별적 교회개척이 아니라, 조직목사와 대여장로들이 어린 '선교사역회' 즉 개척교회나 설립교회를 위해 서로 협력하는 진정한 장로교회적 교회개척의 모델을 기대하게 된다.

우리가 관심을 기울여야 할 것은 '선교사역회'에 맞는 정치제도는 무엇일까 하는 것이다. '선교사역회'는 그 자체로서는 교회이지만,[67] 아직 장로교회 체계를 갖춘 조직교회는 아니므로, 그 단계에 합당한 교회조직을 가지는 것이 적합할 것이다. '선교사역회'에 있어서 우선적으로 필요한 사역자는 조직목사이다. 조직목사를 도와 줄 방안으로서 감독당회제도를 도입하기보다는 필요한 때에 도움을 요청할 수 있는 시찰회나 협조당회[68]를 활용하는 것이 좋을 것 같다. 그리고 서리집사를 임명하여 개척사역자를 도와 교회의 제반 봉사를 맡기는 것도 필요하다.

『교회개척매뉴얼』에서는 조직목사를,

> "하나님의 특별하신 소명을 받아 하나님의 바른 교회에 대한 열정으로 강렬하게 붙잡혔기에, 그의 노회의 요청에 따라 그를 필요로 하는 곳으로 기꺼이 옮겨 가서

---

66) ibid., 13.

67) ibid., 31.

68) 제10장 120조, "교회정치,"『헌법』(고신), 295. "문제가 되는 것은 시찰회의 협조를 얻어 처리하고, 권징권은 소속 노회원 중에서 목사, 장로 각2인씩의 협조당회원을 노회에 청하여 처리하며,"

하나님께서 맡겨주신 사람들을 사랑하여 그리스도의 성숙한 몸으로 세우고 그들 자신의 당회와 목사를 가질 수 있도록 마련해 주는 사람"[69]

이라고 정의하였다. 우리는 위의 정의에서 조직목사는 노회의 요청에 의하여 '선교사역회'에 파견된다는 것을 알 수 있다. 조직목사의 역할은 다양한데, 교회를 성숙케 하고, 직분자들을 양성하고, 성도들을 돌아보며, 개혁주의 신앙을 고취시키며, 불신자들에게 복음을 전하며, 예배를 준비하며, 교회 행사를 주관하는 것[70] 등이다.

『교회개척매뉴얼』은 조직목사가 교회의 양적 성장을 성경에 근거하여 필수적인 것으로 여겨야 한다고 강조하고 있다.[71] 개혁주의 교리가 교회성장에 도움이 되지 않는다고 생각하거나, 교회가 작아야 마치 질적 수준이 보장되는 것처럼 생각하는 사람들의 견해에는 동의하지 않는다.[72] 개체교회의 규모는 하나님의 소관이지 우리가 결정할 사안이 아니라고 단언하고 있다.[73]

우리는 교회가 적정규모가 되기까지 양적으로도 성장해야 한다는 주장에는 전적으로 동의하지만, 개체교회가 적정규모를 넘어 대규모의 교회로 계속 성장할 수 있다고 하는 논리가 포함되어 있다고 한다면 그런 주장에는 동의할 수 없다. 적정규모의 범위를 적시하기는 어렵지만, 개체교회가 적정규모 이상으로 자라면 분립개척 또는 분립하는 것이 더 적절하다고 생각한다. 이에 대해서는 13장에서 더 상세하고 토론하고자 한다.

69) The Committee on Home Mission and Church Extension of the Orthodox Presbyterian Church, 35.
70) ibid., 36-40.
71) ibid. 46.
72) ibid., 46-47.
73) ibid., 47.

4. 도널드 맥네어(Donald J. MacNair)[74]의 교회설립계획.

맥네어의 책, *The Birth, Care, and Feeding of a Local Church*(한 지역교회의 출생과 돌봄과 양육)은 미국장로교회(the Presbyterian Church in America, PCA)의 기독교교육 및 출판위원회가 이 책을 출판한 것에서 어느 정도 짐작할 수 있듯이, 주로 장로회적 배경을 가진다. 맥네어는 한 때 개혁장로교회(the Reformed Presbyterian Church)의 교회확장단체인 전국장로교선교부(National Presbyterian Missions)의 실행대표였다. 이 책이 제시하는 교회개척과정을 이해함에 있어서 멕네어의 "한 교회설립을 위한 종합계획"[75]이라는 도표를 참고하는 것이 도움이 된다.

그래프 11-1. 멕네어의 교회설립을 위한 종합계획

	시점 A		시점 B		시점 C
	선교교회 제1단계		선교교회 제2단계		조직교회 제3단계
	씨앗가족 확보.		조직하기.		조직이후.
초창기가족.	"사람들을 더 모으라."	객관적 평가.	초안작성: 정관, 시행세칙, 특정적 목적진술. 직분자 훈련.	객관적 평가.	(개체교회로) 설립된 교회의 지속적 발전.
	A		B		C
2주간 이상.	1년 내지 3년.		9개월 내지 12개월.		재림 때까지.

멕네어는 교회설립의 뜻을 가진 몇몇 성도들이 모여 함께 기도하면서 교회개척

74) Donald J. MacNair, *The Birth, Care, and Feeding of a Local Church* (Georgia: Committee for Christian Education and Publications of the Presbyterian Church in America, 1984).

75) ibid., ix-xii.

을 위한 구체적 준비를 시작한 시점을 교회개척의 기점으로 보는데, 그래프 상에서 시점 A 이전에 해당한다.[76] 교회를 설립하기로 뜻을 같이하는 성도들을 초창기가족(initial families)이라고 하는데, 이들이 2주간 이상의 준비기간을 거쳐서, 시작하는 교회를 '선교교회'(mission church)라 부른다.

'선교교회'의 기간은 제 일 단계와 제 이 단계로 구분된다. 제 일 단계의 목표는 교회설립에 헌신된 열 가정 내지 열 두 가정의 씨앗가족(seed families)을 확보하는 것인데, 여기서 씨앗가족은 대체적으로 그리스도께로 돌아온 지 얼마 지나지 않은 새신자 가족일 경우가 많다고 하였다.[77] 맥네어는 제 일 단계의 목표에 이르기까지는 일반적으로 일 년 내지 삼 년이 걸린다고 보고 있다.

제 일 단계에서 제 이 단계로 진행하려면, 외부의 평가위원회가 그 선교교회가 지금까지 밟아온 제 일 단계 진행과정과 제 이 단계로의 이행 준비상황을 평가하여, 다음 제 이 단계로 나아갈 수 있을 것인지를 결정한다.[78] 평가위원회는 씨앗가족들의 확보 상황과 그들의 신앙성숙 및 교회설립에 대한 헌신의 정도에 초점을 두고 선교교회의 제 일 단계를 평가한다. 맥네어는 이 평가위원회의 승인이 없이는 선교교회의 제 이 단계로 진행할 수 없도록 제한할 필요가 있음을 강조하고 있다.[79]

'선교교회'의 제 이 단계 동안에 이루어져야 할 일은 현재의 공동체의 유지 발전에 필요한 조직을 만드는 일로서,[80] 정관, 시행세칙 및 특정의 목적진술을 마련하고, 장로와 집사의 직분을 맡을 만한 사람들을 훈련시키는 일, 등이다.[81] 평가위원회는 다시 선교교회 제 이 단계의 진행과정과 제 삼 단계, 즉 조직교회의 단계로의 이행 준비상황에 대한 평가를 한 후, 장로 등을 선출하여 당회를 조직함으로써 개체교회

76) ibid., xi.
77) ibid., 37.
78) ibid., xii.
79) ibid., 32.
80) ibid., 21.
81) ibid..

(particular church)의 단계로 이행한다. 맥네어의 선교교회의 제 이 단계는 고신의 헌법이 말하는 미조직교회와 비교할 수 있고, 개체교회의 단계는 조직교회와 비교할 수 있다.

이렇게 볼 때 맥네어는 교회개척의 단계를 초창기가족이 선교교회의 설립을 준비하는 단계와 씨앗가족을 세우는 선교교회 제 일 단계와 교회를 조직화하는 선교교회 제 이 단계로 볼 수 있으며, 교회개척의 종료시점은 선교교회의 제 이 단계가 마감되어 개체교회로 조직되는 시점으로 볼 수 있다. 노회 대신 평가위원회를 두어 적극적으로 교회개척의 단계별 진행상황을 평가함으로써, 다음단계로 진행할 수 있도록 한 것이 맥네어의 교회개척단계에 나타난 중요한 특징이다. 맥네어의 '선교교회'(mission church)는 정통장로교회(OPC) 『교회개척매뉴얼』에서의 '선교사역회'(mission work)와 같은 개념이라고 할 수 있고, 우리의 용어 용례상, '선교교회'는 개척교회 단계와 설립교회 단계를 다 포함한다고 할 수 있다. 평가위원회의 평가와 인준은, 평가의 심도에 있어서는 차이가 있지만, 형식상으로는 고신의 『헌법』에 있는 대로 노회가 개척교회의 설립청원을 심사하고 인준하는 방식과 비교할 수 있다.

제 사 부

제 십 이 장
교회의 표지와
장로교회 교회개척의 원리

제 십 이 장

교회의 표지와 장로교회 교회개척의 원리

우리는 앞장에서 『교회정치문답조례』와 고신 『헌법』의 '교회정치' 등으로부터 장로교회 교회개척을 위한 원리들을 도출하기에는 관련된 조항들이 너무 적고 제한적임을 볼 수 있었다. 한편, 미국정통장로교회의 『교회개척매뉴얼』이나 맥네어르의 '교회설립 종합계획' 등은 장로교회적 교회개척의 특성을 어느 정도 담고 있어서 위에 언급한 표준문서들의 부족한 부분을 조금 보충할 수 있었다. 그러나 후자의 두 책의 제안들을 한국적 상황에 바로 적용하기보다 개혁주의 교회론과 선교론에 근거한 장로교회의 교회개척의 원리를 정립하여 창의적으로 적용해가는 일이 필요하다. 본 장에서는 개혁교회가 말하는 교회의 표지를 통하여 장로교회의 교회개척의 원리를 논의해 보고자 한다.

1. 말씀전파와 교회개척

종교개혁자 마틴 루터(Martin Luther)는 "만약 하나님의 말씀이 순수함으로 존재하며 활동적이라면 거기에 교회가 있다."[1]고 하였고, "교회는 말씀이 없다면 아무 것도 아니며, 그 안에 모든 것은 오직 말씀의 은덕으로 말미암아 존재한다."[2]라고 함으로써 교회의 존재는 전적으로 말씀에 의존한다는 것을 강조하였다. 교회는 탄생뿐 아니라, 양육과 성숙까지도 말씀으로만 가능하다. 따라서 루터는 "말씀이 없이는 교회가 교회되기를 그친다."[3]라고 다시 강조하고 있다. 장로교회의 교회개척의 가장 기본적인 원리는 교회는 하나님의 말씀으로 이루어진다는 것이다. 따라서 말씀이 전파되어야 하기 때문에 말씀의 씨를 뿌리고 가꾸는 사람이 반드시 있어야 한다. 오토 베버 (Otto Weber)는 『칼빈의 교회관』이라는 책에서 말씀사역자의 직분의 중요성을 강조하기를 "교회는 신자들의 믿음으로부터 형성되는 것이 아니고, 말씀사역자에 의하여 설교되어진 말씀의 기초 위에 형성된다"[4]라고 하였다.

그뿐 아니라, 교회개척은 성령께서 사람들의 마음속에 하나님의 말씀을 밝혀주셔야 가능하다. 성령께서 조명해 주시지 않는다면 말씀을 그냥 읽는 것만으로는 아무 소용이 없다고 죤 칼빈(John Calvin)은 선언하였다.[5] 교회는 "말씀을 통하여 태어난다; 외양적 설교의 말씀이나 성경 자체만을 통하여가 아니라, 하나님께서 마음에 말씀하시는 살아있는 그 말씀을 통하여 태어난다."[6] 따라서 정교회의 신학자 지줄라

---

1) *Luther's Work 28*, Hilton C. Oswald, ed. (Saint Louis, Missouri: Concordia Publishing House, 1973), 302.
2) *Luther's Work 40*, Conrad Bergendoff, ed. (Philadelphia: Fortress Press, 1958), 11.
3) ibid., 37.
4) Otto Weber, *Die Treue Gottes in der Geschichte der Kirche*; 『칼빈의 교회관』, 김영재 역(서울: 이레출판사, 2001), 70.
5) G. D. Henderson, *Presbyterianism* (Edinburgh: the Saint Andrew Press, 1955), 112.
6) W. P. Stephens, *The Holy Spirit in the Theology of Martin Bucer* (Cambridge: 1970), 197; 재인용 Paul D. L. Avis, *The Church in the Theology of the Reformers* (London: Marshall Morgan & Scott, 1981); 『종교개혁자들의 교회관』, 이기문 역 (서울: 컨콜디아사, 1987), 83.

스(John Zizioulas)가 "성령론은 교회의 복지에 관한 것이 아니라 교회의 존립에 관한 것이다"[7]라고 한 말은 교파를 초월하여 공감되지 않을 수 없을 것이다. 벨리-마티 케르케이넌(Veli-Matti Kärkkäinen)은 "교회 생활에 있어서 적절한 성령론으로 지도를 받는다면 주로 어떤 결과들이 나타날까?" 라는 질문에 대한 지줄라스의 답변을 다음과 같이 요약하고 있다.

> 첫째는 (교회를) 과도한 제도화로부터 보호한다. 그러나 성령론에 결함이 있으면 그 결과로 교회에 대한 계급적 중앙집권적 개념이 자리잡게 된다.
>
> 둘째는 지역교회를 우선적 존재로 복권시킨다. 하지만, 지줄라스는 옛 동방교회가 지역교회를 중요시한 방식에는 문제가 있는 것으로 보았는데, 그가 보기에, 이런 방식은 교회를 일종의 회중주의로 나아가게 하였기 때문이었다.[8]
>
> 셋째는 성령론적 교회론에서는 '하나'와 '다수'[9]가 동일한 존재의 두 가지 측면으로서 공존할 수 있기 때문에 모든 피라밋 형태의 계급의식들이 사라진다.[10]
>
> 넷째로 지줄라스에 의하면 성령론은 교회론의 시야를 열어서 종말론적 전망에 이르도록 도와준다.
>
> 다섯째로 성령론은 우리의 사역에 대한 관점에도 영향을 미친다.[11]

그러므로 개혁교회의 전통에서는 성령의 능력으로 참된 말씀을 전파하는 것이 교회의 표지의 핵심이다.

---

7) John Zizioulas, *Being as Communion: studies in personhood and the Church* (Crestwood, N. Y.: St. Vladimir's Press, 1985), 132.

8) cf. ibid., 133.

9) 하나는 교회의 지도자를, 다수는 교회의 성도들을 의미하는 것으로 볼 수 있다. (저자주)

10) cf. ibid., 139.

11) Veli-Matti Kärkkäinen, *An Introduction to Ecclesiology* (Downers Grove, Illinois: InterVarsity Press, 2002), 100.

어떤 사람들은 개혁신학 또는 개혁교회가 선교에 대한 관심을 별로 갖지 않았다고 비난해왔다.[12] 개혁신학을 복음주의와 구별하여 후자는 개인구원, 전도, 선교 등을 강조하지만, 전자는 전도와 선교보다는 세계의 전 영역에 대한 하나님의 주권을 더 강조한다고[13] 보았다. 랄프 윈터(Ralph Winter)는 종교개혁 당시의 개혁교회들이 중세 캐톨릭 수도원이나 승단(orders)과 같은 단체(sodality)를 선교의 제도적 수단으로 활용하지 않았다고 지적하면서[14] 선교단체의 유용함을 간과한 것은 큰 실수였다고[15] 주장하였다. 종교개혁자들과 개혁교회들이 지리적으로는 캐톨릭 국가들과 이슬람 국가들, 그리고 바다로 둘러싸여 있었고, 다른 한편으로는 캐톨릭 국가들과의 계속되는 전쟁으로 인하여, 해외선교에 대한 관심을 갖지 못한 것은 사실이었다. 그러나 종교개혁자들은 해외로 나가는 선교 이전에, 사도들과 함께 선교의 대위임령의 수령자인 교회를 재정비하고 있었다고 말할 수 있다. 최정만은 칼빈의 선교사상을 교회 중심, 말씀 중심, 하나님 중심의 선교로 해석하고 있는데, "교회를 통하여 하나님의 말씀을 전파함으로써 하나님께 영광을 돌리고, 비기독교 세계에 하나님의 영광을 선포함을 통하여 예수님은 그리스도 우리의 구주이심을 알리는 것"[16]이라고 하였다. 종교개혁자들이 말씀 사역을 통한 교회의 개혁에 몰두하고 있었던 것은 선교와 무관한 사역이 아니라, 차후 기독교선교를 위한 진정한 기틀을 마련한 것으로서 하나님의 섭리였다고 볼 수 있다.[17]

---

12) Stephen Neil, *A History of Christian Missions* (Grand Rapids: Eerdmans, 1965), 221. Kenneth Scott Latourette, *A History of the Expansion of Christianity*, Vol. III, 25-28. 최정만, 『칼빈의 선교사상』(서울: 기독교문서선교회, 1999), 20-26, 100-104.

13) 김영재, "고신신학과 개혁주의 전통," 『기독교사상연구』 제3권 (1996년 10월), 138-139.

14) Ralph Winter, "The Two Stuructures of God's Redemptive Mission," *Perspectives*, 3rd ed. Ralph Winter and Steven C. Horthornes, eds. (Pasadena, C. A.: William Carey Library, 1999), 227.

15) ibid., 226.

16) 최정만, 앞의 책, 176.

17) Cf. David B. Calhoun, "John Calvin: Missionary Hero, or Missionary Failure," *Presbyterian Bulletin*, Vol. 5 (1979), 16. Fred H. Klooster, "Missions - the Heidelberg Cathechism and Calvin," *Theological Journal*, Vol. 7 (1972), 187. Phillip E. Hughes, *The Register of the Company of Ministers of Geneva in the Time of Calvin* (Grand Rapids: Wm. B. Eerdmans, 1966), 25.

개혁교회의 핵심 표지인 말씀전파와 관련하여, 개인 성도들의 복음전도와 문화적 사명에 대해서 생각해 보자. 성도들에게 문화적 사명이란 그리스도 안에서 하나님과 화목한 자녀가 하나님께서 창조하신 세계를 다스리며 지켜야 할 그 본래의 사명으로 회복된 것을 의미한다. 아브라함 카이퍼(Abraham Kuyper)는 "우리 인생의 삶의 모든 영역에 있어서, 모든 것 위에 주권자가 되시는 그리스도께서 내 것이라고 선포하지 않을 영역은 한 치(one inch)도 없다"[18]라는 유명한 말을 남겼다. 카이퍼는 이 세상은 학교, 대학, 언론, 사업, 산업, 예술, 과학, 등 매우 다양한 영역으로 구성되어 있으며, 각 영역은 하나님께서 주신 고유의 권위를 가진다고 하였는데, 이것이 그가 말하는 영역주권(sphere sovereignty)이다. 개혁교회들은 문화적 사명은 각 영역의 주권 하에 주어진 것이며, 교회의 권위에 종속된 것은 아니라고 천명한다. 이와 관련하여 문화적 사명은 개인전도와 관련하여 두 가지 의미를 가진다고 본다. 첫째, 문화적 사명에 종사하는 개인 크리스챤에게는 복음전도가 우선적 사명이 아니다. 둘째, 문화적 사명은 교회의 공적 사명이 아니며, 크리스챤 각자에게 개인적으로 주신 사명이다. 이런 관점 때문에 개혁교회는 개인 성도들의 문화적 사명을 복음전도보다 더 강조한다는 인상을 준다.

문화적 영역에 종사하는 개인 크리스챤에게는 복음전도가 우선적 사명이 아니라는 첫째 요점에 대해서 생각해 보자. 가레쓰 크로슬리(Gareth Crossley)는 "크리스챤은 자기 직장동료들을 그리스도에게로 이끌기 위해서 일하는 것은 아니다."[19]라고 주장하였다. 죤 호워드 요더(John Howard Yoder)도 크리스챤의 문화적 사명은 과도하게 부과된 복음전도의 부담으로부터 보호되어야 한다고 하였다.[20]

---

18) Abraham Kuyper, "Sphere Sovereignty," Abraham Kuyper: A Centenneal Reader, James D. Bratt, ed.(Grand Rapids, MI: Eerdmans, 1998, 488.

19) Gareth Crossley, *Everyday Evangelism* (Welwyn, Hertfordshire: Evangelical Press, 1987), 132.

20) John Howard Yoder, *Body Politics: five practices of the Christian community before the watching world* (Scottdale, P. A.: Herald Press, 2001), 26.

1946년에 설립된 고려신학교의 초대 교장이었던 박윤선은 근본주의나 자유주의의 치우침을 경계하면서 고신의 신학을 개혁주의 신학 전통 위에 정립해가는 과정에서 칼빈주의적 세계관, 기독교와 문화, 등의 주제들을 소개하기 시작하였다.[21] 1962년부터 1992년까지 고신에서 개혁주의 세계관 등을 가르친 고신대학교의 전 총장 이근삼은 성도의 문화적 사명에 대해서 크게 강조하였다. 그들은 성도 개인의 문화적 사명을 강조하면서도 복음전도의 사명에 대한 강조도 잃지 않고 있었다. 이근삼은 문화적 사명을 "기능적 일반은총의 관점에서만 아니라, 그리스도 안에서 회복된 인생의 사명이라는 관점에서 해석되어야 한다"[22]고 주장하였다. 성도의 문화적 사명은 그냥 회복된 것이 아니고, 그리스도 안에서 회복된 것이므로 문화적 사명을 수행하면서도 만유의 왕이신 그리스도를 증거해야 할 사명을 소홀히 해서는 안 된다는 의미가 담겨 있었다고 생각한다.

교회는 하나님 나라의 시민인 성도들에게 세상 속에서 그 나라의 왕되신 예수님을 섬기는 마음(골3:23)을 갖고, 그들의 문화적 사명과 복음전도의 사명을 통합적으로 수행하도록 격려함이 필요하다. 스튜어트 머레이(Stuart Murray)가 "하나님의 왕국의 주제는 교회개척전략들이 더 넓은 선교적 이해 안에 견고하게 자리를 잡기를 요청한다"[23]라고 한 것도 성도들이 각 영역에서 문화적 사명과 복음전도의 사명을 통합하여 하나님을 섬기는 삶이 곧 교회개척의 기초가 된다는 의미일 것이다.

문화적 사명은 교회에게 주신 공적 사명이 아니며, 성도 개개인에게 주신 사명이라는 둘째 요점에 대해서 생각해 보자. 고려신학대학원의 전(前) 원장 허순길은 성도들의 문화적 사명이 영역주권과 상관이 있음을 동의하면서, 교회가 그 문화적 사명에 개입하지 않도록 주의해야 한다고 주장하였다. 더 나아가 문화적 사명은 성도 개

---

21) 허순길, "고신신학의 정체성과 그 과제,"『기독교사상연구』 제3권(1996년 10월), 167.

22) 이근삼, "문화에 대한 기독교적 관점의 구조,"『하나님의 주권과 은혜: 이근삼 박사 사역 50주년 기념논문집』 이근삼 박사 기념논문 발행위원회 편(서울: 총회출판사, 2002), 88.

23) Stuart Murray, *Church Planting: Laying Foundations* (Carlisle, Cumbria: Paternoster Press, 1998), 35.

인이나 성도들의 자발적 단체에 주어진 것이지 교회에 주어진 것은 아니라고 하였다.[24] 허순길은 교회가 선교학교(mission school)나 선교병원 등의 문화적 영역에 개입해서는 안 된다는 논리를 가지고, 고신 총회가 고신대학교와 복음병원을 직영하는 것에 대해서 거듭 비판하였다.[25] 교회가 기독교대학이나 선교병원을 직영할 수 있느냐 하는 질문은 이 책의 주제와 직결된 것은 아니므로 우리가 여기서 길게 토론할 바는 아니지만,[26] 허순길은 성도의 문화적 사명을 교회의 공적 사역으로부터 분리하고 있음을 지적하고자 한다.

고려신학대학원의 교의학 교수 유해무는 공적 교회와 하나님의 나라를 예리하게 구분함으로써 허순길의 의견을 지지하고 있다. 유해무에 의하면 "어떤 개별집단 속에 있는 성도들의 모임은 교회가 아니며, 모임일 뿐이다."[27] 신자들의 모임이라고 해서 모두가 교회는 아니며, 예배회중만이 교회이다. 설교와 성례가 있는 예배로 모이는 회중이 공교회라고 주장한다. 유해무에 의하면, 성도들이 자기 직업 또는 사업에 종사하는 것은 교회를 대표하는 공인으로서가 아니고, 하나님의 나라에 참여하는 자 또는 사역자로서 그리하는 것이다.[28] 스튜어트 머레이(Stuart Murray)는 "교회는 공동체인 반면, 하나님의 나라는 활동이다."[29]라고 하여 하나님의 나라와 교회를 구분하였다.

우리는 교회가 예배공동체라고 하는 데 대해서는 전적으로 동의하지만, 그 예배

---

24) 허순길, 『고려신학대학원 50년사: 1946-1996』, 220-221.

25) 같은 책, 230, 234. 허순길, "칼빈주의적 개혁신앙과 교회생활(1): 교회와 대학교," 『기독교보』 (2005년 7월 22일).

26) 우리는 기독교대학이 기독교인 교직원과 기독교인 학생들로 구성되어 특히 기독교적 원리와 가르침을 따라 훈육을 받는다면 그런 대학의 교회의 직영에 대해서는 동의한다. 그러나, 비기독교인을 입학시켜서 기독교전 훈육이 시행되지 않고 있다면 이것은 교회의 교육이 아니며 선교 학교이기 때문에 그 대학은 이사회를 조직하여 교회의 권위로부터 독립하여야 한다고 생각한다. 교회는 그 선교를 후원하지만, 주관하지는 않는 것이 좋다고 생각한다.

27) 유해무, "공교회를 위한 교회론의 회복과 갱신을 위하여," 『개혁신학과 교회』 제10권, 211.

28) 같은 책.

29) Stuart Murray, op. cit., 41.

하는 회중이 주중에 그들의 삶과 일의 터전으로 흩어진 후에도 여전히 교회로서 존재한다는 것을 지적하고 싶다. 허순길과 유해무에 의하여 강조된 교회의 개념은 예배 회중적 국면에 치중된 것 같으나, 우리는 교회를 말할 때에 예배 회중적 국면뿐 아니라, 선교적 국면도 포함해야 한다고 주장한다. 성도 개개인은 주님과 교회에 의하여 세상으로 하나님 나라에의 봉사를 위하여 보내심을 받은 종들이며 선교사들이다.

요즈음 직접전도(direct evangelism)는 회심의 열매도 적고, 교회성장에도 별로 효과적이지 않다고 생각하여, 여러 교회들이 지역사회봉사와 복지 프로그램에 직접 관여하고자 하나, 문화적 사명을 통합한 개인전도의 중요성은 놓치고 있다. 문화적 사명과 분리된 직접전도를 통해서도 회심의 열매가 맺힌다. 회심은 우리의 전도 방법에 달려 있는 것이 아니고 하나님의 주권에 달려 있으며, 성령의 역사로 되어지기 때문이다. 하지만 그 열매의 배후에는 여러 영역에 종사하는 성도들의 선한 행실의 증거가 있었음을 잊어서는 안 된다. 직접전도에 대한 저항이 거세어 진 요즈음의 한국 상황에서는 성도들의 삶의 영역에서 문화적 사명의 수행 중에 일어나는 복음전도를 교회개척의 기초로 삼아야 한다는 것을 강조하고 싶다.

평신도들의 역할을 인정하는 개혁주의 전통에서 개인전도는 신자들의 만인제사장론과 관련되어 있다. 루터는 "말씀 사역이 교회 안에서 가장 높은 직분이며 ... 성도들 모두에게 속하며 권리에 의해서가 아니라, 명령에 의한 것"[30] 이라고 함으로써 말씀사역을 설교자뿐 아니라 평신도들에게도 부여하고 있다. 반면에 멜랑히톤은 루터와 다른 견해를 가지고 있었는데, "하나님은 그가 안수한 목사들을 통하지 않고는 구원하지 않는다: 만약 (말씀) 사역이 그친다면 교회는 존재하지 않을 것이다."[31] "(말씀) 사역이 없는 곳에 교회는 없다."[32]고 하여 말씀사역을 목사에게 주로 적용하고 있

30) *Luther's Work 40*, 23.
31) *Corpus Reformatorum 12*, 490, 재인용 Paul Avis, *앞의 책*, 102.
32) "*Non est ecclesia, ubi non est verbum ministerium.*" *Corpus Reformatorum 14*, 892.

다. 칼빈은 불신 형제들에 대한 신자들의 역할이라는 의미의 만인제사장론에 대해서는 큰 관심이 없었다.[33] 칼빈에게 만인제사장론은 주로 인간 신부(priest)의 중보 없이, 그리스도를 통하여 하나님께 나아갈 신자들의 자유에 관련되어 있다.[34] 부서(Martin Bucer)는 처음에는 이 원리를 강하게 옹호하였으나, 1535년부터 그는 좀 더 사제적 입장으로 치우치게 되었는데 그 이유는 개인이 이 의무를 무시하기 쉽다고 보았기 때문이다.[35]

루터뿐 아니라, 부서와 칼빈도 제사장 직분과 제사장 사역을 구분하였다. "제사장 직분이 모든 신자들에게 공통이라면, 사역은 그렇게 않다."[36] 재침례교파나 영국 비국교도들에게 만인제사장 교리는 무엇보다도 교회에서 평신도들의 자유를 지지해주는 것이었는데,[37] 안드레아 폰 칼슈타트(Andreas von Karlstadt)에 의하면 일반적으로는 교직자들에게만 주어졌던 모든 의무들을 행사할 수 있는 권리를 평신도들에게도 허락한 것이었다.[38]

하지만 만인제사장론은 성도들 간에 상담과 중보뿐 아니라, 불신자들을 향한 복음선포를 포함하는 것으로 볼 수 있다.[39] 교회의 참된 보화요 생명의 근원인 복음은 모든 참된 신자들에게 부여되었다. 모든 성도들에게 복음의 은혜가 주어졌다면, 복음전파의 사명도 당연히 모든 성도들에게 위임되어 있다. 우리가 말씀 사역을 어떤 사람에게 허락할 때, 그 사역에 따르는 어떤 권리도 부인할 수 없다.[40] 예를 들면, 부모들에게 주어진 권위는 자녀에게 하나님의 말씀을 가르치는 사명에서 비롯된 것으로 볼 수 있다(엡6:1-4).

---

33) Paul D. L. Avis, op. cit., 96.
34) ibid., 95. cf. Inst. II, XV. 6.
35) Paul D. L. Avis, 103.
36) ibid., 108.
37) ibid.
38) ibid.
39) ibid, 100.
40) *Luther's Work 40*, 21.

이제 개혁신학의 중요한 주제인 선택과 전도에 대해서 리엥크 카이퍼(Rienk B. Kuiper)를 따라 간단히 언급하고자 한다. 웨스트민스터 신앙고백은 택자의 수는 "더 할 수도 없고 덜할 수도 없는"[41] 불변함을 선언하였다. 그 선택이 어떤 정해진 극본이나 힘에 의해서가 아니라, 시간의 과정 속에서 복음전도와 회심에 의하여 인식된다.[42] "하나님은 어떤 죄인이 영생을 상속할 것이라고 단순히 포고한 것이 아니라, 그 죄인이 그리스도를 믿음으로 영생을 받을 것이고 복음을 통하여 그리스도에 대한 믿음을 얻게 될 것이라고 포고한 것이다."[43] "하나님의 말씀은 성령이 사람의 마음에 믿음으로 역사하시는 유일하고도 없어서는 안 될 수단이다."[44] 개혁신학에서 "하나님의 택함 받은 자들의 구원을 실제화 함에 있어서 전도는 필수적이다. 이것이 은혜언약과 전도는 불가분리임을 말하는 한 방법이다. 전도는 은혜언약에 내재되어 있다."[45] 전도를 통하여 순수한 회심이 일어날 수 있음을 보장할 수 있는 근거는 선택에 있다.[46] "복음전도는 선택의 각성을 성립시키는 일련의 사건들 중에서 중요한 연결고리임이 분명하다."[47]

그러나 선택은 목표에 이르는 수단의 역할을 한다. 하나님께서 어떤 사람들을 선택하심은 그들이 땅 위에서 그의 증거가 되게 하려 하셨기 때문이다. 레슬리 뉴비긴은 선택은 "책임을 위한 것이지 특권을 위한 것은 아니라"[48]고 말한 것도 같은 의미이다.

이상에서 우리는 교회의 표지의 핵심이 말씀전파인데, 강단의 설교사역뿐 아니라, 개인 전도와 회심을 포함하는 장로교 교회개척의 패러다임을 개발하기 위해 적

41) "Chapter III Article 4," *The Westminster Confession of Faith*, G. I. Williamson (Philadelphia: Presbyterian and Reformed Publishing Company, 1964), 4.
42) Rienk Bouke Kuiper, *God-Centered Evangelism* (Guildford & London: Billing & Sons Ltd., 1966), 37.
43) ibid.
44) ibid., 141.
45) ibid., 38.
46) ibid., 39.
47) ibid., 52.
48) Leslie Newbigin, *Open Secret*, 32.

극적으로 논의해야 할 주제들로서 문화적 사명, 만인제사장론, 그리고 선택 등을 간단히 언급하였다. 박권택은 개혁교회는 말씀 중심의 교회로서, 이는 예전 중심의 로마 캐톨릭교회나 은사 중심의 오순절교회, 이성 중심의 자유주의 교회 등과 대조를 이루는 특성이라고 하였다.[49] 말씀 중심이 개혁교회의 주요한 특징이라고 한다면, 한국장로교회는 모든 성도들이 각자 자기의 삶의 영역에서 불신자들에게 복음을 전파함으로써 그 특징에 충실한 교회개척을 이루어야 할 것이다.

2. 성례와 교회개척

'하나님의 말씀의 순수한 선포(*pura verbi Dei praedicatione*)'와 '성례의 합법적 집행(*legitima sacramentorum administratio*)'이 개혁교회가 말하는 교회의 표지인데 앞에서는 말씀이 교회개척의 원리인 것을 말했고, 이제는 성례를 교회개척의 또 하나의 원리로 확인하고자 한다. 개신교의 성례는 세례와 성찬인데, 이들은 교회론적 의미뿐 아니라, 선교신학적 의미를 지닌다.

첫째 세례에 대해서 논의해 보자. 웨스트민스터 신앙고백은 세례의 의미를 "1)보이는 교회 속으로 허입, 2)언약의 은혜, 3)중생, 4)죄의 사함, 5)새로운 순종의 의무,"[50] 등 다섯 가지로 정리하였다. 모든 신자들은 성부, 성자, 성령 삼위일체 하나님의 이름으로 세례를 받아(마28:19) 하나님의 가족의 일원으로서 지역교회의 회원 자격을 부여받았다.[51] 세례는 교회회원의 구성에 관한 한, 교회조직에 있어서 당회의 구성보다 더 우선적인 요소이다.

---

49) 박권택, "개혁주의 신학이란 무엇인가?" 『신학지남』 제65권 제4호 (1998년 겨울), 192, 193, 203, 214.
50) "Chapter 28, Article 1," *The Westminster Confession of Faith*, 207.
51) R. B. Kuiper, op. cit., 142.

교회개척에 있어서 복음전도를 통하여 얻은 회심자에게 세례를 베푼다고 하는 것은 하나님께서 새 교회의 존재 의의를 인정해 주시는 징표로서 큰 의미를 가진다. 분립이나, 분열의 경우에 회심자가 없어도 기존의 신자들로 또 하나의 교회를 시작할 수 있겠지만, 회심자에게 세례를 주는 일이 일어나지 않는다면 교회개척의 당위성은 크게 희석될 것이다.

선교부 공의회와 장로회 공의회 시대에는, 구도자들 몇 명이 그들 자체적으로 주일마다 모여 예배를 드릴 의사가 있다면, 선교사나 조사가 방문하여 지소(sub-station) 또는 개척교회를 시작하고, 영수나 서리집사를 세워 그 모임을 인도하게 하였다. 하지만 회심자에게 세례를 주는 일은 선교사의 바쁜 순회일정 때문에 정한 기일이 없이 연기되기 일쑤였다. 선교사들은 제 때에 세례를 베풀지 못하므로 오히려 세례의 기준을 엄격하게 하여 준비기간을 더 갖도록 하기도 하였다. 이런 것으로 볼 때, 회심자에게 세례를 주어 교회의 기초 조직을 튼튼히 하기보다, 우선 조사나 영수, 또는 서리집사 등을 세워 간접적으로 지소들을 관리하는 데에 활용하려고 하였다. 이런 전통으로 인하여 한국장로교회는 교회개척에 있어서 회심자의 세례가 얼마나 중요한 지를 충분히 인식하지 못하게 된 것 같다.

요즈음에도 교회개척 사역자들뿐 아니라, 교회의 평신도들까지도, 세례를 베풀 회심자가 없는데도 일단 주일예배를 시작하면 개척교회가 착수된 것으로 생각하는 경우가 흔하다. 교회개척사역자들은 다른 교회들이나 성도들로부터 생활비, 예배장소 대여비, 등의 기본 후원금을 확보하면 개척교회를 시작할 수 있다고 쉽게 생각한다. 불신자들을 널리 접촉하여 복음을 적극적으로 전도하면서 회심자들을 얻는 데 집중해야 할 시기에, 주일예배 및 수요기도회 등 집회 형식을 갖추기에 치중한다면 개척사역의 순서가 뒤바뀌는 것이 된다. 공예배를 착수하기까지는, 구도자들의 눈높이에 맞춘 성경공부 모임을 갖는 것이 바람직하다.

우리는 공예배를 시작하는 것이 곧 개척교회의 시작이라고 생각한다. 개척사역자는 공예배의 시작을 신중히 결정해야 한다. 교회개척을 위해 준비해 온 그 모임이 개척교회를 시작하고자 할 때에, 앞으로 그 개척교회가 성장하여 소속해야 할 노회와 상의하는 것이 바람직하다. 이 때 노회는 그 모임이 개척교회로 시작하기에 적합한지, 특별히 세례를 베풀만한 회심자가 있는지를 살펴보는 것이 적절하다. 개척교회를 시작한다는 것은 교회조직의 가장 기초적 요소인 세례, 그 중에서도 성인세례와 연계되어 있다고 생각하기 때문이다. 회심자가 세례를 받은 후, 그의 가족과 자녀들이 복음화될 것을 생각해 본다면, 회심자의 세례가 없는 개척교회는 성장의 핵이 없는 세포와 같다는 데 동의할 것이다.

유아세례는 개척교회의 시작 단계와 직접 관계되지는 않지만, 교회개척의 다음 단계와 깊이 연관되어 있다. 웨스트민스터 신앙고백에 보면 "보이는 교회는 ... 참 종교를 고백하는 전 세계의 모든 사람들과 그들의 자녀들로 구성된다."[52] 라고 천명하고 있다. 따라서 장로교의 개척교회는 믿음으로 세례받은 성인들과 부모의 믿음을 따라 유아세례를 받은 자녀들로 구성되어가야 한다. 교회의 두 구성원인 성인과 그들의 자녀들이 어떻게 교회의 일원이 되는가 하는 것을 자세히 들여다보면, 개척교회가 크게 보아 두 단계로 진행된다는 것을 추출해낼 수 있다. 세례를 받아 교회로 들어오는 사람들을 양육하여 예수 그리스도의 제자를 삼는 것이 개척교회의 성장 첫 단계의 핵심 사안이라면, 유아세례를 받은 자녀들을 양육하여 믿음의 가정을 견고하게 세워나가는 것이 개척교회의 성장 둘째 단계의 핵심 사안이라고 생각한다.[53] 기독교 가정세우기는 믿는 자와 그 자녀들을 교회의 구성 단위로 하는 장로교회의 교회개척에 있어서 가장 중심적 과제이다. 그러므로 이 두 세례를 바로 시행하는 것이 참된 교회를 구성해 나감에 있어서 가장 기본적인 핵심이다.

---

52) 『웨스트민스터 신앙고백』 제25장 2조.

53) 웨스트민스터 신앙고백도 "한 편이나 양편이 믿는 부모를 두 유아도 세례 받을 수 있다."(제28장 4조)고 허락하고 있다. cf. 『헌법』(고신), 78.

개신교회의 또 하나의 성례는 성찬이다. 주의 만찬을 논할 때에 일반적으로 복음주의 진영에서는 그리스도와의 연합과 성도들의 연합을 강조하고, 에큐메니칼 진영에서는 특히 교회의 연합을 강조한다.[54] 교회연합주의자들은 성찬을 통한 회복과 교회의 일치를 선교에까지 확대하여 해석하기를 시도한다.[55] "성찬을 함께 축하하기 위하여 모인다는 행위 그 자체가 하나의 공적 증거가 될 수 있다."고 하며 "거룩한 성찬은 그들에게 증거하는 현존과 선교적 활동의 출발점을 이룬다."[56]라고 말한다. 아써 팥지아(Authur G. Patzia)는 고린도전도 11장 26절에서 "주의 죽으심을 그가 오실 때까지 전하는 것"이라는 이 말씀을 선교와 관련짓기 보다 복음의 진수를 예배 중에 구체화하는 하나의 케리그마(a kerygma)로 본다.[57] 우리는 성찬 자체가 주의 죽으심에 대한 형상적 메시지를 담고 있음을 인정하며, 성찬을 행함이 곧 주의 죽으심을 전하는 일이 된다는 것도 인정한다. 하지만 우리는 거기에 머물지 않고, 성찬의 자리에서 구체적으로 십자가에 못박혀 죽으신 주님을 세상에 전하라는 명령을 받는다고 본다. 모든 주의 만찬에서 예수 그리스도를 기념할 뿐 아니라, 온 세상의 구주가 되시는 예수 그리스도의 죽으심을 그가 다시 오실 때까지 세상에 널리 전하라고 하신 명령을 기억한다. 모여 주의 성찬에 참여한 회중이 흩어져 세상 속에서 그리스도를 전파해야 한다.

그리스도와의 연합한 자는 이 세상을 하나님과 화해시키기 위하여 파송 받는다. 성찬의 거룩한 교제에 참여하는 자마다 세상 앞에서 그 왕의 증인으로 헌신함이 마땅하다. 성찬이 교회개척과 직접적인 연관이 없다고 하더라도, 성도 개인이 세상 속에서 그리스도의 증인으로서의 사명을 성실하게 감당하지 않는다면, 복음전파도 없

---

54) Hee-mo Yim, *Unity Lost – Unity to be Regained in Korean Presbyterianism*(Frankfurt am Main: Peter Lang, 1996).

55) ibid., 196-202.

56) WCC, *Your Kingdom Come*(Geneva, 1981), 205.

57) Authur G. Patzia, *The Emergence of the Church: Context, Growth, Leadership & Worship* (Downers Grove, Ill.: InterVarsity Press, 2001), 230.

을 것이고, 그 결과인 회심없이는 교회개척도 없을 것이기에, 성찬의 자리는 장로교 교회개척의 중심이자, 발원지이다.

교회개척은 직접 개척교회에 참여하는 사람들만의 일이 아니다. 이미 수많은 교회들이 세워져 있는 한국 상황에서는 기존교회의 성도들이 각자 자기의 선교적 역할을 활기차게 감당할 때에 비로소 새로운 교회개척의 활로가 열리게 될 것이다. 한국의 기존교회들이 성도들을 더 넓은 선교적 현장으로 나아가 복음을 전파하도록 격려하지 않고, 성도들의 전도활동을 자기 교회의 성장에 도움이 되는 범위 안에 묶어 두려 한다면 교회개척의 새로운 영역을 열지 못할 뿐 아니라, 오히려 교회개척의 활로를 차단하는 장벽이 될 수 있다. 사회의 구석 구석에는 아직 복음을 들은 적이 없고, 교회에 와본 적도 없는 사람들이 산재하여 있다. 그들에게로 한걸음 더 다가가기 위해서는 성도들이 성찬을 통하여 복음전파를 위한 새로운 헌신과 다짐이 늘 필요하다. 세례를 회심자들이 교회 안으로 들어오는 입구에 비유한다면, 주의 만찬은 제자들이 예수 그리스도를 전파하기 위하여 세상으로 나아가는 출구와 같다.

한국장로교회는 성찬의 의미를 새롭게 인식하고 성찬을 더 적극적으로 시행하여야 할 것이다. 한국장로교회의 초기 역사에 있어서 개척교회들이 성찬을 자주 시행하지 못한 것은 이 예식을 집례할 수 있는 안수받은 선교사나 목사가 많지 않았기 때문이라고 변명할 수 있으나, 이제는 시골 교회에도 목사가 배치되어 있지 않은 곳이 거의 없기에, 더 이상 같은 변명을 할 수는 없다. 예배 회중이 너무 많아서 주의 만찬을 자주 할 수 없다는 변명은 성립될 수 없다. 성찬을 자주 하지 않는 것을 마치 지켜야 할 전통인 것처럼, 작은 교회에서도 성찬을 자주 행하지 않는 것은 납득하기 어렵다. 성찬을 충분히 자주 시행하기에 현실적으로 어려운 문제들이 있다면 그것들을 해소하려는 의지가 필요하다. 성찬을 자주 시행하지 못함이 환경이나 시설의 문제가 아니라, 은혜의 방편인 성찬에 대한 갈급함이 없기 때문이다. 성찬의 선교적 파송의 의미를 부각시켜 주의 죽으심을 전파하는 일에 더욱 힘써야 한다. 그럴 때에 새로운 교회개척의 영역들이 경작될 것이다.

개혁주의 교회론에서 참 교회의 표지인 하나님의 참된 말씀의 전파와 성례의 올바른 집행이 기존의 교회만을 위한 표지가 아니라, 새로운 개척교회를 이루기 위한 매우 중요한 원리가 된다는 것을 살펴보았다. 다음 장에서는 장로교회의 교회체계가 장로교 교회개척의 원리로 어떻게 적용될 수 있을 것인지를 생각해 보고자 한다.

한|국|장|로|교|회|와 교|회|개|척

제 사 부

제 십 삼 장
장로교 정치제도와 교회개척의 원리

제 십 삼 장

장로교 정치제도와 교회개척의 원리

장로교회의 정체성을 점점 더 상실해 가고 있는 오늘의 상황에서, 한국장로교회는 교회개척의 과정을 통하여 장로교회다운 개체교회들을 조직해냄으로써 그 정체성을 회복해나가야 하는 과제를 안고 있다.

우리는 이 장에서 장로교회의 정치제도의 중요한 원리들이라고 생각되는 노회의 주도적 역할, 믿음의 가정세우기, 복수장로제, 목사의 평등, 개체교회의 적정규모 등이 어떻게 교회개척에 적용될 수 있을 것인지에 관하여 살피고자 한다.

1. 노회의 주도적 역할: 개척교회의 시작부터.

교회를 개척하는 일은 개인이나, 어느 한 개척사역자의 일이 아니고, 교회의 공적 사역이다. 교회를 개척하고자 하는 계획과 뜻이 몇 몇 사람이나, 개척사역자의 기도와 사명감으로부터 시작되었다고 하더라도, 장로교회는 그 일을, 할 수 있는 한 빠른 시일 내에, 공적인 차원에서 추진하기로 결정함으로써 교회의 일이 되게 하여야 한다.

우리는 장로교회의 교회개척은 노회적 차원에서 공적으로 추진되어야 한다고 생각한다. 노회는 언제부터 교회개척을 주도적으로 관리해야 하는가? 고신 헌법의 '교회정치'에는 교회개척과 관련된 노회의 역할이 다음과 같이 열거되어 있다.

11. 개체교회의 설립, 분립, 합병과 폐지, 당회조직관장,
12. 개체교회 및 미조직교회의 목사청빙 관장,
13. 개체교회 및 미조직교회의 전도사업의 지도권장과 교육강화로 인한 영적유익 도모,
14. 개체교회 및 미조직교회의 재정 및 관리의 방침 지도.[1)]

위에서 언급된 '개체교회의 설립'은 교회개척의 초기단계를 말하는 것이 아니다. 개체교회가 설립허락을 받기까지는 개척의 준비과정이 있어야 하고, 개척교회로 시작되는 과정도 있어야 한다. 그런데 '교회정치'는 설립 이전의 과정에 대한 노회의 역할에 대해서는 전혀 언급하지 않고 있다. 이것은 개척교회의 시작이 어떠하든지 상관없이, 노회는 '개체교회의 설립' 단계에서부터 관여하겠다는 의미가 내포되어 있다. '교회정치' 제2장 15조에서 개척교회의 관리에 대해서 아래와 같이 밝히고 있다.

1. 동일한 노회지역의 개척 교회는 그 교회를 개척한 교회가 관리하고, 교회 설립 허락을 받은 후에는 노회가 관리한다.
2. 다른 노회 지역 내의 개척교회 관리는 1항에 준한다. 단 교회 설립 허락은 개척

1) 제11장 132조, "교회정치," 『헌법』(고신)(2011), 300.

교회소속 지역노회에 한한다.[2)]

그런데 이 규정은 모호한 문제들을 가지고 있다. 첫째, '그 교회를 개척한 교회'란 어떤 교회를 말하는지 개념 정의가 불분명하다. 여러 후원교회들 중에 가장 후원을 많이 하는 교회를 말하는지, 개척자금과 개척사역자의 생활비를 전적으로 책임지는 교회를 의미하는지, 아니면 성도들을 떼어내어 분립개척을 한 본교회를 말하는지 분명치 않다. 둘째, '그 교회를 개척한 교회,' 소위 '모교회'가 있는 개척교회보다, '모교회' 없이 시작된 개척교회들이 훨씬 더 많이 있는데, 그런 교회들에게 이 조항들이 어떻게 적용될지 모르겠다. 셋째, '모교회'가 개척교회의 사후 관리를 감당할 수 없다면, 그 대책이 무엇인지에 대한 언급도 없다.

우리가 개척사역자의 생활비, 핵심멤버의 파견, 그리고 예배장소에 대한 시설자금, 등 개척교회의 필요를 후원해주는 교회를 '그 교회를 개척한 교회,' 또는 '모교회'라고 편의상 정의를 할 수 있을 것이다. '모교회'가 분립개척을 한 경우에는 이 정도의 후원을 책임있게 감당하려고 할 것이다. 하지만 분립개척한 '모교회'라 할지라도 개척교회가 교회 설립 허락을 받을 때까지 후원과 관리의 책임을 감당하지 못하고 중단하는 경우도 있을 수 있다. 따라서 '모교회'에게 개척교회의 관리책임을 전적으로 위임한다는 것은 개척교회 자체에게 남겨진 일들을 스스로 알아서 해결하도록 일임하는 것과 다를 바 없다. '모교회'가 없거나 관계가 불분명한 개척교회는 실제로는 돌보는 교회 없이 개척사역자 개인이 모든 결정을 혼자 내리고, 그 결정에 따른 모든 책임을 홀로 감당해야 하는 고독한 상황이 된다. 개척사역자 한 사람이 전적 책임을 지고 개척을 하여 교회 성장이 잘 이루어지면, 앞으로 노회를 통해 협력하는 일에 소극적인 교회가 될 수도 있을 것이다. 개척사역자가 모든 후원금과 개척자금을 다 마련해야 하고, 모든 재정적 부채에 대한 상환책임도 져야 하는 개별개척은 하나의 교

2) 같은 책, 260.

회개척의 패턴은 될 수 있다 하더라도, 교회개척의 공개념을 강조하는 장로교회적 형태라고 할 수는 없을 것이다. 장로교회의 교회개척은 개척사역자들을 이런 개별 개척의 막다른 골목으로 몰아가서는 안 된다.

우리는 장로교 교회개척에 있어서, 개척교회의 관리 책임을 '모교회'가 자발적으로 감당할 수 있는 범위 안에서 위탁할 수 있으나, '모교회'가 없거나 불분명하게 된 경우에는 그냥 방치할 것이 아니라, 노회가 적극적으로 나서야 한다고 생각한다. '모교회'가 교회개척의 준비단계에서는 적극적으로 필요한 후원을 감당하며, 관리의 책임을 질 수 있으나, 일단 개척교회가 시작되면, '모교회'는 후원교회로 남고, 노회가 주도적으로 개척교회를 관리하는 것이 더 낫다고 생각한다. 노회의 교회개척의 업무를 전도위원회가 주도적으로 관할하되, 개척교회의 시작부터 개척사역자를 파송하며, 필요한 후원을 조성하며, 개척교회의 진행 상황을 지도하고 감독하여야 할 것이다. 다시 말하면, 개척교회를 후원하고 관리하는 책임을 '그 교회를 개척한 교회,' 즉 '모교회'에게 전부 일임할 것이 아니고, 노회가 통괄하는 책임을 맡되 모교회와 협력하는 방향으로 나아가야 할 것이다.

2. 기독교 가정세우기

『헌법』(고신)에 노회가 교회설립을 허락하는 기준을 단순히 "장년교인(원입, 세례, 학습) 20인 이상"[3]으로 했는데, 신급(信級)이나, 믿음의 가정수에 상관없이 과연 세례를 받지도 않은 사람들을 교회설립멤버에 포함시키는 것이 정당할까? 등록교인수 20명으로 미조직 개체교회로 인정하기에 충분한 것인지 의문이다. 어떤 교회이든지 예수 그리스도께 대한 신앙의 고백하고 세례를 받은 자들로 교회를 설립하는 것이

3) 제2장 14조 2. 『헌법』(고신), 259.

합당할 것이다. 특히 장로교회는 믿는 개인은 물론이고, 더 나아가 믿음의 가정의 토대 위에 세워져야 마땅하다. 이런 점에서 "장년교인(원입, 세례, 학습) 20인 이상"의 조건은 교회설립에 있어서 신실한 믿음의 가정을 양성하고 확보하는 것의 중요성을 충분히 반영하지 못하고 있다. 장로교 교회개척에 있어서 가정을 중요하게 여기는 이유는 믿음의 가정을 통하여 복음이 다음 세대로 전수되고, 이웃과 세상 속으로 전파될 뿐 아니라, 믿음의 가장(家長)들 가운데서 교회의 영적 리더들이 배출되기 때문이다. 한국장로교회가 하나님의 말씀에 깊이 뿌리를 내린 교회로 굳게 세움을 입을 수 있었던 것은 신앙의 제 일 세대들이 개인적으로 조상제사의 거부 등으로 인한 가족들의 핍박과 사회적 편견을 믿음으로 이겨 내고, 믿음의 가정을 이루어 후손들에게 신앙을 잘 전수하였기 때문이다.

교회개척의 중간 단계에서 자체 교회당의 확보보다 더 중요한 것은 성도들의 가정을 복음화함으로써 믿음의 가정을 확보하는 일이다. 장로교 교회개척은 회심자가 있음으로써 개척교회가 시작되고, 믿음의 가정들이 세워짐으로써 장로교회의 한 개체교회로 설립된다.

우리는 성인세례와 유아세례로부터 장로교 교회개척의 두 단계를 추출해 낼 수 있다고 이미 언급하였다. 회심자를 얻어 성인세례를 베풂으로 개척교회를 시작하는 단계와 회심자의 가정이 부부의 신앙고백에 따라 자녀에게 유아세례를 베풀고 말씀으로 양육하는 믿음의 가정을 세움으로 교회설립이 인준되는 단계로 나누어 볼 수 있다는 것이다. 하지만 앞에서도 말했듯이 『헌법』(고신)에는 기독교 가정세우기가 장로교 교회설립의 가장 기본적인 요건으로 명백하게 드러나 있지 않다. 우리는 한국의 개신교 교회들이 미국의 교회성장주의의 영향을 받아, 양적 성장에 더 치중하다 보니, 교회의 뼈대인 기독교 가정 세우기를 등한히 하고 있는 것이 아닌가 하는 우려를 하고 있다. 장로교회의 설립기준은 단순히 성도 몇 명이 아니라, 몇 가정이 믿음의 가정으로 세워졌느냐 하는 것이어야 한다고 생각한다.

우리는 장로교회의 개척교회가 회심한 한 사람 한 사람을 그리스도의 제자로 양육하는 일에 집중할 수 있는 소위 '셀 교회'와 같은 체제를 내재적으로 갖추는 것이 필요하다는 데 동의한다. 개척교회의 초기 상황에서 개인을 그리스도의 제자로 세우는 데, '셀 교회' 체제가 큰 이점을 가지고 있는 것이 분명하다. 그러나 그것만을 고집하거나, 거기에 머물 것이 아니고, 믿는 한 사람을 통하여 그의 남편 또는 아내가 믿게 되면, 셀 모임의 구조도 가정을 품을 수 있는 구조로 전환되어야 할 것이다. 초신자들에게는 셀 그룹이 가장 적합하겠지만, 믿음의 가정들을 세우기 위해서는 가족이 함께 모일 수 있는 가정모임과 같은 소그룹을 발전시키는 것이 필요하다. 함께 모일 때에 남편과 아내와 자녀들이 가정 대 가정으로 온전한 사귐과 나눔을 가질 수 있다면 기독교 가정 세우기가 더 탄력을 받게 될 것이다.

오늘날 우리가 살고 있는 한국 사회의 상황 속에서 장로교회가 강조하는 믿음의 가정 세우기란 주제를 말하기가 그리 자유롭지 못하다. 작금의 한국 사회는 이혼, 별거 등으로 깨어진 가정들이 너무 많기 때문이다. 함께 살아가는 가족은 점점 해체되어가고 있는 것 같다. 핵가족화가 가속화되어 2인 가구가 가장 보편화되어 있고 1인 가구도 그에 못지않게 증가하고 있다. 거기에다가 결혼연령은 점점 높아지고 있으며, 출산율은 어느 나라보다 낮은 상황이다. 한 마디로 말하자면 전통적 의미의 가족과 함께 살아가고 있는 사람들은 점점 줄어들고 있다는 것이다. 이런 상황에서 교회가 믿음의 가정을 세워야 한다고 강조하더라도, 혼자 사는 사람들에게는 그런 말이 별로 의미가 없고 오히려 상처를 줄 수 있다. 우리 시대의 목회자들은 실제로 교회에는 혼자 사는 사람들이 많이 있다는 것을 바로 인식하고 그들에게 적합한 목회와 상담이 필수적임을 인식해야 한다.

그 뿐 아니라, 함께 사는 가족들은 믿지 않는데 혼자 믿음을 지키고 있는 성도들이 많이 있다. 개척교회는 믿음의 가정들을 확보해 나가야 한다고 말할 때에, 전혀 믿음의 가정을 이룬 성도들만 중요하고, 혼자 믿는 분들은 덜 중요하다는 그런 의미가 아니다. 부부 양편이 다 믿지 않고 한 쪽만 믿고 있다면, 그들의 남편 또는 아내와 자녀들이 함께 믿음의 권속이 되도록 온 교회가 힘을 모아야 한다는 의미이다. 가정은 어디까지나 장로교회의 기본적 단위이므로 가정 복음화를 포기해서는 안 된다. 개척교회의 단계에서부터 기독교 가정 세우기를 핵심과제로 삼고 힘을 쏟지 않으면, 믿는 성도들과 그 자녀로 구성되는 장로교회의 설립은 지연될 것이다.

오늘날 장로교회의 교회개척에 있어서 모범적인 기독교 가정들의 참여가 그 어느 때보다 더 필요하다. 기존의 교회 속에서 편안함만 취하려 할 것이 아니고, 개척교회에 적극적으로 참여하여 새로 이루어지는 믿음의 가정들에게 좋은 동반 가정으로서의 역할을 해 주어야 한다. 기존의 교회들도 개척교회에 후원금만 지원할 것이 아니고, 모범적인 믿음의 가정들을 개척교회에 흔쾌히 파송해줌으로써 개척교회의 기독교 가정세우기를 촉진시켜 주어야 할 것이다.

한국장로교회의 개척 초기에 언더우드가 교회마다 교회당을 자체적으로 마련하도록 지도한 것이 한국교회의 좋은 전통이 되었다. 그런데 이런 전통이 남긴 오해도 없지 않다. 이는 교회개척에 있어서 교회건물이 지나치게 강조된 것을 두고 하는 말이다. 한 교회가 예배당을 스스로의 힘으로 건축하거나 구입하면, 일단 개척의 단계에서 벗어나 자립할 수 있는 교회로 간주되었다. 개척사역자들도 교회당 건물을 짓거나 소유하게 된 것을 그들의 개척사역의 큰 자랑거리로 삼았다. 교회개척에 있어서 교회가 자체 건물을 소유한다는 것은 여러 가지로 실효적인 의미를 가진다. 교회건물은 사람들이 교회의 가시적 존재감을 뚜렷하게 인식할 수 있게 해 준다. 새로 참여하는 사람들에게 교회건축에 대한 부담을 덜어 준다. 교회가 한 지역에 정착하여 안정감을 준다. 개척교회로서는 자체 건물의 유익을 거부할 바가 전혀 없을 것이다.

그러나 문제는 교회개척에 있어서 예배당이나 시설비용이 너무 많이 소요되고 있다는 데 있다. 대출 이자를 내야 하는 부담을 감당하기 어려운데도 무리하게 빚을 내어 예배당 건축이나 구매에 매달리는 것이 문제이다. 심지어 큰 교회당을 지어 놓고도, 그 안에 예배하는 성도는 몇 명 되지 않는 경우도 적지 않다. 과도한 대출이자를 감당하지 못하여 성도들이 떠나거나 부도로 문을 닫는 교회도 적지 않다. 교회당 건축이 곧 교회설립인 것처럼 오해하였기 때문에 이런 일들이 일어난 것이다. 교회는 하나님의 말씀으로 이루어지는데, 그 말씀을 믿어 세례를 받은 사람들과 그들의 자녀들로 믿음의 가정을 세워나갈 때에 그 교회는 든든한 반석 위에 세워질 것이다.

3. 복수(複數)장로제와 조직교회: 교회개척의 종료시점.

신약성경은 초대교회의 목회적 돌봄의 사역이 복수의 장로들에게 위임되었음을 분명하게 보여주고 있다. 에베소 교회는 장로들의 공의회의 권위 아래 있었다(행 20:17, 28). 디모데전서 5장 17절에 "잘 다스리는 장로들을 배나 존경할 자로 알되 말씀과 가르침에 수고하는 이들에게는 더욱 그리할 것이니라." 라고 한 것을 볼 때, 신약 교회에는 복수의 장로들이 있었음을 확실히 알게 된다. 그 외에도 사도행전 15장, 야고보서 5장 14절, 사도행전 14장 23절, 디도서 1장 5절, 빌레몬서 1장 1절 등은 복수 장로에 대하여 명백하게 언급하고 있으며, 지도력을 공유한 사례도 신약 여러 곳에서 두루 볼 수 있다.[4)]

신약에서 목사, 장로, 감독 등은 한 직분에 대한 각각 다른 용어로서, 빈번히 교호적으로(interchangeably) 사용되었다. 알레스터 캠벨(R. Alastair Campbell)은 장로를 '연로함'(eldership)으로 해석하여 직분으로 보지 않고, 이스라엘 사회에서 장로가 확장된 가족의 족장이었던 것과 같이 존경의 대상으로 보았다.[5)] 그는 신약교회의 리더십에 있어서도, 장로들은 가족 공동체의 머리였다고 주장하였다.[6)] 사무엘 밀러

---

4) 더 참고할 구절들은 다음과 같다. 행13:1, 15:35, 고전16:15, 살전5:12,13, 히13:7,17,24.

5) R. Alastair Campbell, *The Elders: Seniority within Earliest Christianity*(Edinburgh: T & T Clark, 1994), 21.

6) ibid., 27.

(Samuel Miller)는 구약시대와 회당시대에 장로(זָקֵן, πρεσβύτερος)라는 개념은 문자적으로 연로한 사람으로서,[7] 각 회당에는 적어도 3명 이상으로 구성된 장로들의 자리가 있었던 것은 사실이라고 하였다. 밀러는, 교회의 조직이 한 회당의 형태와 근사한 모습을 띠고 있었던 것은 사실이지만,[8] 사도시대에 장로는 교회의 한 직분으로 확립되었다고 보았다.[9] 그 후 장로교회는 장로를 연장자의 개념이 아닌, 교회의 직분의 개념으로 사용하고 있다는 것이었다. 밀러는 회중의 규모가 어떻든지, 거기에는 목사와 치리장로를 포함한 복수의 장로들이 있어야 하지만, 치리장로를 공적 교사인 목사와 교사 아래에 두는 것으로 결론을 맺고 있다.[10]

목사와 치리장로가 같은 직분이냐 아니냐 하는 것은 이미 3장에서 언급했기 때문에 여기에서 반복하지 않고자 한다. 다만 장로직분을 어떻게 보느냐에 따라 복수장로제는 다르게 이해될 수 있다는 것을 짚고 넘어가고자 한다.

알렉산더 스트라우크(Alexander Strauch)는 "지역교회가 한 개인에 의하여 통제되는 것은 결코 주님의 뜻이라고 할 수 없다."[11]고 하여 복수장로의 원리를 강력하게 주장하고 있으나, 그가 의미하는 장로는 치리장로와는 아무 상관이 없고, 오늘날의 자격을 갖춘 장로들 즉 교역자들(clergymen)라고 보았다. 스트라우크는 '평등한 사람들 가운데 첫째'로서의 지도자의 개념은 수용하지만, 한 장로를 목사라고 부르고 다른 사람들은 치리장로라고 부르거나, 한 장로를 교역자라 부르고 다른 사람들을 평신도 장로라고 부르는 차등적 호칭은 성경적 전례가 없는 것이라고 하였다.[12] 따라서, 그가 말하는 복수장로는 한 지역교회에서 여러 목사들이 하나의 팀으로서 함께

---

7) Samuel Miller, *The Ruling Elder*(Dallas, Texas: Presbyterian Heritage Publications, 1987), 35, 40.
8) cf. Edmund P. Clowney, "A Brief for Church Governors," in *Order in the Offices*, Mark R. Brown, ed.(Duncansville, P. A.: Classic Presbyterian Government Resources, 1993), 51.
9) Samuel Miller, 31-48.
10) ibid., 55, 65.
11) Alexander Strauch, *Biblical Eldership*, 3rd ed.(Littleton, Clolrado: Lewis and Roth Publishers, 1995), 43.
12) ibid., 47.

사역하는 것이라고 이해할 수 있다.

종교개혁자들이 가지고 있던 사역에 관한 입장을 옹호한 스티븐 밀러(Steven Miller)는 목회적 직분은 치리장로의 직분과 다르다고 하면서,[13] 목사와 치리장로가 공유하는 의무는 '다스림(ruling)' 하나 밖에 없다고 하였다. 목사였던 개혁자들은 목사와는 직분의 유래상 완전히 다른 치리장로 12명을 선출하여 그들과 함께 당회를 설립함으로써 기존교회들을 재조직하였다.[14] 이 경우에 복수장로란 치리장로들을 의미하는 것이 된다. 그러나 이직분관으로 보면 목사와 치리장로 모두가 장로이므로, 목사와 치리장로 구분 없이 두 명 이상이면 복수장로제의 기본조건에 부합한다.

우리는 장로직이 분화(分化)되어 목사와 치리장로로 이미 구성되어 있는 조직교회의 관점에서만이 아니라, 개척의 과정 중에 있는 교회, 장로직이 아직 분화되어 있지 않은 교회의 관점에서도 복수장로제를 볼 필요가 있다고 생각한다. 장성한 교회에서는 목사가 회중에게 설교하고 가르치기를 전담하고, 치리장로는 목사와 함께 교회를 돌보고 다스리기 때문에 목사와 치리장로의 역할이 완전히 구분되어 있는 것처럼 보인다. 하지만 개척교회와 미조직교회에서는 믿음의 가정들이 세워지고 그 가장들 중에서 장로가 선출되기까지, 목사와 치리장로의 역할이 아직 분화되지 않은 채 개척사역자가 두 역할을 다 감당하고 있다. 개척교회 또는 설립 허락된 미조직교회의 단계에서 개척사역자를 위임목사로 세우지 않는 것은 그의 직분이 실제적으로는 분화되지 않은 장로직에 머물러 있기 때문이라고 할 수 있다. 개척사역자는 교회의 성장과 함께 자동적으로 위임목사가 되는 것이 아니고, 그 교회의 청빙을 받아야 위임목사가 될 수 있다. 개척사역자는 지금 공동의회의 청빙 없이, 노회의 파송을 받아 그 교회개척을 이끌고 있기 때문이다. 미조직교회가 조직교회로 성장하는 과

---

13) Steven F. Miller, "The New Testament Warrant for the Minister of the Word," in *Order in the Offices*, 7–40.

14) Lefferts A. Loetscher, *A Brief History of the Presbyterians*, 4th ed.(Philadelphia: Westminster, 1983), 25.

정에서 장로가 선출된 후에야 위임목사를 청빙하게 되는데, 위임목사가 된다는 것은 치리장로와 목사의 직분이 분화되는 것을 의미한다. 미조직교회는 장로의 직분의 분화가 아직 일어나지 않았지만, 조직교회는 장로의 직분이 분화되어 목사와 치리장로를 복수장로로 하는 당회를 구성하게 된다.

우리는 삼직분관을 동의하지는 않지만, 삼직분관의 관점으로 보면 목사는 장로가 아니므로 위임목사와 치리장로 한 명의 준당회(準堂會)[15]의 수준으로는 아직 복수장로제의 최소 조건에 이르지 못한 것이라고 볼 수 있다. 시무목사와 치리장로 두 명으로 구성된 완전당회가 되어야 삼직분관에 따르는 최소한의 복수장로제의 조건이 성립되었다고 할 수 있다.

목사와 치리장로를 한 직분에서 분화된 것으로 보는 이직분관에 따르면 최소한의 복수장로제 성립의 조건은 위임목사와 한 명의 치리장로이다. 이런 타입의 복수장로제는 목사직과 장로직이 그 역할상 분화되어야 성립된다. 미조직교회가 장로를 장립한 후에 위임목사를 청빙하지 못하고 있다면, 아직 복수장로제의 최소조건이 충족된 것은 아니다. 따라서 이 형태의 복수장로제의 최소 조건인 위임목사와 치리장로 한 명으로 준당회가 구성되는 것을 일단 장로교 교회개척의 종료 시점으로 볼 수 있을 것이다.

준당회도 "일반 당회직무를 처리할 수 있으나,"[16] 어떤 결정사항, 즉 "그 장로의 치리문제나 기타 사건에 있어서 장로가 불복할 경우,"[17] 준당회는 스스로 결정하지 못하고 노회의 처리에 의존하게 되므로 당회의 자치권이 아직 확보하지 못하였다고 할 수 있다. 온전히 자치하는 교회가 되려면 규정이나 법적 문제를 스스로 결정할 수 있는 완전당회가 조직되어야 한다. 따라서 우리는 장로교 교회개척의 제 일 차 종료시

---

15) 고신『헌법』에는 "(당회장과) 시무장로 1인만 있는 당회"를 준당회라 구분하고 있다. "헌법적 규칙, 제4장 제5조"『헌법』(고신), 270.
16) 제10장 114조 "교회정치,"『헌법』(고신), 294.
17) 같은 책.

점은 준당회가 조직되는 때로, 제 이 차 종료시점은 완전당회가 조직되는 때로 설정하고자 한다. 준당회의 치리장로 한 명을 선출하려면 30명 이상(농어촌에서는 20명 이상)의 세례교인[18]이 있어야 하므로, 완전당회의 치리장로 두 명을 선출하려면 60명 이상의 세례교인이 있어야 한다고 볼 수 있다.

한국장로교회의 개척현장에서는 일단 재정자립이 되면 교회개척이 완료된 것으로 간주하는 경향이 강하다. 어떤 교회들은 이미 수 백 명이 모이는 교회로 성장했지만, 장로의 선출을 미루고 개척사역자가 위임목사로 청빙도 받지 않은 채, 당회 없이 목사 일인 독주체제를 구축하고 있는 교회들도 적지 않다. 장로교회의 개척종료에 대한 평가기준을 재정 자립도(自立度) 위주로 평가하고, 목사 일인의 독주체제로 간다는 것은 복수장로제도를 근간으로 하는 장로교회의 교회정치제도에 맞지 않을 뿐 아니라, 교회개척을 통하여 장로교회다운 자치적 교회를 설립하고자 하는 목표의식의 실종현상이 아닌가 하는 우려가 있다.

4. 목사 직분의 동등과 적정규모의 교회: 분립개척의 활성화

장로교 정치제도에 있어서 직분의 동등(parity)은 목사, 장로 그리고 집사 등 서로 다른 직분들 간의 동등을 의미한다. 다른 직분들은 다른 역할을 가지나, 상하관계가 아닌 평등관계이다. 다른 직분들 사이에 동등하다는 의미는 같은 직분, 즉 집사와 집사, 장로와 장로, 목사와 목사의 동등을 당연히 포함한다. 우리는 특히 목사와 목사 간의 동등을 장로교 교회개척의 원리로 제시하고자 한다.

신약에서 감독(ἐπίσκοπος)은 다른 목사들 위에 군림하는 목사를 의미하지 않았다.

18) 제10장 113조, 같은 책, 293-4.

감독은 "목자들의 감독이 아니라, 양떼들의 감독이다."[19] 칼빈은 기독론적 중심, 즉 그리스도와 그의 구원을 설교하는 것이 보장된다면, 사역들 안에 있는 차이들을 융통성있게 수용하려는 준비가 되어 있었다. 이런 점에서 칼빈은 감독의 기능을 존중하면서도, "그들이 감독으로서 인정받고 싶어 한다면 그들은 백성들을 먹임으로써 그들의 의무를 성취하여야 한다."[20]고 말하였다.

존 낙스(John Knox) 당시의 스코틀랜드 장로교회가 감독(superintendent) 제도를 수용한 것을 제일 치리서(The First Book of Discipline)의 '감독에 대해서'(Of the superintendents)란 항목 아래 열 명의 감독을 배치해야 할 열 개의 센터의 이름이 수록되어 있는 데서 찾아 볼 수 있다. 그들의 의무는 주로 설교, 교구심방, 목사들과 사람들의 행실에 대한 감독, 그리고 교회개척과 목사의 배치와 이동, 등을 포함한다.[21] 그 당시의 교회들에게는 그러한 감독이 필요하였지만, 1559년 갈리칸 신앙고백(the Gallican Confession), 1560년의 스코츠 총회(the Scots Assembly), 1561년의 제일 치리서, 1566년의 제이 스위스 신앙고백(the Second Helvetic Confession), 그리고 1571년의 엠덴 대회(the Synod of Emden), 등은 어떤 목사들이 다른 목사들의 우위에 있다는 것에 대하여 동의하지 않음을 보게 된다.[22] 감독의 직분은 아무 성경적 근거가 없는데도, 어리석고 부패한 사람들에 의해서 고안된 것이라고 하여 1580년에 폐기 선언되었다.[23] 감독제도는 수많은 직권남용의 근원적 온상으로 취급되었다.[24] 1578년의 제이 치리서(The Second Book of Discipline)에는 목사, 장로 그리

19) Handley Moule, *Outline of Christian Doctrine*(1899), 재인용 W. Hoste, *Bishop, Priest, and Deacon*(Kilmarnock: John Ritchie Ltd., n. d.), 18.

20) G. D. Henderson, *Presbyterianism*, 40.

21) ibid., 48. 그 외에도, 치리건 처리, 대회 년 2회 개최, 총회 보고, 총회 결정사항 배포, 청소년교육의 감독, 교회와 사택의 상태에 대한 감독, 파괴된 교회 수리, 재정문제 해결 등이 열거되어 있다.

22) ibid., 46.

23) ibid., 49.

24) ibid., 32.

고 집사를 항존직으로 말하면서, 목사와 감독은 동등한 힘을 가지며,[25] 노회는 치리에 있어서 감독을 대신할 대안으로 소개되었다.[26] 장로교주의는 감독제도를 가장 중요한 거부 대상으로 삼지는 않았으나,[27] 노회로 대치하여 회원교회들을 감독하게 하고, 목사들의 우애와 동등을 보장하도록 하였다.[28]

고신 헌법의 '교회정치'에는 위임목사와 전임목사는 당회의 결정 이후, 공동의회 참석회원의 2/3 이상의 찬성표를 얻어야 청빙된다.[29] 그러나 부목사[30]는 공동의회의 투표 없이 당회의 2/3 이상의 찬성만으로 청빙할 수 있다.[31] 어떤 교회들은 부목사를 당회의 회원으로 받지 않고 있으나, 현행의 부목사는 안수받은 목사로서 시무목사로 볼 수 있으므로 당회의 회원이어야 마땅하다.[32]

하지만 한국장로교회 역사에 있어서 해방 전에는 부목사가 없었다.[33] 처음에는 개체교회가 양적으로 성장하여 한 목사가 목회적 업무를 다 감당할 수 없을 때에 동사목사[34]를 청빙하였으나, 1950년대 말부터[35] 동사목사 대신 담임목사를 보좌하는 부목사를 청빙할 수 있게 함으로써 목사 간의 상하 위계질서가 도입되기 시작하였다. 고신 헌법 1968년판에 보면 동사목사에 대한 규정은 없어지고, 부목사에 대한 규정으로 대치되었다.[36] 그 결과 목사 위에 목사 없다는 장로교회의 목사 간의 동등의 원칙

---

25) bid., 49.

26) ibid., 49-50.

27) ibid., 35.

28) Paul Avis, op. cit., 114-115.

29) 제5장, 50조 1, "교회정치,"『헌법』(고신), 274,

30) 부목사에 대한 헌법적 논의는 이 책의 213-215를 참고하라.

31) 제5장, 36조 2, "교회정치,"『헌법』(고신), 193.

32) 고신『헌법』 교회정치 제10장 112조 1에 보면 "당회는 개체교회의 시무목사와 시무장로로 조직한다."라고 되어 있는데, 122조 1에 보면 "시무목사의 수에 따라 같은 수의 장로총대를 선정한다."라고 되어 있으므로 시무목사는 부목사를 포함하는 것으로 해석해야 할 것이다.『헌법』(고신), 293, 296.

33) 제4장 4조, "대한예수교장로회정치,"『대한예수교장로회 헌법』(대한예수교장로회총회, 1936), 80-83.

34) 같은 책, 80.

35)『대한예수교장로회(고신) 총회회록: 제1회-제10회』, 110, 126.

36) 대한예수교장로회(고신),『헌법(교회정치개정판)』(부산: 고신출판사, 1968), 21. 부목사에 대한 헌법적 논의는 이 책의 131-133에 이미 자세히 언급하였으므로 여기에서는 간단히 취급한다.

이 깨어지게 되었다. 이제 한 교회의 위임 또는 전임목사 아래 복수의 부목사들을 포진시킴으로써 개체교회 내에 감독교회와 방불한 위계조직을 구축해놓은 상황이다.

더 나아가 부목사제도는 한 개체교회가 적정규모 이상으로 과도하게 성장하는 것을 묵인 내지는 방조하는 데에 제도적 방편으로 자리를 잡았다는 것이다. 이처럼 개체교회들이 적정규모 이상으로 과도한 성장을 추구하면, 분립이나 분립개척은 상대적으로 억압되어, 교회개척의 동력을 일으키지 못하는 요인이 될 수 있다.

아직 목회경험이 일천한 목사들이 큰 교회의 담임목사 아래에서 겸손하게 목회를 배우기를 원하는 것이 무엇이 문제이냐? 이런 질문이 있을 수 있다. 우리도 젊은 사역자들이 목회의 경험을 얻기 위하여 담임목사의 지도를 받으며 훈련을 받을 필요가 있음을 전적으로 공감한다. 바로 이런 이유 때문에, 신학과정을 졸업한 후에 바로 목사 안수를 주지 않고, 강도사로서 이 년 내지 삼 년 동안 담임목사의 지도를 받으며 목회 수련을 받게 하는 것이다. 일단 목사로 청빙을 받으면 안수를 받게 되는데, 목사의 의무와 책임에 있어서의 동등과 당회의 회원권과 당회장 유고시의 승계권, 등이 보장된 동사목사로 청빙을 받아 목사 안수를 받게 된다면 아무 문제가 없다. 하지만 공동의회도 거치지 않은 채 당회의 결의로 담임목사를 보좌하는 부목사로 청빙하여 안수하는 것이 과연 목사의 동등의 원리에 맞는 것인지 심각하게 검토해 보아야 할 것이다. 부목사가 아니라, 동사목사로 청빙을 받을 수 있도록 고신 헌법의 해당 조항은 재고해야 할 필요가 있다고 생각한다.

목사와 치리장로 사이에는 역할의 분담을 통하여 서로 협력할 수 있는 기초가 분명히 설정되어 있으나, 위임목사와 동사목사 사이에 역할의 분담이 분명하지 않거나, 공평하지 않으면 갈등이 일어날 수 있다. 따라서 동사목사를 청빙할 때에는 담임목사와 동사목사 간에 불필요한 갈등이나 오해의 소지를 예방하기 위하여 사전에 업무 분담을 분명히 할 필요가 있다.

한 개체교회가 동사목사를 몇 명이나 청빙할 수 있는가 하는 질문은 교회의 적정

규모와 관련되어 있다. 한 개체교회의 적정규모는 어느 정도인가? 이에 대한 대답은 교회정치제도에 따라 다를 수 있다. 독립교회는 각 교회가 자율적으로 존재하므로 그 개체교회의 성장에 대해서도 외부의 간섭이나 규제를 받을 필요가 없다. 하지만 감독교회나 장로교회는 전통적으로 관할지역을 비교적 균등하게 분할하여 교구로 만들고, 교구마다 한 교회를 두었기 때문에 각 교회는 주어진 지역 범위 안에서 성장할 수 있었다. 한국과 같은 선교지에서 장로교 선교부와 감리교 선교부가 이런 교구제도를 그대로 시행할 수는 없었지만, 서로 지역예양을 발휘할 수 있었던 배경에는 교구제도의 균형 정신이 있었다고 생각한다. 한국장로교회는 교구제도를 운용한 것은 아니라 하더라도, 총회 산하에 각 노회들이 관할하는 지역이 있고, 노회는 시찰로 구역이 나뉘며, 개체교회는 각 시찰의 구역의 일부를 맡은 것으로 본다면, 교구의 균형 의도가 남아 있다고 할 수 있을 것이다.

관할 지역의 개체교회들이 서로 평등한 형제 교회들로서 총대를 노회에 파견한다. 노회 총대를 파견함에 있어서 어느 한 개체교회가 총대를 독점하지 않고, 교회마다 목사 한 사람 당(當) 치리장로들의 대표 한 사람을 총대로 파견하는 것이 기준이라고 할 수 있다. 1934년판『대한예수교장로회 헌법』에 보면 한 당회에 관리목사 2인 이상 있는 경우에는 그 목사들과 동수(同數)의 장로 총대를 노회에 파송하도록 하고 있다.[37] 목사를 총대로 한 명 더 보내면 치리장로도 한 명 더 늘어나기 때문에 노회에서 교회 간의 균형이 깨어지기 쉽다. 그러므로 이 규정은 예외 규정으로 보아야 한다.

현재의 고신『헌법』에도 한 노회 안에 어떤 교회의 규모가 다른 교회들보다 큰 경우를 감안하기 위한 조항이 있다. 그러나 이 조항은 더 이상 예외 조항이 아니고, 얼마든지 대교회를 허용하고 배려하는 조항으로 변질되었다. 고신『헌법』은 노회에 총대를 파견함에 있어서 두 가지 기준을 제시하고 있다. 첫째, 그 교회의 시무목사들의

---

37)『대한예수교장로회 헌법』(1936), 102.

수만큼 장로총대를 선정하거나,[38] 둘째, 세례교인 수에 따라 장로총대를 선정하되, 세례교인 300명까지 한 명, 301명에서 600명까지 두 명, 601명에서 1,000명까지 세 명, 세례교인 1,000명을 초과할 때는 매 1,000명당 한 명씩 증원 선정하게[39] 한 것이다. 이처럼 『헌법』은 부목사가 있거나, 300명 이상의 세례교인이 있는 교회의 총대에 대한 별도조항을 마련함으로써 교회 규모에 비례하여 총대를 파견할 수 있도록 현실화해 놓고 있다.

물론 대교회의 장점들이 없을 수는 없다. 다양한 필요를 가지고 있는 성도들에게 다양하고 유익한 프로그램을 제공할 수 있고, 여러 다양한 선교사업을 다른 교회와의 수고스러운 협의를 거치지 않고 독자적으로 펼칠 수 있으며, 지역사회에 기여할 수 있는 다양한 봉사를 역량대로 펼칠 수 있다. 노회가 제 역할을 제대로 하지 못할 때 몇 몇 대교회가 중심이 되어 큰일도 거뜬히 감당할 수도 있다. 노회가 교회의 본질적 사명에 관심을 가지기보다 교권적 파쟁으로 치달릴 때, 노회에 기대하기보다 개교회가 독자적으로 해야 할 일들을 할 수 있다.

그러나 대교회는 노회 안에서 교회 간의 균형을 이루기 어렵다. 대교회가 노회 안에서 다른 개체교회와 동일한 정도의 영향력만 행사할 수 있도록 제한하면 그 대교회의 시너지는 사장될 수도 있다. 그렇다고 대교회가 그 규모에 걸맞는 세력을 노회 안에서 발휘하고자 하면, 같은 노회의 다른 교회들과의 균형이 깨어져 다른 작은 교회들이 그 교회에 의존적이 되거나, 소극적이 되기 쉽다. 장로교회에 속한 개체교회는 한 노회 안에서 다른 개체교회들과 규모에 있어서도 균형을 이루면서 서로 협력하여야 한다. 그렇게 되기 위해서는 개체교회가 적정한 규모를 넘어 성장하게 될 때 분립 또는 분립개척을 통하여 그 규모를 조절할 필요가 있다.

고신은 60년대 중반까지만 해도 교단의식이 뚜렷한 교회였으나, 60년대 말 이후

---

38) 제10장 122조 1항, 『헌법(고신)』(2011), 296.
39) 같은 책.

정치적 혼란을 겪으면서 70년대 중반부터 교단으로서의 응집력이 약화되고, 개교회주의가 득세하여, 대교회를 추구하는 교회들이 점점 많아졌다고 볼 수 있다.

고신이 대교회주의의 추세에 합류하게 된 또 하나의 영향은 교회성장주의에서 비롯된 것이다. 교회성장학파는 한 개체교회가 지속적으로 성장하는 것이 하나님의 뜻이라고 주장한다. 이런 논리는 개체교회 간의 연계성보다 독립성을 강조하는 독립교회들에게 큰 도움이 될지 몰라도, 개체교회의 상호독립성과 연계성을 중요하게 여기는 장로교회에게는 적합하지 않다. 장로교회는 정치제도상 개체교회의 지속적 성장보다, 여러 교회들이 함께 성장하기를 추구한다. 장로교회가 대교회주의를 그냥 방치하면, 개체교회는 점점 그 내부에서 목사의 계급이 심화되어 감독교회처럼 될 것이고, 노회를 통한 협력은 더욱 취약하게 되어, 갈수록 장로교회로서의 정체성을 잃게 될 것이다.

적정규모는 개체교회로서의 본질적 기능과 사명을 가장 잘 발휘할 수 있는 규모이지만, 그것을 일률적으로 규정하기는 어렵다. 교회의 위치, 목사의 역량, 교인의 구성, 교회의 분위기, 등이 교회마다 다를 수 있기 때문이다. 그렇다 하더라도 전임(full-time)의 위임목사 한 사람이 감당할 수 있는 목회사역의 분량은 무제한적일 수는 없다. 성도들이 모임에 출석하기에 적당한 거리도 있고, 함께 모여 예배할 때에 필요한 공간과 시설의 한계도 있고, 서로 은사로 격려하고 충분한 교제를 누릴 수 있는 회중의 규모에도 한계가 있다. 목사 개인이 교회의 성장에만 몰두하여 한 사람의 목사에게 위임된 목회 분량의 한계를 초과하게 될 때에는 많은 문제가 일어난다. 주일 낮예배를 5부, 6부까지 나누고, 대부분의 설교를 한 목사가 독점하는 것은 한 목사에게 위임된 목회적 한계를 넘어가는 일이라고 생각한다. 위임목사가 아무리 설교를 잘 한다고 하더라도, 목회하는 성도들과 인격적인 교제를 나누며 그들을 위하여 기도하는 가운데 설교를 하려면 한 목사가 감당할 수 있는 성도의 수는 한계가 있을 수밖에 없다. 하워드 스나이더(Howard Snyder)는 대교회 추세에 대해서 경고하면서, 개체교회의 성공을 회중의 규모와 결부시키는 오류를 지적하였다.[40] 그는 회중의 규모는 결코 교회의 본질적 요소는 아니라고 하면서, 대교회의 문제점을 다음과 같이 평가하고 있다.

> 한 회중이 더 커질수록, 성경적 기준의 활력과 제자도를 유지하는 교회됨을 누리며 경험하기가 더 어려워진다. ... 진지한 제자도의 허점을 확대시켜 교회의 활력을 영구적으로 침식시키지 않고도 회중이 천 여 명 이상으로 성장하기는 매우 어렵다.[41]

스나이더는 대교회의 문제점을 해소할 수 있는 방안을 이렇게 제안한다.

> 지금 수 천 명의 규모로 성장하고 있는 수백의 많은 교회들이 단순히 더 크게 성장하려고 하기보다 더 작은 회중의 네트워크로 변환하려는 계획을 적극적으로 세워야 하지 않을까? 그들이 작음과 큼 양자의 이점을 얻기 위한 그런 방법으로 이 회중들이 네크워크를 이룰 창의적인 방법들을 (아마도) 이제 막 실험하려고 할 때라 하더라도, 그들은 확실히 새 회중들을 개척하고 있어야 한다.

교회는 단순한 회중이 아니다. 예배 회중이며, 신앙생활 공동체이다. 회중이 적정규모 이상으로 커지면 서로를 인격적으로 알지 못하며, 서로에게 익명적 존재가 된다. 서로의 은사를 통하여 서로를 유익하게 하여야 공동체라고 할 수 있는데, 나의 존재가 다른 사람에게, 다른 사람의 존재가 나에게, 익명으로 남아 있다면, 신앙 공동체라고 하기 어렵다. 신앙 공동체의 활력을 유지하려면 소그룹의 인원이 적당

---

40) Howard A. Snyder, Decoding the Church: Mapping the DNA of Christ's Body(Grand Rapids: Baker Books, 2002), 62-67.

41) ibid., 67.

해야 하듯이 그 회중 공동체도 적정한 규모의 인원이 되어야 한다. 회중이 적정규모 이상으로 많아지면 분립개척을 통하여 그 회중의 적정규모를 역동적으로 유지할 수 있다. 그러나 개체교회가 지속적으로 과도한 성장을 추구한다면 분립개척의 기회는 억제될 것이다. 고신 및 한국장로교회의 교회개척은 목사의 평등과 회중의 적정규모의 원칙을 존중함으로써 분립개척을 실천할 때에 새롭게 활성화될 것이다.

지금까지 장로교회의 정치제도에 있어서 노회중심의 교회개척, 가정 세우기, 복수장로제, 직분의 평등, 등을 언급한 이유는 바로 이런 것들이 장로교적 정체성을 갖춘 교회를 개척 설립하는 데 있어서 중요한 원리가 된다고 믿기 때문이다.

한|국|장|로|교|회|와
교|회|개|척

제 사 부

제 십 사 장
교회정치제도에 따른 교회개척의 유형들

제 십 사 장

교회정치제도에 따른 교회개척의 유형들

이 장에서는 침례교, 감리교, 그리고 셀 교회의 교회개척 모델을 살펴보고자 한다. 이 세 모델을 선택하는 이유는 장로교 교회개척과 대조되는 부분들이 있기 때문이다. 저자는 이 세 모델과 관련된 사례들을 국내에서 찾지 않고, 해외에서 찾았다. 교회정치제도와 연관된 교회개척에 대한 국내 자료의 빈곤도 하나의 문제이지만, 교회성장과 교회개척에 대한 서구의 문헌들로부터 한국 개신교회들이 큰 영향을 받았기 때문이며, 장로교회의 개척모델과 비교될만한 교회개척의 전(全) 과정을 포괄하는 개척모델이어야 하기 때문이다.

1. 침례교회의 교회개척모델

헤롤드 암스튜츠(Harold E. Amstutz)는 침례교회를 "예수 그리스도에 대한 공개적 신앙고백에 근거하여 침례를 받은 신자들의 모임으로서, 목사와 집사의 이직분(二

職分)을 가지며, 자치하며, 예배, 전도, 제자도, 세워줌, 성례의 준수, 그리고 복음의 세계전파 등을 위하여 함께 동참한 무리"[1]라고 정의하였다. 침례교회라면 회심을 통하여 중생한 사람을 교회의 회원으로 받아들이고자 할 것이다.[2] 중생한 사람이 교회의 회원이 된다는 교리는 '모인 교회'(gathered church)의 원리가 되는 '신자의 세례'와 짝을 이루는데, 이는 다른 어떤 교파와 침례교회를 구별하는 하나의 기준이 된다.[3] 신학과 목회를 위한 침례교 센터(the Baptist Center for Theology and Ministry)의 대표인 스탠턴 노먼(R. Stanton Norman)은 "중생받지 못한 회원은 세상적이고 육적인 회원"[4]이라고 단정한다. 침례교회는 교회회원으로 받아들이는 근거로서 믿는 자의 침례와 이명증 또는 다른 독립 침례교회로부터의 추천서, 그리고 구원과 성경적 침례에 대한 간증문 등을 포함한다.[5] 여기에서 침례의 양식은 믿는 자들에게 중요하며, 유아세례는 인정되지 않는다. 침례교회의 직분은 세 가지 기본적 역할 즉, 장로(벧전5:1-4), 감독(딤1:5-7), 목자(행20:17-28)의 역할을 가진 목사와 집사로 구성된다. 침례교회는 복수장로제를 강조하지 않는다.

침례교회 중에는 교회제도에 대한 관점과 접근방식이 다양하지만, 그들은 모두 지역교회의 독립성과 자치권을 강조한다(행15장 참조). 어떤 한 지역교회나 교회들의 연합체라고 하더라도 다른 지역교회 위에 권위를 행사할 수 없다. 침례교회는 신약성경은 지역교회가 스스로 다스리고 관리할 수 있는 그런 방식을 보여주었다고 주장한다.[6] 처음부터 침례교회는 회중교회적 정치제도를 지지하였다. 침례교회의 이런 특징들이 그들의 교회개척과 어떤 관련이 있을까?

---

1) Harold E. Amstutz, *Church Planter's Manual*(Cherry Hill, N. J.: Association of Baptist for World Evangelism, Inc., 1985), 27.
2) R. Stanton Norman, *The Baptist Way: Distinctives of a Baptist Church*(Nashville, T. N.: Broadman & Holman Pub., 2005), 47.
3) ibid., 56.
4) ibid., 58.
5) Harold E. Amstutz, op. cit., 29.
6) R. Stanton Norman, op. cit., 85.

남침례교회 국내선교위원회 교회확장국의 전(前) 대표였던 프란시스 잭슨 레드포드(Francis Jackson Redford)는 어떤 교회개척의 형태이든지 그들의 교회가 따르는 또는 따르기를 권장받는 아홉 단계를 다음과 같이 정리하고 있다.

1. 교회선교위원회(church mission committee)를 구성하라.
2. 새로운 사역을 위한 지역을 선정하라.
3. 후원교회를 준비시켜라.
4. 목표지역을 기경하라.
5. 선교교제회(mission fellowship)를 설립하라.
6. 선교채플(mission chapel)을 설립하라.
7. 재정적 문제들을 처리하라.
8. 선교채플을 위한 시설을 마련하라.
9. 채플을 교회로 제정하라(constitute).[7]

이것은 지역교회방식의 교회개척과정의 한 예로서 처음부터 끝까지 지역교회에 의해 주도된 것이다. 레드포드도 지적하듯이, 지역교회방식의 교회개척은 중도 해산되는 경우가 많다.[8] 이런 결과를 예방하기 위해서는, 특수한 지역에 새로운 교회개척의 필요성을 인식하는 교회선교위원회를 구성하여, 지역교회 성도들에게 새 교회의 필요성을 인식시키고, 그 대상지역을 조사하여 지역공동체 또는 이웃을 함께 모으며, 교회개척사업의 행정적 책임을 수행하며, '모교회'와 새 교회 사이에 소통을 원활하게 하도록 하는 것이 좋은 방책이다.[9]

레드포드는 선교교제회가 필요한 이유는 "그 네트워크의 기초를 견고하게 하고,

---

7) Francis Jackson Redford, *Planting New Churches*(Nashville, T. N.: Broadman Press, 1978), 28–108.
8) ibid., 29.
9) ibid., 30–33.

… 기독교적 교제를 발전시키고, … 그 기초를 넓히고, … 그 지도자들을 발탁하고, … 그 지도자들을 훈련하고 계발시키는 데에는 시간이 필요하기"[10] 때문이라고 하였다. 선교교제회의 핵심 사안은 그 교제회를 이끌며 지속적으로 지원할 사람들을 선출하고 훈련시키는 것이다. 레드포드는 주일학교와 예배를 시작하고 지도자를 세울 때까지, 얼마나 오래 동안 소수의 성인과 함께 선교교제회를 지속해야 하는지를 결정할 지침을 제시하였다.

선교채플이 되기 위한 첫 단계는 선교목사의 지명이다.[11] 교회선교위원회는 선교교제회가 선교채플이 되도록 '모교회'에게 청원한다. 그리고 모교회가 이를 심의하여 허락한다.[12] 주일예배를 시작하면, 선교채플은 시작된다. 하지만 아직은 후원하는 교회의 관리 하에 있다.[13] 선교채플은 임시적 모임장소, 리더십, 공동체의 사역형태, 새 사역을 위한 영구적 장소 등이 필요하다.[14] 레드포드는 선교채플의 초기에는 유능한 평신도 설교자가 지도자의 역할을 할 수 있다고 하였다.[15] 그러나 선교채플은 아직 교회가 아니며,[16] 안정된 자결권을 가진 교회로 성장해야 한다.[17] 교회가 된다는 것은 자립할 수 있다는 것을 의미하며, 교회로서의 인준은 후원하는 교회에 의해서 주어진다.[18]

새 교회를 위한 정관은 정관의 목적, 교회 이름, 교회의 목적, 교리진술, 교회 언약, 교회의 구조 및 정치제도, 소속교파, 정관수정의 과정 등을 포함하는 것이어야 한다.[19] 레드포드는 정관이 제정되기 전까지는 선교채플을 교회라고 부르지 않았다.

---

10) ibid., 63.
11) ibid., 74.
12) ibid., 73.
13) ibid., 72.
14) ibid., 83.
15) ibid., 84.
16) ibid., 96.
17) ibid., 97.
18) ibid., 99.
19) ibid., 99-100.

침례교 중부선교회(the Baptist Mid-Missions) 대표 로저 맥나마라(Roger N. McNamara)는 교파적 협력을 다음 여섯 가지의 교회개척 방안에 포함시키고 있다.

1. 선교목사(missionary pastor)가 복음이 필요한 공동체 속으로 들어가서 교회를 시작하되 영구적 목사로 체류하지 않는 선교적(missionary) 교회개척.[20]
2. 일평생 새 교회와 함께 머물고자 계획하는 독립적 최전방 교회개척자에게 의존하는 최전방(pioneer) 교회개척.[21]
3. 남침례교 같은 교파적 연합에 의해 시작된 협회적(associational) 교회개척[22]
4. '모교회'에 의한 모-녀관계(parent-daughter) 교회개척.[23]
5. 전임 선교사와 하나된 팀의 동역관계(partnership) 교회개척.
6. 하나 이상의 교회로부터 후원받는 진취적 목사(an enterprising pastor)에 의한 교회개척.[24]

맥나마라는 '성경공부' 방법을 활용하는 것에 대해서 조심스러워 한다. 왜냐하면 "가정성경공부 모임들이 전혀 지역교회로 발전하지 않는 경우가 많이 있"[25]기 때문이다. 흔히 교회분열(church split)이나, 개척사역자의 이중 직업을 교회개척의 방법인 것처럼 말하지만, 맥나마라는 이런 방법을 추천하지 않는다.[26]

맥나마라와 캔 데이비스(Ken Davis)는 교회개척단계를 인간의 삶의 주기와 병렬시켜 다섯 단계를 도출한다. 즉 "잉태기(conception), 태아발달기(prenatal

---

20) Roger N. McNamara, *A Practical Guide to Church Planting*(Cleveland, Ohio: Baptist Mid-Missions, 1985), 18.
21) ibid., 20.
22) ibid., 22.
23) ibid., 24.
24) ibid., 27.
25) ibid., 29.
26) ibid., 30-31.

development), 출생 및 유아기(birth and infancy), 사춘기와 성장(adolescence and growth), 성인기과 재생산(adulthood and reproduction)"[27] 등이다.

각 단계마다 달성되어야 할 어떤 결정적 과제들이 있다. 임신의 단계에서, 교회개척 지도자는 "동기, 위치, 대상 청중, 리더십, 전략, 팀 함양, 그리고 개척 방법론"[28] 등의 질문에 대해서 대답할 준비를 갖추어야 한다.

태아발달의 단계에는 공예배를 시작하기 전에 전도를 위한 사전 예비활동을 펼치고, 복음전도활동를 실행하고, 핵심그룹을 동원하고, 소그룹을 위한 리더들을 훈련시키고, 번식을 위한 소그룹사역을 시작하고, 필수 사역구조를 정착시키고, 공예배 준비를 완수할 과제들이 있다.[29]

맥나마라와 데이비스가 출생의 본질을 명확하게 규정하지는 않았으나, 출생과 유아기 단계는 주로 사람들을 미래의 예배로 돌이켜 이끌 수 있는 공적, 축제적 예배를 시작할 때 열린다.

사춘기와 성장의 단계에서는 독립과 자족(self-sufficiency)을 향한 성장으로 특징을 짓는데, "진정한 예배, 전도와 구제, 새신자 양육 및 동화(assimilation), 균형잡힌 교회성장, 교회행정, 제자양육과 지도력의 발전, 새 사역 기획, 선교, 교회장소선택, 팀 활력, 등에 집중할 필요가 있다."

성인과 재생산 단계에서는 성숙한 선교지향적 교회는 재산구매, 건물건축, 자교회(子教会)의 재생산, 종족단위의 교회개척, 목사청빙 등을 탐색한다.[30]

남침례교 국내선교회위원회 새교회확장국의 전 대표 플로이드 티즈워쓰(Floyd Tidsworth, Jr.)는 대부분의 건강한 회중에게 적용될 여섯 발전단계를 제안하였는

---

27) Roger N. McNamara and Ken Davis, *The Y B H(Yes, But How) Handbook of Church Planting: a practical guide to church planting*(Xulon Press, 2005), xv.

28) ibid., xvi.

29) ibid., xvii.

30) ibid., xviii.

데, 즉 "발견, 준비, 경작, 교제회, 선교회(mission), 그리고 교회"[31]라고 하였다.

발견 단계의 목표는 "교회를 시작함으로써 그리스도를 위하여 전도해야 할 어떤 지역 또는 어떤 집단의 사람들을 발견하는 것이다."[32]

준비단계의 목표는 한 후원교회를 그 선교 프로젝트와 연결시키고, 그 회중의 미래형인 선교회의 유형을 결정하는 것이다. 티즈워쓰는 그 선교회의 유형을 구분하기를, 교회형태 선교회(church-type mission), 영구적 선교회(permanent mission), 위성(satellite), 선교회 주일학교(mission Sunday school), 자매교회(sister church), 그리고 가정교회(house church) 등이 있다고 하였다.[33] 그는 후원자 형태를 여섯 가지로 제안하였는데, (다른 후원교회들 중에) 주후원자(primary sponsor), (주후원자와 후원을 분담하는) 후원동역자(co-sponsor), (일정액의 후원금을 내는) 협동후원자(associate sponsor), (그 선교회를 관리하는) 후원교회(sponsoring church), (후원교회를 돕는) 교단, 그리고 (외부의 도움 없이 새 회중을 시작하여 발전시킬만한 재력이 있는) 독지가, 등이다.[34]

티즈워쓰는 경작단계의 목표는 "새 회중에 대한 지역사회의 인지도를 높이는 것"[35]이라고 하면서, "새 지역사회를 경작하는 첫 발걸음은 체감된 필요(felt-needs)를 파악하여 그리스도의 이름으로 그 필요를 채워주는 것"[36] 이라고 하였다.

그는 교제회 단계의 목표에 대해서는 "그 교회가 위치할 지역사회로부터 일단(一団)의 사람들을 모으는 것"[37] 이라고 하였다. 그는 두 가지 형식의 선교교제회 그룹을 소개하고 있는데, '성경공부/토의' 형식과 '전도소'(preaching point) 형식이다.[38]

---

31) Floyd Tidsworth, J., *Life Cycle of a New Congregation*(Nashville, T. N.: Broadman Press, 1992), xii.
32) ibid., 41.
33) ibid., 54-55.
34) ibid., 56-57.
35) ibid., 64.
36) ibid., 64-65.
37) ibid., 70.
38) ibid., 72.

선교회 단계의 목표는 교회형태의 선교회의 경우에는 "하나의 선교교제회를 자급하는 회중이 되도록 발전시키는 것"[39]이다. 티즈워쓰는 교회개척사역자를 세 유형으로 분류하는데, 새 회중을 위한 기초를 놓아주는 교회개시자(a church starter), 그 회중과 장기적 관계에 머무는 창립목사(a founding pastor), 조직된 회중에게 더 성장하기에 필요한 지도력을 제공하는 성장목사(a growth pastor)가 있다고 하였다.[40]

교회 단계는 헌법제정예배(constitution service)에서부터 시작하는데, 그 후에는 교회가 모든 법적 책임과 의무를 실제로 떠맡게 되며, 실제적 이명(移名)이 일어난다. "온전한 생활비/사례를 받는 목사(a fully funded minister)"[41]가 확보되고 교회가 자급하게 될 때, 교회개척의 과정이 완료되며, 따라서 그 선교회는 하나의 교회로 설립될 수 있는데, 이 단계는 실제적으로 지속적 성장의 단계이다.

요약해서 말한다면, 침례교 교회개척은 대부분 교회개척자 중심의 교회개척이다. 따라서 "교회개척 방정식에서 가장 중요한 단 하나의 요소가 있다면 그것은 교회개척자 자신이다!"("The single most important ingredient in the church planting equation is the church planter himself!")[42]라고 강조한다. 교회개척자는 자기에게 가장 적합한 개척모델을 선택할 수 있다.

하지만 남침례교 총회는 개인 교회개척자들을 여러 가지의 방법, 예를 들면, 지역교회들을 동원하여 교회개척에 참여하게 하고, 교회개척자들에게 필요한 정보와 훈련을 제공하고, 새롭게 일어나고 있는 교회들을 자문해 주는 등의 방법으로 지원한다.[43] 개별적 교회개척에 대한 이러한 교파적 관심은 침례교회들의 연합의 실효적 의미를 강화한다.

---

39) ibid., 77-78.
40) ibid, 78-81.
41) ibid., 93.
42) McNamara and Davis, op. cit., 65.
43) See Redford, op. cit, 101-108.

인간의 삶의 주기로 보면 태아기로 비유할 수 있는, 교회개척의 준비의 단계들을 교회개척의 과정에 포함시킨다는 것이 침례교 교회개척의 강점이다. 그리고, 채플(또는 티즈워쓰에 따르면 선교회)과 교회의 경계선이 분명하다. 교회개척의 종료기준은 그 교회의 목사의 사례와 교회의 경비를 자급할 수 있는 한 교회로 정관(constitution)이 제정되는 시점으로 하고 있다.

2. 북미 자유감리교회의 교회개척모델.

북미 자유감리교회(The Free Methodist Church of North America)[44]는 2003년에 그들의 『치리서』(the Book of Discipline)를 출판했다. 이 책에서 새 자유감리교회의 형성에 대해서, '교회개척 프로젝트'(church planting projects)를 첫 단계로,[45] '교제회'(fellowship)를 그 다음 단계로, '신도회'(society)[46]를 최종단계로 언급하고 있는데, 이 신도회는 자유감리교회로 완전히 조직된 하나의 지역신도회(지역교회)를 말한다.[47]

'교회개척 프로젝트'는 후원단체가 그 프로젝트에 대해 책임을 지기로 결정했다고[48] 공포함으로써 시작된다. 그 후원단체는 한 지역신도회이거나, 총회 행정위원회이거나,[49] 또는 전도위원회일 수 있다. 교회개척사역자 또는 평신도 프로젝트 리더는 후

44) 북미 자유감리교회는 1860년 뉴욕에서 창립되었는데 그들은 노예제도를 반대하며, 교회당 안에 강대상에 더 가까운 더 나은 좌석을 위해 요금을 부과하는 것은 부당하다고 믿기 때문에 이런 "자유"라는 이름이 붙여졌다.

45) The Free Methodist Church of North America, *2003 Book of Discipline*(I. N.: the Free Methodist Publishing House, 2004), 183.

46) ibid., 184.

47) ibid., 187.

48) ibid., 183, 184.

49) ibid., 118.

원단체에게 프로젝트에 대한 책무를 진다. 자유감리교회 회원들은 그 '프로젝트'에 참가하더라도 본 교회에 회원권을 유지해 둔다. '프로젝트'는 후원단체가 권한을 위임해 준다면,[50] 그 자신의 재정을 보관할 수 있다. 그 '프로젝트'는 후원단체가 연장을 허락하지 않는 한,[51] 2년 이상 계속될 수 없고, 그 다음 단계인 '교제회'의 단계로 진행되어야 한다.

'교제회'의 단계에 이르면 후원단체는 전면에서 물러나고, 총회(conference) 위원회나 전도위원회가 그 '교제회'에 대한 책임을 떠맡는다. '교제회'의 인준은 후원단체의 동의를 얻어 총회의 감독(superintendent)이 하게 된다. '교제회' 인준을 위한 조건들은 '교제회'의 정회원이 되고자 준비하고 있는 예상 회원들이 충분히 결집되어야 한다는 것과, 『치리서』의 채택을 공동으로 동의해야 하는 것 등이 있다.[52] '교제회'는 자유감리교회의 '신도회'가 될만한 지 평가를 받기 위해, 감독과 후원단체에게 필요한 후원과 사역의 진보에 대한 보고서를 제출한다. 회계감사를 후원단체가 여전히 맡더라도, '교제회'는 회원을 받아들이는 것이나, 그 자신의 재정을 관리하는 일은 스스로 감당하게 될 것이다. 교제회의 회원들은 지역 행정이사회를 선출할 것이다. '교제회'는 그 대표를 년차 총회에 파송할 수 있으나 투표권은 없다. 교제회는 이 단계에 삼 년 이상 머물 수는 없다.[53]

자유감리교회의 '신도회' 최종 인준은 그 자신의 사명선언문이 교단의 헌법과 조화 가운데 제정되고, 그 회원과 재정이 자유 감리교회의 일부로 기능하기에 충분할 때 총회 행정위원회의 동의를 거쳐 총회 감독에 의해서 주어진다. 인준된 '신도회'만 총회의 총대를 선출할 자격을 얻는다.[54] 교회개척의 종료는 자유 감리교회의 하나의 '신도회'로 공적으로 인준될 때이다.

50) ibid., 184.
51) ibid., 183-184.
52) ibid., 184.
53) ibid., 185.
54) ibid., 188.

이상에서 볼 때, 자유 감리교회의 교회개척은 후원단체에 의해 크게 통제되는 것을 알 수 있는데, '프로젝트' 단계의 후원단체는 한 지역교회일 수 있으나, 그 후 '교제회' 단계에서는 총회 위원회 또는 전도위원회 등이 될 수 있다. 자유감리교회의 교회개척은 개인이 아닌, 후원단체에 의해서 시작되며, 교회개척의 종료는 공식적으로 하나의 자유감리교회 신도회로 인준받는 때라고 할 수 있다.

자유 감리교회의 대표감독(director overseer)이었던 케빈 멘노이아(Kevin W. Mannoia)는 개별적 교회개척을 탈피할 수 있는 협동적 교회개척이 더 효율적임을 강조한다. 개별 프로젝트는 하나님을 알게 하고, 그의 왕국을 세상에 선포하기 위한 '최고의 사명'(the paramount mission)에 통합되어야 한다.[55] 멘노이아는 "지역단위의 교회개척운동"[56]을 강조하면서 이를 위해서는 지도자들이 선교의 우선순위와 연합을 이루는 일에 자신들을 헌신할[57] 동기가 유발되어야만 한다고 하였다. 또한 시작 초기 내내 새 교회를 양육할 수 있는 시스템이 개발되어야 하고, 시작부터 당장 가동할 준비가 되어 있어야 한다.

새 교회의 시작은 개인의 지도력과 결부되어 있으나, 그 다음 세대에서는 개인의 지도력이 팀 지도력으로 대체되었고, 교회는 제도화되었다. 일반적으로 말하자면, 제도적 교회는 세 가지 국면을 통과하면서 균형을 잡게 된다. 그 첫 국면은 정체(stagnation)인데, 별 무리 없이 운영되고 있는 기관의 우선적 관심은 현 상태를 어떻게 하면 유지할 수 있느냐에 놓여 있다는 것이다.[58] 둘째 국면은 산탄총(shotgun)과 같은 특징을 가지는데, 모든 에너지는 어떤 개인이 새 교회를 시작하기를 원할 때 즉시 전개하는 데에 집중된다. 지시나, 일관성이나, 응집력이나 에너지의 효율성에 대

55) Kevin W. Mannoia, *Church Planting: the Next Generation, Introducing the Century 21 Church Planting System*(Indianpolis: Light and Life Press, 1994), 17-18.

56) ibid., 26.

57) ibid., 21.

58) ibid., 33.

해서는 별로 생각해 보지도 않는다.[59] 산탄총 국면은 교회개척활동을 증진시키는 것을 사실이지만, 개척교회의 장기적 안전성과 건전성을 세워나가는 데 있어서는 한계가 있다. 그 다음 국면은 체계(system)[60]인데, 그것은 "초점, 표적화(targeting), 건전성 그리고 방향성"[61] 등을 제공한다. 제도와 운동, 모달리티와 소달리티, 행정관료와 실업가 사이에는 어떤 균형이 있어야 한다. 그는 "운동 없는 기관은 정체이며, 기관 없는 운동은 산탄총"[62]이라고 표현하고 있다. 그러므로 건강한 교회개척은 양자의 균형이 잡힌 체계가 필요하다.

교회개척의 체계를 효과적으로 만드는 중요한 네 가지의 핵심가치가 있다. 첫째 핵심가치는 생산품보다는 생산력[63]인데, 포괄적이며 통합적인 체계, 그리고 성장을 주도하는 핵심 지도자들과 교회들과의 관계 등이다. 둘째 핵심가치는 총판권(franchising)의 개념, 또는 재생산 체계이다. 요한 웨슬레의 신도회 또는 셀 그룹은 다른 장소와 시간에도 그들 자신을 복제할 수 있다는 것을 아래와 같이 지적한다.

> … 연계적 체계들은 그 자신 안에 총판권의 개념을 내포하고 있다. 조직, 재정, 과정, 신학에 있어서 연결되어 있다. 어느 정도 중앙집중화가 되어 있어서, 교회 생활의 많은 기초적인 것들은 여러 지역의 상황에서도 되풀이 된다. 이 유산과 전통에 있어서 기본적 감정 이해와 헌신은 총판권이 성공적으로 이해되고 적용될 수 있는 방식으로 존재한다.

교회개척운동의 셋째 핵심가치는 실용주의인데, "일이 잘 안되면 그렇게 하지 말라."는 일반 격언이 여기에 잘 맞아 떨어진다. 넷째 핵심가치는 교파 간에, 그리고 교

59) ibid., 35.
60) ibid., 36-40.
61) ibid., 36.
62) ibid., 39.
63) 개척된 교회가 그 지역의 생산품이라면 생산력은 교회개척의 사명과 철학을 의미한다.

회와 선교단체 간에 공감이다. 멘노이아의 교회개척체계에 있어서 흥미로운 점은 "지방회(District)는 교회를 낳지 않는다, 교회가 (교회를) 낳는다." 또는 "지방회가 교회를 생산하려고 시도하는 것은 마치 할머니가 아이를 낳아 보려는 것과 같다."라는 격언에 잘 담겨있다. 교회를 개척하는 책임은 분명히 지역 교회에게 있으며, 지방 감독과 지도자들은 지역교회를 보조하는 역할임을 이해해야 한다. 교회개척체계를 효과적으로 만드는 중요한 세 인물들이 있는데, 감독의 사역을 직접 선명하게 대행하는 전임 또는 시간제 대표, 정기적 그룹 회의에서 일차 자료 대리인이면서 교사인 촉진간사(facilitator), 그리고 매달 한 번씩 두 세 명의 교회개척자들과 만나는 코치(coach) 등이다.[64)]

멘노이아는 한 지방회 안에 21세기형 교회개척 체계의 요소들을 소개한다. 첫째는 '모교회 네크워크'(Parent Church Network, PCN)인데, 한 지역교회 안에 교회개척에 대한 미성숙한 관심을 인지하게 되었을 때 그 교회가 모교회가 되도록 도와주는 일을 한다.[65)] '모교회 네크워크'(PCN)는, 교회별 특이점을 감안하기는 하지만, 모든 새 교회에게 공통되는 원리 안에서 훈련을 제공하도록 고안되어 있다.[66)] 둘째는 '인물평가체계'(Profile Assessment System, PAS)인데 교회개척예정자들의 사역적 기술, 성과와 인격을 평가하기 위한 객관적이고도 강도 높은 과정을 설치한다. 이 체계는 주로 교회개척자로 배정될 개인을 더 잘 선택하기 위한 방안이다.[67)] "사람들이 미래에 어떻게 행동할 것인가를 가장 잘 아는 최선의 방법은 그들이 과거에 어떻게 행동하였는지를 알아내는 것이다."[68)]라는 평가 원리를 따른다. 셋째는 '새 교회 인

---

64) ibid., 57-59.
65) ibid.
66) ibid., 62.
67) ibid., 67.
68) ibid., 70. 멘노이아는 찰스 리들리(Charles Ridley)의 평가방법을 강력하게 추천하고 있다. ibid., 71. cf. Charles Ridley, *How to Select Church Planters?*(Pasadena, C. A.: Fuller Evangelical Asscociations, 1988)

큐베이터'(New Church Incubator, NCI)인데, "개척을 계획하는 단계(conception)부터 개척교회 공예배를 시작한 후 일 년이 되기까지, 교회개척자들에게 후원환경, 개척을 위한 기술훈련과, 개척자들과 그들의 배우자들과 핵심 평신도 지도자들과의 관계에 대한 코칭"[69]을 제공한다. '새 교회 인큐베이터'(NCI)는 전적으로 교회개척자의 관점에서 개척교회의 시작을 위한 준비를 지원한다.[70] '새 교회 인큐베이터'는 교회개척에 있어서 주요한 진보의 발걸음이지만, 다른 요소들, 특히 '모교회 네트워크'(PCN)와 '인물평가체계'(PAS)와 함께 병용될 때에만 완전한 효과를 낼 수 있다.[71]

멘노이아의 '모교회 네트워크,' '인물평가체계,' 그리고 '새 교회 인큐베이터,' 등의 교회개척 체계는 지역교회들을 어떻게 동원하고, 교회개척 사역자들을 어떻게 선택하고 구비시킬 것인지를 보여준다. 자유감리교회는 교회개척에 있어서 '개인주의'를 지양하고 협력의 가치를 높이 평가하는 동시에, 지역교회들이 교회개척에 있어서 그들 자신의 역할을 감당하도록 독려하고 있다. 국내에 소개된 대부분의 교회개척 안내서들이 침례교 스타일인데 비해, 멘노이아의 제안을 포함한 자유감리교회의 방식은 한국에서 장로교회적 교회개척을 추구함에 있어서 또 하나의 흥미를 일으키는 비교 대상이 된다.

69) Mannoia, op. cit., 79.

70) ibid., 82.

71) ibid., 83. 멘노이아는 위의 세 가지 중요한 교회개척의 체계 외에도 그것들보다는 좀 덜 중요한 다른 일곱 가지 요소들을 첨가하였다. 모집 네트워크, 목사 배출기관, 교회개척자의 정점, 성숙하는 교회군(群), 전략적 계획 네크워크, 하베스트 1000, 메타 교회 네크워크 등이었다. ibid., 51-52.

3. 셀(Cell) 교회 모델

다른 나라에서도 그러하지만 한국에 있는 셀 교회들은 셀 그룹(cell groups)의 증식을 통하여 그들 교회의 양적 성장을 추구하고 있다고 본다. 사람들은 그들의 셀 그룹 내부에서 그리스도인의 친밀한 교제를 경험하지만, 그 셀 그룹이 자라서 하나의 가정 모임이 되거나, 더 나아가 장로교회에서 말하는 하나의 회중으로 성장하도록 허락되지 않는다. 셀 교회에서 회중의 교제는 삭제되고, 목자들과 그 위의 감독자들의 네트워크로 대체된다.[72] 랄프 네이버(Ralph W. Neighbour, Jr.)는 "개인은 회중에 결코 참여하지 않는다. 그 사역에 연관될 수 있는 유일한 길은 하나의 셀에 참여하는 것"[73] 이라 하였다. 셀이 증식됨에 따라, 회중은 예배 공동체가 아니라, 목자들 그룹의 네트워크로서 그 조직 안에 구조화된다. 셀 교회는 하나의 회중으로 성장하는 것이 목표가 아니라, 하나의 거대한 축제(celebration)로 성장하는 것이 목표이다. 그 축제는 모든 셀들이 함께 모이는 거대한 정기적 예배 이벤트이다. 이런 방식을 따르면 셀 교회는 수 백, 수 천의 셀 그룹을 포용할 수 있다고 랄프 네이버는 설명한다. 하지만 우리는 장로교회가 이와 같은 셀 교회의 모델을 따라 대교회를 지향할 수 있다고 생각하지 않는다. 왜냐하면 이 셀 교회는 회중이 가진 기능과 특권을 무시하고, 셀 증식을 통하여 그것의 적정규모 이상의, 거의 무한대의, 성장을 추구하는 경향성이 높기 때문이다.

셀 교회 모델은 새로운 셀의 증식을 추구하나, 새로운 교회개척을 목표로 하지 않는다. 새로운 셀들은 그 수가 아무리 많을지라도, 셀 교회 안에 다 수용될 만큼 큰 교회를 추구하기 때문이다.

---

72) Ralph Neighbour, Jr., *Where Do We Go From Here?*(Houston: Touch Publications, 2000), 64, 232-233.

73) ibid., 224.

이상에서 장로교회의 교회개척 모델을 모색하기 위한 전제적 논의로서 침례교, 감리교, 셀 교회의 교회개척 모델을 살펴보았다. 침례교 모델의 교회개척은 처음부터 끝까지 전적으로 지역교회에 기반을 둔 것이었다. 침례교 모델은 많은 지역교회들이 취약하여, 교회간의 후원이 부족한 것이 약점이 될 수 있으나, 지역교회에 선교위원회가 있어서 교회개척을 계획에서부터 후원까지 책임을 지고 추진하는 것이 강점이기도 하다. '모교회'가 선교채플을 허락하고 그것을 위한 선교목사를 모시는 역할을 맡고 있다. 남침례교회는 다른 침례교회들과의 교단적 협력을 온건한 방식으로 장려하고 있다.

자유감리교회 모델에는 몇 가지 특징이 있다. 첫째, 교회개척의 세 단계 즉 프로젝트 단계, 교제회 단계, 신도회 단계가 분명히 구분된다. 둘째, 교회개척 프로젝트에 참여하는 회원은 그들의 본교회의 회원권을 유지한다. 셋째, 총회 감독에 의해서 인준된 새 교제회는 교단으로부터 더 많은 중앙지원과 통제가 있다. 이 모델은 개별적 교회개척의 함정을 피하는 동시에 지역교회의 주도권을 허락한다는 점 등이 장점이다.

셀 교회는 대교회를 추구하는 데 있어서는 유효할 수 있으나, 실제로 새 교회를 개척하는 데 있어서는 매우 제한되어 있으며, 분명한 개척 모델이 제시되지 않았다.

한|국|장|로|교|회|와 교|회|개|척

제사부

제십오장
장로교 교회개척의 과정

제 십 오 장

장로교 교회개척의 과정

1. 장로교 교회개척에 이르는 세 가지 통로

타문화권 미전도지역이 아닌 기존 교회들이 많이 있는 국내에서는 '이동'과 '회심'과 '분봉'(hiving-off)이 새 교회를 설립해야 할 필요에 이르는 세 가지 주요 통로이다. 우리는 이런 통로들이 어떻게 새 교회의 필요를 촉진시키는지를 확인하고자 한다. 우리는 먼저 이동에 대해서 논의하고 이어서 회심자 중심의 교회개척을 장로교 교회개척의 과정의 핵심으로 제시한 후에, 분봉을 논의하려고 한다.

이 책에서 우리가 '이동'이라고 할 때에 전입 및 전출의 기준인 동 · 읍 · 면[1]보다는 그 기준을 더 넓게 잡아, 시 · 군 · 구를 벗어나 다른 지역으로 거주지를 옮기는 것으

1) 행정 용어상 전입(In -Migration)은 특정한 행정구역(동 · 읍 · 면)을 기준으로 다른 행정구역으로부터 거주지를 옮겨옴으로써, 전출(Out-Migration)은 특정한 행정구역(동 · 읍 · 면)을 벗어나 다른 지역으로 거주지를 옮겨감으로써, 주민등록지가 변경된 경우다.

로 정의하고자 한다. 한편, '수평이동'이란 불신자가 회심을 통하여 교회에 가입하는 것이 아니라, 이미 한 교회에 등록한 신자가 그 교회에서 다른 교회로 옮겨가는 것을 의미한다. 이동 신자가 이사 간 지역에서 한 교회에 정착하지 못하고 이 교회, 저 교회로 바꾸는 경우에, 이는 아직 한 교회에 등록하지 않은 상태에서 교회를 옮기는 것이므로, 수평이동이 아닌, '이동'으로 보는 것이 더 적절할 것 같다. 한 성도가 믿음의 침체를 겪으면서 전에 등록하여 다니던 교회를 일 년 이상[2] 출석하지 않고 있다가 다른 교회로 다시 출석하는 것은 수평이동이나, 이동이 아닌, '낙심자의 회복'이다. 낙심자의 회복은 회심과는 다르지만 회심을 언급할 때에 다시 논의하였으면 한다. 우리는 여기에서 신자가 거주지를 옮기는 것과 상관없이 교회를 옮기는 것을 의미하는 '수평이동'을 논의하려는 것이 아니라, 실제로 거주지를 옮기는 '이동'에 대해서 논의하고자 한다.

현대인들은 한 곳에 오래 정착하지 않고 이동하는 경향을 띠는데, 우리나라 사람들도 이런 성향을 남 못지않게 가지고 있는 것 같다. 통계청 자료에 의하면 2012년 인구이동률이 부동산경기의 침체로 38년 만에 최저를 기록했다고 하지만, 751만 명이 이동했으며 인구이동률은 14.9%로서 한 해 동안에 백 명 당 14.9명이 이동했다는 의미이므로 전혀 무시할 수 없는 높은 비율이다.[3] 성도들의 이동 이유도 이동 인구들의 전입, 전출의 이유와 별로 다를 것이 없다고 본다면, 기존의 교회에 속한 성도들도 그와 유사한 비율로 다른 지역으로 이동했을 것으로 일단 추정할 수 있을 것이다. 다른 지역으로 이동한 사람들이면 모두 새로 살 집을 구하듯이, 이동한 성도들도 새로 출석할 교회를 정해야 한다. 이동 신자들이 이사한 지역에서 기존 교회에 잘 정착할 수 있는 교회들이 있다면 구태여 새 교회를 개척하지 않아도 될 것이다. 그러나

---

2) 제3장 28조 1, "교회정치,"『헌법』(고신)(2011) "교인이 신고없이 교회를 떠나 의무를 행치 않고 6개월을 경과하면 회원권이 정지되고, 1년을 경과하면 실종교인이 된다."

3) 국내인구 이동 : 지표상세화면 – e-나라지표 www.index.go.kr/egams/.../PO_STTS_IdxMain.jsp?... 2013년 4월 16일 참조.

그 지역의 기존 교회들이 이동 신자들을 수용할 포용력을 갖추지 않은 상태에서 이동 신자들이 그 지역으로 모여든다면 그들을 위한 교회개척이 시급히 필요하게 된다. 도시화가 신속하게 진행되던 때에는 농촌에서 도시로 몰려드는 이동 신자들을 위해 교회개척이 우선적으로 필요했다. 지금도 신도시 개발지역이거나, 새 아파트 개발지역에서는 이동 신자들을 대상으로 하는 새 교회개척이 필수적이다. 이런 경우에는 이동 신자들의 취향을 고려하여 교회당 건물과 내부 설비를 적당하게 갖추어야 하므로, 초기 개척자금이 더 많이 필요하게 된다. 그뿐 아니라 교회의 설교, 교육, 행정, 재정 등에 대해서 이동 신자들에게 안정감을 줄 수 있어야 하기 때문에 개척 초기부터 다양한 부분에 대한 세심한 준비가 있어야 한다.

이동 신자들 중에는 어느 기존 교회를 출석할 것인지를 정하지 못하고 방황하거나 아예 교회출석을 중단하는 사람들이 적지 않은 것이 현실이다. 그들이 기존의 교회에 정착하기 어려운 두 가지 요소가 있다; 기존 교회가 가지고 있는 내부적 요소들, 예를 들면, 설교 또는 교리의 차이, 교회 문화 또는 분위기의 생소함, 교회 내부의 갈등 등이 이동 성도들에게 주는 어려움이고, 다른 하나는 이동 신자 자신이 가지고 있는 문제들인데, 예를 들면, 신앙적 침체, 자기 교파에 대한 강한 소속감, 또는 새로운 교회환경에 적응하려는 의지의 부족 등이다.

따라서 이동 신자가 기존교회에 더 쉽게 정착하려면 기존교회와 이동 신자를 서로 소개해주고 연결해주는 다리(橋梁)와 같은 역할을 할 중개인이나 중간모임이 필요하다. 이동 신자들을 그 지역의 같은 교단 교회에게로 이어주거나, 그 지역의 기존 교회의 성도들이 교회를 아직 정하지 못하고 있는 이동 신자들을 직장 동료나, 이웃으로 만나서 자연스럽게 자기들의 교회로 인도하는 것이 필요하다. 하지만 이동 신자들을 자기 교회로 이끌어 들이기 위해서 큰 교회들이 지나친 포섭활동을 펼치는 것은 경쟁력이 약한 작은 교회들의 성장 기반을 허무는 역작용을 일으킬 수 있으므로 유의해야 한다고 생각한다.

이동 성도들 가운데 자기들이 소속한 교단의 교회를 개척하고자 하는 성도들이 있을 수 있다. 우리가 독선적 교파주의는 반대해야 하지만, 이동 성도들을 자기 교파의 신앙고백과 가르침에 부합하는 교회로 안내하는 것은 그들에게 대한 책임있는 봉사라고 생각한다. 장로교회는 이동 교인들을 자기 교파 또는 동일한 신앙고백의 교회로 안내하기 위하여 전통적으로 이명증을 발급하였다. 『헌법』에 보면[4] 성도들이 새로운 지역으로 이동하여 정착할 교회를 찾으면 이전 소속교회 당회장에게 이명청원을 하도록 하였는데, 이것은 소속 교단의 전국 네트워크를 통하여 이동 성도들의 새 교회 정착을 도우려는 장로교회다운 방식이라고 생각한다.

문제는 이동 교인이 새 지역에서 자기 교단의 교회를 찾지 못하면 어떻게 하느냐 하는 것이다. 『헌법』은 이에 대해서는 침묵하고 있다. 그러나 이명절차를 설정해놓은 것 자체가 성도들이 아무 교회나 찾아 가도 좋다는 의미가 아님을 분명히 보여준다. 명시하지는 않았지만, 같은 교단의 교회를 찾지 못한 이동 교인들을 위하여 적극적인 조치를 취하는 것이 헌법이 품고 있는 정신이라고 생각한다. 만약 이동 지역에 같은 교단 교회가 없으면, 형제의 교류를 나누고 있는 다른 교단의 교회로 성도를 안내할 수도 있을 것이다. 이때 적합한 교회의 기준은 성경을 하나님의 말씀으로 믿고 바르게 선포하며, 성례를 올바르게 집행하며, 성도들이 말씀대로 순종하여 살도록 잘 가르치고 감독할 수 있는 개혁주의 신앙과 장로회적 교회체계를 갖춘 교회여야 할 것이다. 그러나 그런 교회도 찾지 못하여 그 이동 성도들의 신앙생활에 장애가 일어난다면, 그들을 위하여 교회개척도 고려할 수 있다는 것이 이명증의 함의(含意)가 아닌가 생각한다.

그러나 한국장로교회의 현실 상황에서 이명증을 써 주는 전통이 점점 무너져서, 어느새 그 흔적을 거의 찾아볼 수 없을 정도가 되었다. 한국장로교회는 해방 이후 극

4) 제3장 26조, 『헌법』(고신)(2011), 264.

심한 교파분열로 인하여, 성도들에게 자기들의 교회가 소속한 교파에 대한 자긍심을 심어 주기에 민망한 상황들이 많았다. 자기 교파에 대한 소속의식을 평소에 심어주지 않다가, 교회를 떠나는 교인들에게 자기 교파의 교회를 찾아 가도록 안내하기가 부담스럽게 되었다. 심지어는 교회들이 자기 교회가 장로교회임을 분명히 밝히지도 않는 경우도 많이 있다. 이런 상황에서 어찌 이명제도가 유지될 수 있겠는가?

고신 교회들도 이명증을 주고받는 전통이 거의 사라졌다고 해도 과언이 아니다. 고신 교회들은 전국적 네트워크가 제대로 형성되어 있지 않은 상황이기에, 중부 및 수도권으로 이동하는 이동 성도들에게 어디든 가면 거기 있는 고신 교회에 등록하라고 지도하기가 쉽지 않았다. 그런 과정에서 이동성도들을 다른 교단으로 본의 아니게 보내게 된 경우가 많았다.

충청, 강원, 전라, 경기 등의 지역이 고신 교회의 변방으로 아직도 남아 있는 데에는 우선 역사적인 배경이 있다. 장로교회와 감리교회의 조선 선교부들이 초기부터 서로 비공식적으로 합의한 지역예양의 원칙을 존중한 결과, 호주 장로교 선교부는 경상남도를 전담하였는데, 그 지역에 설립된 교회들과 경남(법통)노회, 그리고 고려신학교가 고신의 요람이 되었던 것이다. 한국전쟁 당시에 수많은 피난민들이 남하하였고, 그 이후 교파분열과 인구의 도시이동과 수도권 집중현상이 가속되면서 지역예양의 전통은 무너진 지 이미 오래 되었다. 하지만, 지역예양을 통하여 각 교단의 지역별 우세는 쉽게 지워지지 않아, 현재에도 지역에 따라 감리교 우세지역, 또는 장로교 우세지역이 있는 것을 볼 수 있다. 경남(법통)노회에 뿌리를 둔 고신 교회들은 경남지역에서 우세 교단을 형성했으나, 그 외의 지역에서는 교회적 기반이 매우 취약하였다.

다른 교파들은 전통적으로 지역예양을 통하여 맡았던 자기 지역을 넘어, 적극적으로 전국 각 지역으로 교회들을 개척해 나아갔지만, 고신은 다른 지역으로 뻗어 나아가 교회를 개척하는 일에 상대적으로 소극적이었다. 이 책에서 이미 언급한 바이지만, 고신은 초기에 교회개척 보다도 고신에 가입하는 교회들을 받아들임으로써 경남 외의 다른 지역으로 외연을 조금 확장하는 정도였다. 다른 한편으로 영남 외의 지역에 있는 타교단 교회들은 자기들의 지역에 고신 교회들이 들어서면 마치 이질적인 교회가 들어온 것처럼 냉대하기도 하였다. 지금도 강원, 충청, 전라 지역에 있는 고신 목회자들이 겪었던 개척담을 들어 보면 고신 교회를 이단시하던 때가 있었음을 알 수 있다.

한국전쟁 이후 도시화와 수도권으로의 인구 이동이 한 시대를 주도한 흐름이었다고 한다면, 고신 교단은 이동하는 성도들을 믿고 맡길 만한 타교단 교회들에게로 적극적으로 안내를 하든지 아니면 그들을 위한 교회개척에 더 집중적으로 힘을 쏟았어야 하였다. 그 때가 고신에게 있어서는 이동 성도들을 따라 교회개척 전략을 적극적으로 구사할 수 있는 절호의 기회들이 아니었나 생각한다. 그 이후 수도권과 중부권에 상당히 많은 고신 교회들이 세워진 것은 사실이지만, 초기부터 이동 성도들을 고신의 교회개척의 채널로 삼고 더 적극적으로, 더 체계적으로 수도권 교회개척을 전개하지 못한 것은 매우 아쉬운 부분이다. 많은 이동 성도들이 타 교단의 교회로 흡수되어 수도권 교회개척의 동력을 잃음으로써 고신의 수도권 교회개척에 후속적 장애가 되었다. 이 문제가 고신이 지금까지도 영남지역 편중상황을 극복하지 못하고 있는 중요한 이유 중 하나라고 하지 않을 수 없다. 고신 역사에 있어서 1950년대 중반 이후 마산 문창교회 고소로 경기노회의 대다수 교회가 이탈한 사건이나, 1970년대 초에 총회에서 고려신학교의 수도권 이전에 대한 제안이 거듭 무산된 것이나, 1998년 이후 고려신학대학원의 천안 이전(移轉)과 아울러 수도권 및 중부권 교회개척운동을 체계적으로 펼치지 못한 점 등은 이동 성도들을 활용한 교회개척의 전략을 펼칠 기회를 제대로 살리지 못한 대표적 사례가 될 것이다.

하지만 이제는 상황이 많이 바뀌었다. 도시화와 수도권 집중 현상은 이제 거의 포화 상태에 이르렀다. 성도들의 자기 교단에 대한 헌신도도 크게 약화되었다. 전국 어디에나 수많은 교회들이 세워져 있는 가운데, 이제는 고신 교회들도 수도권에 상당히 포진되어 있다. 현재의 한국적 상황에서는 고신이라 할지라도 자기 교파 소속의 이동 신자들을 불러 모아서 교회개척을 하는 시대는 지나간 것 같다. 이동 성도들 가운데 자기 교파의 배경을 가진 사람들이 오기를 기대하기보다 교파적 배경과는 상관없이 누구나 들어올 수 있도록 하기 위해 개척사역자들은 자기 교회가 소속한 교단을 드러내려 하지 않는 경우도 있다. 이처럼 교파적 특성을 드러내지 않는 교회개척이 계속되면 한국교회의 각 교파들의 교파적 정체성은 곧 유명무실한 것이 될 것이다. 개혁주의 신학의 정통과 생활의 순결을 표방하는 고신 교단이라고 하더라도, 이런 초교파적 교회개척이 진행되면 고신 교회들의 정체성의 심각한 위기를 피할 수 없을 것이다. 우리의 교회개척이 교파적 세력확장의 경쟁심에 빠지지 않도록 경계하는 것과 아울러 교파적 정체성을 확고히 지켜나가는 것도 유념해야 한다고 생각한다. 자기 정체성이 허물어지면 하나님의 말씀에 합당한 교회를 세우고자 하는 교단적 책임의식도 허물어지고 말 것이다. 따라서 우리는 교회의 교파적 정체성을 따라 주체성과 책임의식이 뚜렷한 교회개척이 되도록 해야 한다고 주장한다.

지금도 크고 작은 새로운 주거지역이 형성되고 있으므로 이동 신자들을 위한 교회개척의 필요성은 상존한다. 하지만 도시화와 주거지 개발이 어느 정도 포화 상태에 이른 현재의 국내 상황에서 이동 신자들을 위한 교회개척의 필요는 과거처럼 그리 크지 않다는 사실을 분명히 인식해야 할 것이다. 이제 한국교회들은 불신자들의 회심을 중심 채널로 하는 교회개척을 일구어내기에 더 집중해야 한다. 2005년에 실시한 총인구조사의 종교별 인구통계를 보면, 개신교 인구는 18.3%에 불과하며, 전체 기독교 인구는 천주교 인구 10.9%를 포함한다면 29.2% 정도이다. 그러니 아직도 비기독교인구가 전체 인구의 70% 이상이며, 비개신교 인구는 80% 이상이다. 한국 교회는 지금 불신 이웃들 가운데 촘촘히 둘러 싸여 있다는 것을 새롭게 인식해야 한다. 이들에게로 나아가 선한 행실과 사랑의 섬김으로 그리스도를 증거하는 일에 힘을 쏟지 않으면 한국교회의 새로운 교회개척의 활로는 쉽게 열리지 않을 것이다.

아무리 비기독교인구가 많이 있다고 하여도 그 자체가 교회개척의 필요성을 직접 일으키지는 않는다. 불신자가 많이 있다는 사실 자체만을 내세워 또 하나의 교회를 그냥 시작할 수 있는 것은 아니라는 말이다. 많은 교회들이 있는 중에 또 하나의 교회를 시작하려면, 불신자들을 새롭게 접촉하고 전도함으로써 회심자를 얻어야 한다. 교회를 시작하기 전에 회심자가 있는지를 솔직하게 자문해 보라. 회심자를 얻지 못하였으면, 교회의 시작을 미루고 하나님께서 회심자를 붙여 주시도록 기도하면서, 열심히 전도해야 할 것이다. 회심자를 얻으려면 신자들이 불신자들을 만나 인격적인 관계를 형성해 가면서 말과 행동으로 그리스도를 증거해야 한다. 복음에 관심을 보이는 구도자들이 있으면, 자주 만나 말씀을 가르쳐 복음을 충분히 이해할 수 잇도록 도와주어야 한다. 물론 전도를 한다고 회심자를 자동적으로 얻을 수 있는 것은 아니다. 성령의 역사하심이 아니면, 인간의 말이나 선한 봉사로, 아니 인간의 그 어떤 노력이나 수단으로도 다른 사람을 회심시킬 수 없다. 교회개척은 전적으로 하나님의 성령의 역사하심에 의존한다. 그러므로 하나님의 성령의 역사하심에 대한 증표가 되는 회심자 없이, 교회개척을 즉시 시작하는 것은 지나친 자기 확신일 수 있다.

구도자나 회심자가 인도될 수 있는 종착지는 두 종류의 교회이다; 하나는 기존 교회이고, 다른 하나는 새 개척교회이다. 대부분의 구도자나 회심자들은 친구나 친척을 통하여 자기 주위의 기존교회로 안내되고 있다. 개척교회의 분위기나 형편에 불편함을 느끼고, 갖추어진 시설과 다양한 프로그램이 있는 기존 교회를 선호하기도 한다. 한편, 어떤 회심자들은 전도자의 안내로 개척교회로 인도되기도 하고, 작고 오붓한 개척교회의 분위기에 이끌리기도 한다. 어느 경우이든, 회심자들을 세심하게 돌보고 가르쳐야 하는데, 기존교회가 그런 특별한 관심을 기울이기 어려운 상황이면, 그들을 포용할 수 있는 새 교회를 개척할 필요가 생긴다고 할 수 있다. 기존교회들이 자기 교회의 구성원들의 특성이나 배경 때문에 새 신자들을 흔쾌히 수용할 수 없다면, 새 신자들이 더 편안하게 적응할 수 있는 새 교회의 개척을 더 적극적으로 추진할 책임이 기존교회에게 있다.

2. 장로교 교회개척과정에 대한 시론(試論)

이제 우리가 이 책의 결론을 내리기 전에, 본론의 마지막 장에서 시안으로 구축해 보고자 하는 장로교 교회개척 모델은 주로 회심자를 모으는 일을 중심과제로 삼는 교회개척이다. 기존교회들은 지금까지 기존교회에 출석하기 힘들거나 적응하기 힘든 회심자들을 위하여 새 교회의 개척이 필요하다는 점에 대해서 별로 민감하게 반응하지 못하였다고 생각한다. 대부분의 기존 교회들은 그들 자체의 지속적 성장을 추구하였기 때문에 그들 안에 있는 교회개척의 자원들, 즉 인물, 재정, 그리고 네트워크 등을 자기 교회의 성장과정에서 일어나는 새 교회 개척의 필요에 대응하기 위하여 적극적으로 활용하거나 내어놓지 못하였다는 것이다. 분봉의 기회를 예사로 놓쳐버리고 자체의 지속적 성장만을 추구하였기 때문에, 과도하게 몸집이 불어난 비정상의 대형교회들이 많다. 어떤 기존교회들이 이동 신자나 회심자들을 수용하기에 더 유리한 입지에 있었기 때문에, 상대적으로 더 큰 성장을 거듭할 수 있었던 것이 사실이라 하더라도 큰 교회가 누리는 장점을 너무 당연한 것으로 여기면 안 된다. 더 세심한 돌봄이 필요한 어떤 회심자들과 구도자들을 위하여 교회 안에 하나의 작은 그룹을 따로 떼어, 분봉(분립개척)할 때가 되지는 않았는지 수시로 검토해 보아야 한다. 우리는 이 장의 후반부에서 '모교회'가 어떻게 분봉(분립개척)할 것인가에 대해서 논의할 것이다.

우리는 회심자 중심의 장로교 교회개척 과정을 폭넓은 선교참여, 개척선교회, 개척교회, 설립교회의 단계를 거쳐 조직교회에 이르는 과정으로 정리하고자 한다. 회심자 중심의 장로교 교회개척의 과정은 다음의 도표로 요약해서 나타낼 수 있다.

그림 15-1 장로교교회개척 과정표

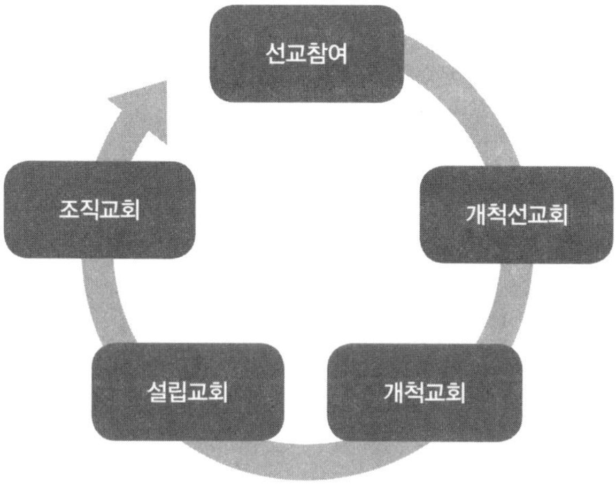

1. '폭넓은 선교참여'의 단계

미전도지역이나 선교지에서의 교회개척의 방법은 전도자가 새로운 회심자를 그의 교회로 데려올 수 없을 때 일어나는 '확장에 의한 교회개척'(church planting by extension)이다. 그 경우에 전도자는 또 하나의 교회를 개척하기 위해 그의 가족과 함께 새 지역으로 파송된다. 그러나 한국과 같이 기존의 교회들이 많이 있는 지역에서의 교회개척의 패턴은 '확산에 의한 교회개척'(church planting by expansion)으로 전환된다. 이 방법은 전도자와 함께 기존교회의 평신도들이 참여하는 방법이다. 이미 수많은 교회들이 존재하고 있는 국내의 상황에서는 평신도들이 자기의 삶의 영역에서 하나님의 나라를 섬기는 사역과 증거에 참여하는 것이 곧 새로운 교회개척의 사역을 위한 기초가 된다.

전통적으로 복음전도는 복음의 구두(口頭) 선포라고 정의되었다. 그러나 윌리엄 아브라함(William J. Abraham)은 그 정의가 만족스럽지 못한 이유를 세 가지로 제시한다. 첫째, 복음전도는 지역 신자공동체와 회심자를 지역공동체로부터 이격시키는 것으로 오해되었다. 둘째, 선포는 하나님의 왕국의 도래와 그의 통치에 대해서 발표하기를 소홀히 하였다. 셋째, 우리 시대의 선포 개념은 초대교회의 선포에 있어서 핵심적 요소였던 역동성을 전달하는 데 실패하고 있다. 복음전도에 대한 전통적 정의를 고수한다고 하더라도, 복음전도는 통전적(統全的) 선교의 중심에 자리해야 한다. 개혁주의 장로교회들은 문화적 사명을 평신도들의 주된 사명이라고 하지만, 문화적 사명과 복음전도를 충분히 통합하지 않았다. 로잔 언약에 의하면 선교는 복음전도와 사회참여 둘 다 포함한다; 매일의 삶의 영역에서 문화적 사명을 감당하면서 통전적 선교를 펼칠 수 있는 자들은 평신도들이다. 그러므로 선교참여라는 용어는 평신도들이 문화적 사명, 사회적 행동, 그리고 복음전도에 참여하는 것을 통틀어 일컫는다.

'확산에 의한 교회개척' 패턴에서는 지역교회의 회원들이 주일 후 주중에는 예배참여 회중에서 선교참여 봉사자로 전환, 그들 각자에게 부여된 하나님 나라의 사역을 수행한다. 예수 그리스도께서 제자들을 각 동네와 각 지역으로 보내신 것 같이(눅 10:1) 최소한 작은 그룹 또는 개인으로 뿔뿔이 흩어진다. 기독교 가정은 선교참여에 있어서 기초단위를 형성한다. 사랑과 신앙으로 결속된 남편과 아내는 자녀양육에 있어서 자치하고, 재정에 있어서 자급하고, 이웃과 일터에서 자전하는, 그런 기독교 가정을 세운다. 가족 구성원이 무엇을 하든지, 어디로 가든지, 그들의 직업이나 봉사를 통하여 주 예수님을 섬기기 때문에 기초단위의 선교기관이다. 하나님 나라를 위하여 이웃 교회에 소속한 신자들과 자발적으로 연대를 형성하기도 한다.

개혁주의 전통에서는 사도시대 이후 교회에 에베소서 4장 11절에 나오는 사도, 선지자, 그리고 복음전하는 자의 직분이 계속된다고 보지 않는다. 칼빈은 위의 직분들은 특별직분(extraordinary offices)으로서, 교회 안에 영구적인 직분으로 제도화되지 않았으며, 과거에 교회가 없던 곳에서는 교회가 형성되는 동안에만 기능할 수 있는 직분일 뿐이라고 보았다. 칼빈은 하나님께서는 때때로 사도 또는 적어도 복음전도자를 일으키시는 것을 부인하지는 않았으나, 그는 그런 직분들을 비상한 직분(unordinary offices)으로 불렀다. 신학적으로 장로교주의에서는 보통 사도와 선지자의 직분을 중단된 교회 직분으로 보는데, 교회의 기초가 원래의 사도직의 교리와 실천에 의해서 이미 놓여졌기 때문이며, 정경적 계시도 완성되었기 때문이다. 개혁주의 교회론은 목사, 장로, 집사와 같이 회중을 위한 직분만을 교회의 직분으로 한정하였다.

헤롤드 후너(Harold Hoehner)는 에베소서 4장 11절에 언급된 '복음전하는 자'는 직분이 아니고, 은사라고 주장하였다.[5] 그는 각 신자의 자격, 결혼상태, 나이, 또는 성별에 상관없이 하나님으로부터 받은 은사를, 성숙의 정도, 결혼, 그리고 성별에 기초하여 다른 사람들에 의하여 어떤 사람들에게 주어지는 직분과 구분하였다. 하지만 우리는 사도는 직분이고 복음전하는 자는 단지 은사라고 일관성 없는 주장을 하는 후너에게 동의할 수 없다. 그 이유는 만약 교회가 복음전하는 자를 파송하기로 결정했다면 그는 교회의 공적 파송을 받은 직분자라고 보기 때문이다.

신학교들이 목사 직분의 회중적 측면을 강조하면서 설교와 목회를 잘 할 수 있는 목회자 양성에 신학교육의 초점을 맞추어 가르쳐왔지만, 성도들을 사회참여와 복음전도의 봉사자로 구비시키기 위한 선교지도자 양성에는 소홀히 했던 것이 사실이다. 목사의 역할은 높이 여기지만, 평신도들과 함께 선교참여를 촉진시키고 교회를 개척하는 전도목사의 역할은 낮게 여기는 경향이 아직도 남아 있다. 우리는 교회가 복음전도자나 선교사역자를 교회의 직분으로 인정해 주고, 필요하면 파송해 줄 것을 제안한다.

복음전도자의 역할에는 전방개척, 동원, 교회개척, 등의 세 가지 측면이 있다. 미

---

5) Harold W. Hoehner, *An Exegetical Commentary*(Grand Rapids: Baker Academic, 2002), 539.

복음화지역에서는 그의 전방개척 역할이 교회개척의 역할로 발전될 수 있다. 한국 장로교회의 역사에서도, 처음에는 전도인을 미전도지역으로 파송하여 복음을 전파하고 교회를 개척하게 하였으나, 나중에 전도인은 당회장의 지도 아래 미조직교회를 목회하거나, 조직교회에서 청소년 사역 등으로 목사를 돕는, 전도사로 역할이 전환되었다. 그후 삶의 현장에서 평신도들과 함께 복음전도를 촉진하기 위해 전도목사의 역할을 설정하였다. 하지만 아직 성도들의 선교참여를 촉진시키고 극대화시키는 전도목사의 역할이 교회에 의해 충분히 활용되지 않고 있다. 이 시대에 국내 교회개척을 진전시키려면, 교회개척의 필요성을 일구어내어야 하는데, 이를 위해서는 평신도의 선교참여가 가장 중요한 사안이다. 따라서 교회가 신자 개인들이나 선교기관들의 복음전도를 촉진시킬 복음전도자(또는 전도목사)의 동원 역할을 목사의 목회 직분과 같이 중요하게 인식해야 할 것이다.

요즈음 국내에서 복음전도자의 동원 역할은 전방개척의 역할보다 더 강조되어야 한다. 평신도들을 통전적 선교에 참여하도록 파송할 뿐 아니라, 그들에게 선교참여의 동기부여를 시키기 위한 동원 사역이 필요하다. 복음전도자를 선교기관에 파송하는 것은 교회가 직접 선교기관을 통제하기 위한 것이 아니고, 복음전도를 활성화하기 위함이다. 교회가 하나님 나라의 사역에 참여하는 길은 신자 개인들의 선교참여를 활성화하는 데 있다.

2. 개척선교회(mission plant)의 단계

개척선교회는 교회를 개척하려는 분명한 의도를 가진 신자들로 구성된 작은 선교단체와 같은 것이다. '확산에 의한 교회개척'은 몇 사람의 크리스챤들이 뜻을 같이 하여 개척선교회를 조직할 때 실제적으로 진행된다고 할 수 있다. 개척선교회는 개척교회의 전단계이다. 개척선교회를 시작하는 것은 개척교회를 시작하는 것과는 분명히 구분되어야 한다. 개척선교회를 구성할 수 있는 세 가지 그룹은 복음전도자 또는 개척사역자 가정, 한 지역교회의 소그룹, 그리고 선교단체 등이 있다. 요즈음 국내에서 교회개척을 활성화하기 위해서는 이 세 가지 통로를 자세하게 살펴보아야 한다.

첫째, 기독교사역자 한 가정이 개척교회를 시작할 뜻을 가진다면, 그들만으로 개척선교회를 시작할 수는 있다. 주위에 있는 교회나 성도들이 전도도 하지 않고, 새로운 개척에도 전혀 관심이 없다면, 뜻이 있는 개척사역자 가정이 모든 어려움을 불사하고 소명을 따라 개척선교회를 시작할 수 있다고 생각한다. 그러나 한 목사의 가정이 독자적으로 개척선교회를 시작하면, 그 가족들에게 매우 큰 부담이 될 수 있다. 주위에 많은 교회들이 있고, 많은 성도들도 있는데, 그들이 참여하지 않고 개척사역자 가정만 개척하겠다고 나서는 것은 '확산에 의한 교회개척'에 적합하지 않다. 이런 개척은 지금 기존교회들이 많이 세워져 있는 국내의 상황에서는 지양해야 할 개척 유형이라고 본다. 이런 경우에는 개척사역자가 혼자 모든 일을 하려고 서두르지 말고, 함께 동역할 수 있는 성도들을 확보하기에 힘써야 한다.

둘째, 같은 지역교회에 속한 몇 명의 성도들과 그 가족으로 구성된 소그룹이 개척선교회를 형성할 수 있다. 하지만 교회가 먼저 격려하지 않는 한, 소그룹이 개척선교를 결성하기는 어렵다. 어떤 소그룹도 교회의 양해 없이 스스로 개척교회가 되고자 미리 계획하거나 결정할 수는 없다는 것이다. 한 소그룹을 개척선교회로 전환하기로 결정하는 주체는 교회가 되어야 한다. 교회가 그런 결정을 하는 데 있어서 몇 가지 조건이 있다. 1. 그 소그룹이 평소에 복음전도하는 일과 구도자와 회심자를 돌보는 일에 적극적이다. 2. 그 소그룹의 구도자와 회심자가 교회의 예배나 행사에 참석하기 어려운 문제들이 있기 때문에 그들을 위해서 새 교회를 개척하는 것이 더 낫다고 판단된다. 3. 그 소그룹 대부분의 사람들이 새 교회를 개척하기 위해 개척선교회를 결성하려는 제안에 동의한다. 4. '모교회'는 그 소그룹이 개척교회로 발전해 갈 수 있도록 개척사역자를 배정하여 지원해 줄 의향이 있다.

'분립'[6]은 '모교회'의 일부를 떼어내어 또 하나의 교회를 시작하는 패턴을 통틀어서 일컫는 용어이며, '분립교회'는 그런 패턴으로 이루어진 교회를 말한다. 여기서 '모교회의 일부'는 그 교회의 하나의 소그룹일 수도 있지만, 소그룹보다 훨씬 더 큰 규모의 인원이 될 수 있다. '분립교회'는 시작부터 하나의 조직교회의 조건을 갖추고 시작할 수 있다. 그러나, '분립개척교회'라고 할 때에는 분립을 통하여 이루어진 교회가 아직 노회로부터 설립 허락을 받지 못한, 개척교회의 단계에 있는 교회를 말한다. 분립된 교회가 이미 당회를 조직할 정도로 갖추어진 교회라고 한다면 분립개척교회라고 부르기보다, 분립교회라고 부르는 것이 더 적절하다. 따라서 '분립개척'이란 '모교회'의 일부(소그룹)를 떼어내어 새 교회를 개척하는 유형이다. '(분립)개척선교회'로부터 시작하여 개척교회, 미조직교회의 단계를 거쳐 조직교회로 완성되는 단계를 차근차근히 밟아나가는 교회개척 패턴이라고 할 수 있을 것이다. 분립개척교회는 분립개척선교회의 준비단계를 거쳐서 시작된 하나의 예배 회중이지만 아직 노회로부터 하나의 미조직교회로 설립 허락을 받지 않았다.[7]

셋째, 사회 속의 신자들이 자발적으로 선교단체를 이루어 활동하다가 얻게 된 회심자들을 위하여 개척선교회를 형성하는 경우이다. 이것이 한 교회의 소그룹과 다른 점은 그 회원들이 한 선교단체에 속해 있을지라도 소속 교회는 다를 수 있다는 점이다. 그 선교단체의 활동의 직접적인 목표가 무엇이든지, 그들의 활동영역에서 예수 그리스도의 주되심을 드러내고 증거한 결과 회심자가 생기게 되면 그들을 교회로 인도해야 할 책임이 그들에게 있다. 그들이 각각 자기 교회로 회심자를 데려갈 수도 있지만, 그 회심자들을 위하여 새 교회를 개척할 필요를 확신하게 된다면 어떻게 해야 할까? 어떤 선교단체들은 자기의 조직을 교회로 전환하는 경우도 있다. 그렇게

---

6) '분립개척'과 구분하기 위하여 '분립' 대신 '증식'(multiplication)이라는 용어를 쓸 수도 있을 것이다.
7) 고신의 헌법에 의하면 (원입, 학습, 세례교인을 포함한) 장년교인 20명이상이 있어야 하나의 개체교회로 설립인준을 받을 수 있다.

되면 그 선교단체는 본래의 사명에 집중하지 못하게 된다. 한 가지 방법은 그 선교단체를 교회로 전환하지 않고, 그들 중의 몇 명이 별도의 개척선교회를 시작하는 것이다. 이 때 개척선교회에 참여하려는 선교단체 회원들은 자기들이 소속한 교회에게 개척선교의 설립에 동참하고자 한다는 사실을 알려 주는 것이 합당하다. 개척선교회 단계에서는 그들의 회원권(membership)은 아직 '모교회'에 남아 있다.

개척교회를 시작하기 전에 복음전도자(또는 전도목사)는 자신이 앞으로 교회개척자가 될 것이냐, 아니냐에 상관없이, 평신도들을 복음전도운동에 동원시켜서 개척선교회를 조직하도록 독려할 수 있다. 개척선교회의 시작에 개척사역자와 헌신된 평신도들이 함께 참여하는 것이 가장 바람직하다. 하지만 평신도의 참여 없이 복음전도자 가정만으로, 또는 개척사역자 없이 헌신된 평신도들만으로 개척선교회는 시작될 수 있다. 왜냐 하면 개척선교회는 아직 개척교회를 시작한 것은 아니기 때문에, 이 개척선교회의 기간 동안 개척사역자가 없으면 개척사역자를 찾고, 헌신된 평신도가 없으면 그런 평신도를 찾으면 된다. 개척사역자나 헌신된 평신도를 찾지 못하면 개척선교회로서의 준비기간을 좀 더 연장하는 것이 좋다. 따라서 개척선교회의 기간은 개척사역자와 헌신된 평신도들이 새 교회개척을 위하여 서로를 찾아 만나는 기간이라고 볼 수 있을 것이다.

가레쓰 크로슬리(Gareth Crossley)는 복음전도자는 교회개척사역을 하는 자라고 하였다. 복음전도자가 전혀 교회가 없는 미전도지역에서 복음을 전한다면 크로슬리가 말한 대로 복음전도자가 교회를 개척하는 것은 당연한 일이다. 그러나 복음전도자들은 미전도종족에게로만 보냄을 받는 것이 아니고, 오늘 한국과 같이 이미 많은 교회들이 세워져 있는 곳으로도 보냄을 받는다. 이들은 세상 속에서 주를 섬기는 평신도들과 함께 복음전도운동을 일으키기 위해 보냄을 받는다고 할 수 있다. 이 복음전도자들은 전도운동의 결과 교회를 개척해야만 하는 것은 아니다. 신자들의 사회활동을 통해 복음화운동을 일으키고 회심자들을 기존의 교회로 인도하는 일로도 그 사역의 의의는 부족하지 않다. 하지만 복음전도자는 앞서 말한 대로 헌신된 성도들과 함께 새 교회를 개척하기에 가장 근접해 있는 사역자라고 할 수 있다. 복음전도자가 개척선교회를 이끌게 되면 그는 개척사역자로서의 준비 사역을 시작한 것이 된다. 새로운 교회개척의 필요를 경작하고자 한다면 성도들의 적극적인 선교참여와 함께 복음전도자의 동반적 활동을 늘 격려해 주어야 할 것이다.

개척선교회의 단계에서는 개척교회의 시작에 필요한 조건을 갖추는 것이 목표이다. 개척선교회가 개척사역자와 헌신된 평신도들로 조직되면 함께 교회개척을 위하여 합심하여 기도하면서 준비해 나가야 한다. 정기적으로 모임을 가지면서 복음전도와 성경공부를 통하여 하나님께서 회심자를 주시기를 기다려야 한다. 개척사역자의 가정이나 '모교회'의 소그룹으로 시작된 개척선교회는 앞으로 그 개척교회가 어느 교단에 소속할 것인지 정해져 있다고 할 수 있다. 그러나 선교단체에 속한 몇 사람으로 시작된 개척선교회는 그들이 앞으로 세울 교회를 독립교회가 되게 할 것인지, 어느 교단에 소속하게 할 것인지를 이 단계에서 논의하여 결정하는 것이 좋다. 개척선교회가 장로교회에 소속하고자 한다면, 가까운 노회에 그들의 의사를 알리고 그 노회의 지도를 받는 것이 좋다.

3. 개척교회(church plant)의 단계

개척선교회의 다음 단계인 개척교회를 시작할 수 있는 조건은 무엇일까? 일반적으로 개척사역자가 개인 주도로 개척교회를 시작할 수 있다는 생각이 널리 퍼져있다. 개척사역자가 개척선교회는 개인적으로 시작할 수 있다고 하더라도, 개척교회를 그냥 개인이 자기 가족과 함께 시작할 수 있을까? 그것이 과연 공적 교회라고 할 수 있을까? 개척사역자들도 예배장소가 준비되면 지인들을 불러 개척예배를 드림으로써 개척교회를 시작할 수 있다고 생각하기도 한다. 그러나 예배에 참석했던 사람들이 각기 자기 곳으로 돌아가고 나면 남는 사람들은 개척사역자 가족 뿐인 경우가 허다하다. 비록 몇 몇 성도들이 개척사역자와 함께 남는다고 해도 그들만으로 개척교회가 시작되었다고 할 수 있을까? 개척교회를 거의 사적인 차원에서 시작하던 것을 좀 더 규모있게 하기 위해서는 개척교회의 시작 기준을 일정하게 마련해 놓을 필요가 있다.

앞서 우리는 개척선교회 단계에서 핵심멤버[8]와 함께 교회개척사역자가 반드시 준비되어야 한다고 하였다. 그리고 개척교회를 시작하기 전에 개척사역자를 후원할 모교회 또는 후원교회가 연결되어야 할 것이고, 예배를 드리려면 예배장소(시설)가 있어야 한다는 것도 충분히 납득할 수 있을 것이다. 교회개척사역자, 핵심 멤버, 후원교회, 그리고 예배장소, 등은 개척교회 시작의 조건이라는 것은 교회개척과 관련된 서적에서 공통적으로 강조되어 왔다. 현 『헌법』(고신)에서는 전혀 언급하지 않고 있지만, 장로교회를 세우기 위해서는 개척교회의 시작부터 그 지역의 노회와 관계를 맺는 것도 필요하다. 그런데 지금의 한국 상황에서는 상기한 조건들이 다 갖추어져 있다고 하더라도 개척교회의 시작에 있어서 없어서는 안 되는 조건이 한 가지 더 있음을 먼저 강조하고자 한다.

우리는 다른 지역으로 이동하는 신자들을 위하여 기존의 교회 외에 새 교회를 더 세울 필요가 있을 수 있음은 이미 앞에서 언급한 바 있다. 하지만 지금 많은 교회들이 세워져 있는 한국의 상황에서는 이동하는 신자들을 모아서 교회개척을 하겠다고 하는 안이한 생각에 머물러 있어서는 안 된다. 그것을 축소시키거나 소홀히 하려는 것은 아니다. 그러나 개척사역자, 핵심 멤버, 예배장소, 후원교회, 노회와의 관계설정, 등을 갖추었으니 기존의 신자들이 찾아 올 것이라는 기대로 개척교회를 시작하려 한다면 이는 심각한 오판(誤判)이 될 수 있다. 교회의 이름을 정하고 개척교회

8) 멕네어에 의하면 씨가족(seed families).

를 시작했다고 하나, 이동 신자가 찾지 않는 개척교회들이 얼마나 많이 있는지 모른다. 이동 신자들에게 초점을 두고 시작한 개척교회는 기존 교회들처럼 시설과 프로그램을 잘 갖추어야 그들을 교회로 이끌 수 있다는 강박관념에 잡히기 쉽다. 주변의 기존교회들과 경쟁하여 살아남지 않으면 안 된다는 절박한 마음이 앞서게 된다. 개척교회이지만 땅을 사야 하고, 교회 건물을 갖추어야 하고, 내부 시설도 잘 구비하여야 사람들이 부담을 느끼지 않고 등록할 것으로 생각한다. 기존교회들처럼 교인들을 위하여 운영하는 다양한 교육 프로그램은 물론이고, 지역사회를 위해서 펼치는 다양한 사회봉사 프로그램도 마련해야 한다고 생각한다. 이동자 중심의 교회개척은 그 개척비용이 쉽게 엄두를 낼 수 없을 정도로 커지기 쉽다. 상황에 따라 어차피 이동 신자에게 초점을 둔 교회개척을 해야 한다면 개척 초기 비용을 충분히 갖추는 것이 지혜로운 생각일 수 있다. 하지만 일반적으로 말해서, 과연 그 많은 비용과 부담을 감당할 수 개척교회나 후원교회가 얼마나 있을 수 있을까?

교회개척은 교회를 하나 더 세우기 위한 것 자체에 목적이 있는 것이 아니다. 교회개척은 복음을 전함으로써 회심자를 얻었기에 이제 그를 그리스도의 제자로 삼아 모든 말씀으로 양육하여 주의 말씀대로 행하며 주의 일에 힘쓰도록 하게 하기 위하여 필요한 것이다. 이 본질적인 일에 집중한다면, 이웃 교회와 이동 신자들을 두고 불필요한 경쟁관계에 들어가지 않을 것이다.

교회성장운동은 복음전도를 통한 교회성장을 적극적으로 추구하였다. 피터 와그너는 복음전도의 최상의 방법이 교회개척이라고 주장하기도 하였다. 교회성장운동은 복음에 반응한 사람들이 언어, 계급, 인종, 교육수준, 등의 문화적 장벽을 넘지 않고도 교회로 들어 올 수 있게 하려고 하였다. 집단개종이나 동질집단이론은 이런 시도들을 뒷받침하는 선교이론이다. 이런 이론들은 교회성장에 초점을 맞춘 것으로서 교회가 초기에 어떻게 출생하느냐 하는 점에 대해서 좀 더 깊은 관심을 기울이지 못하였다고 생각한다. 사람들만 모이면 교회가 (개척)되는 것은 아니다. 회개하고 예수 그리스도를 믿는 자들이 모여야 교회가 새로 개척된다. 어머니가 자녀를 자연출산을 하려면 엄청난 산고(産苦)를 치러야 하듯이, 하나의 교회가 출생하려면 회개와 믿음이라고 하는 출산의 경로를 통과해야 하는 것이다.

장로교회들은 복음전도에 있어서 하나님의 주권을 강조하기는 하지만, 회심을 개척교회 시작의 조건으로 삼는 데까지 강조하지는 않았다. 복음을 들은 자들이 다 믿는 것은 아니라는 것은 신자이면 누구나 잘 알고 있다. 전도자가 열심히 복음을 전하지만, 사람들이 그 복음을 듣고 예수를 믿는 것은 성령의 역사로만 가능한 일이다. 하나님의 주권을 강조하는 개혁주의 전도신학은 듣는 것과 믿는 것 사이에, 복음전도와 회심 사이에는 성령의 중생케 하심으로만 채워질 수 있는 엄연한 갭(gap)이 존재한다는 것을 강조한다. 믿는 것이 하나님의 주권에 있다는 것을 인정한다면 교회개척도 하나님의 주권에 있음을 인정해야 할 것이다. 교회개척은 원하는 자들로 말미암아 되는 것이 아니고, 되게 하시는 주권을 가지신 하나님의 허락이 있어야 가능하다는 것이다. 이렇게 볼 때, 회심자를 얻었다고 하는 것은 곧 하나님께서 개척선교회에게 개척교회를 시작할 수 있도록 허락하신 것이라고 해석할 수 있다. 그러므로 개척선교회가 아무리 개척교회를 시작하고 싶어도, 아직 회심자가 없다면 회심자를 얻기까지 선교사역과 복음전도를 계속하면서 하나님의 허락하심을 더 기다리며 준비해야 할 것이다.

'모교회'의 한 소그룹의 회원들로 구성된 개척선교회로부터 시작하여 회심자를 얻어 개척교회가 되었다면 이는 분립개척의 결실이라고 할 수 있다. 분립개척을 통하여 개척교회를 시작할 때에도 그 조건은 회심자를 얻는 것이다.

이제 국내에서의 교회개척은 그 초점을 아직도 남아 있는 불신자들에게 전도하여 회심자를 얻는 데 집중해야 한다. 한국에서의 교회개척은 회심자를 얻음으로써 가능하며, 회심자의 가입(加入)이 없으면 더 이상 그 개척의 당위성(當爲性)을 인정받을 수 없다는 생각을 가지고 개척을 준비해야 할 것이다. 이렇게 볼 때, 어디까지가 개척선교회이고, 어디서부터가 개척교회인지를 구분 짓는 가장 중요한 한 가지 기준은 회심자를 얻었느냐, 얻지 못하였느냐가 되어야 한다. 회심자 중심의 교회개척에 치중하지 않는다면 한국에서의 교회개척은 그 활로를 잃을 수밖에 없을 것이다.

다음으로, 개척교회 시작의 전제적 요건은 개척교회에 헌신할 핵심멤버이다. 그들은 개척선교회 단계로부터 구도자(또는 관심자)와 회심자를 가르치고 돌아보는 일을 한다. 『헌법』에는 개척교회가 아직 하나의 개체교회로서 노회로부터 인정되지 않고, '모교회'에 종속되어 있는 것으로 되어 있기 때문에, 그들의 회원권도 '모교회'에 남겨 놓아야 하지 않느냐 하는 질문이 있을 수 있다. 개척교회가 아직 노회의 인준을 받지 않은 상태에서는 개척교회가 회원을 보유한다는 것이 맞지 않다. 그러나 우리는 개척교회가 시작되는 것을 그냥 비공식적인 출발로 간주할 것이 아니다. 개척교회의 출발은 그 의의가 매우 크다. 따라서 이 시작을 노회가 인지하고 공식화할 필요가 있다고 생각한다. 개척교회의 시작에서부터 설립인준을 받기까지 노회의 지도와 감독 아래 두는 것이 합당하다고 생각한다. 만약 그렇게 된다면, 그들의 회원권은 '모교회'에서 개척교회로 옮길 수 있다고 본다.

그 다음으로, 개척교회 시작의 전제조건은 교회개척사역자이다. 개척선교회는 개척사역자가 없어도 시작할 수 있었다. 그러나 개척교회는 개척사역자가 있어야 한다. 왜냐 하면 개척교회는 예배와 제자양육을 위한 신앙 공동체로서 기능을 갖는데, 이를 위해서는 말씀을 강론하고 성례를 집행해야 하기 때문이다.

과거 선교부 공의회 당시에는 지소(sub-station)가 개척교회에 해당하는 것이었다. 네비우스 방법에 의하면, 목사로서 자격을 갖춘 개척사역자가 아닌, 사례를 받지 않는 영수가 지소(sub-station)에 지명되었다. 개척사역자가 없는 상태에서, 지소는 말씀의 가르침이나 성례를 순회선교사에게 의존해야 했고, 선교사는 조사를 몇 개의 지소를 돌아보도록 보내어 기본적인 것들을 가르치도록 하였다. 열악한 상황에서는 한 사역자가 두 세 군데, 많으면 대 여섯 군데의 어린 교회들을 순회할 수 있다.

조선에서 네비우스 방법은 조사를 실제적인 개척사역자로 삼았다고 볼 수 있다. 조사가 몇몇 지소들을 가르치고 돌보았기 때문이다. 그러나 한 선교사가 수 십 군데의 지소를 순회하며 세례를 베풀도록 허용한 네비우스 방법은 (개척)교회의 성장이 말씀과 성례라는 은혜의 방편으로 된다는 것을 너무 가볍게 여겼다고 생각한다. 네비우스 방법은 조선에서 개척교회(또는 지소)를 개척사역자 없이 너무 쉽게, 너무 많이 동시에 시작한 것이 문제였다. 만약에 네비우스 방법이 사경회를 통하여 개척교회의 어린 신자들을 말씀으로 양육하는 일을 보충하지 않았다면 결코 성공적인 결실을 얻지 못하였을 것이다. 개척교회는 말씀으로 양육을 받아야 할 어린 성도들이 있으므로, 아기에게 젖을 먹일 어머니가 반드시 있어야 하듯이, 안수 받은 목사가 노회에 의해 개척교회에 지명되어야 한다고 생각한다. 부득이 하여 강도사를 개척사역자로 세워야 한다면, 노회가 한 목사를 지명하여 정기적으로 세례와 성찬 집행을 하도록 조치해 주어야 한다. 그 강도사를 될 수 있는 대로 빨리 목사로 안수하여 그 개척교회에 파송함이 더 적절하다고 생각한다.

만약 '모교회'가 개척선교회를 따로 조직했다면 '모교회'가 개척사역자를 즉시 배치하여야 하고, 개척교회가 시작된 후에도 개척사역자를 후원하는 책임을 맡아 주어야 한다. 만약에 개척선교회가 다른 교회에 속한 여러 평신도들에 의해 조직되었다면 그들이 소속하기를 원하는 교단의 노회와 의논하여 개척사역자를 보내어 달라고 요청할 수 있다.

개척교회를 시작함에 있어서 그 다음 전제 조건은 노회의 승인이다. 개척교회가 개척사역자의 생활비를 충분히 지원할 수 없을 것이기 때문에, 노회는 그 개척교회를 돕기 위한 방안을 구체적으로 마련하여 그 교회가 자급하기까지 지원하는 일에 앞장서야 할 것이다. 장로교회의 교회개척이 힘을 발휘하기 위해서는, 이때에 노회가 산하의 교회들을 동원하여 개척교회를 지원하는 역할을 주도적으로 맡아주어야 한다.

하지만 현실에 있어서 고신의 노회들은 개척사역자들을 재정적으로 지원해야하는 부담감 때문에 개척교회를 관리하는 책임을 포기한 지 오래되었다. 이것은 개척교회를 지도 감독하는것이 노회에 주어진 책임이라는 장로교 교회개척의 원리에서 크게 벗어나 있음을 보여준다. 노회들은 개척사역자를 지원하는 책임을 전부 '모교회'에다 떠넘겼으니, 개척사역자를 노회가 선발하거나 지명하지 않고 있는 것도 당연시되고 있다. 그러나 개척교회들이 다 '모교회'의 분립개척으로 시작된 것은 아니기 때문에 '모교회'도 없고, '모교회'의 지원도 받지 못하는 개척사역자들도 많이 있음을 기억해야 한다.

지금 국내에는 개척교회의 과반수가 노회나 '모교회'에 의해서 지명되지 않은 개척사역자에 의해서 착수되고 있다. 개척사역자가 개인적으로 지역교회들에게 후원을 모아서 생활비를 포함한 모든 개척비용을 감당해야 하는 무거운 짐을 지고 있다. 노회가 개척교회를 감독하고 후원할 책임을 감당하지 않음으로써 국내의 교회개척의 혼란은 말로 다 표현하기 어렵다. 국내의 교회개척을 더 이상 개인 개척사역자들에게 방임해 놓고 있어서는 안 된다. 『교회정치문답조례』(*What is Presbyterian Law as Defined by the Church Courts?*)에서는 "(노회의 여덟 째 권한은-나의 삽입) 성도들의 요청에 따라 한 회중으로 합하거나 두 회중으로 나누는 것, 그 돌봄 아래 있는 새 회중과 일반적으로 교회를 형성하거나 편입시키는 것이다."라고 하고 있다. 목사에 대해서 말하기를 "그는 미전도 최전방지역에 교회를 조직할 권위를 가지며, 그 결정을 노회에 청원해야 한다면 매우 불편할 것이다."라고 하였다. 그러나 한국에서 노회에 청원하기에 매우 불편한 외딴 지역은 거의 없다고 봐야 하기 때문에, 목사 개인이 새 개척교회를 자의적으로 시작해서는 안 된다는 것이다.

목사를 개척사역자로 파송하는 일에는 노회의 주도적 역할이 필요하다. 목사가 교회를 개척하기 원한다면, 그는 개척선교회를 조직하거나 개척교회를 시작하기 위한 준비를 먼저 시작해야 할 것이다. 교회개척사역자가 되기를 원한다면 개척선교회의 준비 상황을 노회에 제출해야 한다. 노회가 준비된 상황을 평가하여 개척교회의 시작을 인준하고 그를 개척사역자로 파송할 수 있어야 한다. 만약 개척선교회가 복음전도를 통하여 회심자를 모으고 어떤 교회정치체제를 선택할지에 대한 공동의 견을 가지게 되었다면 그 교단의 노회에게 교회개척사역자를 지정해 달라고 청원할 수 있다. 만약 노회가 평가해 보고 합당하면, 개척사역자를 보내어 개척교회로 시작할 수 있게 지도해 줄 수 있어야 한다.

장로교 정치체제에 있어서 개척교회는 개척선교회 단계에서 개척사역자와 핵심멤버들이 준비되고 후원교회와 노회와의 관계가 정립된 후에 새로 회심한 사람들과 함께 정기적으로 공예배를 드림으로써 시작된다. 노회가 개척교회의 시작을 승인하기 전에 그 개척교회에 세례를 받을 준비가 된 회심자들이 있는지를 점검할 필요가 있으며, 그들의 회원권을 개척교회로 옮겨 올 의사가 분명한 핵심멤버들이 충분히 있는가를 살펴보아야 한다.

그러나 고신의 헌법에 개척교회의 시작 조건이 명시되어 있지 않아 충분한 준비 없이 개별적으로 개척교회를 시작하여도 어떻게 할 수 없는 상황이다. 어떤 교회개척사역자들은 핵심멤버가 없어도 개척예배를 드리면 개척교회가 시작되는 줄로 생각하는 등 혼동이 있다. 회심자가 있어야 개척교회를 시작할 수 있다는 개념은 아직 전혀 정립되어 있지 않다. 그나마 고신 총회가 3000교회운동을 펼치면서 전도위원들이 개척예배에 참석하여 일정 액수(지금은 1,500만원)의 격려금을 전달하고 있는데, 개척사역자들이 그런 지원금을 신청하는 과정에서 개척의 준비상황을 간단하게나마 체크 받고 있다.

시작부터 혼돈을 피하기 위해 장로교회 교회개척을 위한 매뉴얼이 시급히 필요하다고 생각한다. 그 매뉴얼을 통해 개척교회를 시작하기 전의 준비과정과 시작하기 위한 조건들과 교회개척의 전 과정의 진행 요건들을 공적으로 제시할 수 있을 것이기 때문이다. 미국 정통장로교회의 『교회개척 매뉴얼』은 개척사역회(mission work)의 시작 시점을 일단의 신자들과 지역노회가 하나의 정통장로교회를 설립하기로 동의할 때로 잡자고 제안한다. 그 후에 노회는 조직목사를 배치하여 그 교회가 조직교회가 되기까지 사역하도록 한다는 것이다. 정통장로교회는 개척교회의 시작에는 헌신된 일단의 신자들과 교회개척자뿐 아니라, 지역노회의 승인이 필요함을 분명히 하고 있다. 게다가 가장 중요한 조건인 회심자도 빼어 놓지 않고 있다.

개척교회는 일차적으로 예배회중이 되었다는 사실을 늘 염두에 두고, 예배를 통하여 하나님께 함께 나아가기를 힘써야 한다. 모두가 예배를 귀중하게 여기고 예배로 모이기를 힘써야 한다. 예배에 빠지는 자가 없도록 사전에 돌아보고, 사후에 권면하는 일을 세밀히 해야 한다. 예배를 통하여 온 성도가 충만한 은혜를 누릴 수 있도록 개척사역자는 설교에 집중해야 한다. 성도들의 눈높이에 맞게 설교해야 한다. 그리고 성례의 집행자로서 모든 준비에 만전을 기해야 할 것이다. 개척교회는 좋은 예배의 모범을 처음부터 세워나갈 수 있는 장점을 살려야 한다. 특히 성찬의 은혜를 충분히 누리지 못하고 있는 기존 교회의 문제를 답습하지 말고 성찬을 통하여 그리스도 안에서 믿음의 한 형제 자매가 된 것을 거듭 확인하며 주님께 늘 새롭게 헌신하는 교회로 자리잡아야 할 것이다. 그리고 함께 기도하는 일에 집중해야 한다. 말씀을 들으나 기도가 따르지 않으면 그 말씀을 자신에게 깊이 적용하여 회개하거나 순종할 수 없을 뿐 아니라, 성령의 임재를 깊이 체험하지 못하고 살게 된다.

하지만 기존 교회들이 하고 있는 예배와 기도회 등 모든 공적 모임을 복제하듯이 다 답습할 필요는 없다. 개척교회의 상황에 맞게 가장 중요한 예배를 위시하여 공적 모임들을 정하고, 일단 정해 놓은 모임에는 가능한 한 모두가 참석할 수 있도록 적극적으로 독려해야 한다.

개척교회는 회심자를 더 모으는 일을 지속할 뿐 아니라, 이미 얻은 회심자를 하나님의 모든 말씀으로 양육하여 그리스도의 제자로 굳게 세우는 일에 심혈을 기울여야 한다. 이 제자화 사역은 개척사역자의 헌신이 없이는 불가능하다. 개척사역자가 급하게 양적 부흥만 치중하다가 한 사람 한 사람을 그리스도의 제자로 양육할 수 있는 기회를 놓쳐서는 안 된다. 개척사역자가 전도의 저변을 넓히는 일에 얼마만큼 힘을 배분하고, 얼마만큼 제자 양육에 힘을 배분해야 하느냐 하는 것은 결코 쉬운 일이 아니다. 그러나 한 가지 분명한 것이 있다. 부실한 기초 위에 집을 지으면 언젠가는 그 위에 쌓은 모든 것이 무너지고 쓸려 나가게 되듯이, 제자 양육을 하지 않으면 사람들을 교회로 모아 두어도 언젠가는 다 흩어지고 말 것이다. 개척사역자가 얻은 회심자를 놓치고 큰 좌절은 겪는 경우들이 전혀 없을 수는 없으나, 제자 양육을 통하여 한 사람 한 사람을 그리스도의 사람으로 견고히 세우다 보면 그 제자들과 함께 전도 저변을 더욱 힘있게 확산시켜 나갈 수 있게 될 것이다.

13장에서 강조한 바와 같이, 장로교 교회조직은 기독교 가정을 핵심단위로 삼는다. 개척교회는 개척사역자와 핵심멤버가 회심자 개인들을 얻어 시작하지만, 개척교회의 단계에서는 전도를 통하여 회심자를 모으는 일뿐 아니라, 회심자들을 말씀으로 양육하여 그들의 가족을 복음화하고 믿음의 가정들로 세우는 일을 추구한다. 남편과 아내, 부모와 자녀가 한 믿음을 가질 수 있도록 개척교회는 기독교 가정을 세우는 일을 목표로 삼아야 한다. 개척교회 안에 그런 가정들이 정착될 때에 그 개척교회는 좀 더 안정된 교회로 세움을 받게 될 것이다. 개척교회의 기간은 예배회중을 장로회적 예배회중으로 조직해 나가는 첫 단계로서 기독교 가정 세우기에 주력하는 기간이라고 본다.

달리 말하자면, 개척교회의 기간은 셀 그룹(cell group)이 가정 모임(house meeting)으로 성숙해가는 기간이라고 표현할 수 있다. 셀 그룹의 역할은 동전의 양면과 같은 양면성을 가진다. 그 한 면은 불신자들을 복음화하는 것이요, 다른 한 면은 새 회심자를 양육하는 것이다. 불신자들을 복음화하고, 개인 회심자들을 양육하는 데 주안점을 두는 셀 그룹 전략은 개척선교회 단계뿐 아니라, 개척교회의 단계에서도 지속되어야 한다. 하지만 개척교회의 단계에서는 셀 그룹 전략과 함께 가정 모임 전략도 함께 펼쳐야 한다. 개인 회심자들의 가족이 복음화 되어야 하고, 그 가정이 기독교 가정으로 자리를 잡아야 하기 때문이다.

셀 그룹의 규모는 최대한 15명을 넘지 않도록 해야 한다고 한다. 그 보다 적은 규모로 유지하고자 하기 때문에 더 이상 늘어나면 셀을 양분(兩分)한다. 이는 새 신자들을 양육하고 돌보기에 작은 규모가 더 적합하다고 보기 때문이다. 셀 교회(cell church)는 전체적으로 셀 그룹의 증식을 통하여 거의 한계 없는 성장을 추구하고 있다. 그러나 셀 그룹에 속한 신자의 가족이 새로 믿게 되면, 복음화된 가족들을 함께 돌아 볼 수 있는 가정 모임으로 셀 그룹을 개편해 나갈 필요가 있다. 가정 모임은 믿음의 가정들이 소그룹으로 함께 모여 말씀과 기도로 교제하며 삶을 나눈다. 장로교회중을 조직함에 있어서 개척교회의 초기에는 셀 그룹과 같은 소그룹을 통하여 신자 개인을 양육하는 데 집중하지만, 가정 복음화가 진행됨에 따라 가정 모임의 소그룹으로 성장해 가야 한다. 셀 교회는 셀 그룹이 적정규모 이상으로 커지는 것을 허용하지 않고, 15명 이상이 되면 셀 그룹을 양분하여 증식해 나가기 때문에, 거기에만 치중하면 가정 모임으로 개편될 기회가 만들어지지 않게 된다. 장로교회는 셀 그룹이 가정 모임으로 자라가기를 추구한다. 그리스도의 제자들은 셀 그룹의 개인들의 교제에 머물지 않고 가정들의 교제로 성장해가야 한다고 보는 것이 교회를 신자와 그 자녀로 구성된다고 보는 장로교회적 관점이라고 생각한다. 따라서 셀 그룹이 15인 이상으로 증가되었다고 해서 바로 양분할 것이 아니라, 그 가운데 새로 형성되어 가는 믿음의 가정이 있으면 핵심멤버의 가정과 함께 묶어서 가정 모임을 형성해 가는 것이 바람직하다고 본다.

개척교회는 매우 세심한 돌봄이 필요하다. 개척사역자의 어머니와 같은 세밀한 목회사역이 성도 한 사람, 한 사람에게 미쳐야 한다. 개척사역자가 이런 사역을 잘 감당할 수 있도록 모교회 또는 노회는 적극적인 배려와 지원을 아끼지 말아야 한다. 핵심 멤버들은 개척사역자와 한 마음으로 전도, 예배, 기도, 양육, 소그룹 참여 및 인도, 봉사, 등에 동역해야 한다.

결론적으로 말해서 개척교회의 과정을 통하여 교회의 기초가 확고히 놓여져야 한다. 적은 무리이지만 예배 공동체로서 더욱 깊은 은혜를 누려야 하며, 회심자들이 그리스도의 제자로 견고히 세워지며, 가정이 복음화되어 기독교 가정으로 세워져야 한다. 뿌리가 흙 속에서 자리를 잡아 착근하듯이 개척교회의 단계를 통하여 교회로서의 최소한의 견고함이 마련되어야 한다. 노회에 교회의 설립을 신청하기까지 이 개척교회의 단계를 거치게 되는데, 이 단계가 교회의 뿌리내림에 있어서 가장 중요한 시기라는 사실을 분명히 인식하고, 모든 필요한 케어(care)를 집중해 주어야 한다.

4. 설립교회(established church)의 단계

이미 여러 번 언급한 대로, 고신 헌법에는 개척교회의 주일예배에 출석하는 장년교인이 세례, 학습, 원입의 신급(信級)에 상관없이 20명만 되면, 그들이 연명(連名)하여 날인한 교회설립청원서를 노회에 제출하여 노회로부터 교회 설립의 허락을 받을 수 있도록 하고 있다. 이렇게 허락을 받는다는 것은 노회에 소속한 하나의 개체교회로서 받아들여진다는 것을 의미한다. 현재의 고신 헌법은 노회가 개척교회를 바로 받아들이는 것이 아니라, 노회로부터 교회의 설립 허락을 받아야 그때로부터 하나의 개체교회로 인정하고 있다. 이 교회는 장로교회로서의 조직이 아직 완료된 것은 아니므로 미조직교회(未組織教會)로 분류된다. 우리는 이 미조직교회를 '개척교회' 다음 단계의 교회로 표현하기 위해 '설립교회'로 부르기로 하였다.

교회 설립을 허락받을 수 있는 기준이 원입, 학습, 세례를 막론하고 주일예배에 출석하는 장년교인 20명 이상이라고 하는데, 이 기준이 설립교회가 되는데 어떤 의미를 가지는 것인가? 한국장로교회는 언제부터인지 알 수 없지만, 교세를 말할 때에 원입, 학습, 세례의 신급을 막론하고, 교회에 등록원서를 제출한 사람으로서 교회의 예배에 정기적 또는 부정기적으로 출석하는 모든 교인들(adherents)을 수찬자(communicants)보다 더 앞세우게 되었다. 성찬이 부정기적으로 또는 분기별로 집행되었고 아직도 그런 전통을 따르고 있는 한국장로교회에서 수찬자보다 주일예배에 참석하는 사람들의 수를 더 중요한 교세 통계로 여기게 된 것은 전혀 이상한 것이 아니다. 하지만 주일예배에 정기적 또는 부정기적으로 참석하는 장년 교인의 인원수를 교회 설립 신청의 유일한 기준으로 삼은 것이 타당한가 하는 것이 문제이다. 이 기준이 개척교회 단계에서 반드시 이루어져야 하는 성장의 측면들을 포괄해 낼 수 있는가? 세례교인도 아닌 장년교인 20명은 어떤 의미를 가지는 것일까? 또는 개척사역자를 후원하지 못하고 있는 노회의 관점으로 볼 때, 장년 교인 20명 중에서 10명만 십일조를 내어도 교회개척사역자의 생활비는 감당할 수 있는 교회가 될 것이라고 생각한 것일까? 그렇다면 그냥 장년 교인 20명보다는 세례교인 20명이 최소한 10명 이상의 십일조를 내는 인원을 확보하는데 더 안전한 기준이 되지 않을까? 좌우튼 설립교회의 인준기준을 목사에 대한 생활비를 자급할만한 자급능력에 두는 것도 의미는 있다고 생각하지만, 너무 부분적인 기준이다.

장년 교인 20명으로 셀 그룹에서 가정 모임으로 전환을 시도할 수 있는 시점이라고 추정한다면 장년 교인 20명이라고 하기보다, 멕네어(MacNair)가 말하는 선교교회 제1단계의 완료조건인 씨 가정(seed families)이 몇 가정 확보되었느냐 하는 것을 설립교회의 기준으로 삼는 것이 더 좋겠다고 생각한다. 함께 말씀과 기도와 삶을 나누는 가정 모임이 정착되려면 적어도 3-5개의 믿음의 가정에, 10명 정도는 모여야 할 것이다. 아직 가정 복음화가 되지 않은 신자들을 위한 셀 그룹도 있어야 할 것이므로, 적어도 하나의 가정 모임과 하나 이상의 셀 그룹이 있으면 설립 허락을 받을 수 있다고 규정할 수도 있을 것이다.

현재의 헌법에는 개척교회가 노회로부터 설립 허락을 받기 위하여 일정한 수의 믿음의 가정이 정착되어야 한다는 언급은 전혀 없다. 이런 것을 보면 장로교회는 믿는 자와 그 자녀들로 구성된다는 가장 기본적인 교회구성의 원리가 헌법상의 설립청원의 기준에 충분히 반영되어 있지 않다고 생각한다.

교회의 설립을 신청할 때에 개척사역자를 그 교회의 전임목사로 청빙한다는 교인들의 청원서를 함께 제출하도록 하면 좋겠다. 곁들여서 그 교회가 전임목사의 사례를 어느 정도 감당할 수 있는지도 밝힐 수 있을 것이다. 개척사역자들이 개척교회의 단계를 속히 벗어나 교회설립의 허락을 얻으려고 서두는 경향이 있는 것 같다. 개척사역자에게는 설립 허락을 받는 것이 몇 가지 실제적인 유익이 되기 때문에 속히 설립교회가 되고자 하는 것 같다. 개척교회의 목사는 전도목사의 신분이지만, 설립 허락을 받으면 미조직교회의 전임목사로 청빙을 받을 수 있게 된다. 전임목사가 되면 설립교회의 당회장이 될 수 있기 때문에 이웃 목사를 당회장으로 모시지 않아도 된다. 교인들이 연말정산을 할 때에도 기부금 확인서를 자기 교회의 이름으로 직접 발급해 줄 수 있다. 설립교회가 되었다고 해서 특별히 후원이 줄어드는 것도 아니기 때문에 개척사역자들은 될 수 있으면 빠른 시일 내에 설립인준을 받고 싶어 하는 심정은 충분히 이해할 수 있다.

그러나 현재 한국교회의 곧 쓰러질 것 같은 수많은 개척교회들을 생각해 볼 때, 노회는 형식적으로 설립 허락을 남발하기보다, 개척교회의 단계를 벗어날 정도로 교회의 최소한의 기초가 확고하게 다져졌는지를 분명히 평가한 후에 설립교회로 인준해 주는 것이 절실히 필요한 상황이다. 노회는 좀 더 종합적인 설립 인준의 기준을 마련해야 할 것이다. 그리고 설립 허락을 하기 전에 노회는 평가위원을 실제로 개척교회에 파견하여 그 형편을 소상히 살핌으로써, 설립청원이 적합한지를 판단해야 할 것이다. 현재는 노회가 얼마나 그 개척교회의 현장을 살펴보고 평가하는지 모르겠다. 신청서를 형식적으로 검토하여 허락하는 일이 없었으면 좋겠다. 장년교인 20명의 교회출석상태를 살피고, 그들 각각을 인터뷰하여 그들의 신급, 그들의 신앙성장의 상태, 가정복음화의 상태, 등을 살피고, 셀 그룹과 가정 모임의 형성 여부와 실태 등을 점검할 필요가 있다. 다른 한편으로는 설립 청원을 한 교회의 부채를 포함한 재정 상태, 외부 후원금의 수령 상태, 개척사역자의 생활비 자급률, 모임장소의 규모 및 상태, 시설비용의 자급률 등을 살펴보아야 할 것이다.

설립 허락을 받으면 교회개척의 과정은 끝났는가? 고신 헌법은 설립 허락을 받은 후에 설립 허락의 기준 이하로 예배출석인원이 떨어지면 노회가 심사하여 기도소로 변경할 수도 있다고 언급한 것 외에, 설립 이후 교회개척이 더 진행되어야 하는지, 아니면 완성된 것인지에 대해서는 일체 침묵하고 있다.

헌법이 설립허락을 받은 교회를 기도소로 변경함에 대해서 언급한 것은 의미가 있으나, 한국장로교회의 역사에서 일반적 이해된 기도소와는 좀 다르게 설명하고 있는 점은 지적되어야 한다. 한국장로교회의 역사에서 기도소는 본 교회와 상당히 멀리 있는 마을에서 나오는 교인들을 위하여 주일예배 외에 수요기도회 등을 자기 마을에서 따로 가질 수 있도록 편의상 본 교회가 배려한 것에서 시작되었다. 물론 이런 기도소가 '분봉'과 같은 방식으로 본 교회에서 분가하여 하나의 교회로 발전한 사례는 얼마든지 있다. 그러므로 기도소는 본 교회가 인정하고 동의하는 소그룹으로서 분립개척의 자연스러운 진행과정 중에 있는 모임이라고 할 수 있었다.

그러나 고신 헌법은 분립개척의 진행 과정 중에 있는 기도소를 언급한 것이 아니라, 설립허락을 받은 교회가 설립 기준 이하로 쇠퇴하여 2년 이상 경과하면 개체교회로서의 기능을 하지 못하게 되므로 노회의 결의로 기도소로 변경할 수 있다고 규정한 것이다. 변경된 기도소가 다시 성장하여 설립 교회의 수준으로 회복되면 노회에 설립 신청을 할 수 있다고 하였다. 이것으로 볼 때 변경된 기도소는 개척교회 또는 개척교회 이전의 단계로 되돌아 간 것으로 간주할 수 있는 것 같다. 실제로 설립 허락의 기준에 미달되는 교회들은 많이 있으나 노회가 그런 교회를 기도소로 변경시키는 경우는 거의 없었다. 하지만 이런 규정을 적극적으로 활용한다면 미조직교회의 쇄신에 매우 중요한 전략이 될 수 있다. 설립 허락의 기준 이하로 쇠퇴한 교회에게 재개척(再開拓)의 기회를 줄 수 있기 때문이다. 폐쇄되거나 이웃 교회에 합병될 교회가 아니라고 한다면, 거기 남아 있는 몇 명의 성도들을 배려하면서 새로운 비전으로 재개척하는 것이 바람직하다. 너무 쉽게 교회를 폐쇄하는 것은 교회개척운동에 부정적 영향을 끼칠 수 있다. 후원교회를 새로 연결하고 재개척을 위하여 다른 사역자를 배치할 수 있다면, 설립교회의 위상은 잃을지라도 개척선교회나 개척교회의 단계에서 새로 시작하여, 부흥하면 설립 신청을 할 수 있도록 하는 것이 더 실제적인 조치가 될 수 있을 것이다.

총회에 제출되는 노회의 교세보고서를 보면 간혹 '기도소'에 대한 보고가 눈에 띄기도 하는데, 이는 설립교회에서 변경된 기도소를 일컫는 것이 아니고, 아직 노회의 설립 허락을 받지 않기 전 단계에 있는 '개척교회'와 동격의 기도소라고 할 수 있다. 아직 설립교회의 모습을 갖추지 못하였다는 것을 강조하는 표현이라고 생각된다. 고신 헌법에서는 설립 이전의 개척 단계에 있는 교회를 '개척교회'라고 일단 부르고 있기 때문에 개척교회를 '기도소'라고 부르는 것은 용어상 혼돈을 준다. 노회 교세보고서에서 기도소가 아직 설립 허락을 받지 않은 회중을 의미한다면 '개척교회'라고 용어를 통일시키는 것이 좋을 것이다. 아직 예배를 드리지는 않으나, 앞으로 개척교회가 되기 위한 준비 단계에 있는 '기도소'이면, 우리의 용어상 '개척선교회'에 해당하는 모임이다. 이 단계에 있다고 한다면 노회의 교세보고서에 포함시킬 필요는 없다고 본다.

한 개척교회가 설립인준을 받았다고 하더라도 그것으로 교회개척이 끝났다고 생각하는 사람들은 별로 없을 것이다. 일반적으로 말해서, 아직도 후원이 필요하고, 아직도 교회 회중의 규모가 충분하지 않으며, 아직도 상가 건물에 세 들어 있는 상황은 그대로이기 때문이다. 그러나 교회개척이 언제까지 지속되는 것인지, 언제 종료되는 것인지, 설립 허락 이후에는 별 말이 없다. 교회개척의 목표지점이 불분명한 것이다. 우리는 교회개척의 종료시점이 좀 더 명확하게 설정되어야 한다고 본다. 교회개척을 시작할 때 손님들을 모시고 예배를 드리듯이, 교회개척이 종료되었을 때에도, 그 동안 후원해 주신 교회들을 모시고 함께 예배라도 드린다면 그 종료를 좀 더 분명하게 알 수 있지 않을까?

일반적으로 인식되고 있는 교회개척의 종료는 그 교회가 자립되었을 때라고 생각을 하는 것 같다. 이런 기준은 침례교회나 독립교회에게 어울린다. 독립교회는 외부 후원이 없어도 홀로 설 수 있어야 하기 때문이며, 외부의 간섭이나 감독을 받지 않을 만큼 자치 능력이 갖추어 져야 하기 때문이다. 침례교회는 자립교회가 되기 전까지는 아예 교회라고 부르지 않는다.

자립교회의 설립을 강조하던 네비우스 방법이 한국 장로교회에 가장 강조했던 자립의 항목은 바로 자체 교회당을 갖추는 것이었다. 연보를 힘이 넘치도록 하되 자발적으로 예배당을 건축하여 봉헌예배까지 드리고 나면 개척사역자는 교회개척의 성취감을 느끼지 않을 수 없었을 것이다. 자발적 헌금으로 예배당을 갖추게 되었으니 그것도 교회의 성장을 가늠하는 하나의 잣대가 될 수 있을 것이다. 그러나 자체 예배당을 가졌다고 교회개척이 완료되었다고 말할 수는 없다. 요즈음은 예배당을 구비한 것이 개척종료와 전혀 상관이 없는 것이 더욱 분명해졌다. 시설이 빈약한 개척교회를 사람들이 외면하니까, 등록할 교회를 찾고 있는 사람들에게 '없는' 교회처럼 보이지 않게 하기 위하여 빚을 내어서라도 우선 교회당을 마련하는 개척자들이 적지 않다. '건물이 전도한다.'라는 속담도 생겼다. 신도시 신개발지역에 이동 신자들이 급속히 증가하는 상황에서 그들을 목표로 교회개척을 할 경우에는 처음부터 시설투자를 어느 정도 할 필요가 있다고 본다. 그러나 일반적으로 이런 방식의 개척을 채택하게 되면 복음전도와 회심, 양육, 가정복음화, 직분자 세움, 당회의 조직으로 이어지는 교회개척의 정상궤도에서 이탈하여 중도에서 방향감각을 상실하기 쉽다.

장로교 교회개척의 종료는 아무래도 당회가 조직되어 조직교회로서의 체계를 갖추고 장로교회로서의 기능을 자립적으로 감당할 수 있는 교회가 되었을 때로 보아야 한다는 것이 이 책에서 우리의 일관된 주장이다.

그렇다면 설립인준을 받은 후 조직교회가 되기까지, 설립교회는 어떤 성장을 추구해야 하는가? 설립교회가 성장한다는 것은 회심자들이 증가하고, 셀 그룹이 증식되며, 가정 복음화를 통하여 여러 가정 모임이 정착되는 것을 의미한다. 그 이후 이어지는 성장을 그려 보면 다음과 같다. 셀 그룹이 증식됨에 따라 셀 그룹 리더들이 더 세워질 것이다. 가정복음화에 이어 성숙한 영적 리더십을 갖춘 가장들이 가정 모임의 리더들로 세워질 것이다. 셀 그룹과 가정 모임들이 늘어나면서, 장년 및 유아들의 세례도 증가할 것이고, 함께 예배하는 회중과 수찬자의 규모도 커지게 될 것이다. 이제는 개척사역자의 목회 사역도 많아져서, 목사와 함께 회중을 돌아 볼 장로를 세울 필요가 있게 될 것이다. 세례교인 30명당(농어촌에서는 20명당) 한 명의 장로를 세울 수 있는데, 그 정도의 세례교인은 확보되어 있을 것이며, 그동안 믿음의 가정의 가장들과 가정 모임의 리더들 가운데서 장로로 세울만한 사람들이 준비되어 있을 것이다. 한편, 회중 가운데 가난한 자, 병든 자들을 물질로 돌아보는 일, 교회의 재정출납을 맡아 관리하는 일, 등을 맡을 집사로 세울 만한 사람들도 준비되어 있을 것이다. 늘어나는 예배회중에 따라 예배장소로 사용할 건물의 공간도 충분히 확보해야 할 것이다. 재정도 충분히 자급할 정도가 되어 외부 후원은 사양할 수 있게 될 것이다.

이처럼 설립교회에서 조직교회로 발전해가는 과정에서는 셀 그룹들과 가정 모임들을 보다 더 큰 회중으로 통합할 수 있는 직분자를 준비하여야 한다. 장로와 집사는 선거를 통하여 뽑지만, 그것에 전적으로 의지해서는 안 된다. 장로와 집사를 선출하기 전에 셀 그룹, 그리고 가정 모임에서 리더로 섬기면서 그리스도의 좋은 제자로 성장해 가도록 해야 한다. 제자훈련과 지도자 발굴의 과정을 잘 거치게 될 때, 그 회중은 잘 구비된 장로 후보인지 잘 알기 때문에 적합한 인물을 선출함에 어려움이 없을 것이다. 그러나 이런 과정을 차근차근 밟지 않고, 어느 순간에 장로를 세우고자 한다면, 개척사역자 자신부터 누구를 세워야 할지 애매하고 불안하여 망설이게 될 것이다. 집사도 셀 그룹 및 가정 모임에서의 섬김의 사역을 통하여 신앙의 인격과 은사가 준비되도록 해야 한다. 서리 집사는 한국장로교회 초기에 어린 교회에서 집사를 바로 세울 수 없었기 때문에 채용한 임시적 직분이었다. 그런데 지금 한국장로교회에서는 이 직분을 너무 남발하는 것 같다. 셀 그룹과 가정 모임에서 리더와 함께 구성원들을 섬기는 일을 서리 집사에게 맡길 수 있을 것이다. 아무튼 셀 그룹과 가정 모임에서 준비된 일군들 가운데서 회중 전체를 위해서 섬길 장로와 집사가 배출될 것이다.

교회에서 첫 직분자를 바로 세우지 못하게 되면, 그 교회의 기초는 크게 흔들릴 수 있다. 직분자를 선택하기가 불안하고 내키지 않아 장로를 장립하는 일을 미루거나 꺼리는 개척사역자들이 의외로 많이 있다. 개척사역자의 그런 마음을 이해할 수 있다. 다만 직분자를 세우기 위하여 설립교회의 단계에서 셀 리더로, 가정 모임의 리더로 섬기게 하면서 철저하게 준비한다면 그런 불안은 상당히 해소될 수 있을 것이다. 회중은 많아 졌는데, 직분자 세우기를 주저하면, 장로교회로의 성숙이 지연되고, 오히려 목사 개인 중심의 교회로 왜곡될 수 있다. 단순히 교인수가 많아진다고 교회가 건강하게 바로 성장하는 것은 아니다. 그 회중을 바로 돌아보고 다스릴 수 있는 직분자들을 반드시 세워야 한다. 이 일을 위하여 차근차근 준비하는 것이 설립교회의 단계에서 개척사역자가 집중해서 풀어내야 할 과제이다.

5. 조직교회(organized church)의 단계

장로교 정치체제의 원리는 복수 장로제에 기초하고 있다. 장로교회식 자립교회는 장로들로 구성된 당회가 조직되어 있는 교회이다. 목사는 설교와 성례를 전담하지만, 원래 당회의 장로들 중의 한 사람이다. 한 명의 치리장로와 한 명의 목사는 가장 기본적 조건인 당회의 조직에 필요한 최소한의 구성원들이다. 이 당회를 준당회라 한다. 조직교회가 된다고 하는 것은 최소한 시무목사 한 명에 시무장로 한 명, 그리고 세례교인 30명 이상의 회중으로 성장했음을 의미한다. 이렇게 최소한의 조직교회가 성립되면 개척사역자의 사역도 일차적으로 종료되며, 장로교 교회개척의 과정도 일차적으로 종료되었다고 말할 수 있다. 그러나, 아직 자치의 기반이 완성된 것은 아니다.

자치의 기반이 완성된 조직교회가 되려면 최소한 한 명의 목사와 두 명의 치리장로로 구성된 완전 당회가 조직되고, 세례교인 60명 이상의 회중으로 성장되어야 한다. 이렇게 되면 자치의 기반이 완성되었으므로 개척사역자의 사역도 완전히 종료되며, 장로교 교회개척의 과정도 종결되었다고 말할 수 있다.

이 회중은 예배를 위해 함께 모이며, 서로의 은사를 공유하여 모두의 유익을 도모하는 신앙공동체이다. 성도들은 셀 그룹이나 가정 모임만이 아니라, 회중 안에서도 서로 알고, 서로 사랑하는 관계를 형성해 나가야 한다. 회중이 예배, 교육, 교제, 봉사, 그리고 선교 공동체로서의 기능을 제대로 하기 위해서는 적정 규모를 갖추어야 한다. 서로 전방위로 교제하며 은사를 함께 공유할 수 있는 신앙공동체가 되기 위해서는 과도하게 회중의 수를 늘리면 안 된다. 한 목사가 전임사역자로서 감당할 수 있는 사역에는 분명한 한계가 있을 수밖에 없다. 장로교회는 교회성장이라는 명목하에 부목사를 늘림으로써 교회를 감독교회화 해서는 안 된다. 목사를 더 청빙하고자 한다면 위임된 동사목사로 청빙하는 것이 합당할 것이다. 이렇게 되기 위해서는 고신은 헌법의 부목사에 대한 규정을 수정하는 것이 옳다고 본다. 장로교회의 성장은 늘어난 세례교인만큼 치리장로들을 더 세워나감으로써 진행되어야 한다.

개체교회의 적정규모는 교회의 사회 및 지리적 환경, 목사 한 사람이 감당할 수 있는 사역의 분량 및 역량, 교회의 영적 분위기 뿐 아니라, 교회의 구성원들의 역량과 은사에 따라 다소 차이가 있을 수 있다. 개체교회의 적정규모를 엄밀하게 규정할 수는 없으나, 어느 정도의 적정 범위는 있다. 부목사의 수를 늘려나가는 것이 아니고, 치리장로의 수를 늘려 나가야 할 것이고, 목사는 동사목사로서 동역하게 해야 할 것이다. 그렇다면 한 목사와 함께 동역할 수 있는 치리장로의 수도 무한정 늘어날 수 없으며, 동사목사도 한 명 정도가 적당할 것이다. 동사목사가 두 명 이상 있게 되면 아무래도 상하 위계질서가 필요하게 될 것이기 때문에 절제하는 것이 좋다고 생각한다. 치리장로 한 명이 성인 세례교인 30명을 대표한다고 본다면 목사 한 명이 치리장로 다섯 명, 많으면 열 명 정도와 함께 당회를 구성하는 것이 적정하지 않을까 생각한다. 동사목사가 한 명 더 있다고 하여도 최대한 치리장로 20인 정도를 초과하지는 말아야 할 것이다. 따라서 우리는 목사 한 사람에 세례교인 150명에서 300명, 목사 두 사람에 세례교인 300명에서 600명 정도가 적정규모의 상한선의 범위가 될 수 있다고 본다.

적정규모를 말하는 것은 교회가 적정규모 이상이 되어서는 안 된다고 하는 규범적 소교회주의를 의미하는 것은 결코 아니다. 적정 규모 이상으로 성장하는 것을 금한다는 것은 아니라는 말이다. 작은 교회가 좋다고 하면서 교회성장에 대한 의욕을 죄악시해서는 안 된다. 교회는 적정 규모가 되기까지는 치열하게 성장해야 한다. 적정규모 이상으로 성장하게 되더라도, 성장을 위해 지속적으로 분투하되, 그 때부터는 성장보다 더 우선적으로 분립 또는 분립개척을 적극적으로 실행하는 것이 바람직하다는 것이다. 적정규모 이상으로 성장하고 있는 교회는 더 큰 교회로 성장하도록 방치하지 말고, 더 많은 개체교회들로 분립 확산하는 일을 주도적으로 추구해야 한다고 생각한다. 개체교회들이 적정 규모의 상한선을 유지하면서 노회 안에서 교회들 간의 연대를 강화한다면 여러 선교적 연합사역들을 얼마든지 펼칠 수 있을 것이다.

어떤 교회들은 설립 허락을 받았으나, 오래 동안 성장하지 않은 채 미조직교회로 머물러 있을 수 있다. 이런 교회들은 그 상황을 심사하여, 더 이상 조직교회로 성장하지 못할 것이라고 판단되면, 다른 조직교회와 연계시켜 한 당회를 구성하고 그 당회의 치리를 받도록 하든지, 다른 미조직교회와 한 교회로 합병하여 조직교회가 되게 할 수도 있을 것이다. 앞에서 언급했듯이, 어떤 미조직교회가 설립교회의 기준 이하로 쇠퇴하면 재개척의 기회를 열어 주는 것이 필요하다. 설립 허락을 받은 교회들이 교회개척의 미완성의 상태에 머물러 고착되지 않도록 유의해야 한다. 교회개척의 과정에 있는 교회들의 교회개척을 일정한 기간이 지나면 어떤 모양으로든지 일단락시켜 주는 것이 필요하다.

교회개척이 종료되면 교회개척사역자는 크게 두 가지의 진로가 주어진다. 첫째는 개척사역자로서의 역할이 종료되었으므로 그 이후의 목회사역을 후임에게 일임하고 다른 사역을 위해 떠나는 것이다. 특히 개척사역자가 제 이, 제 삼의 교회개척사역을 한다면, 그 조직교회는 그의 개척사역을 후원교회로서 동역할 수도 있을 것이다. 둘째는 그 교회의 회중이 공동의회를 통하여 그를 위임목사로 청빙하여 목회를 계속하게 할 수도 있을 것이다. 위임목사가 되면 이전의 개척사역자가 아니라, 당회의 한 사람으로서 치리장로들과 의논하고 동역하는 자세로 목회해야 할 것이다.

이상에서 우리는 장로교 교회개척과정을 살펴보았다. 첫 단계로 제시한 폭넓은 선교참여는 직접적인 교회개척과정이라고 하기에는 너무 방대하므로, 억지로 포함시키지 않아도 괜찮겠지만, 한국에서 장로교 교회개척은 평신도들의 일상의 삶 속에서의 선교참여를 통하여 교회개척의 필요를 원론적으로 다시 일구어내지 않고서는 그 장래를 기약할 수 없다고 보고, 이 과정에 포함시켰다.

사실 조직교회의 단계도 교회개척 과정이 종료된 시점 이후의 일들이므로, 교회개척과정의 범위 밖에 있다. 하지만 조직교회의 단계를 교회개척의 과정에 포함시킨 것은 준당회를 조직하여 일차적으로 교회개척의 과정이 완료되었다고 하더라도, 완전당회를 조직함으로써 종결된다고 보기 때문에 상당한 기간이 필요하다고 보기 때문이다. 한편, 충분히 당회를 구성할 정도로 성장한 교회들도 당회 없이 목사 중심으로 교회개척의 종료가 삭제되는 경우도 있다. 또한 적정규모를 유지하면서 분립 개척을 준비하고 있는 조직교회는 자체 교회개척과정은 완료되었다고 하더라도 이미 새로운 교회개척의 과정을 착수한 것이라고 볼 수 있다. 그 시작은 그 교회의 성도들의 폭넓은 선교참여를 통하여 이미 시작되었다고 할 수 있다. 조직교회는 새 교회를 재생산하는 교회개척의 순환의 연결고리로서 결정적 역할을 가지고 있기 때문에 교회개척과정에 포함시키게 되었다. 조직교회는 교회개척의 재생산의 주체가 되어야 함에도 불구하고, 대교회주의를 따르는 조직교회들이 적정규모 이상으로 자기 교회의 성장만을 지속적으로 추구함으로써 교회개척과는 정반대의 방향으로 가고 있다는 점도 언급할 필요가 있었다.

현재 고신의 헌법에 나타나 있는 장로교 교회개척과정은 설립 청원 절차로 수렴되어 있으나, 교회개척에 대한 이런 형식적 이해는 장로교 교회개척의 문제를 풀어내는 데 있어서 너무나 부적절한 수준이라는 것을 지적하지 않을 수 없다. 장로교 교회개척의 과정적 특성을 강조하고, 그 단계들을 하나씩 풀어가려는 진지한 노력이 있어야 한다. 우리는 이 장에서 장로교 교회개척은 당회를 갖춘 하나의 조직교회가 됨으로써 비로소 완성된다는 것을 재삼 강조하였다.

제사부

제십육장
결론

제 십 육 장

결론

우리는 지금까지 장로교 정치체제에 부합하는 일관성있는 장로교 교회개척의 모델을 구축할 가능성에 대해서 탐색해 보았다. 그러한 모델이 과거 한국에 존재하였거나 사용된 적이 있었는지를 한국장로교회와 고신 교회의 역사와 문헌을 통해서 비판적으로 검토해 보았다.

한국장로교회와 고신 교회 교회개척은 또한 1970년대 이후 교회성장운동, 개별적 교회개척, 대형교회의 유행과 최근의 셀 교회 또는 가정 교회 운동의 영향을 받아 여러 모양으로 표류해왔다. 한국장로교회 독노회 창립 100년을 훨씬 넘긴 이 시점이지만, 아직도 장로교 교회개척의 패턴을 정립하지 못한 채, 개척현장의 매우 혼란스러운 상태를 방치하고 있음을 확인할 수 있었다. 준비가 부족한 상태에서 핵심멤버도 거의 없고, 회심자도 거의 없이, 개척사역자가 개별적인 의욕으로 성급하게 개척교회를 시작하는 개별개척의 유형이 오래 동안 일반화되어 있었던 것을 확인할 수 있었다. 개척교회들이 외형적으로 기존교회의 예배, 프로그램, 시설의 축소판이라도 갖추어 이동 신자들을 모으려고 안간힘을 쓰지만, 개척사역자에게는 감당하지 못할 무리한 부담이 되어, 복음전파와 가르침으로 회심자를 제자로 양육해가는 본질적 사역에 집중해야 할 개척사역자에게 오히려 장애 요소로 작용하고 있음을 보았다. 설립 허락의 기준이 미미하고 그 심사도 형식적이어서 설립교회가 된 후에도 교회의 정착기반이 부실한 교회들을 양산하고 있는 문제도 심각한 수준인데도, 미조직교회의 적체현상에 대한 해소방안이 적극적으로 마련되어 있지 않다. 설립 이후 교회개척의 종료시점이 정확하게 제시되지 못함으로 인하여 교회개척의 목표가 사라진 것 같은 상황이다. 대교회주의를 다수의 교회들이 맹종하는 가운데 개체교회의 적정규모에 대한 의식이 없이 무분별한 자기 교회성장에만 치우쳐 있음으로 교회개척이 억압되는 결과도 확인할 수 있었다.

우리는 이러한 교회개척의 부조리한 혼란 상황이 장로교 정치체제와는 어울리지 않는 교회개척 방법들을 무분별하게 채용한 데서 비롯된 것이라고 주장한다. 다른 말로 표현하자면, 장로교회의 교회정치원리를 교회개척에 일관성있게 적용하지 못한 결과로 겪게 되는 혼란이요 딜렘마라고 할 수 있다. 말씀과 성례를 교회의 표지로 하면서도 회중적 교회에만 적용하였을 뿐, 선교적 교회에 적용하는 데 부족했다고 본다. 노회들이 교회개척을 주도적으로 관리하지 못하고, 교회를 개척한 교회들에게 위임함으로써 사실은 개별개척을 방치하였다. 대형교회의 근간이 되어 있는 부목사제도를 목사 간의 평등의 원칙을 따르는 동사목사제도의 왜곡으로 지적하면서, 변형된 감독교회의 형태로 굳어져 가고 있다. 개인의 신앙성숙뿐 아니라 가정 복음화를 추구해야 할 개척교회가 개인 교인수의 확보에 치중함으로써 믿는 자들과 그 자녀들로 구성되는 장로교적 회중의 기초를 닦는 일에는 미숙한 상태에 있다. 단순히 재정적으로 자립하는 것 정도는 장로교 교회개척의 목표로서는 미흡하며, 복수장로제의 원리에 따라 당회를 가진 조직교회를 세우는 것이 장로교 교회개척의 최종목표가 되어야 한다. 교파주의를 추구하는 것은 아니지만, 책임있는 교회개척이 되기 위해서는 장로교로서의 정체성에 혼란이 없어야 하고, 교단의 내부 갈등은 반드시 해소되어야 한다.

한국장로교의 역사나 문헌에, 실천과 정치체제 양면에 있어서 장로교 교회개척의 모델이 없기 때문에 우리는 교회개척과 상관된 장로교의 원리를 한국장로교회와 고신 교회의 기본 문서뿐 아니라, 해외 다른 교회들로부터 찾아보려고 하였다. 우리는 장로교회 정치체제와 일관된 장로교 교회개척의 원리를 식별해 내어, 장로교 교회개척의 한 모델을 구축해 보려고 하였는데, 그 핵심적 내용과 제안들은 다음과 같다.

1. 한국장로교회와 고신교회는 그 역사에 있어서 개인들이나, 회중, 교파의 내부적 갈등이 얼마나 복음전도와 교회개척을 해롭게 하거나, 약화시키는지를 인식하여야 한다.
2. 한국장로교회와 고신교회는 지역교회가 당회를 갖춘 한 장로교 조직교회로 온전히 성립되었을 때에만 교회개척이 종료된다는 것을 인식할 필요가 있다.
3. 평신도들이 여러 영역에서 자발적으로 선교회에 참여하고, 그들의 문화적 사명을 통하여 개인 복음전도에 참여하도록 격려할 필요가 있다.
4. 동시에 전도목사를 평신도들의 일터로 보내어 그들이 주변의 불신자들 가운데에서 개인 전도를 하도록 촉진시키는 데 활용할 수 있다.
5. 교회개척의 필요를 발견했으면, 교회개척을 위하여 헌신된 사람들을 팀으로 모아 개척선교회를 가동하는 것이 교회개척의 첫걸음이다.
6. 한국장로교회와 고신교회의 노회들은 개척교회의 시작, 개척사역자 후원, 교회개척 진행 감독, 개척사역자 후원을 위한 선교기금의 조성 등의 책임을 감당해야 한다.
7. 노회는 개척교회의 시작을 위한 청원을 심사하되, 그 시작이 일반적으로 회심에 기초한 것인지를 확인할 필요가 있다.

8. 고신교회는 교회 설립의 신청 조건을 '장년교인 20명 이상'에서 세례교인 20명 이상이든지, 믿는 부부를 기초로 하는 5가정 이상이 포함된 장년교인 20명 이상으로 수정할 필요가 있다.
9. 설립교회가 미조직교회의 상태에 오래 머물러 있다면, 그 미조직교회와 다른 미조직교회를 합병하거나, 다른 조직교회와 연합하여 한 당회의 지도를 받을 수 있는 교회가 되도록 하는 것이 필요하다.
10. 설립교회의 기간 중에 셀그룹 또는 가정 모임의 지도자들 가운데 장로와 집사를 선출할 준비가 이루어져야 한다.
11. 장로교 교회개척 사역자는 목사로서 개척교회의 시작부터 당회의 조직까지 교회의 성장을 위한 전과정을 책임지고 인도할 사역자이므로 특별한 관심과 후원이 필요하다.
12. 지역교회들이 적정규모 이상으로 성장했다면 적극적으로 분립 또는 분립개척을 추진할 필요가 있다.
13. 한국장로교회와 고신교회의 총회는 교회개척 매뉴얼을 발간하여 교회개척 사역자뿐 아니라, '모교회'와 노회에도 그 자신의 정치체제와 일관된 교회개척과정에 대한 모범적 안내를 제공할 필요가 있다.

우리는 이상의 장로교 교회개척을 위한 제안들 가운데 좀 급진적인 아이디어들이 있는 것을 안다. 지역교회의 적정규모론, 부목사제도 대신 동사목사제도의 복구, 회심자 중심의 교회개척, 설립 신청의 조건 강화, 등이다. 이런 제안들에 대해서는 더 많은 논의와 토론이 필요하겠지만, 이 시대의 국내 교회개척의 상황에서 장로교 교회개척을 개선시키기 위해서 필요한 의제라고 생각하며, 우리의 제안들이 이런 토론에 조금이라도 기여할 수 있었으면 한다.

국내 교회개척은 다음 십년 동안 더 어려워질 것이라고 예상하지만, 지금이야말로 한국장로교회의 각 교단들이 일관성있는 장로교 교회개척의 필요성을 인식해야 할 때라고 생각한다. 우리는 노회가 교회개척에 대한 자기의 역할을 좀 더 책임있게 인식하고 교회개척에 대한 선제적 책임 이행을 간절히 기대한다.

우리는 해방 이후의 상황에 대해서는 고신 교회를 중심으로 이 연구를 진행하였지만, 한국 장로교회 각 교단들은 교회개척의 필요에 대해서 자체적으로 자가 비판적인 연구를 할 필요가 있다고 본다. 각 교단의 노회와 지역교회 차원에서 수집할 수 있는 문헌들을 대조하여 정리함으로써 이 주제에 대하여 더 포괄적이고 전체적인 연구가 진행되었으면 한다. 국내의 다른 교파들과 장로교 각 교단들의 관점들은 장로교 교회개척에 대한 토론에 매우 큰 도움이 될 것이다. 우리는 이 논문이 한국 장로교 교회개척에 대한 토론과 차후의 연구에 하나의 자극이 될 수 있다면, 이 연구에 대한 의미와 보람을 삼기에 충분하다고 생각한다. 끝까지 읽어 주신 독자들에게 심심한 감사를 드린다.

참고문헌

1. 책들.

강인철, 『한국기독교와 국가, 시민사회, 1945-1960』, 서울: 한국기독교역사연구소, 1996.

곽안련(Charles Allen Clark) 편, 『장로교회사전휘집』, 경성: 조선야소교서회, 1935.

김광수, 『한국기독교성장사』, 기독교문사, 1976.

김덕환, 『한국교회 교단형성사』, vol. I(1985, 1991), II(1986), III(1989), 인천: 임마누엘 출판사.

김문제, 『수진제단 재건교회』, 서울: 재건서울중앙교회, 1963.

김수진, 『양동제일교회 백년사: 1897-1997』, 서울: 쿰란출판사, 1997.

김수진, 『호남기독교 백년사: 전북편』, 서울: 쿰란출판사, 1998.

김수진과 한인수, 『한국기독교회사: 호남편』, 서울: 범론사, 1980.

김양선, 『한국기독교 해방 십년사』, 서울: 대한예수교장로회 종교교육부, 1956.

김영재, 『한국교회사』, 서울: 개혁주의 신행협회, 1992.

김요나, 『총신 90년사』, 서울: 양문출판사, 1991.

김인수, 『한국기독교회의 역사』, 서울: 장로회신학대학교 출판부, 1997.

김인수, 『일제의 한국교회 박해사』, 서울: 대한기독교서회, 2006.

김흥수 편, 『해방후 북한교회사』, 서울: 다산 글방, 1992.

나요섭, 『대구제일교회 110년사: 1893-2003』, 대구: 110주년 편찬위원회, 2004.

남영환, 『한국교회와 교단』, 서울: 소망사, 1988; 서울: 영문출판사, 1995.

노치준, 『한국의 교회조직』, 민영사, 1995.

노치준, 『한국개신교사회학: 한국교회의 위기와 전망』, 서울: 한울출판사, 1998.

명성훈, 『교회개척의 원리와 전략』, 서울: 국민일보사, 1997.

명성훈, 『장년출석 300명 돌파의 원리와 전략(이론편)』, 서울: 국민일보, 1998.

문만식, 『교회개척 시대는 지나갔는가?』 서울: 쿰란출판사, 2001.

민경배, 『한국기독교회사』, 서울: 대한기독교서회, 1982; 연세대학교 출판부, 1993.

박덕일과 박문영 편, 『경북교회사』(국한문혼용), 대구: 1924; 『경북교회사』(한글 번역본), 김병희 편역, 서울: 코람데오, 2004.

박병진 편, 『헌법 100년 변천의 개관』, 서울: 성광출판사, 1989.

박용규, 『한국기독교회사 I(1884-1910)』, 서울: 생명의 말씀사, 2004.

박용규, 『한국기독교회사 II(1910-1960)』, 서울: 생명의 말씀사, 2004.

박용규, 『평양대부흥운동』, 서울: 생명의 말씀사, 2000.

박윤선, 『헌법주석』, 서울: 영음사, 1983.

박응규 『가장 한국적인 미국선교사, 한부선 평전』, 서울: 그리심, 2004.

박창식, 『경북기독교회사』, 서울: 코람데오, 2001.

서창수 편, 『고신교단 50주년 기념화보집』, 서울: 50주년 기념화보집편찬위원회, 2004.

손병호, 『장로교회의 역사』, 서울: 그린, 1993.

신내리, 『무교회지역 조사통계서』, 미장로교(PCA) 한국선교회, 1991.

심군식, 『세상 끝날까지: 한상동 목사의 생애』, 서울: 소망사, 1977; 서울: 총회(고신) 출판사, 1997.

심창섭 외 편, 『오늘의 한국 장로교 정치제도 이대로 좋은가』 서울: 엠마오, 1998.

안용준, 『태양신과 싸운이들』, 부산, 1956.

양낙흥, 『한국장로교회사』, 서울: 생명의 말씀사, 2008.

양용의, 『강원도 무교회지역답사 자료집』, I-VIII, 1991.

오윤태, 『한일기독교교류사』, 서울: 혜선문화사, 1980.

원희천, 『개척교회 성공의 비결』, 서울: 기독교문서선교회, 1983.

윤경로, 『새문안교회 백년사: 1887-1987』, 서울: 새문안장로교회, 1995.

이규승, 『성공적 교회개척론: 한국장로교회를 중심으로』, 서울: 한들, 1997.

이덕주, 『한국토착교회 형성사 연구: 1903-1907』, 서울: 한국기독교역사연구소, 2001.

이상대, 『개척교회를 벗어나는 일곱 가지 방법』, 서울: 요단출판사, 1997.

이상대, 『교회개척 컨설팅』, 서울: 서로사랑, 2002.

임택근, 『장로교회 정치해설』, 서울: 대한예수교장로회 출판사, 2002.

장희근, 『한국장로교회사』, 부산: 아성출판사, 1971.

정규오, 『신학적 입장에서 본 한국장로교 교회사(상)』, 한국복음문서협회, 1983.

차재명, 『조선야소교장로회사기(상)』, 신문내교회, 1928.

차종순 편, 『송정제일교회 100년사』, 서울: 송정제일교회 100주년 기념사업회, 2001.

최정만, 『칼빈의 선교사상』, 서울: 기독교문서선교회, 1999.

최 훈, 『한국재건교회사: 한국교회박해사』, 서울: 예수교문서선교회, 1979.

한국기독교역사연구소, 『한국기독교의 역사 I』, 서울: 기독교문사, 1989.

한국기독교역사연구소, 『한국기독교의 역사 II』, 서울: 기독교문사, 1990.

한상동, 『주님의 사랑』, 부산: 성문출판사, 1954.

허순길, 『개혁교회의 목회와 생활』, 서울: 총회(고신)출판사, 1994.

허순길, 『고려신학대학원 50년사: 1946-1996』, 서울: 고려신학대학원 출판부, 1996.

허순길, 『한국장로교회사』, 서울: 대한예수교장로회 총회(고신) 역사편찬위원회, 2002.

Abraham, William J., *The Logic of Evangelism*, Grand Rapids, Michigan: William B. Eerdmans Publishing Company, 1989.

Ahlen, J. Timothy, and J. V. Thomas, *One Church and Many Congregations*, Nashville: Abingdon Press, 1999.

Amberson, Talmadge R., comp., *Birth of Churches: The Biblical Basis for Church Planting*, Nashville, TN: Broadman Press, 1979.

Amstutz, Harold E., *Church Planter's Manual*, Cherry Hill, NJ: Association of Baptists for World Evangelism, Inc., 1985.

Anderson, Philip, and Phoebe Anderson, *The House Church*, Nashville: Abingdon Press, 1975.

Arn, Win, *The Church Growth Ratio Book*, Monrovia, CA: Church Growth Inc., 1990; 『나도 교회성장을 진단할 수 있다』, 이윤호 역, 서울: 베다니출판사, 1994.

Avis, Paul D. L., *The Church in the Theology of the Reformers*, London: Marshall Morgan & Scott, 1981; 『종교개혁자들의 교회관』, 이기문 역, 서울: 컨콜디아사, 1987.

Banks, Robert John, *Paul's Idea of Community: The Early House Churches in their Cultural Setting*, Sydney: Anzea Publisher, 1979; revised ed., Peabody, MA: Hendrickson Publishers, 1994.

Banks, Robert J. and Julia, *The Home Church*, Sutherland, Australia: Albatross Books Pty Ltd, 1986.

Banks, Robert J. and Julia, *The Church Comes Home: Building Community and Mission through Home Churches*, Peabody, MA: Hendrickson Publishers, 1998.

Barrett, Lois, *Building the House Church*, Scottdale, PA: Herald Press, 1986.

Beaver, R. Pierce, ed., *To Advance the Gospel: Basic Writings in the Theory and Practice of Mission by Rufus Anderson*, Grand Rapids: Eerdmans, 1967.

Beckham, William A., *The Second Reformation*, Houston: Touch Publications, 1995.

Benson, Donald, *How to Start a Daughter Church*, Quezon City, Philippines; 『(모교회를 통한) 교회개척의 실제』, 고영남 역, 서울: 요단출판사, 1992.

Birkey, Del, *The House Church: A Model for Renewing the Church*, Scottsdale, PA: Herald Press, 1988.

Blair, William Newton, *Gold in Korea*, Edinburgh: The Banner of Truth, 1948; Topeka: H. M. Ives and Sons, 1977.

Blair, William N., and Bruce Hunt, *The Korean Pentecost and the Sufferings Which Followed*, Edinburgh, The Banner of Truth, 1977.

Boren, M. Scott, and Don Tillman, *Making Cell Group Work: Navigating the Transformation to a Cell-based Church*, Houston, TX: Cell Group Resources; Touch Outreach Ministries, 2002.

Brand, Chad Owen, and R. Stanton Norman, eds., *Perspectives on Church Government: Five Views of Church Polity*, Nashville: Broadman & Holman, 2004.

Brown, Arthur J., *Report of a Visitation of the Korea Mission of the Presbyterian Mission Board of Foreign Missions*, New York: The Board of Foreign Missions of the Presbyterian Church in U. S. A., 1902; 『한국기독교와 역사 제13호』, 서울: 한국기독교역사연구소, 2000, 161-97에 수록됨.

Brown, George Thompson, *Mission to Korea*, Nashville, Tennessee: Board of World Missions, Presbyterian Church, U.S., 1962.

Brown, Mark R., ed., *Order in the Offices: Essays Defining the Roles of Church Officers*, Duncansville, PA.: Classic Presbyterian Government Resources, 1993.

Bruen, Clara Hedberg, *Forty Years in Korea: Henry Munro Bruen*, Seoul: Institute for Korean Church History, 1998.

Burtchaell, James Tunstead, *From Synagogue to Church*, Cambridge: Cambridge University Press, 1992.

Campbell, R. Alastair, *The Elders*: Seniority within Earliest Christianity, Edinburgh: T & T Clark, 1994.

Carroll, Jackson W. et al, *Small Churches are Beautiful*, San Francisco: Harper & Row, 1977; 『작은 교회는 아름답다』, 권정희 역, 서울: 신망애출판사, 1987.

Chaney, Charles L., *Church Planting at the End of the Twentieth Century*, revised and expanded version, Wheaton, Ill.: Tyndale House Publishers, 1991.

Cho, Paul Yonggi, with Harold Hostetler, *Successful Home Cell Groups*, Plainfield, NJ: Logos International, 1981.

Cho, Paul Yonggi, and R. Whitney Manzano, *More than Numbers*, Waco, TX: Word Books Publishers, 1984.

Chung, Byung Joon, *Theological Thoughts of the Missionaries of the Presbyterian Church of Victoria, Australia, and the Mission in Korea: 1889-1942*, Seoul: the Institute of Korean Church History, 2007.

Clark, Allen D., *History of the Korean Church*, Seoul: The Christian Literature Society of Korea, 1961.

Clark, Charles A., *Digest of Presbyterian Church of Korea(Chosen)*, Seoul: Korean Religious Book & Tract Society, 1918.

Clark, Charles A.,*The Korean Church and the Nevius Methods*, New York: Fleming H. Revell Co., 1930.

Clark, Charles A.,*The Nevius Plan for Mission Work: Illustrated in Korea*, Seoul: Christian Literature Society, 1937; 『한국교회와 네비우스 선교정책』, 박용규, 김춘섭 역, 서울: 대한기독교서회, 1994.

Comisky, Joel, *Home Cell Group Explosion*, Houston: Touch Publications, 1998.

Comisky, Joel, *Cell Church Solutions: Transforming the Church in North America*, Moreno Valley, CA: California Children's Services Pub., 2005.

Compton, Stephen C., *Rekindling the Mainline: New Life through New Churches*, The Alban Institute, 2003.

Cordle, Steve, *The Church in Many Houses: Reaching your Community through Cell-based Ministry*, Nashville: Abingdon Press, 2005.

Cotterell, Peter, *Small Groups, Big Results: All about House Groups*, Eastbourne, Sussex: Kingsway Publications, 1985.

Crossley, Gareth, *Everyday Evangelism*, Welwyn, Hertfordshire: Evangelical Press, 1987.

Dale, Felicity & Tony, *Simply Church*, Austin, TX: Karis Pub., 2002.

Donahue, Bill, and Russ Robinson, *Building a Church of Small Groups: a Place Where Nobody Stands Alone*, Grand Rapids: Willow Creek Association & Zondervan, 2001.

Finger, Reta Halteman, *Paul and the Roman House Churches: A Simulation*, Scottdale, PA: Herald Press, 1993.

Foster, Arthur Lorne, ed., *The House Church Evolving*, Chicago: Exploration Press, 1976.

Gammage, Albert W., *How to Plant a Church*(P. O. Box 1731, Makati, Central P.O., Manila, Philippines: The Church Strengthening Ministry); 『교회개척론』, 고영남 역, 서울: 요단 출판사, 1993.

Garett, James Leo, "The Congregation-Led Church: Congragational Polity," *Perspective on Church Government: Five Views of Church Polity*, Chad Owen Brand and R. Stanton Norman, eds., Nashville: Broadman & Holman, 2004.

George, Carl F., *How To Break Growth Barriers*, Grand Rapids, Michigan: Baker Books, 1993; 『교회성장의 한계 이렇게 돌파하라』, 최애자, 유진화 역, 서울: 프리셉트, 1996.

Green, Michael, ed., *Church without Walls: A Global Examination of Cell Church*, Carlisle: Paternoster Press, 2002.

Guder, Darrell L., *The Continuing Conversion of the Church*, Grand Rapids/ Cambridge: William B. Eerdmans Publishing Company, 2000.

Hadaway, C. Kirk et al, *Home Cell Groups and House Churches*, Nashville, TN: Broadman Press, 1987.

Handy, Robert T., *A History of the Churches in the United States and Canada*, Oxford: the Clendon House, 1976.

Hebblethwaite, Margaret, *Basic is Beautiful: Basic Ecclesial Communities from Third World to First World*, London: Fount Paperbacks, 1993.

Henderson, G. D., *Presbyterianism*, Edinburgh: The Saint Andrew Press, 1955.

Hodge, J. Aspinwall, *What Is Presbyterian Law as Defined by the Church Courts* 4th ed., Philadelphia: Presbyterian Board of Publication, 1882; 『교회정치 문답조례』, 박병진, 박정덕 역, 서울: 은성출판사, 1968.

Hodge, Charles, *What is Presbyterianism*, Philadelphia: Presbyterian Board of Publication, 1855.

Hodge, Charles, *Discussions in Church Polity*, New York; Charles Scribner's Sons, 1878.

Hodges, Melvin L., *A Guide to Church Planting*, Chicago: Moody Press, 1973; 『교회개척의 가이드』, 권달천 역, 서울: 생명의 말씀사, 1985.

Hoehner, Harold W., *Ephesians: An Exegetical Commentary*, Grand Rapids: Baker Academic, 2002.

Hollands, Roy, and Bob Hopkins, *Cell Church Stories as Signs of Mission*, Cambridge: Grove, 2000.

Hopkins, Bob, ed., *Planting New Churches*, Guildford, Surrey: Eagle, 1993.

Hornsby, Billy, The *Cell-Driven Church: Realizing the Harvest*, Mansfield, PA: Kingdom Publications, 2000.

Huntley, Martha, *Caring, Growing, Changing: a History of the Protestant Mission in Korea*, New York: Friendship Press, 1984;『한국 개신교 초기의 선교와 교회성장』, 차종순 역, 서울: 목양출판사, 1985.

Hurston, John W. and Karen L., *Caught in the Web: the Home Cell Unit System at Full Gospel Central Church*, Seoul, Korea, California: Church Growth International, 1977.

Johnston, Geoffrey, *Canadian Missionaries and Korea: two Case Studies in Public Opinion*, University of Toronto-York University, Joint Centre for Asia Pacific Studies, 1988.

Jones, Ezra Earl, *Strategies for New Churches*, New York: Harper & Row Publishers, 1978;『교회개척의 이론과 실제』, 고영민 역, 서울: 대한기독교출판사, 1985.

Kärkkäinen, Veli-Matti, *An Introduction to Ecclesiology*, Downers Grove, Illinois: Inter Varsity Press, 2002.

Kelly, Dean M., *Why Conservative Churches are Growing*, New York: Harper and Row, 1972;『왜 보수주의 교회는 성장하는가』, 이기문 역, 서울: 신망애출판사, 1987.

Kerr, Edith A., and George Anderson, *The Australian Presbyterian Mission in Korea: 1889-1941*, Australian Presbyterian Board of Missions, 1970.

Khong, Lawrence, *The Apostolic Cell Church*, 66 East Coast Road, Singapore: Touch Ministries International, 2000.

Kuiper, R. B., *God-Centred Evangelism*, Guildford & London: Billing & Sons Ltd., 1966.

Lee, Kun Sam, *The Christian Confrontation with Shinto Nationalism: a Historical and Critical Study of the Conflict of Christianity and Shinto in Japan in the Period between the Meiji Restoration and the End of World War II(1868-1945)*, Philadelphia: Presbyterian and Reformed Pub. Co., 1966.

Loetscher, Lefferts A., *A Brief History of the Presbyterians*, 4th ed., Philadelphia: Westminster, 1983.

MacGregor, Janet Girdwood, *The Scottish Presbyterian Polity: A Study of its Origins in the Sixteenth Century*, Edinburgh: Oliver and Boyd, 1926; 『장로교 정치제도형성사』, 최은수 역, 서울: 솔로몬, 1997.

MacNair, Donald J., *The Birth, Care, and Feeding of a Local Church*, 2nd ed., Decatur, Georgia: Committee for Christian Education and Publications Presbyterian Church in America, 1984.

Malphurs, Aubrey, *Planting Growing Churches for the Twenty-First Century* Grand Rapids: Baker, 1992; 『21세기 교회개척과 성장과정』, 홍용표 역, 서울: 예찬사, 1996.

Mannoia, Kevin W., *Church Planting: the Next Generation, Introducing the Century 21 Church Planting System*(Indianapolis: Light and Life Press, 1994.

Marsden, George M., *Understanding Fundamentalism and Evangelicalism*, Grand Rapids, MI: Wm. B. Eerdmans Publishing Company, 1991

McGavran, Donald A., *Understanding Church Growth*, 3rd ed., Grand Rapids, Michigan: Wm. B. Eerdmans Publishing Co., 1990.

McIntosh, Gary L., *Evaluating the Church Growth Movement: Five Views*, Grand Rapids: Zondervan, 2004.

McNamara, Roger N., *A Practical Guide to Church Planting*, Cleveland, Ohio: Baptist Mid-Missions, 1985.

McNamara, Roger N., and Ken Davis, *The Y · B · H(Yes, But How) Handbook of Church Planting: a Practical Guide to Church Planting*, Xulon Press, 2005.

Miller, Samuel, *The Ruling Elder*, Dallas, Texas: Presbyterian Heritage Publications, 1987.

Moffett, Samuel Hugh, *The Christians of Korea*, New York: Friendship Press, 1962.

Murray, Iain, *Revival and Revivalism: the Making and Marring of American evangelicalism 1750–1858*, Carlisle, Penn.: the Banner of Truth Trust, 1994.

Murray, Stuart, *Church Planting: Laying Foundations*, Carlisle, Cumbria: Paternoster Press, 1998.

NCD Korea, *The Cell Church Korea Convention*, Seongnam, Seoul: NCD Publishers, 2003.

Nee, Watchman, *The Orthodoxy of the Church*, Los Angeles: The Stream Publisher, 1970.

Neighbour, Ralph W., Jr., *Where Do We Go From Here*, Houston: Touch Publications, 2000.

Nevius, Helen S. Coan, *The Life of John L. Nevius*, New York: Fleming H. Revell Company, 1895.

Nevius, John L., *Planting and Development of Missionary Churches*, Shanghai, the Presbyterian Press, 1886; Philadelphia, Penn.: The Presbyterian and Reformed Publishing Company, 1958;『네비우스 선교방법: 선교교회의 설립과 발달』, 김남식 역(서울 : 성광문화사, 1981).

Newbigin, Lesslie, *The Open Secret: an Introduction to the Theology of Mission*, Grand Rapids: Eerdmans Publishing Company, 1978.

Noble, John, *House Churches: Will They Survive*, Eastbourne, Sussex: Kingsway Publications, 1988.

Norman, R. Stanton, *The Baptist Way: Distinctives of a Baptist Church*, Nashville, TN: Broadman & Holman Pub., 2005.

Packer, James I., *Evangelism and the Sovereignty of God*, IVP, 1961.

Patzia, Authur G., The Emergence of the Church: Context, Growth, Leadership & Worship, Downers Grove, Ill.: Inter Varsity Press, 2001.

Potter, Phil, *The Challenge of Cell Church: Getting to Grips with Cell Church Values*, Oxford: Bible Reading Fellowship, 2001.

Ray, David, *Small Churches Are the Right Sizes*, New York: The Pilgrim Press, 1982.

Redford, Francis Jackson, *Planting New Churches*, Nashville, TN: Broadman Press, 1978.

Rhodes, Harry A., *the History of the Korea Mission: Presbyterian Church U.S.A. 1884–1934*, Seoul, Korea: Chosen Mission of the Presbyterian Church U.S.A., 1934.

Rhodes, Harry A., and Archibald Campbell, eds., *History of the Korean Mission: Presbyterian Church U. S. A., vol. II, 1935-1959*, NY: The United Presbyterian Church in the U. S. A., 1964.

Ridley, Charles, *How to Select Church Planters*, Pasadena, CA: Fuller Evangelical Associations, 1988.

Ro, Bong-rin and Marlin L. Nelson, *Korean Church Growth Explosion*, revised, Seoul: Word of Life Press, 1995.

Scott, William, *Canadians in Korea: a Brief Historical Sketch of Canadian Mission Work in Korea*, Toronto: United Church of Canada Archives, 1976.

Shearer, Roy E., *Wildfire: Church Growth in Korea*, Grand Rapids, MI: William B. Eerdmans Pub. Co., 1966;『한국교회성장사』, 이승익 역, 서울: 대한기독교서회, 1986.

Simmonds, Paul, *A Future for House Groups: the Cell Church Movement Comes to Britain*, Cambridge: Grove Books Ltd., 1996.

Snyder, Howard A., *Wine Skins*, Illinois: Inter-Varsity Press, 1975.

Decoding the Church: Mapping the DNA of Christ's Body, Grand Rapids: Baker Books, 2002.

Soltau, T. Stanley, *Missions at the Crossroads*, Grand Rapids, Michigan: Baker, 1955;『현대선교전략』, 신홍식 역. 서울: 크리스챤 헤럴드사, 1972 .

Speer, R. E., *Report on the Mission in Korea of the Presbyterian Board of Foreign Missions*, The Board of Foreign Missions of the PCUSA, 1897;『한국기독교와 역사』, 제15호, 서울: 한국기독교역사연구소, 2001.

Stockstill, Larry, *The Cell Church*, Ventura: Regal Books, 1998.

Strauch, Alexander, *Biblical Eldership*, 3rd ed., Littleton, Colorado: Lewis and Roth Publishers, 1995.

Sullivan, Bill, *Ten Steps to Breaking the 200 Barrier: a Church Growth Strategy*, Kansas City, Missouri: Beacon Hill Press, 2005; http://www.usamission.org/Portals/1/Documents/Breaking%20the%20200%20Barrier.pdf(Visiting on 17-2-2009);『출석교인 200명 돌파를 위한 작은교회 성장전략』, 이현훈 역, 서울: 나사렛출판사, 1994.

Tidsworth, Floyd, *Life Cycle of a New Congregation*, Nashville, Tennessee: Broadman Press, 1992.

Underwood, Horace G., *the Call of Korea*, New York, Chicago, Toronto, London and Edinburgh: Fleming H. Revell Company, 1908.

Underwood, Horace G., *Rev. Underwood's Missionary Letters(1885-1916)*; 『언더우드 목사의 선교편지』, 김인수 역, 서울: 장로회신학대학교 출판부, 2002.

Underwood, Lillias H., *Underwood of Korea*, New York: Fleming H. Revell Company, 1918.

Volf, Miroslav, *After our Likeness: the Church as the Image of the Trinity*, Grand Rapids: Eerdmans, 1998.

Wagner, C. Peter, *Leading Your Church to Growth*, Ventura, CA: GL Publications, 1984; 『교회성장을 위한 지도력』, 김선도 역, 서울: 생명의 말씀사, 1993.

Wagner, C. Peter, *Church Planting for a Greater Harvest*, Ventura, California: Regal Books, 1990; 『교회가 너무 많다고 생각하십니까』, 홍원팔 역, 서울: 알돌기획, 1994; 『더 큰 수확을 위한 교회개척가이드』, 홍원팔 역, 서울: 서로사랑, 1997.

Warren, Max, ed., *To Apply the Gospel: Selections from the Writings of Henry Venn*, Grand Rapids: Eerdmans, 1971.

Wasson, Alfred W., *Church Growth in Korea*, New York: International Missionary Council, 1934.

WCC, *Your Kingdom Come*, Geneva, 1981.

Weber, Otto, *Die Treue Gottes in der Geschichte der Kirche*(Neukirchen-Vluyn : Neukirchener Verlag d. Erziehungsvereins, 1968); 『칼빈의 교회관』, 김영재 역, 서울: 이레출판사, 2001.

Williamson, G. I., *The Westminster Confession of Faith*, Philadelphia: Presbyterian and Reformed Publishing Company, 1964.

Yim, Hee-mo, *Unity Lost - Unity to be Regained in Korean Presbyterianism*, Frankfurt am Main: Peter Lang, 1996.

Yoder, John Howard, *Body Politics: Five Practices of the Christian Community before the Watching World*, Scottdale, PA: Herald Press, 2001.

Zizioulas, John, *Being as Communion: Studies in Personhood and the Church*, Crestwood, NY: St. Vladimir's Press, 1985.

2. 학위논문들.

김성철, 『네비우스 선교 방법론에 대한 재해석』, Th M 논문, 호남신학대학교 대학원, 2003.

노희상, 『분립개척을 통한 교회성장연구』, Th M 논문, 한일장신대학교, 2002.

문태홍, 『한국기독교장로회 교회개척현황 분석연구』, D Min 논문, 한신대학교 목회학박사원, 1993.

박용식, 『한국감리교회 성장에 관한 연구』(A Study on the 21st Century Church Planting Model: a case of separate-supported Church Plant and Alternate Church); (D Min 논문, 아세아연합신학대학 대학원, 1986).

박창복, 『21세기 한국 개척교회 현실에 대한 통합적 진단과 전략적 제언들』, Th M 논문, 총신대학교, 2001.

박창식, 『미국 북장로교회의 영남지방 선교와 교회형성(1893-1945)』, Ph D 논문, 계명대학교 대학원, 2004.

송병훈, 『네비우스 선교정책이 대부흥운동에 끼친 영향에 대한 연구』, Th M 논문, 서울성경신학대학원 대학교, 2003.

유석현, 『'모교회'중심의 교회개척이 지교회 성장에 미치는 영향: 여주 광현교회 중심으로』, Th M 논문, 총신대학교 선교대학원, 2003.

이철신, 『한국 초기 장로교의 사경회에 관한 한 연구』, Th M 논문, 장로회신학대학 대학원, 1986.

임상권, 『한국감리교의 개척교회 유형과 실태파악을 통한 선교적 제안: 1990-1999년 서울연회, 서울남연회 중심으로』, Th M 논문, 감리교신학대학교 신학대학원, 2000.

장제한, 『초기 한국교회 성장의 원인연구(1884-1920)』, Th M 논문, 장로회신학대학교 교역대학원, 2000.

조긍천, 『대한예수교장로회(고신) 교단의 성장을 위한 연구』, D Min 논문, 아세아연합신학대학 대학원, 1987.

조양구, 『한국 장로교회 성장연구: 예장 통합을 중심으로』, M Div 논문, 장로회신학대학교 대학원, 1994.

주명훈, 『한국장로교 조직의 확립과정 - 그 전래에서부터 기론함(1889-1912)』, M A 논문, 서울대학교, 1969.

Bae, Peter Ahn-ho, *The Three-Self Principle and the Mission Method of John Ross: A Study on the Formation of the Early Korean Presbyterian Church(1874-1893)*, Ph D dissertation, Aberdeen University, the published year unknown.

Chang Uk Byun, *Comity Agreement between Missions in Korea from 1884 to 1910: the Ambiguity of Ecumenicity and Denominationalism*, Ph D dissertation, Princeton Theological Seminary, 2003.

Choi, Doug-sung, *The Roots of the Presbyterian Conflicts in Korea, 1910 – 1954, and the Predominance of Orthodoxy*, Ph D dissertation, Emory University, 1992.

Choi, Sung-Il, *John Ross and the Korean Protestant Church*, Ph D dissertation, University of Edinburgh, 1992.

Chun, Kwang-shin, *A Historical and Theological Assessment of the 1907 Korean Revival*, Ph D dissertation, University of Wales, Lampeter, 2000.

Chun, Sung Chun, *Schism and Unity in the Protestant Churches in Korea*, Ph D dissertation, Yale University, 1955.

Jun, Ho Jin, *The Indigenous Principles of R. Anderson*, H. Venn, and J. L. Nevius, Th M dissertation, Westminster Theological Seminary, 1977.

Kim, Jin Soo, *A Study on the 21st Century Church Planting Model: A Case of Separate-Supported Church Plant and Alternate Church*, D Min dissertation, Reformed Theological Seminary, 2003.

Kim, Nam-Sik, *A Study on the Mission Principles and the Theology of the Presbyterian Church in Korea*, D. Miss. Thesis, Reformed Theological Seminary, Jackson, 1985.

Lee, Sang-gyoo, *To Korea with Love: Australian Presbyterian Mission Work in Korea in 1889-1941*, Th D dissertation, the Australian College of Theology, 1996.

Paik, Lark J., *The History of Protestant Missions in Korea 1832-1910*, Ph D dissertation, Yale University, 1927; Pyeng Yang: Union Christian College, 1929.

Song, Joshua Yunbum, *An Historical and Theological Analysis of Schism in Presbyterian Churches in Korea: 1969-2005*, Ph D dissertation, University of Wales, Lampeter, 2006.

Stokes, Charles D., *History of Methodist Mission in Korea 1885-1930*, Ph D dissertation, Yale University, 1947.

3. 소논문들과 기타.

강인철, “현대 북한 종교사의 재인식,” 『해방후 북한교회사』, 김흥수 편, 서울: 다산글방, 1992, 131-249.

강인철, “월남 개신교, 천주교의 뿌리,” 『역사비평』, 통권19호, 1992년 여름, 91-141.

강인철, “남한사회와 월남기독교인,” 『역사비평』, 통권21호, 1993년 여름, 73-130.

강준민, “교회개척시 목회자가 지불해야 할 대가들,” 『목회와 신학』, 1999년 3월, 62-7.

고재수, “교의신학적 관점에서 본 교회성장의 개념,” 『월간고신』, 1982년 8월, 65-69.

곽안련(Charles Allen Clark), “본장로교회 신헌법,” 『신학지남』, 제2권 3호, 1919, 89-104.

권호덕, “그리스도의 삼직분에 비춰 본 한국교회 직분개혁론,” 『목회와 신학』, 1994년 1월, 89-99.

김득룡, “농촌 교회에 있어서 타 교파의 교회가 이미 세워져 있는데 그 옆에 가까이 교회를 세울 수 있는가,” 『신학지남』, 제37권 3호, 1970년 가을, 68-69.

김득룡, “장로교회정치사상연구: 장로회주의,” 『신학지남』, 제48권 3호, 1981년 가을, 90-130.

김상도, “고려신학교 복교운동의 전망,” 『파수군』, 제129호, 1963년 4, 5, 6월호.

김성진, “목회자여, 지혜롭게 개척하라,” 『목회와 신학』, 2008년 5월; 『교회개척』, 강준민 외, 두란노 아카데미, 2010.

김성태, “한국교회의 성장발달사를 통해 본 교회성장 유형 고찰,” 『신학지남』, 제69권 제3호, 2002년 가을.

김양선, “Ross Version과 한국 Protestantism,” 『백산학보』, 제3호, 1967년 11월.

김양선, “신사참배강요와 박해,” 『한국 기독교와 신사참배문제』, 김승태 편, 한국기독교역사연구소, 1991.

김영재, “장로교 정치제도에 대한 역사적 고찰,” 『신학정론』, 제10권 2호, 1992년 12월, 353-370; 『한국교회의 갱신과 성령』, 총신대학교 부설 한국교회문제연구소 편, 서울: 한국로고스연구원, 1995.

김영재, “고신신학과 개혁주의 전통,” 『기독교사상연구』, 제3권, 1996년 10월.

김윤성, “함경도 지역교회사,” 『한국기독교와 역사』, 제3호, 서울: 기독교문사, 1994, 29-45.

김인중, “개척교회에서 자주 일어나는 문제들,” 『목회와 신학』, 1999년 3월, 68-75.

김인호, “교회개척에 있어서 패러다임의 전환기에 서서,” 『목회와 신학』, 2002년 4월.

김정현(James Huntley Grayson), "나약한: 한국의 첫 선교사," 『羅約翰 한국의 첫 선교사』, 계명대학교 출판부, 1982, 71-120.

김종포, "개척교회에 있어서 멘토링 사역의 중요성," 『한국의 교회개척에 대한 심층연구보고서』, 교회성장연구소, 2003, 177-216.

김형규, "교회성장학파의 방법론," 『미스바』, 제11권, 1986, 80-97.

김흥수, "해방직후 북한교회의 정치적 성격," 『해방후 북한교회사』, 김흥수 편, 서울: 다산글방, 1992, 70-130.

나일선(Marlin L. Nelson), "미국의 교회개척의 유형들," 『월간목회』, 1979년 4월, 41-50.

노치준, "한국의 개척교회 실태: 그 현주소를 본다(I)," 『목회와 신학』, 1996년 7월, 100-111.

노치준, "한국의 개척교회 실태: 그 현주소를 본다(II)," 『목회와 신학』, 1996년 8월, 100-107

로버츠, 밥, Jr., "변화된 교회, 변화된 생활을 위하여 (밥 로버츠가 2008년 침미준 세미나에서 강의한 내용의 요약)," 『목회와 신학』, 2008년 4월, 42-51.

마사히꼬, 사와, "해방 이후 북한 지역의 기독교," 『해방후 북한교회사』, 김흥수 편, 서울: 다산글방, 1992, 13-51.

명성훈, "교회개척시 유의해야할 7원리," 『목회와 신학』, 1995년 4월.

박건택, "개혁주의란 무엇인가," 『신학지남』, 제65권 4호, 1998년 겨울, 191-217.

박아론, "교회성장신학, 무엇이 문제인가," 『신학지남』, 제50권 1호, 1983년 봄, 104-123.

박용규, "일제통치 하 한국교회(1940-1945)," 『신학지남』, 제69권 제2호, 2002년 여름, 29-53.

박유생, "농촌교회의 부흥과 목사," 『월간고신』, 1986년 2월.

박은조, "차세대의 새로운 개척교회 유형 모색," 『목회와 신학』, 1995년 4월, 115-118.

박은조, 정주채, 박삼열, "모교회가 자교회를 개척하는 패러다임의 변화가 필요하다."(토론) 『목회와 신학』 2002년 4월, 58-69.

박준형, "교회개척의 협력모델에 대한 고찰," 『목회와 신학』, 2008년 5월, 86-9.

박창현, "한국교회의 개척방식의 문제점과 그 대안," 『한국의 교회개척에 대한 심층연구보고서』, 서울: 교회성장연구소, 2003, 133-164.

박철수, "개척교회 목회자가 빠지기 쉬운 유혹들," 『목회와 신학』, 1999년 3월, 86-90.

변종길, "무엇이 성경적 교회성장인가," 『목회와 신학』, 1993년 7월.

변종길, "복음의 눈으로 본 장로직," 『목회와 신학』, 2001년 11월, 82-95.

서경조, “서경조의 신도(信徒)와 전도와 송천교회 설립역사,” 『신학지남』, 제7권 제4호, 1925년 겨울.
서정민, “평안도 지역 기독교사 개관,” 『한국기독교와 역사』제3호, 1994년 12월.
서정운, 『일만교회 사백만 신도운동: 1992-2012』, 대한예수교장로회(통합) 전도위원회, 서울: 총회출판사, 1993.
서철원, “장로제도,” 『신학지남』, 제59권 1호, 1992년 봄, 71-79.
소강석, “신도시지역의 교회들과 개척교회,” 『월간목회』, 2004년 2월, 157-165.
손병호, “한국 장로교 정치제의 현황과 문제점,” 『오늘의 한국 장로교 정치제도 이대로 좋은가』, 심창섭 외 편, 서울: 엠마오, 1998.
송상석, “교회소송문제 재검토,” 『파수군』, 제63호, 1957년 6월, 61-66; 제64호, 1957년 7월, 41-62; 제66호, 1957년 9월, 47-60.
스투 비히믹(Stu Boehmig), “개척교회가 성장할 때 어떤 대가를 치르는가”(대담) 『목회와 신학』, 1999년 3월, 48-61.
신재의, “제중원과 초기 교회들의 설립,” 『한국기독교와 초기의료선교』, 신재의, 김권정, 조이제, 서울: 한국기독교역사연구소, 2007.
심창섭, “장로교 정치제도의 기원은 무엇인가,” 『오늘의 한국 장로교 정치제도 이대로 좋은가』, 심창섭 외 편, 서울: 엠마오, 1998, 9-92.
안진섭, “분립개척을 통한 건강한 교회성장,” 『목회와 신학』, 2008년 4월, 62-76.
양미강, “초기 전도부인의 신앙과 활동,” 『한국기독교와 역사』, 제2호, 기독교문사, 1992년 2월.
오덕교, “장로교회의 원리: 역사적, 신학적 고찰,” 『장로교회와 신학』, 제1권, 2004, 47-76.
오윤태, “이수정,” 『한국기독교사』, 제4권, 서울: 혜선출판사, 1983.
옥성득, “한국장로교의 초기선교정책(1884-1903),” 『한국기독교와 역사』, 제9호, 서울: 기독교문사, 1998.
유상채, “나의 분립개척이야기(1): 다사랑교회,” 『목회와 신학』, 2008년 5월.
유해무, “장로직의 권위,” 『목회와 신학』, 2001년 11월, 106-115.
윤석용, “한국 농촌선교에 도전한다,” 『월간목회』, 1991년 3월,
이경원, “한국교회 성장정체의 교회 구조적 요인과 그 대안” 『한국교회 성장정체의 현안과 심층, 그 대안의 모색』, 총신대부설 한국교회문제연구소 편, 서울: 솔로몬 출판사, 1996, 133-151.
이광린, “이수정: 그의 생애와 사역,” 『한국 개화사 연구』, 이광린 편, 서울: 일조각, 1969.

이광순, “한국 교회의 성장과 저성장,”『장신논단』, 제15집, 1999년 12월, 508-525.

이동원, “건강한 교회개척과 부흥 패러다임,”『목회와 신학』, 2008년 4월, 60-61.

이만열, “이수정: 그의 회심과 성경번역,”『한국기독교 문화운동사』, 서울: 대한기독교출판사, 1987.

이만열, “서상륜의 행적에 대한 몇 가지 문제,”『한국기독교와 민족의식』, 서울: 지식산업사, 1991, 60-108.

이민식, “소래에 전래된 개화문화의 한 장면,”『한국사상과 문화』, 제8권, 2000.

이보민, “고신신학의 현주소,”『고신대학보』, 1989년 10월 31일.

이복수, “개혁주의 전통과 교회성장,”『개혁주의 전통과 교회성장』, 교회문제연구소 편, 서울: 총회출판국, 1996.

이복수, “고신의 목사수급의 방향에 대한 제안,“『목사수급을 어떻게 조정할까?』고려신학대학원 교회문제연구소와 총회(고신) 신학위원회가 공동으로 주최하는 세미나(2001년 9월, 미발행 자료), 39-47.

이상규, “한상동 목사와 신사참배 반대운동,”『월간고신』, 1986년 1월, 32-37.

이상규, “한국교회 성장둔화현상, 그 원인과 대책,”『기독교보』, no.264, 1995년 10월.

이상규, “주기철 목사의 신사참배와 저항,”『제2회 소양 주기철. 목사 기념강좌』, 서울: 주기철 목사 기념사업회, 1997.

이상규, “교회사에서 본 교회성장과 교회개척,”『목회와 신학』, 1999년 3월, 76-82.

이상규, “고신 역사의 회고와 전망 : 1960년대 승동측과 합동과 환원,”『종교개혁 및 고려신학대학원 개교 60주년 학술대회 논문집』, 천안: 고려신학대학원, 2006.

이상윤, “1995년 한국의 교회개척 현장 둘러보기,”『목회와 신학』, 1995년 4월.

이석만, “한국개척교회 운영현황과 새로운 전도전략 연구,”『목회와 신학』, 1993년 7월, 122-137.

이성구, “장로정치제도의 구약적 조명,”『장로교회와 신학』, 제1권, 2004, 21-45.

이승구, “장로교 정치제도와 장로교적 목회의 특징,”『장로교회와 신학, 제1권, 2004, 87-118.

이원규, “한국 농촌교회의 실태,”『기독교사상』, 1992년 3월, 58-67.

이원규, “한국교회의 성장과 그 둔화 요인에 대한 사회학적 고찰,”『신학과 세계』, 통권 제34권, 1997, 146-186.

이원규, “한국교회 성장의 재평가,”『한국교회의 사회학적 이해』, 이원규 편, 서울: 성경연구출판사, 1992, 233-246.

이정근, “한국적 문화 상황에서의 기독교교육에 대한 연구,”『신학사상』, 제17권, 1977.
이종복, “한국풍토와 개척교회,”『월간목회』, 1979년 4월, 57-60.
이한진, “어떻게 모교회의 일부 성도를 개척 교회로 파송할 것인가,”『목회와 신학』, 2008년 5월, 68-73.
전호진, “한국교회 성장의 원인과 문제점”,『월간목회』, 1981년 11월, 42-47.
전호진, “한국교회 침체원인과 해결책,”『월간 고신』, 통권 167호, 1995년 8월.
전호진, “한국 교회 성장, 침체의 원인과 대책은,”『월간 고신』, 2001년 4월, 46-52.
정근두, “중、소형 목회에 대한 진단과 전망,”『신학정론』, 제19권 2호, 2001년 11월, 285-304.
정병관, “한국교회의 성장과 정체에 대한 교회성장학적 진단과 그 대안,”『신학지남』, 제65권 3호, 1998년 가을, 126-149.
정일웅, “한국교회 정치, 행정구조의 개선방향,”『목회와 신학』, 1994년 1월, 80-88.
정일웅, “한국교회의 바람직한 구조변혁,”『한국교회의 갱신과 성령』, 총신대부설 한국교회문제연구소 편, 서울: 한국로고스연구원, 1995, 68-81.
정주채, “잠실중앙교회의 분립개척 이야기,”『신나는 개척교회 이야기』, 교회개척연구원 편, 천안: 고려신학대학원 출판부, 2003.
채은수, “교회성장주의에 대한 평가,”『신학지남』, 통권 207호, 1985년 겨울, 149-169.
최 훈, “신사참배와 한국재건교회의 역사적 연구,”『신학지남』, 제39권 4호, 1972;『한국기독교와 신사참배문제』, 김승태 편, 서울: 한국기독교역사연구소, 1991, 97-187.
한경철, “요즈음 왜 개척교회들이 생존에 실패하는가,”『목회와 신학』, 1995년 4월.
한상동, “주님의 사랑: 한상동 목사의 옥중회고기(4),”『파수군』, 제29권, 1953년 6월).
한석희,『일본의 종교침략사』, 김승태 역(일본어로부터), 서울: 기독교문사, 1990.
한정건, “한국교회의 목사 수급을 어떻게 조정하여야 할까?”『한국교회 목회자 수급 어떻게 할 것인가』고려신학교 교회문제연구소와 총회(고신) 신학위원회가 공동으로 주최하는 세미나, 2001년 9월(미발행책자), 5-32;『개혁신학과 교회』, 제11권, 2001, 257-291.
허순길, “역사적으로 본 개혁주의 직분,”『개혁신학과 교회』, 제3권, 1993, 197-236.
현유광, “교회가 수적 성장을 추구할 성경적 기초와 그 적용,”『개혁주의 전통과 교회성장』, 교회문제연구소 편, 서울: 총회출판국, 1996, 86-103.
홍정길, “개척교회는 교회개척사역자의 질에 달려 있습니다,”『목회와 신학』, 1999년 3월.

황성철, "목회자 수급의 문제점과 그 바람직한 해결방안,"『신학지남』, 제68권 4호, 2001년 겨울, 231-235.

Brown, G. Thompson, "Dr. Samuel Moffett and the Nevius Plan"; "마포삼열과 네비우스 선교방법," 이광순 역,『장신논단』, 제6집, 1990년 10월, 18-31.

Allen, Rolland, "The Nevius Method in Korea," *World Dominion*, vol. ix, no. 3, July 1931, 252-258.

Amberson, Talmadge R., "Foundation for Church Planting," *Birth of Churches: The Biblical Basis for Church Planting*, Talmadge R. Amberson, comp., Nashville, TN: Broadman Press, 1979, 11-47.

Anderson, Justice C., "The Nature of Churches," *Birth of Churches: the Biblical Basis for Church Planting*, Talmadge R. Amberson, comp., Nashville, TN: Broadman Press, 1979, 48-72.

Baird, William M., "Our Mission in Korea," *Woman and Missions*, vol.3, no.2, February, 1927.

Blue, Bradley, "Acts and the House Church," *The Book of Acts in its Graeco-Roman Setting*, vol.2, Graeco-Roman Setting, David W. J. Gilland Conrad Gempf, eds., Grand Rapids, Michigan: William B. Eerdmans Publishing Company, 1994, 119-222.

Bunting, Ian, "A Time to Plant - Statistics," *Planting New Churches*, Bob Hopkins, ed., Guildford, Surrey: Eagle, 1993.

Carey, George, "Church Planting, Ecclesiology and Mission," *Planting New Churches*, Bob Hopkins with Tim Anderson, eds., Guildford, Surrey: Eagle, 1998, 21-36.

Chambliss, Hugh O., "The Relationship of Churches," *Birth of Churches: The Biblical Basis for Church Planting*, Talmadge R. Amberson, comp., Nashville, TN: Broadman Press, 1979, 138-151.

Chester, S. H., "Church Union in Korea," *The Missionary*, March, 1906.

Cho, Paul Yonggi, and John W. Hurston, "Ministry Through Home Cell Units," *Korean Church Growth Explosion*, Bong-Rin Ro & Marlin L. Nelson, eds., Seoul: Word of Life Press, 1983, 270-289.

Choi, Doug-sung, "Ten Pro-Japanese Behaviors Which the Church Must Repent", www.newsnjoy.co.kr, 13 Sep., 2005.

Clowney, Edmund, "A Brief for Church Governors," *Order in the Offices: Essays Defining the Roles of Church Officers*, Mark R. Brown, ed., Duncansville, PA.: Classic Presbyterian Government Resources, 1993.

Cram, W. G., "A Genuine Change," *the Korea Mission Field*, vol.3, no.5, May, 1907.

Cram, W. G., "The Revival in Song-do," the Korean Mission Field, vol.2, no.6, April, 1906.

Del, Birkey, "The House Church: a Missiological Model," *Missiology: an International Review*, vol. XIX, no. 4(October, 1989), 405-419.

Filson, Floyd V., "The Significance of the Early House Churches," *Journal of Biblical Literature*, no.58, June, 1939.

Hodge, Charles, "The Church and its Polity," *Paradigms in Polity*, David W. Hall & Joseph H. Hall, eds., Grand Rapids: Eerdmans, 1994.

Jewett, Robert, "Tenement Churches and Pauline Love Feasts," *Quarterly Review: A Journal of Theological Resources for Ministry*, vol.14, Spring, 1994, 43-58.

Jones, Donald, "The House Church as a Tool for Urban Evangelism," *Urban Mission*, 6(4), 1989, 27-32.

Kang, Wi-jo, "The Nevius Methods," *Concordia Theological Monthly*, XXXIV, June, 1963, 335-342.

Kerr, W. C., "The Union Church of Seoul," *KMF*, vol. 27, May, 1931.

Kuyper, Abraham, "Sphere Sovereignty," *Abraham Kuyper: A Centennial Reader*, James D. Bratt, ed., Grand Rapids, MI: Eerdmans, 1998.

McGregor, Don, "The Dynamics of Home Ministry," *Global Church Growth Bulletin*, vol. 17, no. 3, 1980.

McLaren, C. I., "The Pagan State and the Christian Church in Japan," *The Reformed Theological Review*, May, 1943.

Merrill, Dean, "Mothering a New Church," *Leadership*, Winter, 1985.

Miller, H., "The History of Cooperation and the General Council," *KMF*, vol.30, no.12, December, 1934.

Miller, Steven F., "The New Testament Warrant for the Minister of the Word," *Order in the Offices: Essays Defining the Roles of Church Officers*, Mark R. Brown, ed., Duncansville, PA.: Classic Presbyterian Government Resources, 1993, 7–40.

Moffett, Samuel A., "Missionary Life and Service," *The Fiftieth Anniversary Celebration of the Korea Mission of the Presbyterian Church in the U. S. A.*, June 30–July 3, 1934, at John D. Wells School, Seoul, Chosen.

Moore, S. F., "Steps toward Missionary Union in Korea," *The Missionary Review of the World*, N. S., vol. 18, no. 12, December, 1905, 903–5.

Petersen, Joan M., "Some Titular Churches at Rome with Traditional New Testament Connections," *The Expository Times*, vol. 84, no. 9, 1973.

Reynolds, W. D., "The Native Ministry," *The Korean Repository*, vol. 3, May, 1896.

Ro, Bong-rin, "The Korean Church: God's Chosen People for Evangelism," *Korean Church Growth Explosion*, Bong-rin Ro and Marlin L. Nelson, eds., revised ed., Seoul: Word of Life Press, 1995.

Ross, John, "Christian Dawn in Korea," *The Missionary Review,* April, 1890.

Scott, William, "Canadian Mission Schools Carry On," *KMF*, vol. 36, May, 1941.

Shenk, Wilbert R., "Church Growth Studies: a Bibliography Review," *The Challenge of Church Growth*, Wilbert R. Shenk, ed., Herald Press, 1973; reprinted by Wipf and Stock Publishers, 2001.

Son, Bong-ho, "Some Dangers of Rapid Church Growth," *Korean Church Growth Explosion*, Bong-rin Ro and Marlin L. Nelson, eds., revised ed., Seoul: Word of Life Press, 1995.

Swallon, William L., "The Training of a Native Ministry," *The Korean Repository*, vol. 4, 1897.

Sykes, Thomas E., "The Beginning of Churches," *Birth of Churches: the Biblical Basis for Church Planting*, Talmadge R. Amberson, comp., Nashville, TN: Broadman Press, 1979, 108–122.

Towns, Elmer, "Church Growth Effectively Confronts and Penetrates the Cultures," *Evaluating the Church Growth Movement: Five Views*, Gary L. McIntosh, general ed., Grand Rapids: Zondervan, 2004.

Underwood,, H. G., "An Object Lesson in Self-Support," *The Chinese Recorder* (August, 1900), "자립의 객관적 교훈," 옥성득 역, 『한국기독교와 역사』, 제8권.

Vinton, C. C., "Presbyterian Mission Work in Korea," *The Missionary Review of the World*, vol. 6, no. 9, September, 1893.

Welch, Roger, "Church Planting: a Historical Perspective," *Multiplying Churches*, Stephen Timmis, ed., Fearn, Ross-shire: Christian Focus Publications, 2000, 47-67.

Winter, Ralph D., "The Two Structures of God's Redemptive Mission," *Perspectives*, 3rd ed., Ralph D. Winter and Steven C. Horthornes, eds., Pasadena, CA: William Carey Library, 1999.

4. 개체교회 역사자료.

가음정교회 90년사 편찬위원회, 『가음정교회 90년사: 1906-1996』.

구미상모교회백년사 편찬위원회, 『구미상모교회 백년사: 1901-2001』, 구미상모교회, 2005.

김해교회백년사 편찬위원회, 『김해교회백년사: 1894-1994』, 김해: 김해교회, 1998.

남전교회백년사 편찬위원회, 『남전교회100년사: 1897-1997』, 익산: 남전교회, 2003.

대구칠곡교회백년사 편찬위원회, 『대구칠곡교회 100년사: 1904-2004』, 대구: 대구칠곡교회, 2006.

마산동광교회 50년사 편찬위원회, 『마산동광교회 50년사: 1954-2004』, 2004.

부산진교회백년사 편찬위원회, 『부산진교회 100년사: 1891-1991』, 서울: 부산진교회, 1991.

사상교회 85년사 편찬위원회, 『사상교회 85년사: 1909-1994』, 1994.

서문로교회 30년사 편찬위원회, 『서문로교회 30년사』, 1981.

서문교회 20년사 편찬위원회, 『서문교회 20년사: 1976-1996』, 서울: 새한출판사, 1996.

서울영동교회 20년사 편찬위원회, 『서울영동교회 20년사: 1976-1996』, 서울: 은광문화사, 1998.

서울중앙교회 40년사 편찬위원회, 『서울중앙교회 40년사: 1953-1993』, 1993.

엄궁교회백년사 편찬위원회, 『엄궁교회100년사: 1904-2004』, 부산: 육일문화사, 2006.

온천교회 50년사 편찬위원회, 『온천교회 50년사』, 부산: 부산일보사, 1998.

울산교회 40년사 편찬위원회, 『울산교회 40년사(1956-1996)』, 서울: 하나출판사, 1996.

제일영도교회백년사 편찬위원회, 『제일영도교회 100년사』, 부산: 육일문화사, 1997.

지세포교회 80년사 편찬위원회, 『지세포교회 80년사: 1918-1998』, 서울: 지세포교회, 2002.

항도교회 50년사 편찬위원회, 『항도교회 50년사: 1947-1998』, 부산: 육일문화사, 1998.

교회성장연구소, 『한국의 교회개척에 대한 심층연구보고서』, 서울: 교회성장연구소, 2003.

5. 총회 및 노회 회의록 및 헌법.

대한예수교장로회, 『대한예수교장로회 총회록: 1912–1942』.

대한예수교장로회, 『독노회록; 1907–1911』, Vol. 1.

대한예수교장로회(고신), 『총회록(고신): 1952–1960』, 부산: 칼빈문화사, 1961.

대한예수교장로회(고신), 『총회록(고신): 1961–1970』, 부산: 대한예수교장로회(고신)출판국, 1971.

대한예수교장로회(고신), 『대한예수교장로회(고신) 총회록: 1971–2008』.

대한예수교장로회(고신), 『헌법: 정치개정판』, 부산: 대한예수교장로회(고신) 출판국, 1968

대한예수교장로회(고신), 『헌법: 1980년도 수정판』, 서울: 대한예수교장로회(고신) 총회, 1981.

대한예수교장로회(고신), 『헌법: 1992년 개정판』, 서울: 대한예수교장로회(고신) 총회출판국, 1992.

대한예수교장로회(고신), 『헌법: 2011년 개정판』, 서울: 대한예수교장로회(고신) 총회출판국, 2011.

대한예수교장로회 경남노회, 『경남노회록: 1935–7』.

대한예수교장로교(고신) 경남(법통)노회, 『경남(법통)노회록: 1973 - 1984』. (이 노회록은 손으로 직접 필사한 사본으로서 고려신학대학원에 소장되어 있다.)

부산노회(고신) 70회사 편찬위원회, 『부산노회 70회사』, 부산: 부산노회(고신), 1994.

성진노회(고신), 『성진노회록: 1회–38회』, 1984.

전라노회(고신) 50년사 편찬위원회, 『전라노회 50년사: 1956–2006』, 광주: 전라노회(고신), 2006.

진주노회(고신) 40년사 편찬위원회, 『진주노회 40년사: 1956–1996』, 진주: 진주노회(고신), 1998.

대한예수교장로회(합동), 『대한예수교장로회 총회 100년사』, 서울: 대한예수교장로회(합동) 출판국, 2006.

6. 기타

경남노회 100회 기념화보집 출판위원회, 『경남노회 100회 기념화보집』, 1974.

대한예수교장로회(고신) 총회, "교단설립 50주년 21세기 선언문,"(미발행자료).

대한예수교장로회(고신), 『대한예수교장로회(고신) 어제와 오늘: 총회20주년 기념화보집』, 1971.

대한예수교장로회(통합) 전도위원회, 『일만교회 사백만 신도운동: 1992-2012』, 서울: 대한예수교장로회 출판국, 1993.

문화체육관광부, 『한국의 종교현황(2002)』.

문화체육관광부, 『2008 한국의 종교현황』.

총회 국내전도위원회(고신), 『미자립교회 지원현황보고서: 2003』.

총회신학부 · 고려신학대학원 교회문제연구소 공동주최 세미나, 『한국교회 목회자 수급조절, 어떻게 할 것인가?』 2001년 9월, 미발행 자료.

한국교회 백주년준비위원회 역사자료위원회 편찬, 『대한예수교 장로회 백년사』, 서울: 대한예수교장로회 총회, 1984.

한국기독교사료수집회, 『한국기독교연감』, 서울: 백합출판사, 1968.

한국장로교사(고신) 편찬위원회, 『한국장로교사(고신)』, 부산: 고신출판사, 1988.

한국종교사회연구소, 『한국종교년감』(1993).

한국중소도시교회성장연구회, "한국 중소 도시교회 성장 연구 보고서," 『신학논단』, 제8집, 1964년 10월, 191-206 .

한미준과 한국갤럽, 『98 한미준-한국 갤럽 조사 보고서: 한국 개신교인의 교회활동과 신앙의식』, 서울: 두란노서원, 1999.

한미준과 한국갤럽, 『한국교회 미래리포트: 크리스천의 교회활동과 신앙생활 분석, 타종교인 및 비종교인과의 비교 분석: 2005』, 서울: 두란노, 2005.

The Board of Mission of the Church of England, *A Report Commissioned by the House of Bishops of the General Synod of the Church of England*, London: Church House, 1994.

The Committee on Home Missions and Church Extension of the Orthodox Presbyterian Church, *Planting an Orthodox Presbyterian Church*, Willow Grove, Penn.: 2002; at www.opc.org.

Extracts from the Records of the Australian Presbyterian Mission in Korea, vol. 4, Fusanjin, Korea: Australian Presbyterian Mission, 1917.

Extracts from the Records of the Australian Presbyterian Mission in Korea, vol.10, Tongyoung, Korea: Australian Presbyterian Mission,1923.

Extracts from the Records of the Australian Presbyterian Mission in Korea, vol. 23 Seoul: YMCA Press.

The Free Methodist Church of North America, *2003 Book of Discipline*, IN: the Free Methodist Publishing House, 2004.

Quarto Centennial Papers Read before the Korea Mission of the Presbyterian Church in the U. S. A., at the Annual Meeting in Pyeong-yang, August 27, 1909.

한|국|장|로|교|회|와
교|회|개|척